리셋(천지개벽)을 준비하라
당신은 교회입니까?

저자 이형조

다보스 포럼 2030년 홈피 광고

세계경제포럼(WEF)인 다보스포럼에서는 2030년에 지상에 공산주의 유토피아를 건설하기 위해 준비하고 있다. 이것이 제 3유엔 공산주의 세계정부이다. 성경에서 말한 적그리스도의 나라인 신세계질서이다. 광고 내용은 "2030년에 오신 것을 환영합니다. 나의 소유는 아무것도 없습니다. 나의 프라이버시도 없습니다. 그러나 나의 인생은 지금까지 경험해 보지 못한 최상이 될 것입니다." 사유재산이 사라진다. 개인의 프라이버시인 종교, 가정, 국가, 도덕, 윤리, 인격 등이 사라진다. AI 인공지능 호모 데오스 인간이 되어 생노병사를 정복하나 슬프게도 인간이 아니다. 이 나라에서 그리스도인들은 믿음을 지키기 위해 순교를 해야 한다.

"그리스도가 나타나게 하고 그리스도에게 오게 하라"
－세계제자훈련원－

예정된 선물

"모든 성도 중에 지극히 작은 자보다 더 작은 나에게 이 은혜를 주신 것은 측량할 수 없는 그리스도의 풍성을 이방인에게 전하게 하시고 영원부터 만물을 창조하신 하나님 속에 감추었던 비밀의 경륜이 어떠한 것을 드러내게 하려 하심이라 이는 이제 교회로 말미암아 하늘에서 정사와 권세들에게 하나님의 각종 지혜를 알게 하려 하심이니 곧 영원부터 우리 주 그리스도 예수 안에서 예정하신 뜻대로 하신 것이라 우리가 그 안에서 그를 믿음으로 말미암아 담대함과 하나님께 당당히 나아감을 얻느니라 그러므로 너희에게 구하노니 너희를 위한 나의 여러 환난에 대하여 낙심치 말라 이는 너희의 영광이니라"(엡 3:8-13)

년   월   일

_____께 드립니다

하나님께서는 에덴동산에 있는 아담이 독처하는 것이 좋지 못해서 돕는 배필인 하와를 지으셨다. 아담을 깊이 잠들게 하시고 그의 갈비뼈를 취하여 살로 채워서 여자를 만드셨다. 아담은 눈을 떠서 이는 내 살 중의 살이요 뼈 중의 뼈라고 고백했다. 하나님은 두 사람에게 모든 피조세계를 다스리도록 복을 주시면서 남편과 아내가 부모를 떠나 한 몸이 되라고 하셨다.

창세전에 하나님의 나라에 성부 성자 성령이 계셨다. 성부 하나님은 사랑하는 아들이 독처하는 것이 좋지 못해서 아들이 기뻐하는 신부를 만들 수 있을까 고민하신다. 이것이 예수님의 신부인 교회가 만세와 만대로부터 하나님 속에 감춰진 비밀이다. 하나님께서는 아들의 신부에 대한 꿈을 꾸시면서 준비하고 계획을 하신다. 그리고 드디어 실행하신다. 그것이 에덴동산의 아담과 하와이다. 아담은 오실 자의 표상이신 예수님이고 하와는 영적인 예수님의 신부인 교회이다. 그래서 에베소서 1장에서는 예수님의 신부인 교회를 창세전에 하나님께서 예정하시고 택하셨다고 하였다. 예수님의 십자가 죽으심은 창세전에 계획된 것이다. 아담의 갈비뼈로 하와를 지으셨던 것처럼 예수님의 십자가에서 영적인 신부인 교회는 탄생하였다. 마가의 다락방에 성령이 강림하신 후 땅 끝까지 복음이 증거 되면서 영적인 예수님의 신부인 교회가 만들어져서 새 예루살렘이 되면 예수님께서 재림하셔서 혼인잔치를 하신다.

결혼식이 끝난 후 하나님 아버지께서는 새로운 에덴인 천년왕국을 지으셔서 예수님과 신부인 교회에게 다스리도록 기업을 주신다. 이때 예수님은 교회와 한 몸이 되어 하나님 아버지를 떠나 분가하여 천년왕국을 다스린다. 아담이 실패한 에덴의 통치를 예수님과 교회가 하는 것이다. 이것이 새 예루살렘이 다스리는 천년왕국이다. 예수님과 교회는 천년왕국 끝에 용과 곡과 마곡을 심판하고 공의롭게 통치하는 훈련을 마친 후 완성된 나라를 하나님 아버지께 바친다. 그렇게 해서 예수님과 교회는 하늘에 계신 하나님 아버지의 온전하신 것처럼 된다. 백보좌 심판을 통해 모든 피조세계를 없이 하신 후 예수님과 교회는 진짜 영원하신 하나님 아버지의 나라를 유업으로 받는다.

"찬송하리로다 하나님 곧 우리 주 예수 그리스도의 아버지께서 그리스도 안에서 하늘에 속한 모든 신령한 복으로 우리에게 복 주시되 곧 창세 전에 그리스도 안에서 우리를 택하사 우리로 사랑 안에서 그 앞에 거룩하고 흠이 없게 하시려고 그 기쁘신 뜻대로 우리를 예정하사 예수 그리스도로 말미암아 자기의 아들들이 되게 하셨으니 이는 그의 사랑하시는 자 안에서 우리에게 거저 주시는바 그의 은혜의 영광을 찬미하게 하려는 것이라"(엡1:3-6)

프롤로그(Prologue)

리셋(Reset)이란 무엇인가?

리셋(Reset)이란 그동안 사용한 모든 데이터와 프로그램을 지우고 처음 컴퓨터를 사용한 상태로 되돌린 것을 말한다. 성경은 이것을 회개(Repent)라고 말한다. 회개란 크고 작은 죄를 미주알고주알 고백하는 것이 아니고 그동안 살아온 삶의 방향을 180도 완전히 되돌린 것을 말한다. 이 두 가지를 우주적으로 표현하면 천지개벽이라고 한다. 병든 우주가 사라지고 새로운 세상이 열린다는 것이다.

성경은 세상 마지막 날에 천지가 개벽할 것을 예언하고 있다. "또 내가 새 하늘과 새 땅을 보니 처음 하늘과 처음 땅이 없어졌고 바다도 다시 있지 않더라 또 내가 보매 거룩한 성 새 예루살렘이 하나님께로부터 하늘에서 내려오니 그 예비한 것이 신부가 남편을 위하여 단장한 것 같더라"(계21:1-2)

하나님께서는 코로나 19를 통해 병든 세상에 대한 심판을 시작하셨다. 병든 우주를 리셋(Reset)하시고 재창조(Recreate)하고 계신 것이다. 성경은 이미 구약 이사야를 통해 세상 마지막 때에 일어날 천지개벽에 대하여 말씀하시고 계신다. 아담으로부터 인간의 죄로 더러워진 세상을 뒤엎어 버리시고 새 하늘과 새 땅을 지으셔서 예수님이 통치하시는 천년왕국을 세우실 것을 말씀하고 계신 것이다.

"땅이 깨어지고 깨어지며 땅이 갈라지고 땅이 흔들리고 흔들리며 땅이 취한 자 같이 비틀비틀하며 침망 같이 흔들리며 그 위의 죄악이 중하므로 떨어지고 다시 일지못하리라 그 날에 여호와께서 높은데서 높은 군대를 벌하시며 땅에서 땅의 왕들을 벌하시니 그들이 죄수가 깊은 옥에 모임 같이 모음을 입고 옥에 갇혔다가 여러 날 후에 형벌을 받을 것이라 그 때에 달이 무색하고 해가 부끄러워하리니 이는 만군의 여호와께서 시온산과 예루살렘에서 왕이 되시고 그 장로들 앞에서 영광을 나타내실 것임이니라"(사24:19-23)

제 4차 산업 혁명을 통한 리셋(Reset)

제 4차 산업 혁명이란 인류가 꿈꾸어 온 지상의 유토피아이다. 과학을 통해 만든 지상 천국이다. 생노병사가 정복이 된다. 빅 데이터가 통치하는 전 자동화 시스템이 스마트 시티 안에서 이루어진다. 제 4차 산업 혁명의 특징은 AI 인공지능이 사람이 해 왔던 모든 것을 대신하는 것이다. 사람의 생명조차도 AI 인공지능과 융합이 된다. 그래서 초자연적 신인간이 된다. 이것이 떼이야르 샤르댕이 주장한 원뉴맨(one new man) 아담 카드뮴이다. 유발 하라리가 말한 호모 데오스 신인간이다.

제 4차 산업 혁명의 특징은 사람이 필요 없다는 것이다. 왜냐하면 사람이 해 온 모든 일들을 AI 인공 로봇들이 대신하기 때문이다. 현재 지구상에는 76억의 인구가 살고 있다. 그런데 지구상에서 살 수 있는 최적의 인구는 5억이라고 한다. 71억 명의 인구가 초과되어 환경이 파괴되고 지구가 몸살을 앓고 있다는 것이다. 그래서 하나밖에 없는 지구를 구하기 위해서 사람의 수를 5억 명으로 줄여야 한다는 것이다. 이것이 장미십자 조지아 가이드 스톤에 기록된 10계명이다.

코로나 19를 통한 인종 청소

비너스 프로젝트 1단계 하우스 키퍼 영화는 2019년 1월 일본에서 만들어진 영화이다. 영화 배경 화면에 1950년부터 시작된 만물장(통일장) 우주론이 완성되어 제 4차 산업 혁명을 통해 인간이 우주 에너지와 융합이 되어 생노병사가 정복된 유토피아를 이룰 수 있는 지금 가장 큰 장애물인 지구촌의 인구를 90% 청소하는 영화이다.

그런데 놀라운 것은 코로나 바이러스를 통해 인간의 뇌의 유전자를 바꿔 좀비로 만든 다음 유해인간이라는 명분으로 지구촌 90% 사람들을 살처분 하는 영화이다. 2019년 12월 중국에서 시작된 코로나 바이러스는 지난 2년 동안 지구촌의 40억 명의 사람들을 봉쇄하였다. 2021년 12월3일 현재 2억6천4백만 명이 감염 되었고 5백23만 명이 죽었다. 80억 7400만 번의 백신 접종이 이루어 졌다. 그러나 일상으로 돌아가지 못하고 새로운 제 2의 팬데믹 사태가 오미크론 변종 바이러스를 통해서 시작되고 있다. 코로나 백신을 통해 인간의 뇌는 3~5년 동안 구멍이 뚫려 있는 스폰지처럼 변하여 서서히 죽어 가거나 변종인간으로 변하게 된다. 코로나 백신 속에 있는 산화 그래핀을 통해 사람의 피는 적혈구와 백혈구가 점차적으로 파괴되고 응고되어 모든 사람들이 죽음에 이르게 된다.

각 나라들이 성인에 대해 코로나 백신 접종을 어느 정도 성과를 얻고 이제 생후 6개월에서 17세 어린이와 청소년들을 향하여 코로나 백신 접종을 서두르고 있다. 오미크론 코로나 바이러스는 어린이와 청소년들에게 백신 접종을 하기 위한 전략이다. 만일 당신의 어린 자녀들이 백신을 맞고 5-10년 안에 죽거나 이상한 좀비로 변하여 당신을 알아보지 못한다면 당신의 자녀들에게 백신을 맞도록 하겠는가? 차라리 부모들이 백신을 맞고 죽을지라도 자녀들에게는 목숨을 걸고 막아야 할 것이다. 양심 있는 수많은 세계 과학자들과 의사들은 어린이들과 청소년들에게는 성인들에게 약한 자연 면역성이 높아 한 사람도 코로나 바이러스에 걸려 죽을 염려가 없다고 강변하고 있다.

오미크론 바이러스의 목적

오미크론 바이러스가 세계적으로 맹위를 떨치고 있다. 오미크론 바이러스의 목적은 두 가지이다. 첫째는 엄청난 감염자들을 일으켜 생후 6개월에서 17세까지 어린이와 청소년들에게 백신을 맞게 하는 것이다. 아직까지 어린 아이들과 청소년들은 자체 면역력이 강하여 코로나에 감염되어 죽은 사람이 한 사람도 없다. 그럼에도 불구하고 악착같이 이들에게 백신을 맞추려 하는 것은 백신을 통해 90% 인종청소를 하기 위함이다. 어린이들이 백신을 맞을 경우 좀비인간이 된다.

그리고 독들이 인체에 쌓여서 죽게 된다. 둘째 오미크론을 인해전술과 같이 확산 시킨 이유는 세계 경제 유통망을 마비시키기 위함이다. 이미 세계 경제는 땅바닥에 주저앉은 신세가 되었다. 2022년 한 해만 봉쇄를 하면 세계 경제는 허리가 꺾여 낭떨어지로 떨어진다. 이것이 2023년부터 시작되는 기아 팬데믹이다. 현재 미국에서는 농산물과 물자들의 유통이 이루어지지 않고 있다. 오미크론에 감염된 사람들을 대량으로 격리를 시키기 때문이다. 병원의 의사들도, 약국의 약사들도, 운전 기사들도 모두 코로나에 감염되어 격리가 이루어지므로 사회가 마비 상태가 되어 간다.

현재 세계적으로 일어나는 인플레이션은 경제가 잘 돌아가서가 아니라 유통이 마비되어 일어난 현상이다. 그럼에도 불구하고 미국 연준에서는 인플레이션을 잡겠다고 금리를 올리고 있다. 미친짓이다. 경제가 침체된 가운데 일어난 인플레이션을 스테그인플레이션이라고 한다. 그런데 절대로 그런 단어는 보도가 안된다. 경제 침체가 지속되면 오히려 금리를 내려 경제를 활성화 시켜야 하는데 미친 사람들은 코로나로 유통 과정을 마비시키고 인플레이션을 유발시켜 금리까지 올리고 있는 것이다. 작정하고 세계 경제를 공동묘지로 끌고 가고 있는 것이다.

시중의 돈들을 회수하는 테이퍼링을 통해서 시중 자금이 말라간다. 은행들이 금리를 올리므로 시중 자금이 은행으로 몰려간다. 미국 연준에서 금리를 올리니 모든 국가의 중앙은행들이 금리를 올린다. 자국의 자본들이 미국으로 유출되는 것을 막기 위함이다. 미국의 연준은 올해만 3-4번 금리를 올린다. 골드만 삭스는 미국의 금리가 1.25에서 1.5% 예상을 한다. 이렇게 되면 실물 경제가 바닥을 치는 가운데, 영끌이 투자로 부동산, 주식, 가상화폐에 겁없이 투기를 했던 사람들은 눈덩이처럼 늘어난 이자를 감당하지 못해 파산하게 되고 도미노 현상으로 기업과 은행이 파산하게 된다. 이렇게 해서 2025년 전에 자본주의는 무덤으로 들어간다. 이런 상황에서 폭력, 약탈, 전쟁 등이 일어난다.

아프리카 마버그 바이러스 치사율 88%

2023년부터는 코로나에 대한 뉴스는 현격하게 줄어든다. 대신 경제위기와 기아 팬데믹 뉴스가 주 메뉴가 된다. 그런 가운데 치사율 30%에서 100% 코로나 바이러스가 물밑에서 활동하면서 수많은 사람들을 죽게 한다. 어쩌면 코로나 백신으로 죽은 사람들의 사망 원인을 덮기 위해서라도 치사율이 높은 코로나 바이러스가 등장한다.

전 세계가 코로나 19로 힘든 시기를 보내고 있는 가운데, 서아프리카에서 치사율이 높은 감염성 질병 마버그 바이러스가 발견됐다. 2021년 8월12일 세계보건기구(WHO)는 서아프리카 기니에서 치명적인 마버그 바이러스 감염 사례가 보고 됐다고 밝혔다. 마버그 바이러스 치사율은 25-88%에 이른다. 코로나 바이러스 치사율 약 2.11%보다 40배 높다. 감염시 두통, 인후염, 흉부통증, 구토, 설사, 피부발진, 황달, 고열, 두통 등의 증상이 나타난다. 현재까지 마버그 바이러스 관련 승인받은 백신이나 항바이러스 치료제는 없는 상태. 그동안 남아프리카공화국과 앙골라, 우간다, 케냐 등에서 발병 사례가 보고된 적은 있지만 서아프리카에서는 이번이 처음이다.

마버그 바이러스는 코로나 바이러스와 같이 박쥐로부터 나온 것으로 사람과 동물 모두에게 전염될 수 있는 대표적인 인수 공통 바이러스이다. 에볼라 바이러스와 함께 인간에게 치사율이 높은 감염성 질병을 유발하는 것으로 알려졌다. 동아프리카와 남아프리카에서 유행하며 잠복기는 5~10일이다. 감염된 원숭이나 사람의 혈액에 생체 조직, 피부, 점막이 접촉되었을 때 감염된다. 또한 에어로졸의 흡입을 통해서도 감염될 수 있다. 스페인의 저명한 의사는 코로나 바이러스 백신 속에 마버그 바이러스가 포함된 사실을 폭로했다.

이미 2009년부터 계획된 록펠러 코로나 프로젝트에서도 치사율 30% 코로나 바이러스 속에 포함된 마버그 바이러스를 예고하고 있다. 코로나 바이러스는 지난 2년 동안 치명율 2.11%로 40억 명을 봉쇄했던 코로나 사태는 이제 30%가 넘는 치명율을 가진 새로운 변종이 나타남으로 새로운 국면을 맞이하게 된다. 이전보다 더 심한 락 다운과 국경 봉쇄가 이루어지고 더욱 더 엄격한 백신 패스 제도가 시행되면서 강력한 압박이 주어질 것이다.

경제 팬데믹으로 인한 식량폭동

새로운 변종 바이러스 출현은 위드 코로나와 함께 기사회생 하려는 세계경제를 확실하게 숨통을 끊어버릴 것이다. 특히 자영업자들과 중소기업들이 도산하게 되고 극심한 인플레이션과 말라버린 시중 자금과 치솟는 금리로 인해 세계 자본주의 세상은 스테그인플레이션으로 주저 앉을 것이다. 그동안 투기의 대상이 되었던 가상화폐와 주식과 부동산은 폭락하고 식량과 자원 값은 폭등할 것이다. 은행들은 모든 자산들을 압류하고 스스로를 지켜 보려고 하지만 속절 없이 파산하게 될 것이다. 모든 세계 자본은 미국으로 향하고 중앙은행들이 파산함으로 국가 부도 사태가 이어지면서 세계는 제 3차 세계 대전으로 이어지는 대공황으로 빠지게 된다. 도시마다 거리에는 생존의 답을 잃어버린 군중들로 가득 차게 되고 폭력과 약탈과 방화가 전쟁 수준으로 치닫게 된다. 각 나라마다 비상계엄을 선포하고 분노한 시민들을 제압하려고 하지만 이미 생존의 방법을 잃어 버린 군중들을 이기지 못한다. 이렇게 해서 제 3차 대전이 일어난다.

세계 3차 대전을 통한 리셋(Reset)

세계 3차 대전은 지금까지의 전쟁과 다르다. 보통 전쟁의 목적은 영토를 빼앗고 확장시키는 전쟁이었다. 그러나 3차 대전의 특징은 영토를 빼앗는 전쟁이 아니다. 지구촌에 너무 많은 인구를 줄이는 전쟁이다. 일명 인종청소 전쟁인 것이다. 그래서 군대들이 대거 이동하는 전쟁이 아니다. 대량살상 무기를 통해 지구촌의 인구를 90% 줄이는 것이다. 어떤 형태로든 전쟁이 시작되면 세계 모든 도시의 출입은 완벽하게 봉쇄된다. 왜냐하면 이미 확산된 전염병을 통제하기 위한 수단이라 하지만 가능한 인구가 밀집되어 있는 도시 인구를 살처분 하기 위함이다.

프롤로그

전쟁이 시작되면 일단 대도시 중심으로 원자폭탄이 떨어진다. 이로 인해 전 세계는 패닉 상태에 빠지게 된다. 그리고 동시에 대도시에 치명율 100% 전염병이 시작된다. 전염병을 차단한다는 목적으로 도시는 완전히 봉쇄된다. 도시를 중심으로 5G 주파수 공격이 시작된다.

EMF(Electro Magnetic Frequency) 전자파는 코로나 백신을 통해 인체에 쌓여 있는 산화 그래핀을 춤추게 한다. 주파수를 조절하여 사람을 죽인다. 서로를 죽이게 한다. 스스로 목숨을 끊게 한다. 좀비 인간으로 만든다. 3차 대전의 특징은 환경을 파괴하지 않는 무기들을 동원하여 사람만을 청소하는 것이다. 그래서 대량살상 무기로 개발한 화학 무기와 생물학 무기가 많이 사용된다. 특히 좀비로 변한 인간들은 먹을 것이 없어서 사람들을 잡아 먹는 처참한 세상이 펼쳐진다.

세계 3차 대전 후 스마트 시티 안에서 세워진 신세계질서

제 3차 세계 대전이 끝난 후 스마트 시티 안에서 제 4차 산업 혁명을 통해 지상의 유토피아가 세워진다. 이것이 신세계질서이다. 일명 지상 유토피아이다. 빅 데이터가 통치하는 전자동화 시스템이 작동하는 스마트 도시이다. 이때 666 짐승의 표가 등장한다. 짐승의 표를 받은 자들은 전자화폐와 디지털 신분증이 포함된 우주 에너지와 융합이 된 호모 데오스 인간이 된다. 이 표를 받지 않는 모든 이들은 목을 베어 죽인다. AI 인공지능과 빅 데이터는 도시 시스템과 인간을 하나로 묶어 자동화로 통제를 한다. 이러한 시스템 속에 들어오지 못한 사람들은 모두 다 제거가 된다.

스마트 시티 밖에서 이루어질 원시시대 세상

제 3차 세계 대전 후 도시 밖에는 원시 공산주의 세상으로 바뀌게 된다. 칼 마르크스가 말한 원시 공산주의 세상은 물물교환으로 살아가는 세상을 말한다. 3차 전쟁을 통해 인구 90%가 사라지면서 세상은 리셋(Reset)이 된다. 도시는 스마트 시티로, 도시 밖에는 원시 공산주의 세상으로 변한다. 과학문명과 빅 데이터 통치는 스마트 시티 안에서만 이루어진다. 도시 밖에는 원시사회로 돌아가 무주공산이 된다. 국가 조직이 사라진다. 화폐가 사라져 거래가 끊긴다. 행정업무도 없다. 은행이나 가게 자체가 없다. 있다고 해도 거래는 물건을 서로 주고 교환하는 수준이 된다. 모든 것들이 있는 그대로 먹고 살아가는 세상이 된다. 병들어도 치료할 병원이 없다. 병이 들어도 먹을 약이 없다. 전기도 없다. 미리 준비하지 않는다면 아무런 대책이 없는 것이다. 그래서 사람들은 스마트 시티 안으로 들어가 살려고 몰린다. 그러나 스마트 시티는 좀비 인간들의 출입을 막기 위해 높은 장벽을 세운다. 제 3차 세계 대전이 끝난 후 코로나 백신을 맞고 산화 그래핀이 축적된 사람들은 모두 비정상적인 사람들로 변한다. 그중에 심한 사람들은 좀비가 된다.

하나님께서는 왜 코로나를 통해 세상을 심판 하시는가?

하나님께서는 세상에 죄가 관영할 때마다 심판을 행하셨다. 노아 시대 사람이 먹고, 마시고, 사고, 팔고, 집을 짓고, 시집가고, 장가가는 가운데 인간이 짐승처럼 되었을 때 심판을 행하셨다. 노아의 후손들이 바벨탑을 쌓고 하나님을 대적할 때 심판하셨다. 소돔과 고모라 역시 타락할 때 불과 유황으로 심판을 하셨다. 성경은 세상 마지막 날이 되면 소돔과 고모라 시대와 같고 노아 시대와 같이 타락할 것이라고 경고하였다. 그때 예수님은 세상에 오셔서 세상을 심판하시고 다시 새로운 나라를 세우신다. 이 나라가 천년왕국이다. 지금이 바로 소돔과 고모라와 같은 세상이다.

예수님은 세상을 심판하실 때 일어날 다섯 가지를 말씀 하셨다. 전쟁, 기근, 지진, 난리의 사건, 거짓 선지자 출현이다. 지금 일어나고 있는 일들이다. 앞으로 3차 세계 대전을 통해서 이런 일들이 차례대로 일어날 것이다. 그 시작이 바로 코로나 바이러스 사건이다. 코로나 바이러스를 통해 세상의 모든 질서는 멈춰서고 있다. 이제 남은 것은 다섯 가지 심판뿐이다.

하나님은 누구를 통해서 세상을 심판하시는가?

하나님께서는 아담이 타락한 이후 세상 임금인 사단을 통해 통치하신다. 왜냐하면 아담이 타락함으로 죄의 종(사단의 종)이 되었기 때문이다. 예수님은 아담의 형상을 입고 이 세상에 오셔서 합법적으로 죄의 삯인 사망을 갚으시고 부활하심으로 구원 받은 성도는 세상에 살고 있지만 예수님의 통치를 받고 살아가고 있다. 그래서 세상은 예수님이 통치하시는 교회와 아직도 구원 받지 못하고 사단의 권세 아래에서 통치를 받고 살아가는 세상이 있다. 세상에 동시에 두 가지의 나라가 존재하고 있는 것이다.

구원을 받았다고 하는 의미는 단순히 영생을 소유했다는 의미가 아니다. 적극적으로 누구의 통치를 받고 살아가고 있는가에 대한 문제이다. 왜냐하면 죄의 종으로 통치를 받고 살아간다면 그것은 구원의 의미가 아니다 왜냐하면 세상의 통치를 받고 살고 있기 때문이다. 성경에서 말한 구원의 의미는 예수님의 통치를 받고 살아가는 것이다. 예수님의 통치를 받고 살아가는 장소가 바로 세상이 아닌 교회이다.

교회란 의미는 세상에서 불러낸 무리들이다. 물에서 건져 냈다는 의미도 있다. 이것은 세상과의 분리를 말한다. 세상에는 두 가지의 법이 있다. 세상 권세에 대한 법이 있고 하나님께서 주신 새 계명이 있다. 세상을 통치하는 법의 골격이 십계명이다. 죄를 짓지 말고 살라는 것이다. 이것이 세상 국가들의 법의 기초이다. 왜냐하면 최소한의 합법적인 통치가 이루어지려면 죄를 짓지 않는 사람들이 모여 살아야 하기 때문이다.

그러나 교회는 죄를 짓지 않기 위해서 살아가는 사람들이 아니다. 하나님의 자녀가 되었기 때문에 새 계명을 가지고 지체를 사랑하기 위해서 사는 것이다. 그래서 교회를 한 몸이라고 하였다. 서로가 한 생명을 가지고 예수님을 머리로 삼고 사랑하기에 서로에게 순종하고 서로를 섬기는 공동체이기 때문이다.

주후 313년 이전에는 세상과 교회가 완전하게 분리되어 있었다. 다시 말해서 구원 받은 성도들은 세상과 분리된 한 몸이 되어 하나의 공동체를 이루고 살았던 것이다. 그러나 로마 가톨릭이란 보편적 교회가 탄생하므로 교회는 세상과 섞이고 말았다. 이것이 세상과 교회를 합쳐버린 무천년주의 신학이다. 무천년주의 신학이란 예수님이 오셔서 세우실 천년왕국이 없다고 하는 것이다. 바로 지상의 교회 시대가 바로 천년왕국이란 것이다. 왜 이 신학이 사단의 신학인가? 전천년주의 신학은 예수님께서 재림하셔서 천년왕국을 세우신다는 것이다. 이 신학교리의 중요한 전제 조건은 지금 우리가 살고 있는 세상은 교회가 아니라는 것이다. 즉 아담이 타락한 이후 심판의 대상이 되었다는 것이다. 그러하기 때문에 전천년주의 신학을 가진 성도는 세상을 사랑하지 않고 나그네로 살아가면서 주님이 세우실 천년왕국을 본향으로 기다리는 것이다.

무천년주의 신학은 오리겐으로부터 어거스틴, 존 칼빈, 아브라함 카이퍼 오늘날 루이스 벌 코프 신학으로 이어져 내려오고 있다. 전 세계 모든 신학교가 바로 무천년주의 신학으로 점령되었다. 이는 세상을 통치하는 사단이 지상의 하나님의 교회로 세상을 사랑하게 만들어 타락시키기 위해 만든 신학이기 때문이다. 사단은 짝퉁 보편적 교회를 만들어 지상에 유토피아를 세우려 한다. 이것이 킹덤 나우(Kingdom Now), 킹덤 아미(Kingdom Army), 아브라함 카이퍼의 영역주권 신학인 신세계질서이다. 사단은 이를 위해 세상의 모든 종교를 하나로 통합시키고 있다. 신사도운동이다. 은사주의 유대 카발라 종교이다. 과학종교이다. 문화종교이다. 뉴 에이지 종교이다. 사단의 세력들이 만든 보편적 교회 안에서 이루어지고 있는 구원이 바로 원뉴맨 신인간이다. 집합 그리스도, 우주 그리스도이다. 이것이 우주 에너지, 지구에너지, 사람의 DNA가 융합된 호모 데오스 인간이다.

사단이 발전시킨 최첨단 현대 과학은 양자 물리학이다. 세상의 모든 에너지가 양자역학에서 만나는 것이다. 이것이 통일장 우주론이다. 666 시스템이라고 한다. 현대 과학은 사람의 생노병사를 정복하고 있다. 복제 기술로 사람들을 만들고, 유전자를 변경시켜 영생불사 존재로 사람을 편집한다. 인공지능 AI와 연결시켜 슈퍼 맨과 슈퍼 우먼을 만든다. 호모 데오스 인간들은 더 이상 하나님의 형상을 입은 사람이 아니다. AI 인공로봇이다.

　사단은 제 4차 산업 혁명을 통해 지구촌에 유토피아를 세우려 한다. 이것이 스마트 시티 안에서 완성되는 신세계질서이다. 그런데 지구촌에 너무나 많은 인구가 살고 있다. 이제 더 이상 무능하고 원죄의 부패성을 가진 호모 사피엔스 인간은 필요가 없다. 지구촌을 더럽힌 쓰레기에 불과한 것이다. 그래서 코로나 바이러스와 백신을 통해 90%를 청소하려고 하는 것이다.

　그런데 놀라운 것은 이것이 하나님의 뜻이다. 더 이상 하나님께서 품을 수 없는 인간의 죄악이 스스로를 파멸시킨 것이다. 사단은 처음부터 하나님을 대적했다. 뭇 별 위에 자리를 높여 하나님의 보좌를 탐내었다. 하나님과 견주어 이기려고 하다가 심판을 받고 타락하였다. 결국 사단은 마지막까지 하나님의 아들 예수님이 세우신 새로운 에덴인 천년왕국에 대한 지식들을 감추고 스스로 과학을 통해 만든 짝퉁 영생으로 사람을 만들고 사람들을 미혹하여 하나님과 견주려 하는 것이다. 바벨탑을 쌓아서 대적하다가 심판을 받았듯이 마지막 호모 데오스 인간을 만들어 하나님과 견주려 한 사단은 예수님이 재림하심으로 심판을 받는다. 그때 그의 표를 받고 미혹된 영혼들이 모두 심판을 받고 둘째 사망으로 들어간다.

　하나님은 지금도 천년이 하루같이 하루가 천년같이 사단에게 미혹되어 살아가는 죄인들을 기다리신다. 어쩌면 이 책이 마지막으로 당신을 기다리는 하나님의 마음을 전하는 편지가 될 수 있을지도 모른다.

　세상에서 일어난 모든 일들은 하나님께서 허락하신 것이다. 심지어 참새 한 마리조차도 하나님의 허락하심 없이 떨어지지 않는다. 이것은 예수님께서 하신 말씀이다. 하나님께서는 아담이 타락한 이후에도 일곱 머리 열 뿔을 통해 세상을 통치하시면서 하나님의 구원을 이루어 가신다. 바벨론 제국을 세우셔서 타락한 유다를 심판하시고 70년 바벨론 포로기간을 거치면서 녹이고 연단하여 정결한 신부로 만드셨다. 고레스 페르시아 제국을 세우셔서 바벨론 포로에서 해방시켜 주시고 예루살렘으로 돌아와 다윗의 자손을 통해 여호와 새 언약을 맺으셨다. 이것이 신약의 교회와 천년왕국에 대한 언약이다. 세상 마지막 날에도 하나님은 바벨론이란 적그리스도의 나라를 세우시고 타락한 보편적 교회를 심판 하시고 휴거하지 못한 교회를 7년 대환난 기간을 통해 녹이고 연단하사 거룩하고 흠 없는 새 예루살렘인 예수님의 신부로 단장 시키신 후 첫째 부활에 참여시켜 천년왕국을 통치하게 하신다. 지금 세계적으로 일어난 코로나 19와 크고 작은 사건들은 하나님이 지상의 교회를 녹이고 연단하셔서 예수님의 거룩한 신부로 단장해 나가시는 과정이다.

마지막 경고, 바벨론에서 나오라

"또 내가 들으니 하늘로서 다른 음성이 나서 가로되 내 백성아, 거기서 나와 그의 죄에 참예하지 말고 그의 받을 재앙들을 받지 말라 그 죄는 하늘에 사무쳤으며 하나님은 그의 불의한 일을 기억하신지라"(계18:4-5)

마지막 심판의 특징은 장소적으로 일어나고 개인적 신분적으로 일어난다. 심판을 받지 않기 위해 바벨론이란 장소에서 떠나야 한다. 요한 계시록에서 바벨론은 두 가지 의미가 있다.

첫째는 음녀 바벨론이다. 타락한 교회이다. 종교통합으로 하나 된 귀신들의 통합체이다. WCC와 WEA를 통해 세계 교회는 신세계질서 즉 새로운 세상을 만들기 위해 모든 종교들이 하나로 통합이 되고 있다. 이것이 바벨론 음녀가 들고 있는 금잔으로 음녀 바벨론이다.

둘째는 바벨론은 적그리스도가 통치한 정치적이며 경제적인 영역이다. 바벨론 음녀는 왕과 재벌들과 음행을 하였다. 즉 결탁이 된 것이다. 정치, 종교, 경제가 하나가 된 상징이 바벨론이다. 마지막 적그리스도가 하나님을 향해 승리를 선포하고 배도하고 대적할 장소는 스마트 시티이다. 즉 도시이다. 도시를 제 4차 산업 혁명을 통해 완성하고 거기에서 생노병사를 정복한 신인간들을 만들어 하나님을 향해 승리를 선포하고 배도하여 대적할 것이다. 이때 예수님이 재림 하셔서 그 나라를 멸하시고 세우시는 나라가 새로운 에덴 천년왕국이다.

사단 루시퍼는 물질세계를 지배하는 신이다. 물질 신 바알 종교이다. 죽기를 무서워하므로 세상 사람들은 죽기 직전까지 물질 세상을 떠나지 않을 것이다. 즉 도시를 떠나지 않는다. 집을 버리지 않는다. 왜냐하면 그것들을 버리는 순간 죽을 수도 있기 때문이다. 원죄의 부패성을 버리지 아니한 사람들은 절대로 물질을 버릴 수 없다. 끝까지 롯의 처와 같이 미련을 버리지 못하므로 그 영혼을 불에서 건져내지 못할 것이다. 그러나 살고자 하는 자는 죽을 것이요 죽고자 하는 자는 살 수 있을 것이다.

당신이 심판을 받지 않기 위해 타락한 교회를 떠나야 한다. 타락한 도시를 반드시 벗어나야 한다. 아브라함이 부르심을 입을 때 갈 바를 알지 못하고 본토 친척 아비 집을 떠났듯이 당신은 도시에 있는 모든 보금자리에서 벗어나야 한다. 그렇지 않으면 살려고 버틴 그 장소가 무덤이 될 것이다.

지금은 도시가 편하고 풍요롭지만 환난 때 도시는 지옥으로 변한다. 모든 생필품의 공급이 끊긴다. 먹을 것이 없다. 전기와 물과 교통이 끊긴다. 저녁이 되면 암흑천지가 된다. 쓰레기와 오물은 집안에 쌓이고 내가 있는 장소가 감옥이 된다. 밤마다 도시는 좀비들이 먹을 것이 없어 사람들을 잡아먹기 위해 돌아 다닌다. 도시에서 가장 무서운 존재가 사람이 될 것이다. 겉으로는 순진한 어린 아이 같고, 착한 총각 같고, 아름다운 처녀 같고, 인자한 엄마, 아빠, 할아버지, 할머니 같지만 순간적으로 악마로 변하여 당신을 공격 한다면 당신은 사람이 무서워 집 밖으로 한 발자국도 나갈 수 없을 것이다.

당신은 교회입니까?

당신은 교회입니까? 라는 말은 당신은 구원 받았습니까? 당신은 그리스도인입니까? 당신은 거듭났습니까? 라는 말과 같은 의미이다. 그런데 왜 당신은 교회입니까? 라는 말을 강조해야 만 하는 것일까? 마지막 때 보편적 교회 안에서 점점 희미해져 가는 기독교의 정체성을 바로 세워야 하기 때문이다. 즉 기독교회라는 말의 의미가 모든 종교가 통합되는 과정에서 점점 세속화 되어가고 있기 때문이다. 당신은 교회입니까? 라는 다른 적극적인 의미는 당신은 예수님의 신부입니까? 당신은 예수님의 몸입니까? 라는 말과 같은 것이다. 기독교인이 교회를 다니면서도 자신이 예수님의 신부인 것을 잘 모른다. 왜냐하면 교회라는 개념 자체가 포괄적으로 건물이라는 장소적인 개념으로 각인이 되어 있기 때문이다. 그러나 이제 알곡과 가라지가 분리되는 영적 추수 때에는 기독교회에 대한 정확한 이해와 나의 신앙의 정체성을 분명하게 정리해야 할 때가 된 것이다.

기독교란 그리스도교를 한자(漢字)로 음역한 것을 줄인 것이다. 그리스도, 크리스트, 크라이스트, 기리사독(基利斯督)은 기름부음을 받았다는 크리스토스($Χριστός$)에서 나온 말이다. 기름 부음을 받았다는 크리스토스($Χριστός$)는 아벨의 제사에 기름을 사용한데 기인한 것으로 히브리어 마쉬아흐(משׁח), 그리스어 맛시아스($Μεσσίας$)는 기름 부음을 주는 자란 뜻이기도 하다. 그리스도인으로 신약 성경에서 처음 사용된 것은 안디옥 교회이다(행11:26)

기독교인을 그리스도인이라고 하는 이유는 사도 바울이 고백한 것처럼 나는 십자가에서 죽고 이제 내가 산 것이 아니라 내 안에 그리스도께서 사신 것이다.(갈2:20)

기독교의 예배의 본질은 아벨이 단을 쌓아 기름을 드린 것이다. 여기에서 기름은 아벨 자신의 생명이다. 예수님께서 세상에 오셔서 자신을 생축으로 하나님께 드리시고 우리를 값 주고 사신 것이다. 그러므로 그리스도인이란 예수님과 같이 기름 부음을 주는 자와 같이 자신의 생명을 나눠 주는 자이다. 즉 내가 산 것이 아니라 내 안에 예수님이 사는 사람이다. 이런 사람을 성경은 교회라고 한다. 즉 예수님의 몸이란 것이다.(엡1:23)

가인의 제사는 기름을 드리지 않았다. 즉 자신의 생명을 드리지 않았다. 죄의 삶이 사망이기에 반드시 하나님께 열납된 제사는 기름(생명)이 드려져야 한다. 오늘날 우리가 예배를 드리면서 헌금을 드리는 것도 역시 나의 생명을 드리는 것이다. 즉 나의 삶의 일부를 기념으로 드린 것이다. 단순히 물질만 드리는 예배는 가인의 제사가 되는 것이다. 그리스도인의 삶 역시 마찬가지이다. 예수님이 값을 주고 사신 성도는 자기 마음대로 살면 안된다. 무슨 일을 하든지 예수님의 이름으로 살아야 한다. 이 사람을 교회라고 한다. 단순히 장소적으로 교회를 다닌다는 의미가 아니다.

고대 종들은 값을 주고 사기도 하고 팔기도 하였다. 주인의 소유물인 재산이 된 것이다. 교회 역시 예수님의 몸으로 예수님이 생명의 값을 주시고 자기 몸으로 사신 후 성령을 보내 우리 안에서 예수님이 살고 계신 것이다. 이 사람이 바로 예수님의 신부, 교회인 것이다.

내가 교회인 것을 아는 방법은 무엇인가?

이 책에서는 객관적으로 주관적으로 내가 교회인가를 아는 방법들을 제시한다. 이제 미혹의 시대가 되었다. 영적으로 캄캄한 세상이 된 것이다. 아모스 선지자가 예언한 것처럼 세상에 생명의 말씀이 사라지고 있는 것이다.

"주 여호와께서 가라사대 보라 날이 이를찌라 내가 기근을 땅에 보내리니 양식이 없어 주림이 아니며 물이 없어 갈함이 아니요 여호와의 말씀을 듣지 못한 기갈이라 사람이 이 바다에서 저 바다까지, 북에서 동까지 비틀거리며 여호와의 말씀을 구하려고 달려 왕래하되 얻지 못하리니 그 날에 아름다운 처녀와 젊은 남자가 다 갈하여 피곤하리라(암8:1-13)

내가 교회인 것을 아는 방법은 첫째 세상을 알아야 한다. 둘째 영적인 세계를 알아야 한다. 셋째 성경을 알아야 한다. 넷째 교회를 알아야 한다. 다섯째 미래를 알아야 한다. 여섯째 나를 알아야 한다. 일곱째 내가 회개하고 교회가 될 수 있는 유일한 방법 10가지를 알아야 하는 것이다.

회개하라 천국이 가까왔느니라!

"슬프다 어찌 그리 금이 빛을 잃고 정금이 변하였으며 성소의 돌이 각 거리 머리에 쏟아졌는고 시온의 아들들이 보배로와 정금에 비할러니 어찌 그리 토기장이의 만든 질항아리 같이 여김이 되었는고 들개는 오히려 젖을 내어 새끼를 먹이나 처녀 내 백성은 잔인하여 광야의 타조 같도다 젖먹이가 목말라서 혀가 입천장에 붙음이여 어린 아이가 떡을 구하나 떼어 줄 사람이 없도다 진수를 먹던 자가 거리에 외로움이여 전에는 붉은 옷을 입고 길리운 자가 이제는 거름더미를 안았도다 전에 소돔이 사람의 손을 대지 않고 경각간에 무너지더니 이제 처녀 내 백성의 죄가 소돔의 죄악보다 중하도다 전에는 존귀한 자의 몸이 눈보다 깨끗하고 젖보다 희며 산호보다 붉어 그 윤택함이 마광한 청옥 같더니 이제는 그 얼굴이 숯보다 검고 그 가죽이 뼈에 붙어 막대기 같이 말랐으니 거리에서 알 사람이 없도다 칼에 죽은 자가 주려 죽은 자보다 나음은 토지소산이 끊어지므로 이들이 찔림 같이 점점 쇠약하여 감이로다 처녀 내 백성의 멸망할 때에 자비한 부녀가 손으로 자기 자녀를 삶아 식물을 삼았도다 여호와께서 분을 발하시며 맹렬한 노를 쏟으심이여 시온에 불을 피우사 그 지대를 사르셨도다 대적과 원수가 예루살렘 성문으로 들어갈 줄은 세상 열왕과 천하 모든 백성이 믿지 못하였었도다 그 선지자들의 죄와 제사장들의 죄악을 인함이니 저희가 성읍 중에서 의인의 피를 흘렸도다 저희가 거리에서 소경 같이 방황함이여 그 옷이 피에 더러웠으므로 사람이 만질 수 없도다" (애4:1-14)

　모든 것이 무너진다. 모든 것이 뒤집혀진다. 내가 사랑하고 아끼던 모든 것들이 내 눈 앞에서 사라진다. 이때 내가 할 수 있는 일은 아무 것도 없다 나도 당신도 우리의 모든 가족들도 뜨거운 심판의 용광로를 통과해야 한다. 이것이 예수님의 재림 전 7년 동안 세상에서 일어날 시험과 환난의 때이다. 화려한 도시와 우뚝 솟은 빌딩들이 파도처럼 흔들리며 무너진다. 공들여 마련한 보금자리가 고통과 탄식의 자리로 변한다. 예레미야가 말한 것처럼 젖보다 희며 산호보다 붉어 그 윤택함이 마광한 청옥 같더니 이제는 그 얼굴이 숯보다 검고 그 가죽이 뼈에 붙어 막대기 같이 말라서 거리에서 알 사람이 없다. 자비한 부녀가 자기 자녀를 삶아 식물로 삼는다. 이런 일이 일어날 것을 당신은 아는가? 아마도 이런 말을 하는 나를 미쳤다고 말할 것이다. 예레미야는 40년 동안 자기 백성들에게 온갖 미움과 조롱을 받으면서도 그는 성실하게 다가올 심판과 하나님의 구원 계획을 전파하였다. 사람들은 그를 미친 사람으로, 재수 없는 사람으로 여기고 외면하고 그를 죽이기 위해 수많은 시도를 했다.

그러나 그의 예언은 그대로 이루어졌다. 이것이 하나님의 말씀이다. 성경은 경고한다. 과거 남북 이스라엘의 심판과 회복의 역사가 다시 우리 시대에 이스라엘과 교회를 대상으로 반복이 된다. 이것이 다니엘의 70이레 비밀이다.

당신이 반드시 준비해야 할 세 가지

당신이 만일 교회라면 당신은 반드시 세 가지를 준비해야 한다.

첫째는 휴거를 준비해야 한다.

휴거는 7년 대환난 전에 있다. 적그리스도와 이스라엘이 평화 조약을 맺고 성전 건축을 시작할 때 일어난다. 마가의 다락방에 성령이 강림하신 후 땅 끝까지 복음이 증거 되고 교회가 완성되었기 때문이다. 먼저 예수 믿고 죽은 자들이 일어난다. 그리고 살아 있는 구원 받은 성도들 중에서 휴거에 참여한 자가 올라간다. 만일 당신이 휴거를 준비하고 있다면 당신은 먼저 당신의 소유를 모두 팔아 가난한 자들에게 주어야 한다. 당신이 휴거를 준비하고 있다면 당신은 영과 혼과 몸이 흠과 티가 없이 보존 되어야 한다.(살전5:23) 당신이 만일 휴거를 준비하고 있다면 당신은 당신의 모든 원수들과 핍박자들을 용서하고 사랑해야 한다.

"항상 기뻐하라 쉬지 말고 기도하라 범사에 감사하라 이는 그리스도 예수 안에서 너희를 향하신 하나님의 뜻이니라 성령을 소멸치 말며 예언을 멸시치 말고 범사에 헤아려 좋은 것을 취하고 악은 모든 모양이라도 버리라 평강의 하나님이 친히 너희로 온전히 거룩하게 하시고 또 너희 온 영과 혼과 몸이 우리 주 예수 그리스도 강림하실 때에 흠없게 보전되기를 원하노라"(살전5:17-23)

둘째 공동체 교회를 준비해야 한다.

만일 당신이 휴거에 참여할 수 없다면 공동체 교회를 준비해야 한다. 공동체 교회란 거듭난 성도이지만 세마포 옷이 준비되지 않아 휴거에 참여하지 못한 성도들이 광야교회에서 양육을 받고 예수님의 지상 재림 때 첫째 부활에 참여하는 성도들을 말한다. 당신이 만일 공동체 교회를 세우기를 원한다면 당신은 반드시 도시를 떠나야 한다. 그리고 공동체 교회를 찾아야 한다.

공동체 교회는 단순한 도피처가 아니다. 단순하게 환난을 피하기 위해 소수의 사람들이 모여서 만든 공동체는 교회가 아니라 도피처이다. 공동체 교회란 성삼위 하나님께서 주신 은사로 이루어진 공동체를 말한다.(고전12:4-6) 이런 공동체는 하루 이틀에 만들어질 수 없다. 이미 오래전부터 하나님께서 예비하셔야 하는 것이다. 하나님께서는 모세를 통해 40년 동안 광야교회를 준비하시고 자기 백성들을 애굽에서 건져 내셨다. 하나님께서는 예수님을 통해 교회를 세우시기 위해 세례 요한을 30년 동안 광야에서 준비 시키셨다.

독수리가 남자를 낳은 여자(교회)를 등에 업어 광야 자기 곳으로 가서 후 삼년 반 동안 양육을 하는 모습이 요한 계시록 12장에 기록되어 있다. 하나님께서 세우신 광야 공동체 교회이다. 독수리의 집이 광야에 있듯이 독수리는 모세와 세례 요한과 같은 광야 사역자이다. 이미 그들의 사역은 광야에서 30년~40년 동안 양육할 수 있도록 준비되었던 것이다. 광야 공동체 교회를 세우는데 가장 중요한 관점은 모세와 세례 요한과 같은 영적인 리더가 준비되어야 하는 것이다.

"용이 자기가 땅으로 내어쫓긴 것을 보고 남자를 낳은 여자를 핍박하는지라 그 여자가 큰 독수리의 두 날개를 받아 광야 자기 곳으로 날아가 거기서 그 뱀의 낯을 피하여 한 때와 두 때와 반 때를 양육 받으매 여자의 뒤에서 뱀이 그 입으로 물을 강 같이 토하여 여자를 물에 떠내려 가게 하려 하되 땅이 여자를 도와 그 입을 벌려 용의 입에서 토한 강물을 삼키니 용이 여자에게 분노하여 돌아가서 그 여자의 남은 자손 곧 하나님의 계명을 지키며 예수의 증거를 가진 자들로 더불어 싸우려고 바다 모래 위에 섰더라"(계12:13-17)

예수님께서도 마지막 환난의 때 양식을 준비해서 나눠줄 자가 충성된 종으로 복이 있다고 하셨다. 요셉처럼 7년 풍년시대 양식을 준비해서 7년 흉년시대 양식을 나눠줄 자가 바로 광야 사역자이다.

"그러므로 깨어 있으라 어느 날에 너희 주가 임할는지 너희가 알지 못함이니라 너희도 아는 바니 만일 집 주인이 도둑이 어느 시각에 올 줄을 알았더라면 깨어 있어 그 집을 뚫지 못하게 하였으리라 이러므로 너희도 준비하고 있으라 생각하지 않은 때에 인자가 오리라 충성되고 지혜 있는 종이 되어 주인에게 그 집 사람들을 맡아 때를 따라 양식을 나눠 줄 자가 누구냐 주인이 올 때에 그 종이 이렇게 하는 것을 보면 그 종이 복이 있으리로다 내가 진실로 너희에게 이르노니 주인이 그의 모든 소유를 그에게 맡기리라"(마24:42-47)

셋째 순교를 준비해야 한다.

만일 당신이 도시를 떠나지 못한다면 반드시 순교를 준비해야 한다. 많은 성도들이 왜 구원 받은 성도들이 순교를 해야 하는지에 대하여 의문을 갖는다. 대다수의 성도들이 막연하게 휴거를 꿈꾸고 있다는 것이다. 왜 순교를 해야 하는가? 살아서 예수님을 만나는 성도들은 원죄의 부패성에서 완전히 자유롭게 되어야 한다. 원죄의 부패성에서 자유롭게 되려면 육체의 생명이 죽어야 한다. 그래서 100% 살아 있는 순교자들은 휴거를 하고, 영적인 성도는 광야 공동체 교회에서 양육을 받을 수 있지만 육적인 그리스도인들은 순교를 통해서만 원죄의 부패성을 벗어버릴 수 있다. 라오디게아 교회는 순교하는 교회이다. 전형적인 도시의 물질 중심의 교회이기 때문이다. 스스로 부요하고 부족한 것이 없는 교회라고 하지만 예수님이 보시기에 가난하고, 가련하고, 벌거벗고, 눈 먼 교회이다.

스스로 자만에 빠져 회개할 줄 모르는 교회이다. 차지도 아니하고 더웁지도 아니하고 세상과 교회에 양다리 걸치고 있는 기회주의적인 교회이다. 그래서 예수님은 입에서 토하여 내치신다. 사랑하는 자를 순교라는 채찍으로 징계하신다. 그래서 불로 연단한 금을 갖게 하시고, 안약을 사서 발라 보게 하신다. 흰옷을 사서 입히신다.

"내가 네 행위를 아노니 네가 차지도 아니하고 더웁지도 아니하도다 네가 차든지 더웁든지 하기를 원하노라 네가 이같이 미지근하여 더웁지도 아니하고 차지도 아니하니 내 입에서 너를 토하여 내치리라 네가 말하기를 나는 부자라 부요하여 부족한 것이 없다 하나 네 곤고한 것과 가련한 것과 가난한 것과 눈 먼것과 벌거벗은 것을 알지 못하도다 내가 너를 권하노니 내게서 불로 연단한 금을 사서 부요하게 하고 흰 옷을 사서 입어 벌거벗은 수치를 보이지 않게 하고 안약을 사서 눈에 발라 보게 하라 무릇 내가 사랑하는 자를 책망하여 징계하노니 그러므로 네가 열심을 내라 회개하라"(계3:15-19)

순교를 준비하는 방법은 깨어 있어야 한다. 하나님의 말씀을 가지고 자신과 가족들을 철저하게 가르치고 순종하고 복종하는 훈련을 해야 한다. 마지막 때 일어날 일에 대한 지식이 충분하게 있어야 한다. 예수님은 죽기 직전에 제자들에게 앞으로 일어날 일들에 대하여 자세하게 말씀을 하셨다. 그때 제자들은 예수님의 하신 말씀을 전혀 이해하지 못했다. 그럼에도 불구하고 예수님은 지금은 너희가 감당하지 못한다 하더라도 나중에는 알 것이라고 하셨다. 성령이 강림하신 후 모두 가르쳐 주실 것을 말씀 하신 것이다. 만일 제자들이 예수님이 하신 말씀을 미리 듣지 않았다면 성령이 오셔서 도무지 그들을 깨닫게 하실 수 없었을 것이다.

종말에 일어날 일들에 지식을 가진 성도들은 제자들처럼 그 내용을 당장에 믿고 순종하지 못한다 할지라도 하나님의 심판이 그대로 이루어질 때 나중에서라도 깨닫고 정신을 차리고 회개할 수 있기 때문에 순교가 가능한 것이다.

"오직 너희에게 이 말을 이른 것은 너희로 그 때를 당하면 내가 너희에게 이 말 한 것을 기억나게 하려 함이요 처음부터 이 말을 하지 아니한 것은 내가 너희와 함께 있었음이니라 이것을 너희에게 이름은 너희로 내 안에서 평안을 누리게 하려함이라 세상에서는 너희가 환난을 당하나 담대하라 내가 세상을 이기었노라 하시니라"(요16:4,33)

순교도 아무나 할 수 있는 것이 아니다. 반드시 하나님의 말씀과 예수의 증거가 있어야 한다. 이런 성도들이 순교를 할 수 있는 것이다.

"또 내가 보좌들을 보니 거기 앉은 자들이 있어 심판하는 권세를 받았더라 또 내가 보니 예수의 증거와 하나님의 말씀을 인하여 목 베임을 받은 자의 영혼들과 또 짐승과 그의 우상에게 경배하지도 아니하고 이마와 손에 그의 표를 받지도 아니한 자들이 살아서 그리스도로 더불어 천년 동안 왕노릇 하니"(계20:4)

2022년 2월 12일
이형조

목 차

프롤로그 ··· 5
당신은 교회입니까? ·· 17
내가 교회인가를 알 수 있는 방법 ···························· 19

제1장 세상을 알아야 한다
  1. 성경에서 말하고 있는 세상 ······························ 31
  2. 기독교 신학에서 말한 세상 ······························ 48
  3. 하나님의 구속의 섭리와 일곱 머리 열 뿔 붉은 용 ············ 52

제2장 영적인 세계를 알아야 한다
  1. 사단의 정체 ·· 62
  2. 사단이 세상을 통치하는 조직 ··························· 64
  3. 사단이 통치하는 72 마신 ·································· 65
  4. 사단의 종교, 유대 카발라 ································· 66
  5. 사단이 지배하는 혈통들 ···································· 69
  6. 세계 3대 권력 기관 ·· 70
    1) 경제권력(The City Of London) ···················· 70
    2) 종교권력(로마 바티칸) ·································· 73
    3) 정치권력(워싱톤 DC) 92 ······························ 89

제3장 성경을 알아야 한다
  1. 천지 창조의 비밀 ·· 99
  2. 에덴 동산의 비밀 ··101

   3. 아담과 하와와 교회의 비밀·· 103
   4. 시내산에서 맺은 율법의 언약은 혼인언약이다 ··············· 104
   5. 바벨론에서 돌아올 때 맺은 새 언약 ································· 105
   6. 이사야 66장을 통한 신구약 시대 구분 ···························· 107
   7. 남북 왕조의 멸망과 회복··· 110
   8. 다니엘 70이레 비밀과 예수님의 재림 통치 ··················· 113
   9. 예수님께서 말씀하신 배도와 야곱의 대환난···················· 114

제4장 교회를 알아야 한다

   1. 성 삼위 하나님과 교회 ·· 116
   2. 창세전부터 감춰진 교회··· 118
   3. 창세전부터 꿈꾸던 교회··· 119
   4. 에덴의 교회··· 121
   5. 이스라엘의 교회 ·· 122
   6. 신약의 교회 ·· 125
   7. 천년왕국의 교회 ·· 126

제5장 미래를 알아야 한다

   1. 코로나 19를 통해 준비된 리셋(The Great Reset)············ 129
   2. 코로나 팬데믹-기아 팬데믹-전쟁 팬데믹 ·························· 130
   3. 3차 세계대전과 인종청소를 통한 하나님의 심판············· 131
   4. 미국과 함께 망하는 구질서 세계(Old Order) ···················· 132
   5. 중동 평화 조약과 7년 대환난 시작 ···································· 134
   6. 제 3 유엔과 함께 시작된 신세계질서(New World Order)·· 135
   7. 자본주의가 현금과 함께 사라진다 ······································ 136

   8. ID 2020, 공산주의 세계정부의 디지털 신분증 ……… 138
   9. 스마트 시티에서 일어날 일 ……………………………… 138
  10. 3차 세계 대전 후 사라질 구시대 유물들 ……………… 139
  11. 호모 데우스 인간과 좀비 인간으로 변한 호모 사피엔스
      인간 ……………………………………………………… 141
  12. 이미 구원 받은 성도가 백신을 맞으면 구원이 없어지는가?·· 145
  13. 성령의 표인가? 짐승의 표인가? …………………………… 146
  14. 666 짐승의 표란 무엇인가? ……………………………… 147
  15. 마지막 리셋시대 구원받은 성도는 어떻게 살아야 하나? … 152

제6장 나를 알아야 한다

  1. 당신이 교회인 10가지 이유 ……………………………… 164
  2. 당신이 거듭난 성도인 10가지 이유 ……………………… 180
  3. 당신이 하나님의 아들인 10가지 이유 …………………… 205
  4. 당신이 교회가 아닌 10가지 이유 ………………………… 226
  5. 당신이 거듭난 성도가 아닌 10가지 이유 ………………… 245
  6. 당신이 하나님의 아들이 아닌 10가지 이유 ……………… 265

제7장 당신이 회개하고 교회가 될 수 있는 유일한 방법 10가지

  1. 회개하라 …………………………………………………… 290
  2. 용서하라 …………………………………………………… 293
  3. 갚으라 ……………………………………………………… 294
  4. 찾아가라 …………………………………………………… 295

5. 버리라 ………………………………………………… 295
6. 나오라 ………………………………………………… 296
7. 떠나라 ………………………………………………… 298
8. 순종하라 ……………………………………………… 299
9. 준비하라 ……………………………………………… 300
10. 고백하라 …………………………………………… 301

에필로그 …………………………………………………… 303
세계제자훈련원 출판도서 목록 ………………………… 306

제1장 세상을 알아야 한다

1. 성경에서 말하고 있는 세상

1) 악한 자에게 처해 있다

"또 아는 것은 우리는 하나님께 속하고 온 세상은 악한 자 안에 처한 것이며"(요일5:19)

성경은 가인이 아벨을 죽인 최초의 살인 사건에 대하여 설명을 한다. 가인이 아우 아벨을 죽인 것이 아니라 가인 속에 있는 마귀가 아벨을 죽였다는 것이다. 성경에서 말하고 있는 세상은 하나님께서 지으신 모든 물질세계를 포함하고 있다. 왜냐하면 아담을 하나님께서 지으실 때 흙으로 지으셨기 때문에 아담이 타락할 때 모든 피조 세계가 마귀의 통치 영역이 되었다는 것이다. 그래서 사도 요한은 구원 받은 성도는 하나님께 속한 존재이지만 세상은 악한 마귀가 다스리고 있는 것이다.

"죄를 짓는 자는 마귀에게 속하나니 마귀는 처음부터 범죄함이라 하나님의 아들이 나타나신 것은 마귀의 일을 멸하려 하심이라 가인 같이 하지 말라 그는 악한 자에게 속하여 그 아우를 죽였으니 어떤 이유로 죽였느냐 자기의 행위는 악하고 그의 아우의 행위는 의로움이라"(요일3:8,12)

사도 요한은 예수님께서 오신 목적은 마귀의 일을 멸하려 하심이라고 하였다. 이는 마귀가 통치한 모든 세상을 멸하신다는 것이다. 그렇다 예수님께서 인간의 몸을 입고 오셔서 주신 구원이란 단지 영혼만을 구하시는 것이 아니다. 타락한 육체까지도 구원 하신 것이다. 그러므로 구원을 받은 성도는 원죄의 부패성을 가지고 마귀가 지배하고 있는 세상에서 살고 있다 하여도 이미 하나님께 속하여 살고 있는 것이다.

가인이 아우 아벨을 죽인 것은 가인이 마귀에게 속하여 죽인 것이다. 만일 가인이 마귀에게 속하지 않았다면 아우 아벨을 죽이지 않았다는 것이다. 그렇다면 속했다는 의미는 무엇인가? 빠졌다. 지배받고 있다. 종이 되었다는 것이다. 가인의 소속 자체가 바뀐 것이다. 자신을 잃어버리고 마귀의 소유가 되어 버린 것이다. 성경은 이것을 마귀의 종이라 하였다. 즉 죄의 종이 된 것이다. 그러므로 죄가 시키는 대로 살인을 한 것이다.

사도 바울은 예수 믿고 구원을 받은 후 하나님의 뜻대로 살기를 원했다. 그러나 마음이 원하는 선을 하지 아니하고 도리어 원치 아니한 악을 행하고 있는 자신을 보았다. 그는 발버둥을 치면서 율법이 요구한 선한 행위를 갖기를 원했지만 그가 원하면 원할수록 그는 처절한 실패자가 되어 버린 것을 알고 오호라 나는 곤고한 사람이라고 탄식을 했다. 그런 가운데 한 가지 커다란 깨달음을 갖게 된다. 자신이 이미 죄의 종이 되어 있다는 사실이다. 즉 사단의 종이 되어 원죄의 부패성에서 벗어나지 못하고 신음하고 있는 자신을 본 것이다.

"내가 원하는 바 선은 행하지 아니하고 도리어 원하지 아니하는 바 악을 행하는도다 만일 내가 원하지 아니하는 그것을 하면 이를 행하는 자는 내가 아니요 내 속에 거하는 죄니라 그러므로 내가 한 법을 깨달았노니 곧 선을 행하기 원하는 나에게 악이 함께 있는 것이로다 내 속사람으로는 하나님의 법을 즐거워하되 내 지체 속에서 한 다른 법이 내 마음의 법과 싸워 내 지체 속에 있는 죄의 법으로 나를 사로잡는 것을 보는도다 오호라 나는 곤고한 사람이로다 이 사망의 몸에서 누가 나를 건져내랴"(롬7:19-24)

구원 받은 성도들은 누구나가 사도 바울처럼 율법이 요구한 거룩한 삶을 살기를 원한다. 그러나 마음과 뜻대로 되어지지 않는다. 그때 대다수의 성도들은 스스로 절망하고 거룩한 삶의 도전을 포기한다. 그러나 사도 바울은 피흘리기까지 죄와 싸우는 과정 속에서 커다란 사실을 알게 된다. 자기 속에 선한 것이 없다는 사실이다. 즉 100% 죄의 종으로 살아가고 있다는 사실이다.

"우리가 율법은 신령한줄 알거니와 나는 육신에 속하여 죄 아래 팔렸도다 나의 행하는 것을 내가 알지 못하노니 곧 원하는 이것은 행하지 아니하고 도리어 미워하는 그것을 함이라 만일 내가 원치 아니하는 그것을 하면 내가 이로 율법의 선한 것을 시인하노니 이제는 이것을 행하는 자가 내가 아니요 내 속에 거하는 죄니라 내 속 곧 내 육신에 선한 것이 거하지 아니하는 줄을 아노니 원함은 내게 있으나 선을 행하는 것은 없노라"(롬7:14-18)

구원 받은 성도라도 육신에 속한 그리스도인이 있고 영에 속한 그리스도인들이 있다. 육신에 속한 그리스도인들은 구원을 받았지만 죄에 대하여 자유를 누리지 못하고 산다. 그러나 영에 속한 그리스도인들은 죄에 대한 자유함을 누리고 산다. 무슨 차이일까? 원죄의 부패성에서 자유와 해방을 누리고 사는가 아닌가에 대한 차이 이다.

사도 바울은 자기 속에 선한 것이 없다는 사실을 죄와 피흘리기까지 싸우는 과정에서 깨달았다. 그래서 예수님께서 원죄의 부패성을 가진 자신을 위해 십자가에서 죽으사 해방시켜 주신 사실을 알게 된 것이다.

"우리 주 예수 그리스도로 말미암아 하나님께 감사하리로다 그런즉 내 자신이 마음으로는 하나님의 법을, 육신으로는 죄의 법을 섬기노라"(롬7:25)

"그러므로 이제 그리스도 예수 안에 있는 자에게는 결코 정죄함이 없나니 이는 그리스도 예수 안에 있는 생명의 성령의 법이 죄와 사망의 법에서 너를 해방하였음이라"(롬8:1-2)

"만일 우리가 그의 죽으심을 본받아 연합한 자가 되었으면 또한 그의 부활을 본받아 연합한 자가 되리라 우리가 알거니와 우리 옛 사람이 예수와 함께 십자가에 못 박힌 것은 죄의 몸이 멸하여 다시는 우리가 죄에게 종노릇 하지 아니하려 함이니 이는 죽은 자가 죄에서 벗어

나 의롭다 하심을 얻었음이니라"(롬6:5-7)

 구원을 받은 성도라도 원죄의 부패성에서 해방과 자유를 누리지 못하고 있다면 아직까지 세상을 지배하고 있는 사단의 권세 아래에서 종노릇하고 있다는 사실을 알아야 한다. 왜 구원을 받은 성도들이 원죄의 부패성에서 해방과 자유를 누리지 못하고 사는가? 근본적으로 예수님께서 십자가에서 처리해 주신 흙으로 지음 받은 타락한 육체를 버리지 못한 이유이다. 그래서 결국은 물질로부터 자유를 누리지 못하고 사는 것이다. 이런 성도들은 순교를 통해서만 주님을 만날 수밖에 없는 것이다.

 예수님께서 오신 목적은 마귀의 일을 멸하려 하심이다. 마귀의 일은 물질 세상을 다스리고 통치하는 것이다. 그 가운데는 성도들의 육체도 포함되어 있다. 예수님은 죄의 삯인 사망을 십자가에서 갚아 주실 뿐 아니라 원죄의 부패성으로 타락한 우리 육체까지도 죽게 하심으로 예수 믿고 구원받은 성도들은 타락한 육체를 가지고도 원죄의 부패성에서 해방과 자유를 누리고 살 수 있게 해 주신 것이다.

 당신은 사도 바울이 감사하면서 고백한 이 말의 의미를 알고 있는가?

 "우리 주 예수 그리스도로 말미암아 하나님께 감사하리로다 그런즉 내 자신이 마음으로는 하나님의 법을, 육신으로는 죄의 법을 섬기노라"(롬7:25)

 "그러므로 이제 그리스도 예수 안에 있는 자에게는 결코 정죄함이 없나니 이는 그리스도 예수 안에 있는 생명의 성령의 법이 죄와 사망의 법에서 너를 해방하였음이라"(롬8:1-2)

 사도 바울은 아직도 마음으로는 하나님의 법을 육신으로는 죄의 법을 섬기고 있다. 그럼에도 불구하고 원죄의 부패성에서 자유와 해방을 누리고 있다. 왜냐하면 이미 예수님께서 십자가에서 생명의 성령의 법으로 죄와 사망의 법에서 해방시켜 주셨기 때문이다. 이제 사도 바울은 영에 속한 성도가 되어 성령의 인도하심을 받고 살 수 있게 된 것이다. 최소한 하나님의 일군이 되기 위해서는 이 단계를 넘어서야 하는 것이다. 자신이 육신에 속하여 날마다 율법의 정죄함을 받고 살면서 다른 사람들에게 평안의 복음을 전한다면 그는 위선자가 되는 것이다. 자신도 알지 못하고 경험하지 못한 하나님의 말씀을 전한다는 것을 그것 자체가 얼마나 힘들고 어려운 일인지 알 수 없는 것이다.

세상이란 똑같은 공간속에 사단이 통치하는 영역이 있고 성령이 통치하시는 영역이 있다. 똑같이 거듭난 성도라도 생명의 성령의 법을 가지고 사는 성도가 있고 죄와 사망의 법을 가지고 사는 성도가 있다. 무슨 차이일까? 이미 예수님은 십자가에서 마귀의 일을 멸하시고 자유와 해방의 문을 열어 주셨다. 그러나 세상에 있는 물질중심의 신앙을 버리지 못한 성도는 아직도 죽기를 무서워하므로 사망의 세력을 잡은 마귀의 종으로 살아가고 있다는 사실을 알아야 할 것이다. 당신은 누구에게 속하여 살아가고 있는가? 아직도 세상에 속하여 살아가고 있는가? 아니면 하나님께 속하여 살아가고 있는가?

구원 받은 성도는 이 세상에서 완전한 구원을 얻기 위해서 세상과 분리가 이루어져야 하고 하나님께 완전히 속해야 한다. 세상이란 똑같은 장소적인 공간에서 하나님께 속한다는 의미는 무엇인가? 바로 예수님께서 말씀 하신 교회이다. 예수님은 내가 내 교회를 반석위에 세우리니 음부의 권세가 이기지 못할 것을 말씀 하셨다. 교회는 구원 받은 성도들이 서로 사랑하는 공동체이다. 세상이란 공간에 있지만 유일하게 하나님께서 통치하시는 장소이다. 구원 받은 성도들로 이루어진 삶의 공간이다. 예수님께서 약속하신 교회는 성령 강림하신 후 예루살렘에서 세워졌다. 이것이 사도행전 2장에 기록된 초대교회이다. 사단이 다스리고 있는 세상이란 공간 속에 처음으로 구원 받은 성도들로 이루어진 하나님의 나라가 세워진 것이다. 사도 요한이 고백하고 있는 하나님께 속했다고 하는 의미는 바로 공동체 교회를 의미하는 것이다. 당신은 지금 세상에 속하여 살고 있는가? 아니면 하나님께 속하여 살고 있는가?

2) 세상은 불사르기 위해 간수 되었다

"이제 하늘과 땅은 그 동일한 말씀으로 불사르기 위하여 간수하신

바 되어 경건치 아니한 사람들의 심판과 멸망의 날까지 보존하여 두신 것이니라"(벧후3:7)

　성경에서 불사르는 행위는 정결하게 하는 과정이다. 불로 연단하는 행위나 불을 통과 하는 행위는 모두 더러운 것들을 제거하는 것이다. 소돔과 고모라를 불과 유황으로 심판하셨던 것은 최후에 세상을 향한 심판의 경고이기도 하였다. 사람들은 푸른 하늘을 보거나 아름다운 자연을 보면서 그 가운데 신성을 느끼기도 한다. 그래서 타락한 사람들과는 대조적으로 자연을 찬양하기도 한다. 그러나 성경은 하늘과 땅도 역시 사람과 마찬가지로 불로 살라 더러운 것을 제거하는 대상으로 본다.

　아담이 타락한 이후 세상은 하나님의 심판의 대상이 되었다. 그러나 하나님께서는 타락한 아담의 후손들을 구원하시기 위해 세상 심판을 미루시고 구원의 섭리를 시작하셨다. 사도 베드로는 천년이 하루 같이 하루가 천년 같이 한 사람도 멸망치 않고 구원 받기를 원하시는 하나님의 사랑이 지금까지 하늘과 땅을 보존하신 이유라고 하였다.

　예수님은 둘째 아담으로 오셨다. 그 이유는 첫째 아담이 타락하여 심판의 대상이 되어서 새로운 아담이 필요했기 때문이다. 로마서에서는 아담으로부터 죄가 들어 왔고 예수님 한 분으로부터 생명이 들어 왔다고 하였다.

　"그런즉 한 범죄로 많은 사람이 정죄에 이른것 같이 의의 한 행동으로 말미암아 많은 사람이 의롭다 하심을 받아 생명에 이르렀느니라 한 사람의 순종치 아니함으로 많은 사람이 죄인 된것 같이 한 사람의 순종하심으로 많은 사람이 의인이 되리라"(롬5:18-19)

　사도 바울은 첫째 아담과 둘째 아담의 차이를 산 영과 살리는 영이라고 하였다. 산 영은 피조된 영혼이고 살리는 영은 부활하신 예수님의 생명이다. 결국 아담의 타락의 결과는 피조물인 영혼은 사라지고 예수님의 부활의 생명으로 태어난 성도는 하나님의 자녀들이 된 것이다. 그래서 교회는 하나님의 아들로서 하나님의 나라를 유업으로 받게 되는데 그 나라가 새로운 에덴인 천년왕국이다.

　"기록된바 첫 사람 아담은 산 영이 되었다 함과 같이 마지막 아담은 살려 주는 영이 되었나니 그러나 먼저는 신령한 자가 아니요 육 있는 자요 그 다음에 신령한 자니라 첫 사람은 땅에서 났으니 흙에 속한 자이거니와 둘째 사람은 하늘에서 나셨느니라 무릇 흙에 속한 자는 저 흙에 속한 자들과 같고 무릇 하늘에 속한 자는 저 하늘에 속한 자들과 같으니 우리가 흙에 속한 자의 형상을 입은 것 같이 또한 하늘에 속한 자의 형상을 입으리라 형제들아 내가 이것을 말하노니 혈과 육은 하나님 나라를 유업으로 받을 수 없고 또한 썩은 것은 썩지 아니한 것을 유업으로 받지 못하느니라"(고전15:45-50)

창세기 2장에는 아담의 창조와 아담의 갈비뼈를 취하셔서 하와를 지으신 과정들이 기록되어 있다. 하나님께서는 아담을 깊이 잠들게 하시고 하와를 지으셨다. 아담은 잠에서 깨어나 하와를 보고 이는 내 뼈 중의 뼈요 살 중의 살이라고 고백을 했다. 여자란 남자에게서 취했다고 하는 뜻이다. 즉 한 몸의 소유물이란 것이다.

"여호와 하나님이 가라사대 사람의 독처하는 것이 좋지 못하니 내가 그를 위하여 돕는 배필을 지으리라 하시니라 아담이 모든 육축과 공중의 새와 들의 모든 짐승에게 이름을 주니라 아담이 돕는 배필이 없으므로 여호와 하나님이 아담을 깊이 잠들게 하시니 잠들매 그가 그 갈빗대 하나를 취하고 살로 대신 채우시고 여호와 하나님이 아담에게서 취하신 그 갈빗대로 여자를 만드시고 그를 아담에게로 이끌어 오시니 아담이 가로되 이는 내 뼈 중의 뼈요 살 중의 살이라 이것을 남자에게서 취하였은즉 여자라 칭하리라 하니라 이러므로 남자가 부모를 떠나 그 아내와 연합하여 둘이 한 몸을 이룰찌로다"(창2:18,20-24)

마가의 다락방에 성령이 강림하신 후 땅 끝까지 복음이 증거 되는 가운데 교회가 지어져 가고 있다. 바울이 말한 대로 이방인의 충만한 수가 차서 교회가 완성이 되면 예수님께서 재림하셔서 세상을 불로 심판 하시고 새 하늘과 새 땅을 지으셔서 새롭게 탄생한 부부인 예수님과 교회에게 통치하도록 유업으로 주신다. 이 나라가 요한 계시록 21장에 기록된 천년왕국을 통치할 새 예루살렘이다.

"또 내가 새 하늘과 새 땅을 보니 처음 하늘과 처음 땅이 없어졌고 바다도 다시 있지 않더라 또 내가 보매 거룩한 성 새 예루살렘이 하나님께로부터 하늘에서 내려오니 그 예비한 것이 신부가 남편을 위하여 단장한 것 같더라 내가 들으니 보좌에서 큰 음성이 나서 가로되 보라 하나님의 장막이 사람들과 함께 있으매 하나님이 저희와 함께 거하시리니 저희는 하나님의 백성이 되고 하나님은 친히 저희와 함께 계셔서 모든 눈물을 그 눈에서 씻기시매 다시 사망이 없고 애통하는 것이나 곡하는 것이나 아픈 것이 다시 있지 아니하리니 처음 것들이 다 지나갔음이러라 보좌에 앉으신 이가 가라사대 보라 내가 만물을 새롭게 하노라 하시고 또 가라사대 이 말은 신실하고 참되니 기록하라 하시고 또 내게 말씀하시되 이루었도다 나는 알파와 오메가요 처음과 나중이라 내가 생명수 샘물로 목 마른 자에게 값 없이 주리니 이기는 자는 이것들을 유업으로 얻으리라 나는 저의 하나님이 되고 그는 내 아들이 되리라"(계21:1-7)

 창세기 1장-3장에서는 아담과 하와가 에덴에서 하나님이 지으신 모든 피조 세계를 통치하도록 하셨다. 그러나 뱀의 미혹을 받아 타락하므로 사단의 종이 되고 세상은 동일한 말씀으로 불사르기 위해 간수되었다가 예수님의 신부인 교회가 다시 지어지고 완성이 되므로 불로 심판을 받게 된 것이다.

 아담이 타락한 이후 오랜 세월이 지나는 동안 하나님의 구속의 섭리는 끝이 나고 베드로가 예언한 심판의 시대가 되었다. 당신은 진정 예수님의 신부인가? 아담의 갈비뼈로 하와가 지어진 것처럼 당신은 예수님의 허리에서 흘러내린 피로 값 주고 사신 예수님의 신부인가?

 교회의 비밀은 결혼의 비밀이다. 남자와 여자가 결혼을 하면 한 몸을 이루게 된다. 즉 자녀를 낳을 수 있는 부모가 된 것이다. 그래서 남자와 여자가 결혼을 하면 부모를 떠나 새로운 가정을 세우는 것이다.

 하나님의 아들 예수님이 신부인 교회를 맞이하여 결혼을 하면 하나님께서는 새로운 아들의 가정을 위해 하나님의 나라를 유업으로 떼어 주신다. 이 나라가 예수님과 교회가 통치할 천년왕국이다. 그래서 지금은 베드로 사도가 말한 것처럼 하나님께서 불로 하늘과 땅을 심판하시고 새 하늘과 새 땅을 지으실 때이다.

3) 반드시 우주가 진동되어 사라진다

"너희는 삼가 말하신 자를 거역하지 말라 땅에서 경고하신 자를 거역한 저희가 피하지 못하였거든 하물며 하늘로 좇아 경고하신 자를 배반하는 우리일까보냐 그 때에는 그 소리가 땅을 진동하였거니와 이제는 약속하여 가라사대 내가 또 한번 땅만 아니라 하늘도 진동하리라 하셨느니라 이 또 한번이라 하심은 진동치 아니하는 것을 영존케 하기 위하여 진동할 것들 곧 만든 것들의 변동 될 것을 나타내심이니라 그러므로 우리가 진동치 못할 나라를 받았은즉 은혜를 받자 이로 말미암아 경건함과 두려움으로 하나님을 기쁘시게 섬길찌니 우리 하나님은 소멸하는 불이심이니라"(히12:25-29)

사도 바울은 반드시 우주가 진동되어 사라질 것을 경고한다. 이는 아들 예수 그리스도의 복음을 거절한 자들에게 하나님께서 내리실 심판이다. 천사를 통해 주어진 율법을 거역한 자들이 이미 받을 심판을 경고하면서 하늘로 좇아 경고하신 예수님의 심판을 절대 피할 수 없을 것을 말한다.

오늘날 같은 하늘과 시대에 살면서도 하나님께서 시행하시고 계신 심판에 대한 지식이 없다면 얼마나 불행한 일인지 알 수 없다. 막연하게 심판을 생각하거나 피부로 와 닿는 절실함으로 깨닫지 못하고 있다면 분명히 감각을 잃어버린 영적인 문둥병자임이 틀림이 없다.

지금 우리가 살고 있는 시대가 바로 심판의 시대이다. 여호와의 날, 주의 날이다. 이미 하나님의 심판은 시작되었다. 절대로 멈추지 않으실 것이다. 코로나 바이러스가 그 심판의 출발선에 있는 것이다. 그러나 감사한 것은 일시간에 심판을 행하시지 않으시고 천천히 단계적으로 시행하고 계심에 감사드린다. 코로나 19는 경제 팬데믹으로 발전을 한다. 경제 팬데믹은 정치 팬데믹으로 발전한다. 정치 팬데믹은 전쟁 팬데믹으로 세계 인구 90%가 사라진다.

4) 세상 임금이 다스리는 곳

"이제 이 세상에 대한 심판이 이르렀으니 이 세상의 임금이 쫓겨나

리라"(요12:31)

사단 루시엘은 하나님 앞에서 교만하고 뭇별위에 자기의 자리를 높이려 하다 하나님의 심판을 받고 캄캄한 땅으로 쫓겨났다. 하나님께서는 흙으로 사람을 만들어 생기를 불어 넣으시고 자기의 형상을 가지고 하나님이 지으신 모든 피조물들을 정복하고 다스리도록 하셨다. 하나님이 정복하고 다스리게 하는 대상에는 사단인 뱀도 포함되어 있었다. 그러나 아담은 사단인 뱀의 미혹을 받고 죄를 범한 후 오히려 하나님께서 주신 모든 권세를 빼앗기고 사단의 지배를 받은 종이 되었다.

하나님께서는 자기 아들을 세상에 보내셔서 죄의 삯인 사망의 값을 지불하시고 부활하사 아담이 빼앗긴 세상 통치의 권세를 찾으시고 사망의 세력을 잡고 왕 노릇하는 사단을 쫓아 내셨다. 이것은 이미 창세기 3장 15절에서 말씀 하신대로 여자의 후손이 뱀의 후손의 머리를 상하게 한다는 말씀을 이루신 것이다.

왜 예수님은 사단을 세상 임금이라고 하셨는가? 하나님은 공평하신 분이시다. 아담을 흙으로 지으신 후 하늘과 땅과 바다의 모든 것들을 다스리는 권세를 주시면서 선악과를 먹으면 반드시 죽을 것을 경고하셨다. 여기에서 죽는다고 하는 것은 하나님의 형상과 피조 세계를 다스리는 권세를 잃어버리고 다시 흙으로 돌아가는 것을 말한다. 아담이 타락하기 전에는 세상을 다스리고 통치하는 세상 임금이었다. 그러나 하나님의 말씀을 어기고 죄를 범하므로 아담 대신 사단이 세상 임금이 된 것이다.

"예수께서 나아와 일러 가라사대 하늘과 땅의 모든 권세를 내게 주셨으니 그러므로 너희는 가서 모든 족속으로 제자를 삼아 아버지와 아들과 성령의 이름으로 세례를 주고 내가 너희에게 분부한 모든 것을 가르쳐 지키게 하라 볼찌어다 내가 세상 끝날까지 너희와 항상 함께 있으리라 하시니라"(마28:18-20)

예수님은 감람산에서 승천하시기 전에 제자들에게 마지막 명령을 주셨다. 세 가지이다. 모든 족속으로 제자를 삼고, 성삼위 이름으로 세례를 주어 교회를 세우고, 하나님의 모든 말씀을 가르쳐 지키게 하여 하나님의 나라를 세우라는 것이다. 이것은 아담에게 주신 말씀과 동일하다. 하나님께서는 아담에게 생육하고 번성하여 땅에 충만하고, 하늘과 땅의 모든 것들을 정복하고, 다스리라 하셨다.

예수님께서 제자들에게 주신 말씀은 하나님께서 아담에게 주신 말씀을 다시 반복하신 것이다. 아담에게 주신 명령은 육적인 명령이셨지만 제자들에게 주신 명령은 영적인 명령이다. 아담에게는 피조 세계를 통치하게 하셨지만 제자들에게는 새로운 나라를 세워서 통치하도록 하신 것이다.

예수님은 세상 임금이 쫓겨 날것을 말씀 하셨다. 사단 마귀는 어떤 상태로 세상을 다스리고 통치를 하고 있는가? 구약에서는 하나님의 보좌 앞에서 참소하므로 통치를 하였다. 그러나 예수님께서 죄의 값을 갚아 주시고 부활 승천하여 하나님 보좌 우편에 앉으사 우리의 죄를 변호해 주신 후에는 하나님의 보좌에서 쫓겨났다.

"내가 또 들으니 하늘에 큰 음성이 있어 가로되 이제 우리 하나님의 구원과 능력과 나라와 또 그의 그리스도의 권세가 이루었으니 우리 형제들을 참소하던 자 곧 우리 하나님 앞에서 밤낮 참소하던 자가 쫓겨 났고"(계12:10)

신약에서 사단은 공중의 권세 잡은 자가 되어 불순종의 아들들 가운데서 통치를 하고 있다. 만일 당신이 구원 받은 성도라도 불순종하는 가운데에서 방황하고 있다면 공중의 권세 잡은 자의 통치를 받고 있다는 사실을 알아야 할 것이다.

"너희의 허물과 죄로 죽었던 너희를 살리셨도다 그 때에 너희가 그 가운데서 행하여 이 세상 풍속을 좇고 공중의 권세 잡은 자를 따랐으니 곧 지금 불순종의 아들들 가운데서 역사하는 영이라 전에는 우리도 다 그 가운데서 우리 육체의 욕심을 따라 지내며 육체와 마음의 원하는 것을 하여 다른이들과 같이 본질상 진노의 자녀이었더니"(엡2:1-3)

교회가 휴거를 통해 세상에서 떠난 후에는 공중의 권세를 잡은 마귀가 땅으로 내어 쫓긴다. 왜냐하면 교회가 완성이 되어 세상에 없기 때문에 공중에서 할 일이 없는 것이다. 교회의 휴거는 7년 대환난 전에 있다. 왜냐하면 마지막 7년이란 환난은 다니엘의 70이레 중 마지막 1이레로 이스라엘의 회복 기간이기 때문이다.

그러나 살아서 휴거에 동참하지 못한 성도들이 있다. 왜냐하면 세마포 옷이 더러워져 있어 살아서 예수님을 만날 수 없는 것이다. 이런 성도들 이마에 하나님께서 인을 치셔서 7년 대환난 기간 동안 광야교회에서 양육을 받거나 순교를 통해서 더러워진 세마포 옷을 정결하게 빨게 하신 후 첫째 부활에 참여하게 하신다. 이런 일들이 땅에서 일어난다. 사단이 땅으로 내어 쫓긴 것은 마지막 7년 동안 사단의 활동 무대가 땅에서 일어나기 때문이다.

"그러므로 하늘과 그 가운데 거하는 자들은 즐거워하라 그러나 땅과 바다는 화 있을찐저 이는 마귀가 자기의 때가 얼마 못된 줄을 알므로 크게 분내어 너희에게 내려 갔음이라 하더라용이 자기가 땅으로 내어쫓긴 것을 보고 남자를 낳은 여자를 핍박하는지라"(계12:12-13)

5) 아담이 사단에게 넘겨준 곳

"마귀가 또 예수를 이끌고 올라가서 순식간에 천하 만국을 보이며 가로되 이 모든 권세와 그 영광을 내가 네게 주리라 이것은 내게 넘겨준 것이므로 나의 원하는 자에게 주노라 그러므로 네가 만일 내게 절하면 다 네 것이 되리라"(눅4:5-7)

사단은 예수님에게 천하만국의 영광을 순식간에 보여 주면서 자기에게 절을 하면 줄 수 있다고 한다. 사단은 이 모든 것들을 넘겨받은 것이기 때문에 자기가 원하는 자에게 줄 수 있다고 하였다. 아담이 타락하여 사단에게 넘어간 것은 자신만이 아니라 천하만국의 모든 것들이 통째로 넘어간 것이다. 그래서 예수님도 세상을 정죄하셨던 것이다.

"너 아침의 아들 계명성이여 어찌 그리 하늘에서 떨어졌으며 너 열국을 엎은 자여 어찌 그리 땅에 찍혔는고 네가 네 마음에 이르기를 내가 하늘에 올라 하나님의 뭇별 위에 나의 보좌를 높이리라 내가 북극 집회의 산 위에 좌정하리라 가장 높은 구름에 올라 지극히 높은 자와

비기리라 하도다 그러나 이제 네가 음부 곧 구덩이의 맨밑에 빠치우리로다"(사14:12-15)

"태초에 하나님이 천지를 창조하시니라 땅이 혼돈하고 공허하며 흑암이 깊음 위에 있고 하나님의 신은 수면에 운행하시니라" (창1:1-2)

하나님께서 천지를 창조하실 때 땅이 혼돈하고 공허하며 흑암이 깊음 위에 있다. 땅이 문제가 있었다. 땅은 마치 전쟁이 끝난 후 폐허가 된 모습이다. 사단 루시퍼를 심판하시므로 망가진 땅을 다시 회복시키신다. 캄캄하고 공허한 땅에 빛과 궁창과 바다와 땅을 지으시고 해와 달과 별들을 만드사 비추게 하신다. 하늘에는 새들로 채우시고 바다에는 물고기로 채우신다. 땅에는 육축이 가득하게 하시고 마지막으로 흙으로 사람을 만드셔서 이 모든 피조 세계를 다스리게 하신다. 이것이 아담과 하와가 다스리는 에덴이다.

"여호와께서 땅을 공허하게 하시며 황무하게 하시며 뒤집어 엎으시고 그 거민을 흩으시리니 백성과 제사장이 일반일 것이며 종과 상전이 일반일 것이며 비자와 가모가 일반일 것이며 사는 자와 파는 자가 일반일 것이며 채급하는 자와 채용하는 자가 일반일 것이며 이자를 받는 자와 이자를 내는 자가 일반일 것이라 땅이 온전히 공허하게 되고 온전히 황무하게 되리라 여호와께서 이 말씀을 하셨느니라 땅이 슬퍼하고 쇠잔하며 세계가 쇠약하고 쇠잔하며 세상 백성 중에 높은 자가 쇠약하며 땅이 또한 그 거민 아래서 더럽게 되었으니 이는 그들이 율법을 범하며 율례를 어기며 영원한 언약을 파하였음이라 그 때에 달이 무색하고 해가 부끄러워하리니 이는 만군의 여호와께서 시온산과 예루살렘에서 왕이 되시고 그 장로들 앞에서 영광을 나타내실 것임이니라"(사24:1-5,23)

택한 백성들이 타락하므로 땅이 망가져 버렸다. 마치 창세기 1장 2절처럼 땅이 공허하고 황무하다. 하나님께서 마지막 세상을 심판 하실 때도 모든 피조 세계가 뒤집혀져서 사라진다. 땅이 쇠잔하고 땅이 슬퍼한다. 또 다시 택한 백성들이 타락하므로 찾아오는 심판이다. 이 때도 하나님께서는 새로운 나라를 세우신다. 다윗의 후손으로 예루살렘에서 왕이 되게 하시고 그 장로들 앞에서 영광을 나타내신다. 이 나라가 예수님이 세우실 천년왕국이다. 드디어 하나님께서 아담이 실패하고 사단에게 넘겨준 땅을 심판하시고 새로운 새 에덴을 세우신 것이다.

사단은 오늘도 눈에 보이는 세상에 천하만국의 영광을 나타내 보이면서 예수님을 시험하였듯이 구원 받은 성도들을 시험하고 있다. 그러나 속지 마시라 세상 나라의 부와 영화가 하늘을 찌를지라도 하루아침에 뒤집혀져 슬퍼하고 공허하게 될 것이다. 예수님께서 오셔서 세우실 새로운 에덴이 바로 우리가 기다리고 있는 하나님의 나라이다.

6) 하나님께서 위임시켜주신 권력

"각 사람은 위에 있는 권세들에게 굴복하라 권세는 하나님께로 나지 않음이 없나니 모든 권세는 다 하나님의 정하신바라 그러므로 권세를 거스리는 자는 하나님의 명을 거스림이니 거스리는 자들은 심판을 자취하리라"(롬13:1-2)

세상 권력은 하나님께서 위임시켜 주신 것이다. 이 세상에서 교회를 세우시기 위해 잠시동안 악한 자들에게 세상을 다스리도록 하신 것이다. 하나님께서는 아무리 악한 권세이라도 최소한의 질서를 유지시켜 주시기 위해 세상 나라들에게 통치행위를 하도록 하신 것이다. 그러므로 그리스도인들은 자신의 양심에 의해서 세상 법들을 지키고 평안한 가운데 한 사람이라도 구원을 받아 세상에서 빠져 나올 수 있도록 해야 하는 것이다.

세상 나라의 물질문명은 하나님의 축복이 아니다. 단지 하나님의 오래 참으심의 결과이다. 아무리 세상 나라들의 물질문명이 발달한다 할지라도 불에 타서 심판을 받아야 할 대상이기 때문이다. 세상에 사는 그리스도인들은 자신 속에 그리스도의 본질을 회복시켜 나가는 일에 집중해야 한다. 그런 가운데 천하보다 귀한 영혼들을 구원해 내는 것이다. 하나님께서 잠시 동안 세상 나라들에게 위임시켜 주신 권세를 이용하여 성공하고 부자되려고 한다면 그는 아주 크게 스스로 속인 자가 될 것이다.

7) 아담과 함께 타락한 장소

"한 사람의 순종치 아니함으로 많은 사람이 죄인 된것 같이 한 사람의 순종하심으로 많은 사람이 의인이 되리라"(롬5:19)

성경은 아담 한 사람으로 모두 죄인이 되었다고 한다. 아담 뿐 아니라 아담이 다스린 모든 것들이 함께 타락하게 될 것이다. 그래서 세상은 아담과 함께 심판의 대상이 된 것이다.

8) 선한 것이 없는 곳

"어떤 사람이 주께 와서 가로되 선생님이여 내가 무슨 선한 일을 하여야 영생을 얻으리이까 예수께서 가라사대 어찌하여 선한 일을 내게 묻느냐 선한이는 오직 한 분이시니라 네가 생명에 들어 가려면 계명들을 지키라"(마19:16-17)

9) 하나님과 원수가 된 곳

"간음하는 여자들이여 세상과 벗된 것이 하나님의 원수임을 알지 못하느뇨 그런즉 누구든지 세상과 벗이 되고자 하는 자는 스스로 하나님과 원수되게 하는 것이니라"(약4:4)

야고보 사도는 세상을 사랑하는 것은 하나님의 원수가 되는 것이라 말한다. 세상을 사랑하는 것은 영적으로 간음을 행한 것이다. 그리스도인들은 스스로가 세상과 구별하여 자신을 지켜 나가야 한다.

10) 사망이 왕노릇 하는 공동묘지

"자녀들은 혈육에 함께 속하였으매 그도 또한 한 모양으로 혈육에 함께 속하심은 사망으로 말미암아 사망의 세력을 잡은 자 곧 마귀를 없이 하시며 또 죽기를 무서워하므로 일생에 매여 종노릇하는 모든 자들을 놓아 주려 하심이니 이는 실로 천사들을 붙들어 주려 하심이 아니요 오직 아브라함의 자손을 붙들어 주려 하심이라"(히2:14-16)

세상은 사망의 세력을 잡은 마귀가 다스리고 있는 공동묘지이다. 살아 있는 사람들은 산송장들이다. 죽기를 무서워해서 마귀에게 종노릇하고 살아가는 것이다. 비록 세상적으로 성공하여 박사가 되고, 재벌이 되고, 좋은 옷을 입고, 좋은 집에서 산다할지라도 죽기를 무서워해 살아가는 송장일 뿐이다. 결국은 죽음이란 올무를 통해 지옥으로 들어가는 것이다.

예수님께서 우리와 같은 혈육을 입으시고 세상에 오신 것은 마귀의 일을 멸하시고 죽기를 무서워하므로 일생에 매여 종노릇하는 모든 자들을 놓아 주려 하심이다.

11) 하나님의 사랑이 없는 곳

"이 세상이나 세상에 있는 것들을 사랑치 말라 누구든지 세상을 사랑하면 아버지의 사랑이 그 속에 있지 아니하니 이는 세상에 있는 모든 것이 육신의 정욕과 안목의 정욕과 이생의 자랑이니 다 아버지께로 좇아 온 것이 아니요 세상으로 좇아 온 것이라 이 세상도, 그 정욕도 지나가되 오직 하나님의 뜻을 행하는 이는 영원히 거하느니라"(요일2:15-17)

사도 요한은 세상에 있는 모든 것들이 아버지께로 나온 것이 아니라 세상으로 좇아 온 것이라고 하였다. 그러므로 세상을 사랑해서는 안되는 것이다. 세상에 있는 모든 것이 육신의 정욕, 안목의 정욕, 이생의 자랑이다. 이것들이 그리스도인들을 미혹하여 하나님의 뜻대로 살지 못하게 하는 것이다. 세상도 정욕도 지나간다. 그러나 하나님의 뜻대로 사는 자는 영원히 거한다.

12) 잠간 보이다 없어질 안개

"내일 일을 너희가 알지 못하는도다 너희 생명이 무엇이뇨 너희는 잠간 보이다가 없어지는 안개니라"(약4:14)

세상이 잠간 보이다가 없어질 안개라는 사실을 아는가? 이런 세상에 목숨을 걸고 싸우려 한다면 그는 진정 거듭난 성도가 아닐 것이다. 구원 받고 거듭난 순간 영적인 눈을 뜰 때 세상은 아무것도 아닌 것을 알지 않았는가? 한 영혼이 천하보다 귀하다는 사실을 알지 않았는가? 오늘날 수많은 그리스도인들은 안개와 같은 세상에서 성공하고 부와 명예를 얻기 위해 어떤 수고들을 마다하지 않는다. 그런 기독교는 성경에서 말한 기독교가 아니다. 타락한 기독교이다.

13) 하나님의 나라가 없는 곳

"예수께서 대답하시되 내 나라는 이 세상에 속한 것이 아니라 만일 내 나라가 이 세상에 속한 것이었더면 내 종들이 싸워 나로 유대인들에게 넘기우지 않게 하였으리라 이제 내 나라는 여기에 속한 것이 아니니라"(요18:36)

예수님은 빌라도가 유대인의 왕이 아니냐고 물을 때 유대인의 왕이라고 하셨다. 빌라도는 그런데 왜 저들이 너를 죽이려고 하는데도 가만히 있느냐고 물었다. 예수님은 내 나라는 이 세상에 속한 나라가 아니라고 하셨다. 그렇다면 예수님께서 세우신 하나님의 나라는 어디에 있는가? 바로 성도들의 마음속에 있다. 구원 받은 성도들의 마음속에 하나님의 나라가 이루어지고 있는 것이다. 이것이 눈에 보이지 않는 하나님의 나라이다. 이 나라가 완성이 되면 예수님은 신랑으로 재림 하셔서 신부인 교회와 혼인예식을 한 후 하나님 아버지께서 준비해 놓으신 천년왕국을 통치하게 되는 것이다.

14) 공중의 권세 잡은 자가 다스리는 곳

"너희의 허물과 죄로 죽었던 너희를 살리셨도다 그 때에 너희가 그 가운데서 행하여 이 세상 풍속을 좇고 공중의 권세 잡은 자를 따랐으니 곧 지금 불순종의 아들들 가운데서 역사하는 영이라 전에는 우리도 다 그 가운데서 우리 육체의 욕심을 따라 지내며 육체와 마음의 원하는 것을 하여 다른이들과 같이 본질상 진노의 자녀이었더니 긍휼에 풍성하신 하나님이 우리를 사랑하신 그 큰 사랑을 인하여 허물로 죽은 우리를 그리스도와 함께 살리셨고 (너희가 은혜로 구원을 얻은 것이라) 또 함께 일으키사 그리스도 예수 안에서 함께 하늘에 앉히시니"(엡2:1-6)

당신은 세상을 다스리고 있는 자가 공중의 권세를 잡은 자들인 것은 아는가? 겉으로 나타난 모습은 자유와 평화를 추구하고 세상의 경찰국가 모습으로 나타나고 있지만 그 속으로 들어가면 공중의 권세를 잡은 마귀에 의해서 세상은 통치되고 있는 것이다. 우리도 구원 받기 전에는 불순종의 아들들 가운데 역사하는 영을 따라서 본질상 진노의 자녀로 살았던 것이다. 그러나 예수님을 믿고 구원을 받아 영적인 눈이 열려서 세상을 바로 보게된 것이다.

2. 기독교 신학에서 말하고 있는 세상

1) 전천년주의가 말하고 있는 세상

전천년주의는 아담과 함께 세상은 타락하게 되어 하나님의 심판의 대상이 된 것으로 간주한다. 그래서 예수님의 재림으로 세상을 심판하시고 새 하늘과 새 땅 즉 천년왕국을 세우시는 것이다. 이것이 성경적으로 맞는 신학이다. 초대 교회 교부인 폴리갑, 이레니우스, 터툴리안 등은 성경대로 세상을 타락한 존재로 정의를 하고 세상에 있는 교회를 순교의 공동체로 정의를 하였다. 그런데 오리겐을 중심으로 어거스틴, 칼빈, 루터, 아브라함 카이퍼 등 모든 신학자들은 전천년주의를 버리고 무천년주의 신학을 통해 하나님의 거룩한 교회를 타락시키고 말았다. 로마 가톨릭이다. 종교 개혁교회이다. 오늘날 종교 통합교회이다. 이들의 교회는 세상에 새로운 나라를 꿈꾸고 있다. 신세계질서 적그리스도의 배도의 나라이다.

2) 무천년주의자들이 말하고 있는 세상

무천년주의는 세상을 타락하여 심판의 대상이 된 장소로 간주하지 않는다. 세상을 하나님께서 주신 축복의 장소로 생각을 한다. 인류가 발전시킨 과학적인 물질문명의 역사도 역시 하나님의 축복으로 간주를 한다. 국가 권력을 이용하여 교회를 세우고, 협력하여 하나님의 나라를 세상에 세우려 한다. 그래서 그들은 국가와 교회를 연합시켜 보편적 교회를 만들었다. 일명 국가교회이다. 지금 전세계 교회는 종교통합으로 하나가 되어 가고 있다. 세상에 모든 교회들이 하나 되어 교회왕국을 세운다. 이것이 적그리스도의 배도의 국가이다. 무천년주의 신학은 세상에 하나님의 왕국을 세우려하는 자들이 만든 사단의 신학이다.

3) 아브라함 카이퍼의 도미니온(주권)신학

아브라함 카이퍼는 세상을 통치하시는 하나님의 주권이 미치지 않는 영역은 없다 라고 선포하였다. 이것을 아브라함 카이퍼의 영역주권신학이라고 한다. 정치, 경제, 종교, 문화, 교육, 예술, 미디어 등 모든 영역에 하나님의 통치주권이 임한다 하였다. 이런 하나님의 영적 주권 통치는 세상을 아름답게 만든다고 한다. 도예베르트는 아브라함 카이퍼의 영역주권 신학으로 우주법 철학을 만들어 우주교회를 제창했다. 아브라함 카이퍼는 하나님의 창조와 구속의 최종 목적을 문화대명령의 완성으로 본다. 창세기1:27-28 말씀의 통치가 이루어지는 세상을 말한다. 이 나라가 적그리스도의 배도의 국가이다.

4) 빌 브라이트 로렌 커닝햄의 7개 정복할 산

뉴 에이지를 분별해 온 변증가 워런 스밑에 따르면, 이 아브라함 카이퍼의 영역주권신학을 선교 개념으로 도입한 사람들이 바로 빌 브라이트(CCC 창설자)와 로렌 커닝햄(YWAM 창설자)이다. 특히 커닝햄은 "이 7개 영향력 권역들이 우리가 그리스도를 위하여 사회를 모양 지어 나가도록 도와줄 것이다."라고 말한 바 있다('하나님의 길 쟁취', YWAM, 1988, 134쪽).

커닝햄에 따르면, 그는 1975년 가족과 함께 콜로라도 록키산맥의

한 캐빈에서 휴양하던 중 기도하면서 세계 사회 각 분야를 예수님께로 "돌리기 위한" 전략 구상을 한다. 이튿날 빌 브라이트를 만나 대화하던 중 둘 다 사회의 7개 권역을 겨냥하고 있음을 발견하고 서로 놀란다. 이 7개 권역은 1. 가정, 2. 교회, 3. 학교, 4. 정부, 5. 언론, 6. 예술/연예/스포츠, 7. 상권/과학/기술계 등. 커닝햄은 "이 7개 영역주권 권역들이 그리스도를 위한 사회재형성을 도울 것이다"라고 결론짓는다.

5) 신사도운동과 킹덤 나우는 적그리스도의 신세계질서 운동

로렌 커닝햄/브라이트의 이 7개 영역주권 개념을 피터 와그너(신사도운동 선구자)에게 소개한 사람이 랜스 월노. 월노는 이것을 (정복되어야 할 정상) '일곱 개의 산'으로 불렀다. 와그너는 월노의 논문 장터로의 예언적/성서적/인격적 초청을 인용, "전쟁 전략은 세상을 정복할 것이라면 이 산들은 문화와 사람들의 마음을 빚는 산들이다. 이 산들을 통제하는 사람이 곧 세상과 그 추수의 방향을 통제한다". 라고 풀었다(같은 책 114쪽). 와그너는 이 7개의 산봉우리/권역이 '사도적 권역'이 될 것이라며 각 전략적 전투장으로 하나님의 군대를 이끌어 갈 수 있는 사도들이야 말로 각 산꼭대기에서 힘의 구조를 바꿀 수 있는 사람들이라고 강변한다. 와그너의 '지구촌 추수 선교회'(글로벌 하베스트 미니스트리 GHM)가 바로 이 7개 권역 정복운동의 일선 도구다.

예언자로 자처해온 월노는 새가나안협회(NCS)의 연사이기도 한데 NCS는 오순절계 '늦은비'운동, 관상가들, '떠오름' 영성가들, 정치적 주권운동가들이 한데 아우러진 단체이다. 과연 이같은 사회복음주의 운동이 진정한 선교이며 성경이 말하는 참된 '복음화'일까? 이 현대 주권운동은 풀러신학교(총장 리처드 마우)를 기반으로, 복음주의권을 물들여 왔다. 오순절 계열 인사로 미국 복음주의권 주권운동의 일환인 '신사도운동'(NAM)의 기수로 나선 피터 와그너는 바로 풀러와 연결고리를 짓고 있다. 또 친가톨릭적 보수파 인사 찰즈 콜슨(교도소선

교회 대표)과도 무관하지 않다.

주권운동은 쉽게 말하면, 예수 그리스도의 재림 전 세상에 신자들이 미리 '하나님의 왕국'을 이뤄 놓아야 한다는 주장. 사회 각계각층 모든 분야에 크리스천들이 진출해서 '복음주의화' 하는 데 이바지해야 한다는 것이다. 그래서 신자들이 각 분야에 파고 들 수 있는 다양한 일선 침공작전 내지 체제도 구축돼 있다.

주권운동은 소위 '재건운동/재편운동(Reconstructionism)' '성시화 운동' '성국화 운동' '땅옮기는 운동' '약속지킴이들(Promise Keepers)운동' 등등 뿐 아니라 와그너의 '신사도운동', 릭 조이너 등의 '현대 대언자 학교 운동', 신디 제이콥스의 '중보기도운동', 그리고 릭 워런의 P.E.A.C.E. 네오콘과 관련 있는 기독교 시온주의, '신종'(New Breed) 차세대를 위한 일종의 어린이 십자군 운동인 '요엘 군대 운동'(참고: 영화 '예수 캠프') 등을 통해서 광범위하게 펼쳐져 왔다. 교파를 막론하고 같은 이상을 가진 사람들을 통해 이뤄지고 있다. 주권운동에는 미국의 '복음주의권' 명사 치고 관여하지 않는 사람이 거의 없을 정도로 그 폭이 대단히 넓다.

주권운동의 대표적인 최전선은 '일곱 개 산'(7M) 운동 조직. 미국 주권운동 명사들 중엔 소위 '기독교 우파' 또는 기독교권리(CR) 운동권 사람들이 많고, 표면상의 애국주의자들도 많다. 그러나 알고 보면 우파/좌파 구분 없이 확산돼 있다. 예컨대 릭 워런의 P.E.A.C.E는 기독교 좌파의 지지를 받고 있다. 와그너는 브라이트/커닝햄의 권역 개념과 입을 맞추면서 '7개 권역', '7개 산들', '7 대문들' 등 사회의 각 분야가 '변화'돼야 한다고 강조한다.

6) 신세계질서와 배도가 이루어지는 세상

때는 바야흐로 마지막 종착역을 향해 돌진하고 있다. 전세계적으로 불길처럼 타오르고 있는 신사도운동은 메시아닉 쥬 운동, 뉴 에이지 운동, 종교 통합운동, 적그리스도의 배도의 운동이다. 사단의 세력들은 성경에 기록된 전천년주의 신학을 무천년주의로 바꾸고 지난

2000년 기독교 사단 신학을 통해 영적인 교회를 물질교회로, 하늘의 기독교를 땅의 기독교로, 예수님의 신부인 거룩한 교회를 사단을 섬기는 창녀교회로 만들어 버렸다.

무천년주의 신학이란 킹덤 나우이다. 세상에 하나님의 나라를 세우는 것이다. 구약의 선지자들이 예언한 다윗의 후손 메시아 국가는 예수님께서 재림하셔서 세우실 천년왕국이다. 그러나 사단의 신학자들은 구약 선지자들이 예언한 다윗의 후손인 메시아 왕국을 세상에 세우고 있다. 이것이 바로 예수님이 재림하셔서 심판하실 바벨론 음녀의 교회인 것이다.

3. 하나님의 구속의 섭리와 일곱 머리 열 뿔 붉은 용

1) 일곱 머리 열 뿔과 붉은 용의 정체

"하늘에 큰 이적이 보이니 해를 입은 한 여자가 있는데 그 발 아래는 달이 있고 그 머리에는 열 두 별의 면류관을 썼더라 이 여자가 아이를 배어 해산하게 되매 아파서 애써 부르짖더라 하늘에 또 다른 이적이 보이니 보라 한 큰 붉은 용이 있어 머리가 일곱이요 뿔이 열이라 그 여러 머리에 일곱 면류관이 있는데 그 꼬리가 하늘 별 삼분의 일을 끌어다가 땅에 던지더라 용이 해산하려는 여자 앞에서 그가 해산하면 그 아이를 삼키고자 하더니 여자가 아들을 낳으니 이는 장차 철장으로 만국을 다스릴 남자라 그 아이를 하나님 앞과 그 보좌 앞으로 올려가더라 그 여자가 광야로 도망하매 거기서 일천 이백 육십일 동안 저를 양육하기 위하여 하나님의 예비하신 곳이 있더라 하늘에 전쟁이 있으니 미가엘과 그의 사자들이 용으로 더불어 싸울쌔 용과 그의 사자들도 싸우나 이기지 못하여 다시 하늘에서 저희의 있을 곳을 얻지 못한지라 큰 용이 내어 쫓기니 옛 뱀 곧 마귀라고도 하고 사단이라고도 하는 온 천하를 꾀는 자라 땅으로 내어 쫓기니 그의 사자들도 저와 함께 내어 쫓기니라"(계12:1-9)

요한 계시록 12장에서는 옛 뱀, 마귀, 사단에 대하여 기록을 하고 있다. 그의 정체는 무엇이고 그는 세상에서 어떤 일들을 하고 있는가에 대하여 폭로되고 있다. 성경에서 유일하게 기록된 사단의 정체와 일곱 머리 열 뿔의 붉은 용에 대한 이야기이다. 사단 마귀가 일곱 머리 열 뿔 붉은 용으로 예수님이 태어나면 죽이기 위해 모해를 하지만 장차 만국을 철장 권세로 다스리실 예수님께서 부활 승천하신 후 하늘에서는 미가엘과 그의 사자들이 용으로 더불어 싸워 용과 그의 사자들이 땅으로 내어 쫓기게 되었다.

붉은 용 사단 마귀는 일곱 제국을 통해서 세상을 통치한다. 애굽, 앗수르, 바벨론, 페르시아, 그리스, 로마, 그리고 미국이란 나라이다. 사도 요한 역시 일곱 머리 열 뿔에 대하여 언급을 한다.

"천사가 가로되 왜 기이히 여기느냐 내가 여자와 그의 탄바 일곱 머리와 열 뿔 가진 짐승의 비밀을 네게 이르리라 네가 본 짐승은 전에 있었다가 시방 없으나 장차 무저갱으로부터 올라와 멸망으로 들어갈 자니 땅에 거하는 자들로서 창세 이후로 생명책에 녹명되지 못한 자들이 이전에 있었다가 시방 없으나 장차 나올 짐승을 보고 기이히 여기리라 지혜 있는 뜻이 여기 있으니 그 일곱 머리는 여자가 앉은 일곱 산이요 또 일곱 왕이라 다섯은 망하였고 하나는 있고 다른이는 아직 이르지 아니하였으나 이르면 반드시 잠간 동안 계속하리라 전에 있었다가 시방 없어진 짐승은 여덟째 왕이니 일곱 중에 속한 자라 저가 멸망으로 들어가리라 네가 보던 열 뿔은 열 왕이니 아직 나라를 얻지 못하였으나 다만 짐승으로 더불어 임금처럼 권세를 일시 동안 받으리라 저희가 한 뜻을 가지고 자기의 능력과 권세를 짐승에게 주더라 저희가 어린 양으로 더불어 싸우려니와 어린 양은 만주의 주시요 만왕의 왕이시므로 저희를 이기실터이요 또 그와 함께 있는 자들 곧 부르심을 입고 빼내심을 얻고 진실한 자들은 이기리로다 또 천사가 내게 말하되 네가 본바 음녀의 앉은 물은 백성과 무리와 열국과 방언들이니라 네가 본바 이 열 뿔과 짐승이 음녀를 미워하여 망하게 하고 벌거벗게 하고 그 살을 먹고 불로 아주 사르리라 하나님이 자기 뜻대로 할 마음을 저희에게 주사 한 뜻을 이루게 하시고 저희 나라를 그 짐승에게 주게 하시되 하나님 말씀이 응하기까지 하심이니라또 네가 본바

여자는 땅의 임금들을 다스리는 큰 성이라 하더라"(계17:7-18)
　사도 요한은 여자가 일곱 머리 열 뿔 짐승을 타고 세상을 다스리는 모습을 보여준다. 이는 7년 대환난 전 삼년 반 동안 종교 지도자인 음녀가 정치 지도자인 일곱 머리 열 뿔 짐승을 타고 세상을 통치하고 있는 모습이다. 그러나 점점 세상 권력을 회복한 정치 지도자가 음녀를 죽이고 세상의 모든 권세를 차지한다. 이는 후 삼년 반이 시작될 때 일이다. 사도 요한은 일곱 머리에 대하여 다섯은 이미 망하였고 하나는 있고 다른 일곱 번째 머리는 여덟째 왕으로 일곱 중에 속한 자라고 하였다. 특히 여덟째 왕은 전에 있었다가 요한 당시 없어진 나라이다. 시날평지에서 배도를 했던 니므롯의 고대 바벨론이다. 이들은 니므롯의 부인 세미라미스를 따르는 일루미나티 비밀 결사들이다. 유럽 프랑스 스트라스부르크에 있는 유럽 의회 건물이 바로 호루스 눈과 바벨탑의 모형으로 지어졌다. 미국 뉴욕의 자유의 여신 상 역시 일루미나티 콜롬바 여신이다. 프랑스 혁명가 라파에트가 기증한 것이다. 미국의 워싱톤 D.C 역시 콜롬바 여신의 신전으로 도시 계획이 되어 있다.
　미국은 유럽의 프리메이슨들이 신세계질서를 위해 세운 나라이다. 1307년 10월13일 유럽의 템플 기사단들이 프랑스 왕 필립 4세의 학살을 피해 미국으로 건너왔다. 1492년 콜럼버스에 의해서 워싱톤 D.C가 세워졌다. 그리고 세계 1,2차 대전을 통해서 미국은 세계 패권국가가 되었다. 이제 미국이란 나라를 통해서 일곱 번째 나라가 세워진다. 2030년에 세워질 신세계질서이다.
　전 세계를 휩쓸고 있는 코로나 바이러스는 지구촌에서 일어난 거대한 음모이다. 세상을 지배하고 있는 일루미나티 세력들이 지구촌을 리셋하고 있는 중이다. 그 중에 가장 큰 과제가 지구촌의 인구를 90% 줄이는 일이다. 제 4차 산업이 발달한 지금은 사람이 필요 없는 시대가 되었다. 지구촌의 새로운 유토피아를 만들기 위해 가장 큰 걸림돌은 지구촌에 인구가 너무나 많다는 것이다. 그래서 만든 것이 전염병이고 전염병을 치료하기 위한 방편으로 백신을 만들어 지구촌의 인구를 줄이는 것이다.

후 삼년 반이 시작될 때 종교지도자 음녀는 죽고 세상의 모든 권력이 짐승 적그리스도에게 집중되도록 하나님께서 역사를 하신다. 세상의 열 왕들의 마음을 하나 같이 같은 뜻을 가지고 통치를 하도록 하나님께서 일을 하신다. 그 이유는 하나님의 모든 말씀이 이루어지게 하신 것이다. 이는 적그리스도 짐승이 짐승의 표를 가지고 성도들을 죽이는 과정을 통해서 완성되는 기독교 구원이다.

요한 계시록 15장에는 불붙은 유리바다를 건너 모세와 어린양의 노래를 부르는 자들이 있다. 이들 모두가 짐승과 그의 우상과 그 이름의 수를 이기고 순교한 자들이다. 하나님께서는 세상 정치지도자에게 강력한 권세를 주셔서 성도들을 순교라는 과정을 통해서 추수를 하신 것이다.

"또 내가 보니 불이 섞인 유리 바다 같은 것이 있고 짐승과 그의 우상과 그의 이름의 수를 이기고 벗어난 자들이 유리바다 가에 서서 하나님의 거문고를 가지고 하나님의 종 모세의 노래, 어린 양의 노래를 불러 가로되 주 하나님 곧 전능하신이시여 하시는 일이 크고 기이하시도다 만국의 왕이시여 주의 길이 의롭고 참되시도다 주여 누가 주의 이름을 두려워하지 아니하며 영화롭게 하지 아니하오리이까 오직 주만 거룩하시니이다 주의 의로우신 일이 나타났으매 만국이 와서 주께 경배하리이다 하더라"(계15:2-4)

2) 아담의 타락과 새 에덴의 회복

성경은 아담 한 사람을 통해서 죄가 들어왔고 그 결과로 세상은 심판의 대상이 되었다. 그러나 하나님께서 자기 아들을 세상에 보내사 타락한 아담의 후손들을 구원하신 후 아담과 함께 타락한 세상을 불로 심판하시고 새로운 에덴을 회복시켜 주셔서 통치하게 하신다. 이 나라가 바로 천년왕국이다.

그래서 성경은 아담을 첫째 아담으로 예수님을 둘째 아담으로 설명을 한다. 에덴에서 아담의 갈비뼈로 하와를 지으신 것처럼 예수님은 십자가에서 피를 흘려 영적인 하와인 교회를 지으셨다. 마가의 다락방에 강림하신 성령이 지구를 한 바퀴 돌아오는 동안 구원받은 성도들의 충만한 수는 채워지고 교회는 완성이 된다. 예수님의 신부가 완성된 것이다. 예수님은 신랑으로 재림하셔서 혼인예식을 마치고 하나님께서 예비하신 천년왕국을 통치하게 된다. 이 나라가 바로 성경에서 말한 새 하늘과 새 땅이다. 아담이 실패한 에덴의 통치를 예수님과 교회가 다시 시작하는 것이다.

천년동안 통치가 끝날 때 하나님께서는 무저갱 속에 가둬 두었던 용을 풀어 예수님과 교회가 통치한 나라를 시험하게 하시지만 예수님과 교회는 용과 곡과 마곡과 반역한 무리들을 완전하게 제압을 하고 심판하므로 하나님 아버지께서 하라고 하신 일들을 완수하게 된다. 그리고 완성된 나라를 다시금 아버지께 바침으로 창세전부터 하나님께서 꿈꾸어 오신 구속의 역사는 끝난다. 이 과정에서 예수님의 신부인 교회는 완전히 예수님과 한 몸을 이루게 된다. 이것이 교회의 비밀이다.

3) 이스라엘과 일곱 제국

애굽을 통해 생육하고 번성한 이스라엘

하나님께서는 아브라함의 자손들을 부르셔서 구속의 역사를 펼치셨다. 이것이 구약이다. 야곱의 70명의 자손들이 애굽에 들어가서 430년 만에 생육하고 번성하여 60만으로 성장한 후 출애굽하여 가나안으로 복귀를 하였다.

앗수르와 바벨론을 통해 멸망한 북왕조 이스라엘과 남유다

가나안으로 복귀한 이스라엘은 가나안의 우상 숭배로 말이암아 타락하여 북 왕조 이스라엘이 앗수르를 통해 멸망을 한다. 남 유다 역시 바벨론에 의해서 멸망을 한다. 이 과정을 통해서 16명의 선지자들은 남북왕조의 멸망과 회복을 예언하게 되는데 이것이 신약에서 이루어지는 또 다른 이스라엘과 교회에 대한 역사이다. 바로 새 언약에 대한 약속이다. 새 언약의 약속은 사무엘을 통해 주어진 후 이사야, 예레미야, 에스겔 등 수많은 선지자들이 예언을 한다. 요지는 남북 왕조가 망하여 없어진 것이 아니라 남은 자들이 구원을 받아 새로운 다윗의 메시아 왕국을 세운다는 것이다. 이것이 신약 예수님을 통해서 세워진 교회왕국이고 천년왕국이다.

페르시아 고레스 왕을 통한 회복

이사야 선지자는 페르시아 고레스왕이 태어나기 150년 전에 벌써 그의 이름을 기록하고 고레스 왕을 통해서 새 언약이 이루어질 것을 예언을 했다. 페르시아 고레스왕은 바벨론을 멸망시키고 이스라엘을 70년 포로에서 해방시킨 왕이다. 이사야 선지자는 고레스 왕을 예수님으로 예언을 한다. 장차 마지막 시대에 나타나셔서 세상을 심판하고 영원한 나라를 세우실 것을 예언을 했다. 특히 이사야 선지자는 70년 바벨론 포로에서 돌아온 남 유다가 여호와의 아름다운 신부로 단장하여 돌아올 것을 강조한다. 아모스 역시 여호와께서 장가오신 사실들을 예언을 한다. 호세아 역시 같은 예언을 한다.

구약의 율법으로 맺어진 이스라엘과 여호와의 관계는 남북 왕조가 완전히 멸망함으로 끝이난다. 그러나 그 후에는 율법으로 이스라엘을 대우하시지 않으시고 오직 은혜로 남은 자들을 구원하신다. 이것이 새 언약이다. 구약에서도 하나님께서는 택한 백성들에게 은혜의 언약으로 무조건적으로 용서하고 품어주신다. 이것이 남은 자들의 신학이다. 즉 신약의 이방인의 교회에 대한 약속이다.

그리스 알렉산더 대왕을 통해 세워진 적그리스도의 나라

그리스 제국은 아리스토텔레스의 제자 알렉산더 대왕이 세운 제국이다. 하나님의 구속의 섭리에서 보면 그리스 제국은 세상 마지막 때에 등장할 적그리스도의 나라이다. 왜냐하면 그리스 제국 자체가 세상을 하나의(oneness) 세상으로 세웠기 때문이다.

철학의 아버지로 부른 소크라테스 역시 스파르타의 비밀 결사이다. 스파르타는 가나안 7족속들이 세운 나라이다. 그리스란 나라는 그냥 세워진 제국이 아니다. 헬라 철학을 통해서 세워진 제국이다. 헬라 철학은 바벨론 탈무드에서 나왔다. 바벨론은 시날 평지에서부터 반역한 인류의 모든 문명들이 모여 있는 곳이다. 바벨론 종교, 과학, 고대문명, 마신들의 문화, 타락한 네피림 문화 등이 집대성한 곳이 고대 바벨론이다.

　남 유다가 70년 바벨론 포로생활을 하는 가운데 배도자들이 나타나 기록한 것이 바벨론 탈무드이다. 탈무드는 우리가 알고 있는 지혜의 서신이 아니다. 바다물 보다 많은 내용들이 비밀리에 전수되고 있는 것 중에 일부를 만들어 지혜서인 탈무드를 만들었다. 진짜 탈무드 내용은 아무나 열어보지 못한다. 왜냐하면 죽음을 초래하기 때문이다. 소크라테스가 그리스 아테네 사람들에게 너 자신을 알라고 하였다. 최초로 인간을 가축인간과 신인간으로 구분한 자가 바로 소크라테스이다. 그런데 인간을 이렇게 구별시킨 내용이 탈무드에 기록되어 있다. 소크라테스는 탈무드를 통해서 그리스에 철학을 심었고 그의 제자 플라톤은 소크라테스의 절대철학으로 통치철학을 만들었다. 플라톤의 제자 아리스토텔레스는 그가 어릴 때부터 양육한 알렉산더 대왕을 통해서 그리스 제국을 세웠던 것이다.

　헬라제국은 언어자체부터 신비로운 것이다. 아무나 쓸 수 없는 언어였다. 오직 택한 자들만의 언어였다. 정치제도 역시 도시국가라고 하는 폴리스(polis)가 그리스 제국의 특징이다. 오직 신들에 의해서 택함을 받은 자들인 선민들이 사는 곳이다. 헬라제국 도시국가를 운영하는 시의회를 에클레시아라고 불렀다. 일명 택한 자들의 도시라는 것이다. 오리겐은 에클레시아를 교회라는 이름으로 사용하였다. 철저하게 속였던 것이다. 그들이 말한 선민은 교회가 아니라 신인간인 그들이다. 그러나 인간들을 노예로 부려먹기 위해 에클레시아를 교회에 붙여서 선민들이라고 거짓말을 했던 것이다.

　헬라 제국은 플라톤이 만든 정치통치철학으로 철저하게 이원론으로 구성이 되어 있다. 그렇게 만든 가장 큰 목적은 신인간과 가축인간을 분류시켜 통치하는 것이다. 자칭 엘리트 인간이란 그들은 교묘하게 철학이란 학문을 만들어 인간을 수 십년 동안 세뇌를 시키고 그들이 만든 철학이란 감옥에서 가축인간들이 살아가도록 한 것이다. 지금도 이런 세상에서 우리는 날마다 살고 있다는 사실을 알아야 한다. 그러나 그럴듯하게 짜맞추고 세뇌시킨 모든 것들이 철저한 인간 노예

화라는 사실을 알아야 할 것이다. 미국의 네오콘들은 이것을 거룩한 거짓말이라고 하였다. 진리가 이 땅에 있다고 생각하는가? 정의가 이 땅에 존재한다고 생각하는가? 꿈에서 깨어나시라. 겉으로는 모두들 정의 진리 사랑을 외친다. 특히 세상을 지배하고 있는 모든 강대국들과 메이져 그룹들은 미디어를 통해 열심히 선전을 하면서 역사를 이끌어간다.

그러나 세상은 그들이 만들어 놓은 역사 속으로 들어가고 있다. 군중들은 꼭두각시처럼 그들이 만든 구호와 그들이 만들어 놓은 정치적인 매카니즘에 의해서 스스로의 생명을 담보로 맡기고 살아가고 있는 것이다.

헬라제국의 정치적인 특징은 시나키즘이다. 헬라 철학의 목적인 시나키즘(Synarchism)은 전체를 하나로 묶어 통치하는 전체주의이다. 가나안 7족속들이 꿈꾸는 세계정복의 원리이다. 네오콘 사상을 그대로 실천하는 정치적인 용어이며 악마주의이다. 가나안 유대인들만이 알고 실천한 비밀주의였는데 이제 버젓이 온 세계 사람들 앞에 펼쳐놓고 실천하는 정치이론이 되고 말았다. 그들이 원하는 세상을 만드는 최고의 원리인 것이다. 힘이 다스리는 세상, 거짓이 왕 노릇하는 세상, 어떤 수단과 방법으로든지 목적만 이루고 나면 끝나는 세상이다. 한마디로 철저한 전체주의 사상이다. 특공대와 같이 하나 되어 원하는 목적을 신속정확하게 이룩하고 모든 증거를 단숨에 제거해 버린 완전범죄와 같은 무서운 사상이다. 시나키즘이란 악마주의자들은 너무 많은 인구를 90% 줄이고 인류를 노예화시키기 위해 지금까지 일을 하고 있다. 삼변회, CFR, 세계결제은행, 빌더버그, 록펠러 센터, 원탁회의, 왕립국제문제 연구소, IMF, CIA, CNN, 알자지라, WCC, WEA 등을 통해서 전 세계를 하나의 통제국가로 세우기 위해 최후의 일전을 계획하고 있다. 그들이 꿈꾸는 신세계질서이다. 이것이 헬라 철학이 완성된 세상이다.

겉옷만 바꿔 입은 로마 제국과 적그리스도의 나라, 일곱 번째 왕

그리스가 망하고 로마 제국이 시작되었다. 그러나 실상은 정치적인 환경만 바뀌었을 뿐 헬라의 철학과 헬라의 문화와 헬라의 정신은 무식한 로마제국이 정복할 수 없었다. 지금도 전세계를 다스리는 엘리트 인간들은 헬라철학과 시나키즘 정신으로 신세계질서를 세워 나가고 있다. 그 중심 세력이 미국의 네오콘들이다. 요한 계시록 17장에서도 여덟 번째 왕이 일곱 번째 왕이 되어 배도를 하게 되는데 모두 미국에 대한 예언이다.

미국에 있는 유대인들은 이미 세계 1,2차 대전을 통해서 이스라엘을 독립시켰다. 수도 또한 텔아비브에서 예루살렘으로 옮겼다. 이제 평화조약을 맺고 제 3성전 건축을 시작하면 다니엘의 70이레 중 마지막 7년이 시작되고 예수님께서 재림하셔서 세상을 심판하고 천년왕국을 여신다.

4) 신약시대 이스라엘과 교회의 심판과 회복

신약의 시작은 주후 70년 이스라엘이 망하고 교회 시대가 시작되었다. 이미 예수님이 십자가에서 죽으시고 오순절 마가의 다락방에 성령이 강림하심으로 신약의 교회는 시작된 것이다.

이스라엘과 신약의 교회는 서로 밀접하게 관계가 있다. 이방인들에게 복음이 증거되는 동안에 이스라엘은 전 세계로 흩어져 고난을 받는다. 그러나 이방인의 때가 차면 이스라엘 백성들이 다시 가나안으로 돌아와 나라를 세우고 회복이 된다. 예수님의 재림으로 교회는 새 예루살렘으로 마지막까지 살아남은 이스라엘 백성들은 천년왕국 백성으로 들어간다.

예수님의 재림과 이스라엘의 역사는 아주 밀접하게 관계가 있기에 마지막 종말시대를 분별하는데 큰 도움이 된다. 반드시 이스라엘은 다시 나라를 세워야 하고 예루살렘 성전 산에 성전을 건축해야 한다. 왜냐하면 그 성전에서 적그리스도가 배도를 해야 하기 때문이다.

"형제들아 너희가 스스로 지혜 있다 함을 면키 위하여 이 비밀을 너희가 모르기를 내가 원치 아니하노니 이 비밀은 이방인의 충만한 수가 들어오기까지 이스라엘의 더러는 완악하게 된 것이라 그리하여 온 이스라엘이 구원을 얻으리라 기록된바 구원자가 시온에서 오사 야곱에게서 경건치 않은 것을 돌이키시겠고 내가 저희 죄를 없이 할 때에 저희에게 이루어질 내 언약이 이것이라 함과 같으니라"(롬11:25-27)

"누가 아무렇게 하여도 너희가 미혹하지 말라 먼저 배도하는 일이 있고 저 불법의 사람 곧 멸망의 아들이 나타나기 전에는 이르지 아니하리니 저는 대적하는 자라 범사에 일컫는 하나님이나 숭배함을 받는 자 위에 뛰어나 자존하여 하나님 성전에 앉아 자기를 보여 하나님이라 하느니라 내가 너희와 함께 있을 때에 이 일을 너희에게 말한 것을 기억하지 못하느냐 저로 하여금 저의 때에 나타나게 하려 하여 막는 것을 지금도 너희가 아나니 불법의 비밀이 이미 활동하였으나 지금 막는 자가 있어 그 중에서 옮길 때까지 하리라 그 때에 불법한 자가 나타나리니 주 예수께서 그 입의 기운으로 저를 죽이시고 강림하여 나타나심으로 폐하시리라"(살후2:3-8)

구약에서는 율법을 거역한 남북 이스라엘이 처절하게 심판을 받았다. 신약의 교회 역사도 마찬가지이다. 신약의 교회 역시 구약의 이스라엘처럼 타락하여 하나님의 심판을 받는다. 이것이 요한 계시록 17장-18장에 기록된 바벨론 음녀가 받은 심판이다. 그러나 세상에서 구원을 받고 나그네와 행인처럼 살았던 남은 자들이 예수님의 신부가 되어 새 예루살렘이 된다. 구약의 선지자들이 예언한 내용대로 멸시와 천대를 받고 쫓겨난 자들이 칭찬과 명성을 얻게 되는 것이다. 이것이 바로 교회의 비밀이다.

제2장 영적인 세계를 알아야 한다

1. 사단의 정체

"네 영화가 음부에 떨어졌음이여 너의 비파 소리까지로다 구더기가 네 아래 깔림이여 지렁이가 너를 덮었도다 너 아침의 아들 계명성이여 어찌 그리 하늘에서 떨어졌으며 너 열국을 엎은 자여 어찌 그리 땅에 찍혔는고 네가 네 마음에 이르기를 내가 하늘에 올라 하나님의 뭇별 위에 나의 보좌를 높이리라 내가 북극 집회의 산 위에 좌정하리라 가장 높은 구름에 올라 지극히 높은 자와 비기리라 하도다 그러나 이제 네가 음부 곧 구덩이의 맨밑에 빠치우리로다"(사14:11-15)

"인자야 두로 왕을 위하여 애가를 지어 그에게 이르기를 주 여호와의 말씀에 너는 완전한 인이었고 지혜가 충족하며 온전히 아름다왔도다 네가 옛적에 하나님의 동산 에덴에 있어서 각종 보석 곧 홍보석과 황보석과 금강석과 황옥과 홍마노와 창옥과 청보석과 남보석과 홍옥과 황금으로 단장하였었음이여 네가 지음을 받던 날에 너를 위하여 소고와 비파가 예비되었었도다 너는 기름 부음을 받은 덮는 그룹임이여 내가 너를 세우매 네가 하나님의 성산에 있어서 화광석 사이에 왕래하였었도다 네가 지음을 받던 날로부터 네 모든 길에 완전하더니 마침내 불의가 드러났도다 네 무역이 풍성하므로 네 가운데 강포가 가득하여 네가 범죄하였도다 너 덮는 그룹아 그러므로 내가 너를 더럽게 여겨 하나님의 산에서 쫓아 내었고 화광석 사이에서 멸하였도다 네가 아름다우므로 마음이 교만하였으며 네가 영화로우므로 네 지혜를 더럽혔음이여 내가 너를 땅에 던져 열왕 앞에 두어 그들의 구경거리가 되게 하였도다 네가 죄악이 많고 무역이 불의하므로 네 모든 성소를 더럽혔음이여 내가 네 가운데서 불을 내어 너를 사르게 하고 너를 목도하는 모든 자 앞에서 너로 땅 위에 재가 되게 하였도다"(겔28:12-18)

사단의 정체는 루시엘이다. 그는 피조물 중에 으뜸이었지만 교만하여 하나님의 심판을 받고 땅에 찍혀 재가 되었다. 창세기 1장2절에 "땅이 혼돈하고 공허하며 흑암이 깊음 위에 있고 하나님의 신은 수면에 운행하시니라" 분명히 하나님께서 창1:1에서 천지를 창조하셨는데 2절에서는 전쟁으로 폐허가 되어 있는 모습이 나타난다. 하나님께서 사단 루시퍼를 심판하신 것이다. 그래서 땅이 혼돈하고 공허하며 흑암이 깊음 위에 있다. 여호와의 신이 수면에 운행하시면서 새로운 창조를 시작하신다. 여섯 날들을 통해서 세상을 창조하시고 흙으로 사람을 빚어서 아담과 하와를 만드셨다. 그리고 모든 것들을 정복하고 다스리게 하셨다. 그 대상에는 사단인 뱀도 포함되어 있다.

그러나 아담은 뱀의 유혹에 넘어가 하나님께서 주신 천하만국을 통치할 권세를 사단에게 빼앗기고 다시금 죄의 종이 되고 말았다. 하나님은 자기의 아들을 세상에 보내사 아담의 죄를 짊어지시고 죽으시사 사망권세를 이기시고 다시금 인간을 구원하실 수 있었다. 이렇게 구원 받은 인간들은 예수님의 영적인 신부가 되어 예수님의 재림으로 혼인예식을 치룬 후 새 예루살렘을 통해 아담이 잃어버린 새 하늘과 새 땅을 통치하게 하신다. 이것이 천년왕국이다. 용을 천년동안 무저갱에 가둔 후 천년 끝에 풀어주어 예수님과 교회가 통치한 천년왕국을 시험하게 하지만 예수님과 교회는 멋지게 용과 곡과 마곡을 섬멸하고 하나님께서 하라고 하신 사명을 완수한 후 그 나라를 다시 아버지께 바침으로 하나님의 구속의 역사는 끝이 난다.

이러한 하나님의 구속의 역사가 끝날 때까지 사단 마귀는 세상 임금이 되어 하나님의 구속의 역사를 훼방하고 하나님의 백성들을 끊임없이 괴롭히지만 오히려 그와 같은 시험과 박해는 예수님의 신부인 교회를 더욱 더 거룩하게 하고 정결하게 단장시키는데 도움을 준다.

예수님께서 재림 하실 때에도 하나님께서 세상을 공허하게 하고 무질서하게 만드신다. 그리고 예수님은 이런 공허하고 무질서한 세상을 불로 태워 심판하시고 왕이 되셔서 새 하늘과 새 땅을 통치 하신다.

"여호와께서 땅을 공허하게 하시며 황무하게 하시며 뒤집어 엎으시고 그 거민을 흩으시리니 백성과 제사장이 일반일 것이며 종과 상전이 일반일 것이며 비자와 가모가 일반일 것이며 사는 자와 파는 자가 일반일 것이며 채급하는 자와 채용하는 자가 일반일 것이며 이자를 받는 자와 이자를 내는 자가 일반일 것이라 땅이 온전히 공허하게 되고 온전히 황무하게 되리라 여호와께서 이 말씀을 하셨느니라 땅이 깨어지고 깨어지며 땅이 갈라지고 땅이 흔들리고 흔들리며 땅이 취한 자 같이 비틀비틀하며 침망 같이 흔들리며 그 위의 죄악이 중하므로 떨어지고 다시 일지못하리라 그 날에 여호와께서 높은데서 높은 군대를 벌하시며 땅에서 땅의 왕들을 벌하시리니 그들이 죄수가 깊은 옥에 모임 같이 모임을 입고 옥에 갇혔다가 여러 날 후에 형벌을 받을 것이라 그 때에 달이 무색하고 해가 부끄러워하리니 이는 만군의 여호와께서 시온산과 예루살렘에서 왕이 되시고 그 장로들 앞에서 영광을 나타내실 것임이니라"(사24:1-3,19-23)

2. 사단이 세상을 통치하는 조직

"종말로 너희가 주 안에서와 그 힘의 능력으로 강건하여지고 마귀의 궤계를 능히 대적하기 위하여 하나님의 전신갑주를 입으라 우리의 씨름은 혈과 육에 대한 것이 아니요 정사와 권세와 이 어두움의 세상 주관자들과 하늘에 있는 악의 영들에게 대함이라"(엡6:10-12)

사단은 타락한 천사 삼분의 일을 데리고 세상을 통치하고 있다. 세상은 눈에 보이는 것이 전부가 아니다. 눈에 보이는 세상은 눈에 보이지 않는 세상과 연결되어 있다. 즉 조종을 받고 있는 것이다. 철저하게 사단 마귀는 복음을 전하지 못하게 하고, 믿지 못하게 하고, 하나님의 말씀대로 순종해 살아가는 것을 온갖 방법을 통해 훼방을 하고 있다. 그러나 대다수 그리스도인들은 그것을 알지 못하고 자연스럽게 매일을 살아간다.

　사단의 계보는 정사와 권세와 이 어두움의 세상 주관자들과 하늘에 있는 악한 영들이다. 철저하게 상명하복의 군대 조직으로 아무도 그들의 통치에서 벗어나지 못하도록 복종시킨다. 구원 받은 성도는 유일하게 사단의 통치에서 벗어나지만 곧 바로 다시 죄를 범하게 되므로 포로생활을 계속하게 되는 것이다. 사도 바울은 세상에 사는 모든 사람들이 공중의 권세 잡은 자들을 따라서 불순종의 아들들로 살아가고 있음을 폭로했다. 사단은 눈에 보이는 세상의 것들을 통해서 철저하게 그리스도인들을 미혹하고 신앙이 자라나지 못하도록 방해를 한다.

3. 사단이 통치하는 72 마신

　사단이 세상을 통치하는 방법은 72 마신들을 통해 충성하는 자들에게 소피아 즉 지혜를 부어주어서 세상을 통치하게 한다. 이들이 세상을 움직이는 위인들이다. 천재들이다. 이들을 통해서 물질문명을 발전시키고 새로운 기술들을 만들어 사람들을 통치하게 한다. 72 마신 중에 하나의 신에게 감동을 받아 선택되면 그 사람은 돈과 명예를 얻게 된다.

　아가레스 (Agares) 지진을 일으키는 신
　가미긴(Gamigin) 죽은 영을 불러내어 점을 치는 신
　마르바스(Marbas) 인간의 몸을 부패시키는 병을 주거나 다른 동물의 모습으로 바꾸는 신
　발레포르(Valefor) 마법의 약을 조제하는 신
　아몬(Amon) 과거 현재의 비밀을 아는 신
　바르바토스(Barbatos) 과거와 미래의 비밀을 아는 신
　파이몬(Paimon) 큰 목소리로 노래를 잘하는 신
　부에르(Buer) 어학과 철학과 논리학의 신
　시트리(Sitri) 사랑과 성에 대한 마력의 신
　바딘(Bathin) 약초나 보석의 사용법을 잘 아는 신

모락스(Morax) 마술의 신
니베리우스(Niberius) 논리학과 수사학의 신
베리드(Berith) 연금술 신
포칼로르(Forcalor) 바다의 신
베팔(Vephar) 바람 태풍 파도를 지배하는 신
알로켄(Allocen) 음악 천문학 기하학 수학의 신
부에르(Buer) 철학과 논리의 신
레라지애(Reragie) 전쟁의 신
보티스(Botis) 친구나 적을 조정하는 신
마락스(Marax) 해부학의 전문 신
라볼라스(Rabias) 도살과 살인을 총괄하는 신
무르무르(Murmur) 죽은 자의 혼을 소환하는 신
스트라스(Stras) 천문학의 전문 신
카미오(Kamio) 미래의 일을 알려주는 신

4. 사단의 종교 유대 카발라

  사단의 종교가 있다. 유대 카발라이다. 유대 카발라는 생명나무 종교이다. 하나님께서 화염검으로 지키신 생명나무를 따 먹고 신처럼 영생불사의 존재가 되게 하는 종교이다. 유대 카발라는 인신제사를 통해서 루시퍼를 만난다. 그리고 72 마신들의 능력을 전수 받는다. 이것이 유대인들의 천재교육 방법이다.
  유대 신비주의 카발라는 메시아닉 쥬 종교이다. 윌리엄 브래넘의 늦은 비 운동 역시 유대 카발라 운동이다. 현재 일어나고 있는 모든 신사도 운동의 뿌리가 바로 유대 카발라 신비주의 운동이다. 신인합일을 추구한다. 한 새 사람 운동이다. 유대 카발라 운동은 뉴 에이지 운동이다. 자연 속에서 인간의 생명의 존재를 찾는다. 왜냐하면 원래 우주 속에 있는 모든 에너지는 하나의 생명으로 연결되었다고 생각하기 때문이다. 테트락티스, 테트라그라마톤이란 10개 점의 스피로트를 연결하여 아인쇼프로 연결되는 33개의 점들은 일루미나티 33도를 의미한다.

히브리어 자음 22개에 게마트리아 수비학을 붙여 우주 만물을 설명한다. 태양계에 있는 72 행성 이름들이 모두 여호와의 이름들이다. 행성 하나 하나에 붙은 이름들의 총 합이 바로 여호와이다. 애굽의 범신론 유일신 이시스의 이름이다.

유대 카발라는 사이언톨로지 종교이다. 점성술과 연금술을 통해 사람이 신과 합일을 하는데 생명나무 관상기도 원리를 통해 신적인 능력을 전수 받아 모든 인간들이 신이 되는 것이다.

유대 카발라는 티쿤 즉 깨어짐의 회복을 통해서 모든 사람이 신이 되면 우주는 회복되어 시간과 공간에서 해방되어 자유스런 세상이 된다. 이것이 예루살렘 회복 운동이다. 신세계질서 운동이다. 빅 데이터가 통치하는 스마트시티 안에서 이루어진다.

유대 카발라는 피타고라스 비밀 종교이기도 하다. 피타고라스는 탈레스의 제자로 애굽에 유학을 가서 애굽 제사장들과 피라미드에 관한 비밀 지식을 섭렵(涉獵)한 후 바벨론으로 포로로 끌려가 고대 바벨론 비밀종교와 메소포타미아 문명을 섭렵한 후 그리스로 돌아와 비밀종교를 만들었다. 피타고라스는 제자들이 신으로 추앙을 했다. 자신도 보통 인간과 다른 신인간이라고 생각을 했다. 달 위에 글을 쓰고 우주 속의 음악화음을 숫자로 만들었다. 사람의 몸의 균형을 이용하여 의학을 만들었고, 점성술을 통해 천문학을 만들었다. 기하학을 통해 미분, 적분, 순열, 조합, 확률, 통계 등을 이용하여 수비학을 만들고 오늘날 현대과학의 기초를 놓았다. 15세기 피렌체에서 일어난 문예부흥운동은 피타고라스의 신비종교인 의학, 수학, 천문학, 음악, 과학의 부활이었다.

피타고라스는 우주의 원리를 테트락티스로 정의를 했다. 이는 우주는 점 하나, 점 둘을 이은 선, 점 셋을 이은 면, 점 넷을 이은 입체로 구성이 되었다는 것이다. 그래서 점과 선과 면과 입체를 이룬 점 10개를 우주의 기본으로 보았다. 이것을 테트락티스라고 한다.

도표로 그려보면 윗 쪽에 점 하나가 있다. 그리고 그 밑에 점 둘을 이은 선이 있다. 그 밑에 점 셋을 이은 면이 있다, 맨 아래 점 넷을 이은 입체가 있다. 전체적으로 그림을 설명하면 왼쪽에 점 셋, 가운데 점 넷, 오른쪽에 점 셋이 위치한다. 이것이 유대 카발라 생명나무 종교이다. 총 10개의 점을 서로 연결하면 32개의 줄이 된다. 여기에 맨 윗줄을 아인 쇼프에 연결하면 33개가 되는데 이것이 사람이 신과 연합을 하는 스피로트 33 이라고 한다. 그렇게 생명나무 관상기도를 통해서 신인합일이 이루어진 사람을 일루미나티 33도라고 한다.

일루미나티 33도가 되어 신인간이 되면 투시, 초혼, 순간이동, 시간이동, 축사, 마인드컨트롤, 텔레파시, 신유, 마술, 공간이동 등의 능력이 주어진다. 이것을 4차원의 영성이라고 한다. 예수회 이그나티우스 로욜라, 프란시스 베이컨, 장미십자 비밀결사, 윌리엄 브래넘, 템플기사단, 메로빙거 왕들이 소유한 영적인 능력이다. 마틴 루터가 속한 장미십자단 역시 애굽의 비밀지식을 전수 받은 카발리스트들이다. 그래서 루터교의 로고가 장미십자이다. 유대 카발라 신비종교를 통해 이루어진 모든 능력들의 원천은 72 마신들과 접촉을 통해서 이루어진다.

현대 사이언톨로지 종교가 미국과 유럽에서 성행하고 있는데 사이언톨로지 종교 역시 유대 카발라 신비주의 종교이다. 미국 헐리우드 배우 톰 크루즈는 어린 딸 수리를 유대 카발라 천재교육을 시켰다. 어릴 때부터 전기를 통과시켜 뇌파를 세타파로 바꾸는 훈련을 하게 되는 과정에서 부인과 의견충돌이 생겨 이혼을 한 바 있다. 어릴 때부터 뇌파를 전기 충격을 이용하여 세타파로 바꾸는 훈련이 바로 72 마신과 항상 쉽게 접촉을 해서 고부가치의 지혜와 능력을 전수받게 하는 것이다.

미국의 천재 과학자인 테슬라와 에디슨 역시 유대 카발라 천재교육을 통해서 현대 문명의 1000가지 이상을 발명하게 된다. 중세 이태리 피렌체에서 있었던 천재교육 역시 유대 카발라 관상기도 신비주의 종교 교육이다.

유대인들은 지혜를 얻은 자가 모든 것을 얻은 자라고 한다. 이것을 지혜 교육이라고 하는데 유대인들의 지혜 교육이 바로 유대 카발라 생명나무 관상기도 원리이다. 모두 마신들과의 접촉을 통해서 자신의 영혼을 팔아 부와 명예를 얻는 것이다.

서재에 있는 세계를 움직이는 위대한 인물들에 대한 모든 책들이 바로 유대 카발라에서 배출한 인물들이다. 그들은 어릴 때부터 72 마신들과 접촉을 하는 훈련을 통해서 보통 사람들이 상상할 수 없는 지혜와 신비한 능력을 전수 받게 된다. 그리고 전 세계를 이끌어 가는 리더가 되는 것이다. 세상에 모든 부와 명예는 72 마신들을 통해서 주어진다.

5. 사단이 지배하는 혈통들

사단이 지배하는 혈통들이 있다. 바리새파 유대인들이다. 바리새파 유대인들은 가짜 유대인으로 가나안 7족속들의 후손이다. 예수님께서도 마태복음 23장에서 일곱 번 저주를 하셨다.

가나안 7족속들은 겉으로는 사람 같지만 그들의 영혼은 루시퍼가 지배하고 있다.

"너희는 너희 아비 마귀에게서 났으니 너희 아비의 욕심을 너희도 행하고자 하느니라 저는 처음부터 살인한 자요 진리가 그 속에 없으므로 진리에 서지 못하고 거짓을 말할 때마다 제 것으로 말하나니 이는 저가 거짓말장이요 거짓의 아비가 되었음이니라"(요8:44)

"화 있을찐저 외식하는 서기관들과 바리새인들이여 너희는 선지자들의 무덤을 쌓고 의인들의 비석을 꾸미며 가로되 만일 우리가 조상 때에 있었더면 우리는 저희가 선지자의 피를 흘리는데 참예하지 아니하였으리라 하니 그러면 너희가 선지자를 죽인 자의 자손 됨을 스스로 증거함이로다 너희가 너희 조상의 양을 채우라 뱀들아 독사의 새끼들아 너희가 어떻게 지옥의 판결을 피하겠느냐 그러므로 내가 너희에게 선지자들과 지혜 있는 자들과 서기관들을 보내매 너희가 그 중에서 더러는 죽이고 십자가에 못 박고 그 중에 더러는 너희 회당에서 채찍질하고 이 동네에서 저 동네로 구박하리라 그러므로 의인 아벨의 피로부터 성전과 제단 사이에서 너희가 죽인 바라갸의 아들 사가랴의 피까지 땅 위에서 흘린 의로운 피가 다 너희에게 돌아가리라"(마

23:29-35)

　예수님께서는 유일하게 바리새파 유대인들에 대하여 심판을 선언하셨다. 바리새인들을 향해 너희는 아비 마귀에게서 났다고 하셨다. 그들을 향해 뱀들아 독사의 새끼라고 말씀 하셨다. 본질적으로 바리새파 유대인들은 보통 사람들이 아니다.

　지금 전 세계를 다스리고 있는 자들이 바로 바리새파 유대인들이다. 영국 더 시티 오브 런던 안에 있는 은행가들이 가나안 7족속들이다. 미국 워싱톤 디시에서 전 세계를 정치적으로 통치하고 있는 이들이 가짜 유대인인 가나안 7족속들이다. 로마 바티칸을 장악하고 있는 예수회 멤버들이 가나안 7족속들이다. 유럽의회를 장악한 사람들이 가나안 7족속들이다.

　이들은 전 세계 매스컴을 장악하고, 세계결제은행과 IMF, 미국 중앙은행 연준, 월드뱅크 등을 통해 세계를 리셋하고 있는 중이다. 이들을 프리메이슨, 일루미나티, 엘리트 인간, 신인간들이라고 부른다.

6. 세계 3대 권력 기관

1) 경제권력, 더 시티 오브 런던의 비밀

　더 시티 오브 런던은 영국인들조차 잘 모르는 곳이다. 수세기 동안 영국 내 역외지역으로 대접 받아 왔다. 더 시티 오브 런던의 실체를 추적한 '보물섬'의 저자 니콜라스 섁슨은 2011년 2월 영국 주간지 뉴스 테이츠 맨에 더 시티 오브 런던을 그저 조세 회피처로 부르는 건 잘못이라며 탈세 뿐 아니라 법과 규정 등 모든 규제로부터 벗어난 곳이며 기업고객들에게 제공하는 혜택을 철저히 비밀에 부치는 곳이라고 주장했다. 현금이 많은 사람이라면 지구상 어떤 나라도 제공하지 못하는 권리와 특혜를 누릴 수 있는 곳이 더 시티 오브 런던이라는 설명이다.

　섁슨에 따르면 더 시티 오브 런던에서는 내 투표권은 개인뿐 아니라 기업에도 주어진다. 또 정당은 선거에 개입할 수 없다. 오직 선거에 나서는 후보자는 독립된 개인으로서 취급된다. 이같은 구조는 더 시티 오브 런던의 자체 규율에 대해 조직화된 저항이나 거부를 아예 불가능하게 만든다. 더 시티 오브 런던 지자체 선거를 하면 유권자의 70%는 개인이 아니라 기업이다. 기업들은 대개 은행 등 금융사다. 또 1인 1표제 또는 1사 1표제가 아니다. 기업이 클수록 투표권도 많아진다. 초대형 금융사의 경우 79표를 행사할 수 있다. 더 시티 오브 런던은 특혜를 추구하는 기업들만의 낙원은 아니다. 광대하고 비밀스런 전 세계 조세 회피처의 심장과 같은 역할도 하고 있다.

색슨은 영국 왕실 령에 속한 카리브해나 기타 지역에 있는 개인적인 조세 회피처들은 서로 거미줄처럼 얽혀 있다며 이들 지역은 자금과 기업들을 적정하게 관리하다 이후 거미줄의 핵심인 더 시티 오브 런던으로 보낸다고 말했다.

결국 메이 총리의 보수당 정부가 그리고 있는 그림은 더 시티 오브 런던의 사업 모델을 영국 전역으로 확대 한다는 것이다. 물론 그 같은 경우가 현실화하면 영국 정부의 재정은 줄어 들겠지만 전 세계 유수의 기업들을 유치하면서 얻는 전체적 이득이 훨씬 크다는 건 불문가지다.

울프스트리트는 영국의 이같은 시도는 개인과 기업 경쟁력을 키워 국력과 경제력을 높이는 전통적 국부 모델을 버린다는 의미라며 영국을 시발점으로 전 유럽 각국이 법인세 인하나 조세 회피처 마련 등 바닥 경쟁을 펼치게 될 가능성이 높다고 우려했다.

더 시티 오브 런던(City of London)은 그레이터 런던주의 가장 작은 행정 구역으로, 런던의 역사적 중심이다. 간단히 더 시티(the City)라고도 부른다. 잉글랜드 은행을 비롯해 금융기관이 밀집해 있다. 시티의 경계선은 중세부터 거의 바뀌지 않고 있고, 넓이는 1.12 제곱마일(2.90㎢)의 극히 좁은 지역이다.

시티 오브 런던은 1215년 마그나카르타(대헌장) 이래 독자적인 자치권을 누리는 자치법권 지역이다. 시티가 그레이터 런던 당국과 별도로 관리되는 지역이기 때문에, 치안도 광역 경찰청이 아닌 시티 오브 런던 경찰이라고 하는 별개의 조직이 담당한다. 영국 군주도 시티를 방문하기 위해서는 사전에 이곳의 길드장에게 허락을 받아야 방문이 가능하다.

런던 속 런던, 더 시티 오브 런던

이 작은 지역에 주목하는 이유는 세계금융의 중심지이기 때문이 아니다. 런던이 시작된 곳 '진짜' 런던이 바로 이곳이기 때문이다. 더 시티 오브 런던은 별도의 정치, 경제 특별 자치구역이며 시장(Lord Mayor)도 따로 선출한다. 하나의 독립 도시인 것이다.

더 시티 오브 런던이 자치권을 행사한다는 것은 1215년 존 왕의 횡포에 대항해 만든 마그나 카르타 문서에서도 확인된다. 가장 대표적인 특권은 지역 내에서 받은 세금을 독자적으로 사용할 수 있다는 것이다. 거주 인구가 7000명 밖에 되지 않는 이 작은 도시는 현재는 세계 금융과 비즈니스의 중심지다. 도시 안에는 1만개가 넘는 회사가 있으며 50만 명이 출퇴근하고 있다. 시티 오브 런던의 1년 세금 수입은 서울의 10배나 된다.

세계를 움직이는 금융허브

더 시티 오브 런던은 전 세계 경제를 움직이는 엔진과 같은 곳이다. 자주 장사를 했던 가나안의 7족속들의 아지트이다. 상징적으로 미국 뉴욕에는 세계무역센터가 있고, IMF, 월드뱅크가 있지만 그 뿌리는 더 시티 오브 런던에 있는 금융 카르텔에 불과하다. 세상에서는 돈이 많은 사람들이 주인이다. 미국이란 나라도 주인이 따로 있다. 정치적으로 CFR이 주인이지만 경제적으로는 미국 중앙은행 연준이다. 미국 중앙은행 연준은 유대인들의 민간은행이다. 민간은행에서 달러를 찍어 내어 미국과 전 세계국가를 상대로 돈놀이를 하는 것이다. 그래서 미국의 주인은 시티 오브 런던 안에 있는 은행가들이다. 대표적인 사람이 바로 로스 차일드이다. 겉으론 다국적 기업이나 주식회사로 위장을 하고 있지만 주인은 하나이다. 전 세계 중앙은행들 역시 그들의 손안에서 쥐락펴락 당하고 있다.

바리새파 유대인들의 상술

바리새파 유대인들은 가나안 7족속 장사꾼들이다. 이들은 가나안

비블로스 항구에서 무역을 시작하여 레반트 문명을 이룩하고 카르타고 상인이 되어 지중해 상권을 장악한 후 베네치아로 진출하여 대서양과 유럽 경제를 흡수한다. 후에 동인도 회사를 차려서 네델란드를 거쳐 영국에 안착한 후 미국 뉴욕을 개발하여 전 세계 경제를 좌지우지하고 있는 것이다.

특히 이들이 추구하는 가장 큰 가치관은 화폐 발행권을 가지고 세계 경제를 지배하는 능력이다. 이들이 세계 경제의 주인이 되기 위해 미국이란 일루미나티 국가를 세우고 1913년 미국 중앙은행을 국가로부터 빼앗아 사기업화 시킨 후 세계 1,2차 대전을 통해 전 세계 금을 74% 약탈하여 1944년 브레튼 우즈(Bretton Woods) 협약을 통해서 미국 연준이 찍어내는 달러를 세계 기축통화로 만드는데 성공을 한다. 그 후 전 세계 재산은 그들의 손에서 운영이 되고 있는 것이다. 미국의 국세청이 이들의 은행에 속하여 있고, 미국을 움직이는 대통령과 정치인들의 모임인 CFR 역시 이들의 손에서 선발되어 하수인 노릇을 할 뿐이다.

2) 종교권력, 바티칸 교황청과 유엔을 지배한 예수회

바티칸 교황청 위치

이탈리아의 수도 로마 안에는 바티칸이라는 또 하나의 국가가 있다. 바티칸 시(Vatican City) 또는 교황청(Holy See)이라고도 하는 바티칸 시티는 전체 면적이 0.44km2로 전 세계에서 가장 작은 독립국이다. 이곳은 전 세계 가톨릭의 총본산이라는 의미가 있다.

바티칸 시티는 이탈리아 로마 시내 테베레 강 서안에 자리 잡고 있다. 한 번에 30만 명을 수용할 수 있는 성 베드로 광장 앞에는 도로 위에 흰색 선이 그어져 있는데 이것이 바로 이탈리아와 바티칸을 구분 짓는 국경이다. 바티칸은 이탈리아가 19세기 들어 근대 통일 국가로 탈바꿈하면서 교황청 직속 교황령으로서의 지위를 상실하게 되었다. 이후 무솔리니는 1929년 이탈리아와 교황청 주변 지역에 대해 주권을 인정하는 라테라노 조약을 체결함으로써 독립국이 되었다. '바티칸'이라는 국명은 그리스도교 발생 이전에 내려온 오래된 말로, 테베레(Tevere) 강 옆에 위치한 '바티칸 언덕'을 뜻하는 라틴어 'Mons Vaticanus'에서 유래한다.

현재 바티칸의 영토권은 성 베드로 대성당과 로마의 성당과 궁전을 포함한 13개 건물, 로마 동남쪽 120km 지점에 있는 카스텔 간돌포(Castel Gandolfo)의 교황 하계 관저에 국한된다. 영토 내에는 성 베드로 광장, 대성당, 교황 궁전, 관청, 바티칸 박물관, 도서관, 은행, 방송국, 인쇄국, 철도역, 우체국, 시장 등이 있다.

하나의 국가이지만 국방은 이탈리아에 위임되어 있고 소수의 스위스 근위병이 지키고 있다. 과거 침략 시절, 스위스 용병들만이 남아 목숨을 걸고 교황을 지켰다고 한다. 그 후 지금까지 약 100여 명의 스위스 국적의 신체 건강한 젊은 용병들이 아직도 창과 칼만으로 바티칸을 지키고 있다. 이 스위스 용병들이 입고 있는 화려한 옷은 '미켈란젤로'가 디자인한 것이다.

영역

바티칸 시국은 교황이 거주하는 바티칸 궁전을 중심으로, 성 베드로 광장이 있는 남동쪽을 제외하고 중세와 르네상스 시대에 세워진 성벽으로 둘러싸여 있다. 6개의 입구 중에서 광장, 대성당 정면의 종탑 아치, 북쪽 성벽에 있는 바티칸 박물관 입구 등 3개의 입구만이 일반인에게 개방되어 있다. 이 성벽들 안이 바티칸 시국이라는 작은 나라이다. 가장 인상적인 건물은 14세기에 지어 16세기에 개축한 성베드로 대성당이다.

정치와 행정

이 나라의 통치권은 로마 가톨릭 교회의 수장으로 선출된 교황이 행사한다. 교황은 바티칸시티 안에서 행정·입법·사법에 대한 절대적 권한을 갖는다. 또한 바티칸 정부의 각료들을 임명하는데, 이들은 교황청 인사들과는 달리 성직자가 아니다. 교황은 교황청의 바티칸 시국 위원회에서 통치권을 행사하며, 행정권은 중앙협의회의 보좌를 받는 지사에게 위임된다. 바티칸 시국은 전 세계의 177개 국가와 공식

외교관계를 맺고 나라마다 대사관을 두고 있다. 2013년 3월부터 266대 프란치스코 교황이 재임중이다.

국민과 언어

바티칸의 국민은 사제와 수녀가 대부분이지만, 성직자의 비서나 국내외 무역과 서비스 직종에 종사하는 사람들인 평신도들도 포함되어 있다. 바티칸의 국민들은 대부분 바티칸 성벽 밖에 거주한다. 바티칸 시국의 여러 업무를 처리하기 위해서 국민이 아닌 이탈리아 국민들도 일하고 있다. 공식문서는 라틴어로 작성되지만, 공용어는 이탈리아어이다. 국민에게는 시민권이 부여되는데, 시민권은 교황과 추기경, 성직자, 스위스 근위대, 일반 고용자 등에게 주어지며, 업무의 기간이 만료되면 시민권은 해지된다. 2010년 이후 시민권을 갖고 있는 사람은 약 1,000명 안팎이다.

경제와 사회

바티칸시국은 독자적인 통신체계, 은행기관, 화폐를 비롯해서 우체국, 라디오 방송국, 100명 이상의 스위스인 수비대, 백화점, 의료시설 등을 갖추고 있다. 식량·물·전기·가스를 포함한 대부분의 물자는 수입해야 한다. 소득세가 없고 자금의 유입이나 유출에 대한 규제가 없다. 교황청은 전 세계적으로 10억 명이 넘는 로마 가톨릭 교회의 자발적인 기부금과 우표, 화폐 및 출판물의 판매와 투자를 통한 수입으로 재정을 충당한다. 은행의 운영과 지출에 대한 자료는 1980년대 이후 공개적으로 발표되고 있다.

교황청 바티칸의 역사

주후 313년 밀라노 칙령을 통해 기독교가 공인된 후 세계 종교권력의 중심으로 태어난다. 주후 476년 서로마 제국이 멸망한다. 주후 481년 클로비스가 프랑크 메로빙거 왕조를 세우면서 로마교회는 제5교구가 된다. 주후 800년 샤를마뉴 대제는 위기에 몰린 레오 3세를 구출하고 교황으로부터 '서로마의 황제'로 임명된다. (프랑스 중심의 신성로마제국)(샤를대제=카롤루스대제)

주후 962년 오토 1세는 교황청과 교회를 수호하고 지켜주므로 요한 12세 교황으로부터 신성로마제국 황제로 대관되었다. (독일 중심의 신성로마제국) 오토의 교회정책은 로마의 통치자는 자신이라는 것과 교황도 황제에게 충성 서약을 하지 않고는 교황이 될 수 없다고 천명하고 교황도 직접 임명하고 파면하기도 했다. 이처럼 오토 1세의 교회정책은 대주교, 주교, 수도원장 등 고위 성직자에게 영토를 봉토로 주고 여러 가지 특권과 보호를 부여함과 동시에 이들을 국내 통치상의 중요한 지위에 둠으로써 교회와 제국을 하나로 묶는 한편 최고 통수권자를 황제로 하는 신성정치체제가 되었다. 황제는 교황을 통해 주어지는 것이 아니라 직접 신의 은총과 제후의 선거를 통해서 결정된다고 주장했고 '거룩한 교회'의 개념에 '신성한 제국'의 개념을 대치시킨 것이다.

주후 1077년 카노사의 굴욕은 주교회의에서 뽑힌 그레고리우스 7세는 성직자의 임명권이 교황과 교황청에 있음을 천명한다. 이에 하인리히 4세는 교황을 축출하려고 시도를 하지만 그레고리 7세는 황제를 파문한다. 신하들이 등을 돌리고 반란을 일으키려 하자 하인리히 4세는 교황이 있는 카노사의 성을 찾아 추운 겨울에 참회복을 입고 맨발로 3일 동안 빌어 용서를 구하고 파문을 철회시킨다. 그러나 하인리히 4세는 복귀한 후 반격에 나서 자신에게 등을 돌렸던 신하들을 제거하고 그레고리 7세를 쫓아 낸다. 그 후 12세기 초 성직 임명은 교황에게 다시 돌아온다.

교황청과 예수회(템플기사단)

카를 대제 때부터 황제에 의해서 임명된 교황과 주교들은 카노사의 굴욕을 통해 명예를 만회한 것 같았지만 다시금 황제에게 교회통치 권력을 빼앗기고 이를 만회하기 위한 큰 그림을 그리고 있었는데 교황이 친히 군대를 소유하는 것이었다. 일명 템플기사단의 창설이었다. 템플 기사단은 1099년 제 1차 십자군 원정을 통해 예루살렘을 회복하고 수많은 순례자들의 통행에 필요한 자금과 안전을 지켜 주므로 일약 거부가 되었다. 1139년에는 교황 인노첸시오 2세가 "완벽한 선물" 칙서를 포고하면서 성전기사단이 각 지역의 세속 법률에 복종해야 할 의무를 면해 주었다.

이것은 곧 성전기사들이 모든 국경을 자유롭게 오갈 수 있으며, 세금을 전혀 내지 않고, 교황을 제외한 모든 권세로부터 독립된다는 것을 의미했다. 세계와 우트르메르 일대에서 부를 축적한 성전기사단은 1150년부터 성지순례자들을 대상으로 신용장을 발행하기 시작한다. 순례자들은 출발하기 전에 자기 고향 지역의 성전기사단 지부에 귀중품을 맡기고 자신이 맡긴 물건의 가치를 증빙하는 문서를 받았다. 그리고 성지에 도착하여 문서를 제시하면 증빙된 가치와 등가의 재물을 받는 식이었다. 이 획기적인 계약방식은 은행업의 초기 단계이며 최초의 수표 체계라고 할 수 있다. 이 금융업을 통해 순례자들은 도적들로부터 비교적 안전해질 수 있었고, 성전기사들의 돈궤도 두둑해졌다.

성전기사들은 기부와 사업을 병행하며 기독교 세계 전역에 걸친 금융망을 만들었다. 그들은 유럽과 중동에 광대한 토지를 얻었고, 농장과 과수원을 매입하고 경영했다. 커다란 석조 성당과 성곽들이 건설되었다. 이런 식으로 성전기사단은 제조업과 유통업을 운영했다. 성전기사단은 자기 소유의 함대를 가지고 있었고, 한 때는 키프로스 섬 전체가 성전기사단의 소유이기도 했다. 이런 점에서 성전기사단은 세계 최초의 다국적 기업이라고 말할 수 있다.

사단을 숭배하는 템플 기사단

템플 기사단의 정체는 애굽의 비밀종교인 오르므즈, 시온수도회, 메로빙거 왕조의 신비주의 부활이었다. 이들은 사단숭배와 인신제사를 드리고, 마약과 카페인 중독을 통해 접신을 한 후 집단 성행위와 초자연적인 세계를 경험하는 비밀종교의식을 가지고 있었다. 이것이 바로 유대 카발라 신비종교이다. 메로빙거 왕조는 가짜 유대왕조로 신비주의 왕들이 신과의 기도와 명상을 통해 은둔생활을 하였다. 통치행위는 궁정대신들의 몫이었다. 로스트 심벌과 다빈치코드 책을 썼던 댄 브라운은 영국의 왕실이 메로빙거 왕조를 이어 받은 아브라함과 유다지파 왕족인 것을 기록하고 있다.

프랑스 필립 4세를 통한 템플기사단 척결, 1307년 10월 13일

1307년 10월13일 프랑스 왕 필립 4세는 아비뇽 유수로 프랑스에 머물고 있었던 클레멘트 5세를 강제하여 프랑스와 유럽 전역에서 템플 기사단 3000명을 체포하여 척결시키는 명령을 전광석화처럼 서둘러 발표하고 시행하게 된다. 이들의 모든 재산은 압류 당하였다. 그들의 죄목은 127 가지였다. 이들 주요 죄목은 신성모독, 인신제사. 집단 성행위, 사단숭배, 약탈, 살인, 방화 등이다. 클레맨트 5세는 1312년 템플 기사단을 해체시킨다. 1314년 클레멘트 5세는 필립 4세의 요청에 따라서 템플 기사단 모두를 화형에 처하였다.

스코틀랜드와 미국으로 도피한 템플 기사단

1307년, 일제체포에서 피한 템플기사 단원들은 1307년 10월 13일 라 로셀 항구에서 두 무리로 나뉘어 출항하였는데 한 쪽은 스코틀랜드로 향했다. 스코틀랜드에 도착한 템플 기사단들은 스코틀랜드 프리메이슨을 조직하고 미국 뉴욕을 개척했다. 다른 한 쪽은 포르투갈 리스본에서 물자보급을 실시한 후에 나자레교의 두루마리에 메리카라고 쓰여진 별이 가리키는 땅을 목표로 하고 있었다. 그 책에 따르면, 프랑스인인 템플기사단원은 이 별을 '라 메리카' 라고 불렀다. 그리고 이 이름은 나중에 '아메리카'로 바뀌었다. 1308년 초엽, 그들은 뉴잉글랜드주의 케이프 코드와 로드아일랜드 주 부근에 도착했다고 기록하고 있다.

헨리 싱클레어의 아메리카 대륙 상륙에 관해서는, 저서 '템플 기사단과 프리메이슨'에서 다음과 같이 지적되고 있다. "헨리 싱클레어가, 베네치아의 탐험가 안토니오 제논과 함께 대서양을 횡단하려고 시도했다. 분명히 제논은 그린란드에 도달했고, 나중에 신세계(아메리카 대륙)라고 불리는 땅에도 도달했다. 그가 멕시코로 향했음을 시사하는 흥미로운 증거가 있다고 한다." 그 외 데이비드 아이크가 "대단한 비밀, 하"에서, 왕자 헨리 싱클레어와 베니스의 검은 귀족 안토니오 제노(제논)가 아메리카 대륙으로 건너갔다고 지적하기도 한다. 그리고 나아가 "봉인의 예수"에서는, 헨리 싱클레어의 손자인 윌리엄 싱클레어가 세운 로슬린 성당의 관리자 재닛 다이어에 따르면, 헨리 싱클레어는, 템플 기사단의 자금으로 12척의 선단을 만들어, 자신과 함께 신세계 미국에 보낸 기록이 있다.

1398년의 헨리 싱클레어의 아메리카 대륙 상륙은 움직이기 어려운 사실이다. 그리고 헨리 싱클레어의 선단은 200명 규모이며, 이 시점에서, 이미 미국에서의 식민사업을 개시한 것이다. 템플기사단은 왜 아메리카 대륙으로 향했을까? 물론 그들은 가톨릭 교회의 손이 닿지 않는 곳에 거점을 만들려고 했다. 다만, 그것의 더 근본적인 본질은 "메리카"의 땅, 신세계 미국에 새로운 "예루살렘"을 쌓고, 거기에서 그들 나름의 이상국가를 건설하려고 한 것이다. 템플기사단은 1090년 시온 수도회로부터 만들어졌는데 시온 수도회는 쿰란종단의 흐름에 따라 창설된 것이다. 쿰란종단에는, 템플기사단이 그리스도로 추앙하는 참수된 남자, 막달라 마리아, 예수가 소속되어 있었는데, 그들은 유대의 독립과, 예루살렘의 재건을 목표로 활동하고 있었다. "나자래교(教)의 두루마리"란, 발굴된 성배와 쿰란종단의 비밀문헌이다. 거기에 있는 "별이 가리키는 땅"이 아메리카였던 것이다.

1534년 이그나티우스 로욜라 예수회 창설과 해산

1534년 이그나티우스 로욜라는 템플 기사단의 이름을 예수회로 바꿔 템플 기사단을 부활시킨다. 예수회는 16세기 스페인 원정대와 함께 멕시코와 남미를 회심시켰고, 아시아에서 인도·인도네시아·필리핀·중국·일본 등에서 선교를 활발히 전개하여 상당한 성과를 거두었다. 특히 사비에르는 1542년에 인도에 가서 선교하였고, 3년 후에 말레이시아와 베트남을 거쳐 일본에까지 갔다. 그는 약 100만 명에게 세례를 베풀었다. 중국 선교는 마테오릿치 등에 의해 수행되었다. 1550년에서 1650년 사이에 예수회·도미니크회·프란시스회·어거스틴회는 멕시코·중남미·아프리카 등지에 선교사를 파송하여 식민지를 확장한다.

예수회 선교방법은 전쟁과 제국주의 확산에 있다. 1592년 임진왜란을 일으켜 조선을 침공한 세력들이 일본의 예수회이다. 사비에르에 의해서 조총과 대포 화약 제조법을 가르치고 세스페데스 포루투갈 예수회 신부는 고니시 일본군대와 함께 조선을 침략하여 식민지를 만들려 하다가 실패한 신부이다. 교황 클레멘스 14세는 1773년 예수회를 해산시킨다.

1774년 5월 1일 일루미나티로 부활한 예수회와 해체

잉골슈타트 대학교는 예수회가 1550년대 세운 대학이다. 예수회는 1540년 정식 수도회로 승인받은 후 전 세계적으로 선교 분야에 뛰어난 활약을 보인 가톨릭 사제 수도회이다. 설립 10년 만에 30여 개 대학을 설립하는 등 빠르게 성장했으며 18세기 중반에는 600여 개의 대학과 170여 개의 신학교를 운영할 정도로 발전했다. 그러나 교황을 강력하게 지지하고 종교개혁을 비판하는 예수회의 활동은 반가톨릭파와 교황 반대자들의 반발을 받았다. 결국 1773년 8월 예수회 탄압을 요구하는 부르봉(Bourbon) 왕가와 강대국들의 압력을 받은 교황 클레멘스 14세가 예수회 폐지 교서를 반포하면서 해체되었다.

1774년 5월1일 잉골슈타트 법대 교수였던 아담 바이스하우프트가 일루미나티 라는 이름으로 예수회를 부활 시켰다. 같은 해 1774년 7월4일 미국에서는 일루미나티들에 의해서 미국이 건국되었다. 아담 바이스 하우프트는 유대인 집안에서 태어나 예수회 교육을 받고 자랐다. 아담 바이스하우프트는 일루미나티 창설의 목적을 공산주의 사회 건설과 기독교 척결을 선포하였다. 5월1일이 노동절로 공산주의 기념일이 된 이유이다. 단체의 상징은 부엉이로 선정하였다. 부엉이는 양성을 가진 밤의 여황후 신인 릴리스를 상징한다. 콜롬바 여신 세미라미스이다. 예수회 일루미나티가 인신제사와 여황후 숭배 사상을 가진 비밀종교 집단인 것을 암시하는 상징이 부엉이이다. 1달러 지폐에도 부엉이가 있다. 워싱턴 DC 백악관이 부엉이 모양으로 설계된 이유도 미국과 전 세계를 통치하는 자가 콜롬바 여신인 세미라미스라는 사실을 알려주고 있다. 일루미나티는 1789년 해체된다.

1814년 예수회 부활

1814년 교황 비오 7세가 예수회를 복원하면서 20세기 들어 다시 크게 발전하게 된다. 예수회는 일루미나티로 활동하는 동안 영국과 스코틀랜드 프리메이슨과 손을 잡고 다시 예수회가 복원되면서 하나가 되어 일사분란하게 활동을 하면서 미국을 중심으로 신세계질서를 세우는 일에 매진을 한다.

프랑스 혁명, 세계 1, 2차 대전을 일으킨 예수회

프랑스 혁명은 아담 바이스하우프트가 연출을 맡아 기획한 혁명이다. 루이 16세를 퇴위시키고 프랑스 공화정을 시작하여 정치 경제 권력을 장악한 사건이다.

20세기 초 유럽의 강대국들은 로마 교황청의 영향력을 벗어나 서로 연합하였다. 영국, 프랑스, 러시아(정교회) 등이 연합하였고, 교황청의 영향력 아래에 있는 곳은 오스트리아, 헝가리, 스페인 정도였다. 동 로마제국에서 발현한 그리스 정교는 발칸반도에서 번성하였고, 슬라브 민족을 기반으로 한 정교회를 믿는 세르비아는 교황청과 오스트리아의 적으로 간주되었다. 정교회는 러시아 짜르의 후원을 입고 있었기 때문에 세르비아를 응징하기 위해서 스페인의 부르봉 왕가와 오스트리아와 헝가리의 합스부르크 왕가는 연합하였다.

그러던 중 1914년 6월 28일 오스트리아(합스부르크 왕가)의 황태자 프랑소아 패르디난트(Francois-Ferdinand)가 사라예보에서 마케도니아의 학생에 의해 암살당했다. 이 일은 세르비아 정부와 아무 관련이 없었으나 오스트리아의 황제 프랑소와 조셉에게 충분한 전쟁 명분을 제공했다. 예수회 회원인 오스트리아 각료들과 교황청은 조셉 황제에게 전쟁의 불가피성을 강조했다. 로마 교황청은 이 기회를 놓치지 않고 독일을 이용하여 유럽을 정복함으로써 유럽에서의 옛 권력을 회복하려 하였다. 교황청은 우선 프랑스를 멸망시키기 위해 독일 연합 군대를 동원했다. 그러나 1차 세계대전은 수많은 사상자를 낸 채 독일이 패배했고, 이로 인해 교황청의 위신은 크게 추락하였다. 따라서 1919년 6월 연합국이 베르사이유 조약을 조인할 때 1차 대전을 조장한 바티칸은 협상 테이블에서 배제되었다.

　미국의 예수회가 1차 세계대전을 일으킨 가장 큰 목적은 러시아 짜르 왕정을 무너뜨리고 공산화 하는데 있었다. 왜냐하면 나폴레옹 전쟁 후 비엔나 회의를 통해 하나의 유럽을 만들려고 했지만 러시아 짜르 황제가 반대를 했기 때문이다. 결국 예수회는 러시아를 공산화 시키는데 성공을 했다. 이 전쟁에 미국의 은행가들은 일본에 막대한 전쟁 자금을 지원하여 러일 전쟁을 일으켜 러시아의 발트 함대를 박살내므로 러시아는 힘없이 무너지게 된 것이다. 예수회는 독일의 나치즘과 오스트리아 합스부르크 왕조의 파시즘을 지원하여 1차 세계 대전의 시나리오를 완성 시켰다. 당시 교황청은 7억 5천만 리라를 무솔리니에게 주고 바티칸에 대한 정치적 지배권을 확보하였다.

예수회 세계 2차 대전을 통한 중국의 공산화와 철의 장막

　1930년대의 경제 공황과 자본주의 열강의 경제 블록화는 식민지가 부족한 독일을 곤경에 빠뜨렸다. 1937년 독일과 이탈리아와 일본은 3국 동맹을 맺고 영국, 프랑스, 소련에 대항하였다. 1937년 독일은 오스트리아와 체코를 병합함으로써 중부 유럽의 세를 넓혔다. 히틀러는 산업을 발전시켜 전후 보상금 등으로 피폐한 경제를 일으켰고 군사력을 대폭 증강하였다. 1939년 독일은 소련과 불가침 조약을 맺음으로써 서부전선에 집중할 수 있었다. 독일은 폴란드와의 영토 협상이 결렬되자 1939년 9월 1일 폴란드를 침공하였고, 영국과 프랑스는 독일에 선전포고를 함으로써 2차 세계대전은 발발한다. 히틀러, 괴벨스, 히믈러 등은 가톨릭 신자였고, 중대사를 결정할 때는 항상 교황청과 협의했다. 2차 세계대전은 미국의 사주를 받은 나치와 교황청이 힘을 모아 유럽을 정복하려 했던 전쟁이다. 교황청은 2차 대전을 전후해서 독일의 무력을 이용해 비 가톨릭 교도를 제거하고, 세력을 넓힐 수 있었다.

　독일과 오스트리아의 병합 때 비엔나의 대주교인 이니찌(Initzer) 추기경은 "히틀러 총통은 하나님의 섭리를 따르고 있으므로 신도들은 독일 제국을 받아들여야 한다." 는 선언문을 발표해 독일군을 환영했다. 독일과 병합된 체코 의원 중 일부는 가톨릭 사제였고, 그들은 교황청의 허가로 공직을 겸할 수 있었으며, 그들 중 한 명은 국가 원수로 임명이 되었고, 최고 영예인 철십자 훈장을 받았다.

1941년 히틀러와 무솔리니는 유고슬라비아를 침공하여 '크로아티아 독립국'이란 위성국을 만들었고 루이 바소 (Louis Barthou)라는 테러리스트를 수상으로 앉혔으며, 크로아티아는 이에 대한 보답으로 그리스 정교인들을 학살하였다. 이 결과 30만 명의 세르비아인과 유대인이 추방되었고, 50만 명이 학살되었으며, 24만 명의 정교회 신자가 고문과 협박으로 개종되었다. 이를 주도한 경찰총장 등 공직은 가톨릭 사제들이 차지했으며, 가장 끔찍한 수용소인 자세노바크(Jasenovac)의 소장인 미로슬라프 필리포비치(Miroslav Filipovitch) 또한 사제 출신이다.

세계 2차 대전의 가장 큰 목적은 시오니즘 운동을 주도적으로 일으켜 전쟁 후 이스라엘 국가를 세운 것이다. 이 목적을 이루기 위해 히틀러는 600만 명의 유대인들을 홀로코스트(번제단)에서 제물로 바쳤다. 또 하나의 제 2차 대전의 목적은 중국을 공산화 시키는 것이다. 이를 위해 미국의 은행가들은 일본군대를 막대한 군자금을 지원하여 1926년 중일 전쟁을 일으키게 하여 중국을 공산화 시키는데 성공을 했다.

히틀러의 정신적 스승은 툴레회(죽음의 형제회) 세보텐도르프이다. 히틀러는 가짜 유대인 프랑키스트 제비 수피즘 신비주의자들에게 영혼을 빼앗기고 전쟁의 아바타가 되어 유대인들을 학살하게 된다. 경제적인 후원자는 조지 부시 대통령 할아버지인 프레스코 부시이다. 그는 택사스 석유회사 사장으로 록펠러에게 모든 경영권을 넘겨주고 영국의 사탄교 저자인 얼레스터 크로올리와 함께 히틀러의 모든 전쟁자금을 후원한다.

히틀러는 교황청과 반가톨릭 주의자들을 섬멸하기로 조약을 체결하고, 자유주의자와 유대인을 가둘 수용소를 건립했다. 그 곳에 수용된 사람들은 죽을 때까지 강제 노동에 시달리거나 학살당했다. 히틀러는 다음과 같이 언급한 적이 있다.

"나는 예수회로부터 많은 것을 배웠다. 지금까지 세상에서 가톨릭 교회의 성직자 제도보다 더 위대한 것을 보지 못했다. 나는 이 조직을 대대적으로 수용하고자 한다. 비밀리에 사람들을 유도해 갈 기관을 설립할 것이며, 그 기관을 이용해 젊은이들을 선동하며 세계를 진동시킬 것이다."

SS(독일 친위대)는 예수회의 영성훈련과 규칙을 본받아 히믈러가 조직하였다. SS의 조직은 가톨릭 교회의 성직제와 거의 유사하며, 베벨스보르크(Webelsbourg)라는 SS의 본부는 'SS 수도원'이라고 불리웠다. 독일에서 활동한 교황의 밀사 폰 파펜은 다음과 같이 말하였다.

"제 3제국은 교황의 숭고한 정신을 알고 있을 뿐 아니라 이를 실천으로 옮긴 첫 번째 세계적 권력이다." 여기서 '실천으로 옮긴다'란 말의 의미는 반가톨릭 교인을 척결한 것을 의미하며 UN의 공식 집계로 무려 2천 5백만 명이 수용소에서 희생되었다. 폰 파펜은 나치와 교황청의 연결 고리 역할을 했으며, 교황이 제시한 안을 나치 수뇌부가 받아 들이도록 설득하는 역할을 하였다. 나치 정권의 열렬한 선전장관이었던 조셉 괴벨스는 예수회 대학에서 신학을 교육을 받았고, 로욜라가 주장한 도덕적 상대주의를 주장하였다.

유대인 학살의 주범이자 나치 독일의 2인자인 **히믈러** 역시 예수회 출신이다. 히틀러는 "나는 히믈러가 이그나티우스 로욜라로 보인다네!" 라고 말한 적이 있다. 이는 친위대와 게슈타포와 독일 경찰의 사령관인 히믈러가 가장 성직자다운 면모를 갖추었기 때문이다.

히믈러의 부친은 가톨릭 학교 교장이었고, 형은 수도사이며, 삼촌은 예수회 회원이었다.

예수회의 총재 폰 레도코브스키 백작은 예수회와 독일 사이에 작전을 수행할 첩보기관을 기획했다. 그 결과 친위대의 중앙 안전부 안에 한 기관이 창설되었는데 대부분의 요직은 검은 제복을 입은 예수회 성직자들이 차지했고, 최고 요원 중 한 사람은 예수회 신부 히믈러였다. 히믈러는 전쟁이 끝난 후 도망 다니다가 1960년 이스라엘 경찰에 의해 체포되어 교수형 당했다. 1100만 명의 유럽거주 유대인 중 약 600만 명이 학살되었고 그 중 180만 명이 어린이였다.

독일의 칼 마르크스 공산당들

일루미나티 창설 목적은 기독교를 말살 시키고 세계를 공산화 시키는데 있다. 미국의 예수회가 바티칸과 손을 잡고 세계 1, 2차 대전을 일으킨 이유는 러시아와 중국을 공산화시키는데 있었다. 현대 공산주의는 독일의 칼 마르크스와 프리드리히 엥겔스에 의해서 만들어졌다. 그러나 공산주의 뿌리는 가나안 7족속들에서부터 시작되었다. 물질을 신으로 섬긴 공산주의자들은 인간을 고기 덩어리로 정의를 했다. 즉 가축인간이다. 그리고 인간들을 식민지화시켜 자신들의 욕심을 챙기는 수단으로만 여긴다. 프랑스와 독일에서 꽃이 핀 공산주의 사상은 제 1차 세계 대전을 통해 러시아가 공산화 되고, 제 2차 세계 대전을 통해 중국이 공산화 되었다. 모두 일루미나티 예수회 작품이다.

예수회를 통해 만들어진 유엔과 2030 신세계질서 프로젝트

세계 2차 대전이 끝난 후 소련을 중심으로 공산당을 지지하는 국가들과 미국을 중심으로 자유 민주주의를 추구하는 나라로 나눠 철의 장막을 친다. 그리고 이들 나라를 조정하고 소련과 독일의 공산당들과 미국의 네오콘들이 꿈꾸는 신세계질서를 세우기 위해 세계정부의 모델인 유엔을 미국 뉴욕에 세운다. 일루미나티 예수회는 세계정부의 모델인 유엔을 국제적인 권위 있는 기구로 격상시키기 위해 한국전쟁을 계획하고 유엔군을 파견하므로 유엔은 명실상부한 세계적인 권력기관으로 부상하게 되었다.

일루미나티는 2차 세계 대전이 끝난 후 팔레스타인 땅에 이스라엘을 독립시키고 예루살렘을 수도로 옮기고 제 3 성전 건축을 통하여 신세계질서를 예루살렘에서 선포하는 것을 준비 중에 있다.

프란치스코 예수회 교황은 2015년 9월25일 제 70차 유엔 총회 연설을 통해서 지속가능한 개발 목표 17개와 169개 세부 사항을 채택하도록 했다. 이는 2030년에 완성된 과학적 공산주의 유토피아에 대한 계획이다. 일명 신세계질서 프로젝트이다.

유엔 2030 지속가능발전의제(Transforming our world: the

2030 Agenda for Sustainable Development)라고도 한다.

  지속가능발전목표는 17개 목표 및 169개 세부 목표로 구성되어 있으며, 17개 목표는 다음과 같다.

1. 빈곤 종식: 모든 곳의 모든 형태의 빈곤 종식
2. 굶주림 종결: 굶주림을 없애고, 식량 안보를 성취하며, 영양 상태를 개선하며 지속가능한 농업 지원
3. 건강과 웰빙: 모든 연령의 사람들에게 건강한 삶을 보장하며 웰빙 장려
4. 질적인 교육: 양질의 교육 보장과 평생 교육 기회 장려
5. 성평등: 성평등 달성과 여성과 소녀의 역량 강화
6. 깨끗한 물과 위생: 모든 사람들에게 물, 위생의 이용 가능성, 지속가능한 관리를 보장
7. 깨끗한 에너지: 신뢰가능하고 지속가능한 에너지 접근성 보장
8. 좋은 일과 경제적 성장: 지속가능한 경제적 성장과 생산적 고용 촉진
9. 산업, 혁신, 인프라: 지속가능한 산업화 지원, 혁신 육성, 재생가능한 인프라 건설
10. 불평등 해소: 국가 간 및 국가 내 불평등 해소
11. 지속가능한 도시와 커뮤니티: 도시와 주거지를 안전하고 지속가능하게 만들기
12. 책임 있는 생산과 소비: 지속가능한 생산과 소비 패턴 만들기
13. 기후 행동: 기후 변화와 그 효과에 대응하는 긴급한 행동 취하기
14. 수중 생물: 해양 자원을 보존하고 지속가능한 방식으로 사용
15. 육지 생물: 육지 생태계를 보호, 복원하며 지속가능한 방식의 사용을 촉진, 사막화 대응, 토양 오염 및 생물 다양성 감소 저지
16. 평화, 정의, 강력한 제도: 지속가능한 발전을 위한 평화롭고 포괄적인 사회 촉진, 정의에의 접근 보장, 효과적이고 책임 있는 제도 구축
17. 목표 달성을 위한 파트너십: 지속가능한 발전을 위한 실행 수단 강화와 글로벌 파트너십 활성화

제2장 영적인 세계를 알아야 한다

프란치스코와 트럼프의 이스라엘과 중동의 평화협정
프란치스코 교황은 2019년 2월 아랍에미리트(UAE)를 방문하여 아부다비의 사디야트 섬에 아브라함 집이란 기독교 교회, 이슬람교 모스크, 유대교 사원 등 3개의 종교시설을 2022년에 건축하도록 협상을 했다. 이어서 미국 백악관에서는 트럼프 주관으로 2020년 9월 15일 이스라엘과 아랍에미리트 국가 간의 평화협정을 체결했다. 이어서 바레인과도 평화 협정을 체결했다. 1979년 이집트, 1994년 요르단과 국교를 정상화 하였다.

특별히 아부다비에 2022년에 완성될 아브라함 집은 세계 종교 통합의 기지로 사용된다. 한 곳에 이슬람교, 기독교, 유대교 성전이 나란히 한 곳에 세워진다. 이스라엘과 아랍에미리트 평화협정 기념 코인이 만들어 졌는데 1개 값이 150달러이다. 그런데 이 코인의 판매 대금은 제 3성전을 건축하는데 사용된다고 기록이 되었다. 제 3성전은 역시 모든 종교가 하나로 통합이 되는 배도의 성전이 된다.

교황이 적그리스도인 짐승을 세운다
"내가 보니 바다에서 한 짐승이 나오는데 뿔이 열이요 머리가 일곱이라 그 뿔에는 열 면류관이 있고 그 머리들에는 참람된 이름들이 있더라 내가 본 짐승은 표범과 비슷하고 그 발은 곰의 발 같고 그 입은 사자의 입 같은데 용이 자기의 능력과 보좌와 큰 권세를 그에게 주었더라 그의 머리 하나가 상하여 죽게 된 것 같더니 그 죽게 되었던 상처가 나으매 온 땅이 이상히 여겨 짐승을 따르고 용이 짐승에게 권세를 주므로 용에게 경배하며 짐승에게 경배하여 가로되 누가 이 짐승과 같으뇨 누가 능히 이로 더불어 싸우리요 하더라 또 짐승이 큰 말과 참람된 말 하는 입을 받고 또 마흔 두달 일할 권세를 받으니라" (계 13:1-5)

성경은 사단의 3위1체를 말하고 있다. 용과 짐승과 거짓선지자이다. 용의 상징은 사단이다. 용이 짐승에게 권세를 주어 세운다. 실제로 용의 역할이 바로 종교지도자인 교황이다. 구약에서도 대제사장에 의해서 정치적인 왕이 기름 부음을 받고 왕이 된다. 마지막 때에도 종교

지도자인 용인 교황에 의해서 정치지도자인 짐승이 역사에 등장한다.

짐승을 탄 음녀(교황)의 최후

"또 일곱 대접을 가진 일곱 천사 중 하나가 와서 내게 말하여 가로되 이리 오라 많은 물위에 앉은 큰 음녀의 받을 심판을 네게 보이리라 땅의 임금들도 그로 더불어 음행하였고 땅에 거하는 자들도 그 음행의 포도주에 취하였다 하고 곧 성령으로 나를 데리고 광야로 가니라 내가 보니 여자가 붉은 빛 짐승을 탔는데 그 짐승의 몸에 참람된 이름들이 가득하고 일곱 머리와 열 뿔이 있으며 그 여자는 자주 빛과 붉은 빛 옷을 입고 금과 보석과 진주로 꾸미고 손에 금잔을 가졌는데 가증한 물건과 그의 음행의 더러운 것들이 가득하더라 그 이마에 이름이 기록되었으니 비밀이라, 큰 바벨론이라, 땅의 음녀들과 가증한 것들의 어미라 하였더라 또 내가 보매 이 여자가 성도들의 피와 예수의 증인들의 피에 취한지라 내가 그 여자를 보고 기이히 여기고 크게 기이히 여기니 천사가 가로되 왜 기이히 여기느냐 내가 여자와 그의 탄 바 일곱 머리와 열 뿔 가진 짐승의 비밀을 네게 이르리라"(계17:1-7)

요한 계시록에는 음녀인 종교 지도자(교황)의 활동과 심판에 대하여 기록하고 있다. 이는 7년 대환난 전 삼년 반 동안에 종교 지도자 교황이 일곱 머리 열 뿔 짐승을 타고 성도들의 피에 취해 있다. 전 삼년 반 동안 교황은 정치적인 지도자 짐승을 타고 권력을 행사하는데 종교 통합을 통해서 예수 믿는 사람들을 죽이는 일을 한다.

그러나 전 삼년 반이 끝나고 후 삼년 반이 시작될 때 정치 지도자인 짐승이 권력을 얻어 교황을 죽이고 모든 권력을 통합한다. 그리고 마지막 성도들을 짐승의 표를 가지고 죽인다.

"또 천사가 내게 말하되 네가 본바 음녀의 앉은 물은 백성과 무리와 열국과 방언들이니라 네가 본바 이 열 뿔과 짐승이 음녀를 미워하여 망하게 하고 벌거벗게 하고 그 살을 먹고 불로 아주 사르리라 하나님이 자기 뜻대로 할 마음을 저희에게 주사 한 뜻을 이루게 하시고 저희 나라를 그 짐승에게 주게 하시되 하나님 말씀이 응하기까지 하심이니라 또 네가 본바 여자는 땅의 임금들을 다스리는 큰 성이라 하더라"

(계17:15-18)

3) 정치권력, 미국의 수도 워싱톤 DC

　미국의 수도라고 알고 있던 워싱턴 DC는 미국의 영토가 아니었다. 카발, 딥 스테이트 또는 글로벌리스트라고 불리우는 악의 세력들이 1871년, 아무도 모르게 워싱턴 DC를 바티칸과 더 시티 오브 런던처럼 독립 국가로 만들어 버렸다. 또 다른 숨겨진 독립 국가인 더 시티 오브 런던과 함께 이 세 곳은 "악의 삼위일체"를 형성한다. 그들은 휘하에 피라미드 조직을 구축하여 전 세계를 지배 통치하여 오면서 2030년 유엔 중심의 과학적 공산주의 유토피아인 신세계질서를 꿈꾸고 있다.

남북 전쟁의 진실(1861-1865)
　60만 명이 희생된 미국의 남북전쟁의 가장 깊은 진실이 있다. 이것은 왜 보복관세문제로 남북이 전쟁까지 이르게 되었는가에 대한 진실이다. 그 진실은 미국 연방은행을 정부로부터 빼앗기 위한 프리메이슨들의 작전이었다. 미국의 근대 역사는 달러를 발행하는 중앙은행을 차지하려는 은행가들과 이를 막으려는 애국자 사이의 밀고 밀리는 전쟁과 암살의 역사였다. 미국이 독립하기 전에 식민지 정부는 벤자민 플랭크린이 만든 '식민지 유가 증권'이라는 화폐를 만들어 사용했는데, 이 제도는 금본위 제도를 바탕으로 하고 있지 않으며, 경제를 원활하게 하기 위한 정부가 통화량을 조절하고, 빚을 지지 않고 발행할 수 있다는 점에서 상식을 뛰어넘는 획기적인 제도라고 할 수 있었다.
　금본위 제도의 화폐는 금과 바꿀 수 있는 태환성을 가져야 하고, 중앙은행은 발행한 화폐만큼의 금을 소유하고 있어야 한다는 것으로 은행가들이 정부가 화폐를 발행하지 못하도록 만든 제도였다, 그래서 프리메이슨들은 세계 모든 나라들을 침공하여 금 모으기를 열중했던 것이었다. 그래서 은행가들의 조정을 받는 영국 의회는 1764년 식민지의 자체 화폐 사용을 금지하는 화폐법을 통과시켰고, 세금도 금전이나 은전으로만 내게 했다. 우리는 보통 영국의 미국에 대한 세금인상이 독립전쟁의 원인이라고 생각하고 있지만, 그보다 더 큰 원인은 영국의 화폐법이 미국을 경기 불황에 빠지게 했고 실업자가 늘어났기 때문이다.

독립전쟁이 끝날 무렵 미국의회는 이상하게도 '북미 은행'이라는 민간소유의 중앙은행 창설을 허가한다. 이는 로스차일드의 하수인 R. 모리스라는 사람이 정치인들을 매수했기 때문이며, 그는 부정한 방법으로 자기 자본을 부풀려 대출하고, 화폐를 과도하게 발행한다. 민간소유의 중앙은행의 횡포와 음모를 깨달은 정치인들은 은행 허가권인 차터권을 연장해 주지 않으려고 했지만, 은행가들의 끈질긴 로비로 의회는 1791년 20년간의 차터권을 가진 민간 중앙은행인 '미국 제1 은행'을 허가한다. '미국 제1 은행' 역시 정부가 출자한 돈은 개인 주주들에게 대출해 재투자 하는 방식으로 자본금을 부풀려 설립되었으며, 이 때부터 유럽의 금융 황제 로스차일드가 본격적으로 개입한다.

20년의 차터 기간이 끝난 1811년 미국 내에서는 여론이 은행가들의 횡포를 비판하는 가운데 치뤄진 의회의 투표에서 1표 차이로 차터 기간 연장이 부결된다. 이를 참을 수 없었던 영국의 나탄 로스차일드는 자기 수중에 있던 영국으로 하여금 1812년 미국을 침략하게 하는데, 2년 만에 전쟁은 미국의 승리로 끝난다.

1816년 미국의회는 또 다시 민간 중앙은행인 '미국 제2 은행'을 허가하는데, 이전과 같은 수법으로 창립된 이 은행 역시 로스차일드를 비롯한 유럽 은행가들이 소유하게 되고, 경제는 이들의 횡포로 어지러워진다.

미국의 7대 대통령에 당선된 앤드로 잭슨은 민간 중앙 은행을 없애기 위해 빚을 지지 않으려고 공무원을 감축하는 등 애를 썼고, 차터권 연장 안에 거부권까지 행사하며 막았다. 재선된 잭슨 대통령이 미국 제2 은행에서 정부 돈을 모두 빼내 정부은행에 입금시키자, 은행들은 통화량을 축소해 경제 불황을 일으킴으로써 맞섰다.

1834년 의회는 차터 연장 안을 부결시키고, 정부가 은행 빚을 모두 갚음으로써, 정부가 공채발행 없이 직접 화폐를 발행할 수 있게 되었다. 22일 후 잭슨 대통령은 로렌스라는 청년에게 암살 시도를 당하지만 권총이 불발됨으로써 미수에 그쳤다.

이 후로 미국은 77년 동안 정부가 빚을 지지 않고 화폐를 발행할 수 있어 번영을 구가할 수 있었다. 중앙은행을 뺏긴 은행가들이 가만히 있을 리가 없다. 이들은 음모를 짜는데 전통적인 그들의 수법인 '**침투→선동→분열→혼란→전쟁(혁명)→장악**'의 방식을 다시 사용하여 보호관세라는 남북의 첨예한 대립을 이끌어 내어 남북전쟁을 일으켰던 것이다. (1861~1865) 유럽의 은행가들은 값싼 공산품을 대량으로 공급하므로 미국 북부지역의 공산품의 수출을 막았다. 이에 대해 미국 북부는 유럽 값싼 공산품에 높은 보호 관세로 맞섰다. 그러자 영국도 미국 남부에서 수입하는 목화에 대하여 높은 보호관세로 대응을 하게 되므로 미국 남부 7개 주는 북부 연방정부를 탈퇴하게 되고 남북전쟁이 일어나게 된 것이다. 이러한 시나리오는 영국의 은행가들이 남북 전쟁을 일으켜 미국의 경제를 마비시키고 막대한 은행 돈을 빌려 주므로 미국에 대한 경제권을 발동시켜 미국을 지배하려고 꾸민 음모였다.

남북 전쟁이 발발하자 남군의 토벌 부호들은 은행가들과 은행가들의 조정을 받는 영국과 프랑스의 도움을 받았고, 북군은 이를 저지하기 위해 해안을 봉쇄하고 왕실을 유지하고 있었던 러시아의 도움을 받았다. 러시아는 남북전쟁을 지원한 후 재정난에 허덕이다가 망하고 말았다. 이는 미국 독립혁명을 프랑스가 지원한 후 루이 16세가 망한 것과 같은 원리이다. 이것이 비밀 결사의 전략이었다. 은행가들은 북군도 전쟁을 하면 당연히 자신들에게 돈을 차용하기 위해 오리라 생각했는데, 링컨 대통령은 한 푼도 꾸지 않고 그린백이라는 지폐를 만들어 사용했다. 그린백이란 전쟁시 사용하는 임시화폐로 전쟁이 끝난 후 이자와 함께 돌려주는 일종의 국채와 같은 것이었다. 비록 인플레가 일어나긴 했지만, 전쟁과 같은 긴박한 상황에서도 빚을 지지 않는다는 확고한 의지의 표시였다.

전쟁에 이긴 **링컨**은 남부에 배상을 요구하거나 포로를 잡지 않고 생업에 종사하라고 했다. 링컨은 1865년 재선에 성공하여 임기를 시작한 지 41일 만에 예수회 부스에 의해 암살당했다. 살인 청부업자인 부스는 바티칸 예수회와 국제 금융 재벌에게 고용되어 살인을 저질렀지만 사건은 은폐되었다. 링컨이 암살당한 이유는 남북전쟁에도 링컨이 그린백을 사용하여 연방정부 은행을 굳게 지키고 민영화를 막았기 때문이었다.

그 후 18대 그랜트 대통령은 1871년 런던은행을 통해 거액의 바티칸 자금을 차입하여 지금껏 이자를 지급중이다. 당시 바티칸 시국과의 계약서에는 워싱턴 DC를 워싱턴 DC 주식회사 명의로 하고 지금까지 DC법인이 이자를 납부하고 있다. 미 대통령은 DC법인의 대표이사를 맡고 상하원 의원들은 이사가 된다. 이때부터 미국의 국세청은 영국 시티 오브 런던의 지부가 되고 워싱톤 DC 미국 연방정부는 CFR을 통해 바티칸 교황청과 시티 오브 런던의 하부조직이 되어 버린다.

1871년, 미국 연방정부는 슬그머니 반란법을 통과시켰다. 미국 정부에 의한 친위 쿠테타가 일어난 것이다. 그들은 헌법을 다시 고쳐 썼고, 미국 시민들을 "워싱턴 DC 주식회사"의 지배하에 종속 시켜 버렸다. 미국 시민(WE THE PEOPLE)의 권리와 헌법을 워싱턴 DC에 근거지를 둔 "외국 소유 주식회사"에 넘겨 버린 것이다. 놀랍게도 이러한 반란은 아무도 모르게 진행되었다.

워싱턴 DC 주식회사는 바티칸으로부터 빌린 돈으로 세워졌다. 미국의 수도였던 워싱턴 DC는 독립된 시(city) 정부로 전환되었다. 이렇게 날조된 워싱턴 DC 주식회사가 시민들을 지배해 왔다. 바티칸으로부터 돈을 빌리는 거래는 런던 은행(The Bank of London)을 통해서 이루어졌다.

2021년 1월 6일 워싱톤 DC에서 폭동이 일어난 이유

2021년 1월 6일 워싱톤 DC에서 폭동이 일어났다. 그 이유는 민주당이 글로벌리스트들과 딥 스테이트 세력들과 함께 미국을 팔아 넘겼다는 것이다. 그래서 워싱톤 DC를 파괴하여 바이든 대통령이 취임하지 못하게 하기 위함이다. 트럼프는 2016년 대선 랠리에서부터 글로벌리스트들과 딥 스테이트 세력들에 대하여 공개적으로 전쟁을 선포하고 미국을 다시 빼앗아 오겠다고 공약을 했다. 트럼프가 이렇게 주장한 이유는 미국의 워싱톤 DC와 미국 정부는 미국의 주권국가가 아니고 이미 글로벌리스트들에게 넘어간 노예 국가라는 것이다. 특히 바이든이 중국과 손을 잡고 세우는 세계정부를 트럼프는 적으로 간주하고 있다.

트럼프는 과연 적그리스도인가?

트럼프는 바이든과 같은 일루미나티이다. 그런데 왜 이렇게 하는가? 일루미나티는 이미 미국을 망하게 하기 위해 트럼프에게 이런 비밀들을 폭로하게 하면서 극우세력들을 자극시켜 우파와 좌파 사이에 전쟁을 하도록 시나리오를 짰다. 2021년 1월 6일에는 그냥 시한폭탄 뇌관을 뽑지 않고 넘어갔지만 2025년 대통령 취임식 때는 엄청난 소용돌이와 함께 우파와 좌파 사이에 새로운 전쟁이 일어날수도 있다. 이것을 미국의 신 남북전쟁이라고 한다. 미국을 다시 딥 스테이트 세력들에게서 빼앗아 오려는 공화당 우파와 이들의 공격을 막는 민주당 좌파 사이에 큰 전쟁이 예상되는데 그렇게 되면 미국은 망하게 되고 그 결과 세계는 자연히 리셋(Reset) 된다.

이미 미국은 1871년부터 동인도 회사(더 시티 오브 런던)와 바티칸 예수회가 소유한 나라이다. 미국 국세청은 더 시티 오브 런던과 연결이 되어 있고 미국의 대통령을 선출한 외교관계 협의회(CFR) 또한 왕립국제문제연구소를 통해서 더 시티오브 런던과 연결되어 있다. 트럼프가 이런 사실을 폭로하고 폭동을 선동하는 이유는 미국을 망하게 해서 전 세계를 뒤엎어 구시대 질서를 파괴하고 신세계질서를 세워 공산주의 세계정부를 세우려 하는 것이다. 이때 전세계적으로 인종청소가 극에 다다르게 될 것이다. 트럼프가 악역을 하고 있는데 그가 다시 2025년 미국 정치판에 등장하면 적그리스도의 모습으로 나타나 이스라엘과 평화조약을 맺고 배도하는 과정을 통해 그리스도인들을 모두 몰살시키는 역할을 할 수도 있다.

악의 삼위일체 (치외법권 독립국가)

더 시티 오브 런던(The City of London)은 영국의 수도인 런던

(Greater London)에 자리 잡은 1 제곱 마일짜리 지역이다. 영국의 일부로 알려져 있으나 사실은 그렇지 않다. 바티칸이 로마나 이태리의 일부가 아닌 것과 마찬가지다. 워싱턴 DC도 미합중국의 일부가 아니다. 그들은 자체의 법과 정체성을 가지고 있다. 각자의 깃발도 가지고 있다. 워싱턴 DC 깃발의 3개의 별은 시티 오브 런던, 바티칸, 워싱턴 DC를 나타낸다.

이 3개의 집단은 하나의 목표를 가지고 있다. 주권 국가들의 오랜 세계 질서를 파괴하고, 자기들의 철권 아래 하나의 정부를 만들고 새로운 글로벌 신세계질서를 만드는 것이다.

로마 권력 피라미드

더 시티 오브 런던, 바티칸, 워싱턴 DC 주식회사는 피라미드의 꼭지점을 이룬다. 워싱턴 DC는 미국 헌법이 아니라 로마의 법에 따라 운영된다. 피라미드 최정점은 모든 것을 감시하는 전시안이다. 그 하부에는 예수회, 일루미나티, 빌더버그, 원탁회의, 삼변회, CIA, FBI, 템플 기사단, 말타 기사단, 32도 프리메이슨, 종교 조직, 비밀 정보 및 친목 단체, 군대, 경찰, 마피아, UN, US, EU, G20, NATO, 거대 은행, 거대 미디어, 산업, 중앙 및 지방 정치인들, NGO, 씽크 탱크, 거대 자선단체가 포진해 있다.

민영화된 미국 연방 준비 이사회(FRB)의 비밀(1913년)
경제를 마비시켜 은행을 장악함

남북 전쟁을 일으켜도 링컨을 암살해도 별 효과를 못 거둔 은행가들은 경제를 혼란시켜야겠다고 생각한다. 이들은 의원들을 매수해 통화 수축법을 실시해 그린백을 거둬 들인다. 돈이 귀해지자 사람들은 당시 흔했던 은을 재료로 한 은화를 대용으로 사용한다. 좀 더 강력한 방법이 필요하게 되자, 미국의 대표적 은행가인 J.P. 모건은 특정 은행이 부실하다는 소문을 퍼뜨린다. 그러자 불안한 마음에 고객들이 한꺼번에 인출을 요구했고 지급 준비금이 모자란 은행은 파산하게 되었으며, 이런 현상은 전국적으로 다른 은행에도 퍼졌다. 이로 인하여 1907년의 공황이 일어났고, 강력한 중앙은행이 필요하다는 여론을 형성시킨 후에, J.P. 모건이 나타나 2억 달러를 은행에 지원해 위기가 해소 되었다.

마비된 경제를 다시 살리고 은행을 장악함

J.P. 모건이 병 주고 약 준 셈인데, J.P. 모건은 이 일로 영웅이 되었고, 은행 문제를 해결할 '국가 화폐 위원회'가 조직되었다. 은행가들로 구성된 위원회는 새로운 민간 중앙은행인 '연방준비은행'을 만들 것을 모의하고 법안을 만들었다. 연방 준비제도 이사회 (FRB)의 의장 그린스펀이 신문에 많이 나와 우리에게도 익숙한 '연방준비은행'의 이사회는 7명으로 구성되는데 14년 임기로, 비록 대통령의 지명과 상원에서 인준을 받지만, 정계를 장악한 은행가들에게는 문제가 되지 않으며, 2년마다 1명씩 교체가 돼 한꺼번에 물갈이 되지 않으므로, 정치권의 영향도 받지 않는다.

또한 정부가 은행에서 빚진 돈을 확실히 갚을 수 있도록 소득세를 신설해 중앙정부가 직접 거둘 수 있는 법안도 만들었다. 우선 은행가들은 민주당에서 윌슨이라는 꼭두각시 인물을 내세워 그를 대통령으로 만들고 각료들을 자기 사람으로 채웠다. 그리고 의원들이 크리스마스 휴가를 간 사이에 1913년 12월 23일 의회에서 '연방 준비 은행'과 소득세 관련 법안을 날치기 통과시켰다.

헌법개정안은 주 정부 3분의 2 동의를 받아야 하는데 2개 주만 동의 했는데도 국무장관은 법을 발효시킨다. 연방준비은행은 의회의 감사도 받지 않고, 대통령이나 재무장관의 명령도 받지 않고 마음대로 달러를 찍어내는 초 국가적인 단체가 되었다. 이후로 미국은 경제 주권을 잃고 은행가들의 채무자 신세가 되어, 모든 사람이 '연방준비제도 이사회' 의장의 눈치만 보게 되었다.

또한 연방준비은행이 의도적으로 일으키는 경제공황과, 은행가들이 특정 목적을 위해 일으키는 고의적 전쟁에 시달리게 되었다. 2021년 미국 정부는 28조 7천억 달러의 빚을 졌고 매년 국민이 낸 세금의 거의 전부를 이자를 갚는데 사용하고 있다.

미국이란 적그리스도의 나라

우리는 그동안 미국이란 나라를 통해서 운영되는 세계질서를 보아왔다. 그런데 실제로 미국이란 나라는 허수아비 나라였다. 미국의 워싱톤 DC는 세계 정치권력이 나온 곳이다. 세계 정치 권력이란 바로 강력한 군대의 힘이다. 미국은 세계 최강의 군대를 가지고 전 세계를 지배하고 있다. 중국의 군대가 G2로 부상했다 하지만 미국과는 견줄 수 없는 유치원 수준이다. 겉으로만 그렇게 선전을 하는 것이다. 중국의 경제력과 군사력 모두 미국의 지원을 통해 지난 40년 동안 이루어졌다. 이는 2차 세계 대전 이전에 미국의 은행가들에 의해 소련의 공산정부가 미국과 견줄만한 G2 국가로 성장한 것과 같다. 이 모든 역사의 배경에는 미국을 움직이는 바티칸과 세계 은행가들이 모인 더 시티 오브 런던의 작품이다.

미국은 지구촌에 신세계질서를 세우기 위해 처음부터 더 시티 오브 런던에 있는 은행가들과 템플 기사단의 예수회에 의해서 세워진 국가이다. 신세계질서란 루시퍼가 왕이 된 공산주의 세계정부이다. 성경에서 말하고 있는 배도자 적그리스도의 나라이다. 세계를 상대로 코로나 바이러스와 백신을 통해 리셋을 추진하고 있는 세력들이 바로 바티칸, 워싱톤 DC, 그리고 더 시티 오브 런던이다. 이들이 지구촌의 주인이다. 하나님께서는 이들에게 지구촌의 경영을 맡기셨다. 단지 하나님의 구원계획이 완성될 때까지이다. 하나님의 구원 계획이 끝이 나면 하나님은 세상을 버리신다. 그렇게 되면 사단 숭배자들의 악마주의가 세상의 도덕과 윤리가 된다. 이것이 바로 배도이다. 구원 받은 그리스도인들은 발 붙일 곳이 없다. 왜냐하면 세상의 모든 것들이 성경과 반대되는 세상으로 바뀌기 때문이다. 어차피 구원받은 성도는 세상에서 나그네와 행인이다. 잠시 동안 예수님의 형상을 회복하기 위해 세상에 머물러 있는 것이다. 그러나 아직도 구원 받은 성도들이 정신을 차리지 못하고 세상에 빠져서 살아가고 있다. 그래서 결국은 세상에 포로가 되어 빠져 나오지 못하고 순교를 통해서 구원을 받게 되는 것이다.

거짓 선지자 미국의 미혹

"내가 보매 또 다른 짐승이 땅에서 올라오니 새끼양 같이 두 뿔이 있고 용처럼 말하더라저가 먼저 나온 짐승의 모든 권세를 그 앞에서 행하고 땅과 땅에 거하는 자들로 처음 짐승에게 경배하게 하니 곧 죽게 되었던 상처가 나은 자니라 큰 이적을 행하되 심지어 사람들 앞에서 불이 하늘로부터 땅에 내려오게 하고 짐승 앞에서 받은바 이적을 행함으로 땅에 거하는 자들을 미혹하며 땅에 거하는 자들에게 이르기를 칼에 상하였다가 살아난 짐승을 위하여 우상을 만들라 하더라 저가 권세를 받아 그 짐승의 우상에게 생기를 주어 그 짐승의 우상으로 말하게 하고 또 짐승의 우상에게 경배하지 아니하는 자는 몇이든지 다 죽이게 하더라 저가 모든 자 곧 작은 자나 큰 자나 부자나 빈궁한 자나 자유한 자나 종들로 그 오른손에나 이마에 표를 받게 하고 누구든지 이 표를 가진 자 외에는 매매를 못하게 하니 이 표는 곧 짐승의 이름이나 그 이름의 수라 지혜가 여기 있으니 총명 있는 자는 그 짐승의 수를 세어 보라 그 수는 사람의 수니 육백 육십 륙이니라"(계 13:11-18)

정치적인 지도자 짐승인 적그리스도는 종교지도자를 통해서 세움을 받는다. 그리고 미국에 의해서 또 세움을 받는다. 미국의 역할은 거짓 선지자이다. 구약의 왕들은 선지자에 의해서 기름 부음을 받고 대제사장을 통해서 왕으로 세움을 입었다. 마지막 정치 지도자인 적그리스도 짐승 또한 종교 지도자와 거짓 선지자에 의해서 세워진다.

땅에서 올라온 두 뿔 달린 어린양과 같은 두 번째 짐승이 용처럼 말한다. 용처럼 말하는 것은 기독교 나라가 배도를 한 것이다. 미국은 청교도가 세운 나라로 알려졌다. 유일하게 개신교가 국교처럼 된 나라이다. 그런데 이런 미국이 기독교를 버리고 사단숭배를 택한 것이다. 이것을 배도라고 한다. 마치 어린양처럼 생겼지만 말은 용처럼 한다. 양의 탈을 쓴 이리이다. 이것을 거짓 선지자라고 한다. 거짓 선지자가 하는 일은 첫 번째 짐승에게 경배하라고 하는 것이다. 이를 위해 큰 이적을 베푼다. 또 짐승을 위해 우상을 만들고 생기를 불어 넣어 말하게 한다. AI 인공지능 로봇이다. 신세계질서 스마트 시티 안에서 이루어질 빅 데이터 통치 방법이 제시되고 있다. 모든 자들의 이마와 오른손에 666 짐승의 표를 찍은 자가 미국에서 나온 거짓 선지자이다.

여덟째 왕인 미국과 일곱 번째 왕인 유엔의 운명

"또 일곱 왕이라 다섯은 망하였고 하나는 있고 다른이는 아직 이르지 아니하였으나 이르면 반드시 잠간 동안 계속하리라 전에 있었다가 시방 없어진 짐승은 여덟째 왕이니 일곱 중에 속한 자라 저가 멸망으로 들어가리라 네가 보던 열 뿔은 열 왕이니 아직 나라를 얻지 못하였으나 다만 짐승으로 더불어 임금처럼 권세를 일시 동안 받으리라 저희가 한 뜻을 가지고 자기의 능력과 권세를 짐승에게 주더라"(계17:10-13)

요한 계시록 17장에서는 여덟째 왕과 일곱째 왕이 나온다. 그런데 놀라운 것은 일곱째 왕보다 여덟째 왕이 먼저 나와 일곱째 왕을 세운다. 무슨 뜻일까? 요한 계시록 13장에 나타난 두 번째 짐승이 여덟째 왕이고 첫 번째 짐승이 일곱째 왕이다.

세계 1, 2차 대전을 통해 미국은 전 세계 패권국가가 된다. 그리고 뉴욕에 유엔(UN)이라는 기구를 만들어 미국이 직접 세계를 통치한다. 이는 미국이 전 세계를 통치하는 것을 속이려 하는 것이다. 겉으론 유엔이 하는 것처럼 위장을 하고 있지만 실제로는 미국이 마음대로 유엔을 통해서 세계를 통치하고 있는 것이다.

이제 미국은 망하여 역사 뒤편으로 사라진다. 그 대신 유엔이라는 세계 정부가 미국 간판을 대신하여 세계를 지배하게 된다. 이것이 바로 여덟째 왕인 미국이 일곱째 왕인 유엔을 만들어 세상을 지배하는 원리이다. 이 나라가 2030년에 지구촌에 세워질 과학적 공산주의 유토피아 신세계질서 나라이다.

현재 미국에서 일어난 좌파 우파의 대결은 미국을 스스로 망하게 하는 시나리오이다. 세계 패권국가가 망하므로 올드 오더(Old Order)가 깨어져 버린다. 그래서 뉴 오더(New Order)가 세워진다. 이것이 바로 코로나 19를 통해 WEF 세계 경제포럼이 만들고 있는 리셋이다. 새판 짜기에 들어간 것이다.

제3장 성경을 알아야 한다

1. 천지 창조의 비밀

"태초에 하나님이 천지를 창조하시니라 땅이 혼돈하고 공허하며 흑암이 깊음 위에 있고 하나님의 신은 수면에 운행하시니라 하나님이 가라사대 빛이 있으라 하시매 빛이 있었고 그빛이 하나님의 보시기에 좋았더라 하나님이 빛과 어두움을 나누사 빛을 낮이라 칭하시고 어두움을 밤이라 칭하시니라 저녁이 되며 아침이 되니 이는 첫째 날이니라"(창1:1-5)

하나님께서 태초에 천지를 창조하셨다. 그런데 2절에서는 땅이 혼돈하고 공허하고 흑암이 깊음 위에 있다. 하나님이 지으신 천지에 문제가 생겼다. 하늘에서 루시엘 천사장의 반역으로 하나님이 그를 심판하신 결과이다. 이사야 14장과 에스겔 28장에서는 타락한 루시엘을 심판하여 땅에 재가 되게 하셨다. 그 결과 땅이 혼돈하고 공허하고 흑암이 깊음 위에 있는 것처럼 망가져 있다.

하나님께서 첫째 날 빛을 창조하셨다. 이 빛은 햇빛이 아니다. 또 다른 빛이다. 그리고 어둠과 빛을 나누신다. 현재 우주는 68% 암흑에너지 27% 암흑물질로 구성되어 있다. 현재 인간이 인식하고 볼 수 있는 우주는 5%에 불과하다. 5% 우주 속에 인류는 지금 살고 있는 것이다.

둘째 날 궁창(우주)를 창조하신다. 처음 우주는 위에 물과 아래 물로 되어 있다. 그리고 그 사이를 하늘(우주)이라 하셨다.

"하나님이 가라사대 물 가운데 궁창이 있어 물과 물로 나뉘게 하리라 하시고 하나님이 궁창을 만드사 궁창 아래의 물과 궁창 위의 물로 나뉘게 하시매 그대로 되니라 하나님이 궁창을 하늘이라 칭하시니라 저녁이 되며 아침이 되니 이는 둘째 날이니라"(창1:6-8)

셋째 날 하나님은 육지와 바다를 만드시고 땅에 풀과 채소와 과목 나무를 만드신다. 처음 지구는 물로 덮여 있었다. 하나님께서 물을 모아 바다를 만드시고 육지를 드러나게 하신 후 땅에 풀, 채소, 과목 나무를 만드셨다.

"하나님이 가라사대 천하의 물이 한곳으로 모이고 뭍이 드러나라 하시매 그대로 되니라 하나님이 뭍을 땅이라 칭하시고 모인 물을 바다라 칭하시니라 하나님의 보시기에 좋았더라 하나님이 가라사대 땅은 풀과 씨 맺는 채소와 각기 종류대로 씨 가진 열매 맺는 과목을 내라 하시매 그대로 되어 땅이 풀과 각기 종류대로 씨 맺는 채소와 각기 종류대로 씨 가진 열매 맺는 나무를 내니 하나님의 보시기에 좋았더라 저녁이 되며 아침이 되니 이는 세째 날이니라"(창1:9-13)

넷째 날 하나님은 해, 달, 별 들을 만드신다. 그리고 낮과 밤을 주관하게 하신다.

"하나님이 가라사대 하늘의 궁창에 광명이 있어 주야를 나뉘게 하라 또 그 광명으로 하여 징조와 사시와 일자와 연한이 이루라 또 그 광명이 하늘의 궁창에 있어 땅에 비취라 하시고 (그대로 되니라) 하나님이 두 큰 광명을 만드사 큰 광명으로 낮을 주관하게 하시고 작은 광명으로 밤을 주관하게 하시며 또 별들을 만드시고 하나님이 그것들을 하늘의 궁창에 두어 땅에 비취게 하시며 주야를 주관하게 하시며 빛과 어두움을 나뉘게 하시니라 하나님의 보시기에 좋았더라 저녁이 되며 아침이 되니 이는 네째 날이니라"(창1:14-19)

다섯째 날 하나님은 물고기와 공중의 새들을 만드신다.

"하나님이 가라사대 물들은 생물로 번성케 하라 땅위 하늘의 궁창에는 새가 날으라 하시고 하나님이 큰 물고기와 물에서 번성하여 움직이는 모든 생물을 그 종류대로, 날개 있는 모든 새를 그 종류대로 창조하시니 하나님의 보시기에 좋았더라 하나님이 그들에게 복을 주어 가라사대 생육하고 번성하여 여러 바다 물에 충만하라 새들도 땅에 번성하라 하시니라 저녁이 되며 아침이 되니 이는 다섯째 날이니라"(창1:20-23)

여섯째 날 하나님은 육축과 사람을 만드신다. 특히 아담과 하와를 흙을 취하여 만드시고 하나님께서 만드신 모든 것들을 정복하고 다스리게 하신다.

"하나님이 가라사대 땅은 생물을 그 종류대로 내되 육축과 기는 것과 땅의 짐승을 종류대로 내라 하시고 (그대로 되니라) 하나님이 땅의 짐승을 그 종류대로, 육축을 그 종류대로, 땅에 기는 모든 것을 그 종류대로 만드시니 하나님의 보시기에 좋았더라 하나님이 가라사대 우리의 형상을 따라 우리의 모양대로 우리가 사람을 만들고 그로 바다의 고기와 공중의 새와 육축과 온 땅과 땅에 기는 모든 것을 다스리게 하자 하시고 하나님이 자기 형상 곧 하나님의 형상대로 사람을 창조하시되 남자와 여자를 창조하시고 하나님이 그들에게 복을 주시며 그들에게 이르시되 생육하고 번성하여 땅에 충만하라, 땅을 정복하라, 바다의 고기와 공중의 새와 땅에 움직이는 모든 생물을 다스리라 하시니라 하나님이 가라사대 내가 온 지면의 씨 맺는 모든 채소와 씨 가진 열매 맺는 모든 나무를 너희에게 주노니 너희 식물이 되리라 또 땅의 모든 짐승과 공중의 모든 새와 생명이 있어 땅에 기는 모든 것에게는 내가 모든 푸른 풀을 식물로 주노라 하시니 그대로 되니라 하나님이 그 지으신 모든 것을 보시니 보시기에 심히 좋았더라 저녁이 되며 아침이 되니 이는 여섯째 날이니라"(창1:24-31)

하나님의 천지 창조의 비밀은 문제가 된 땅을 새롭게 만드시고 땅의 흙으로 사람을 지으시고 땅을 정복하고 다스리게 하신 것이다. 이는 땅의 본질이 사단을 정복하고 다스린 것이다.

2. 에덴동산의 비밀

"여호와 하나님의 지으신 들짐승 중에 뱀이 가장 간교 하더라 뱀이 여자에게 물어 가로되 하나님이 참으로 너희더러 동산 모든 나무의 실과를 먹지 말라 하시더냐 여자가 뱀에게 말하되 동산 나무의 실과를 우리가 먹을 수 있으나 동산 중앙에 있는 나무의 실과는 하나님의 말씀에 너희는 먹지도 말고 만지지도 말라 너희가 죽을까 하노라 하셨느니라 뱀이 여자에게 이르되 너희가 결코 죽지 아니하리라 너희가 그것을 먹는 날에는 너희 눈이 밝아 하나님과 같이 되어 선악을 알 줄을 하나님이 아심이니라 여자가 그 나무를 본즉 먹음직도 하고 보암직도 하고 지혜롭게 할만큼 탐스럽기도 한 나무인지라 여자가 그 실과를 따먹고 자기와 함께한 남편에게도 주매 그도 먹은지라 이에 그들의 눈이 밝아 자기들의 몸이 벗은 줄을 알고 무화과나무 잎을 엮어 치마를 하였더라"(창3:1-7)

　놀라운 사실은 에덴동산에 뱀이 아담과 함께 존재하는 것이다. 성경에서 뱀은 사단 마귀라고 하였다. 그는 루시엘로 심판 받아 루시퍼가 된 온 천하를 꾀는 자이다. 그런데 왜 에덴동산에 있는가? 그의 존재는 성경에 기록되어 있지 않다. 그런데 갑자기 나타난 것인가? 그렇지 않다 하나님의 구속의 섭리 가운데 이미 사단은 하늘에서 하나님을 대적하다가 심판 을 받아 땅으로 쫓겨난 존재이다. 그렇다면 왜 그가 에덴에 있는가? 에덴동산 역시 하나님께서 새롭게 아담을 위해 지으신 장소이지만 뱀이 함께 있다는 것은 하나님께서 아담과 하와에게 뱀을 정복하고 다스리도록 섭리하신 것이다. 어쩌면 하나님께서 아담과 하와를 하나님의 형상으로 지으시고 피조세계를 다스리게 하신 가장 큰 목적은 하나님의 영광을 훼방한 뱀을 아담을 통해 다스리도록 하신 것이다.

　"큰 용이 내어 쫓기니 옛 뱀 곧 마귀라고도 하고 사단이라고도 하는 온 천하를 꾀는 자라 땅으로 내어 쫓기니 그의 사자들도 저와 함께 내어 쫓기니라"(계12:9)

　그런데 안타깝게도 아담은 뱀을 다스리지 못하고 유혹에 넘어가 하와와 함께 타락하고 말았다. 성경은 이를 두고 마귀의 종이 되었다고 한다. 마귀를 다스려야 할 아담이 도리어 마귀의 종으로 타락한 것이다. 아담이 마귀의 종이 된 것은 아담 뿐 아니라 하나님께서 아담을 위해 지어주신 모든 세계가 통째로 마귀에게 넘어가 버린 것이다.
 마귀는 예수님을 유혹할 때 천하만국의 영광을 보이고 절을 하면 넘겨 주겠다고 하였다. 자신도 넘겨받은 것이기 때문에 원하는 자에게 넘겨줄 수 있다고 한 것이다.
 "마귀가 또 예수를 이끌고 올라가서 순식간에 천하만국을 보이며 가로되 이 모든 권세와 그 영광을 내가 네게 주리라 이것은 내게 넘겨준 것이므로 나의 원하는 자에게 주노라 그러므로 네가 만일 내게 절하면 다 네 것이 되리라"(눅4:5-7)

예수님께서 혈육을 입고 오신 이유
 "자녀들은 혈육에 함께 속하였으매 그도 또한 한 모양으로 혈육에 함께 속하심은 사망으로 말미암아 사망의 세력을 잡은 자 곧 마귀를 없이 하시며 또 죽기를 무서워하므로 일생에 매여 종노릇하는 모든 자들을 놓아 주려 하심이니 이는 실로 천사들을 붙들어 주려 하심이 아니요 오직 아브라함의 자손을 붙들어 주려 하심이라"(히2:14-16)
 예수님께서 혈육을 입으시고 세상에 오신 목적은 아담의 타락으로 마귀의 종이 된 사람을 구원하기 위함이다. 예수님께서 친히 죄를 위하여 십자가에서 죽으사 죄 값을 갚아 주시고 부활승천하심으로 하늘과 땅의 모든 권세를 가지시고 성령을 보내사 아담 안에서 죽은 사람을 다시 살리시는 것이다. 이것을 성경은 구원이라고 한다.

3. 아담과 하와와 교회의 비밀

 "여호와 하나님이 아담을 깊이 잠들게 하시니 잠들매 그가 그 갈빗대 하나를 취하고 살로 대신 채우시고 여호와 하나님이 아담에게서 취하신 그 갈빗대로 여자를 만드시고 그를 아담에게로 이끌어 오시니 아담이 가로되 이는 내 뼈 중의 뼈요 살 중의 살이라 이것을 남자에게서 취하였은즉 여자라 칭하리라 하니라 이러므로 남자가 부모를 떠나 그 아내와 연합하여 둘이 한 몸을 이룰찌로다"(창2:21-24)
 하나님께서 하와를 창조하신 과정 속에 교회의 비밀이 있다. 아담을 잠들게 하신 후 갈비뼈를 취하여 하와를 지으셨다. 아담을 잠에서 깨어나 하와를 보고 이는 내 뼈 중의 뼈요 살중의 살이라고 하였다. 다시 말해서 하와는 아담의 소유물이란 것이다. 이는 대속의 원리이다. 대속이란 값 주고 사서 내 소유로 삼았다는 말이다. 하나님께서는 아담과 하와를 지으시고 부모를 떠나 한 몸을 이루라고 하셨다. 이는 부모와 똑같은 독립된 가정을 이루라는 말이다. 여기에 하나님의 구원의 섭리와 교회의 비밀이 있다.

예수님은 둘째 아담으로 오셨다. 그리고 영적인 예수님의 신부인 교회를 위해 십자가에서 돌아가신 후 성령을 보내셔서 지금도 교회를 세우시고 계신다. 마치 아담이 잠들어 있을 때 하와가 지어진 것처럼 마가의 다락방에 성령이 임하신 후 땅 끝까지 복음이 증거 되는 가운데 예수님의 영적인 신부인 교회는 지어져 가고 있는 것이다.

이제 이방인의 충만한 수가 차서 예수님의 신부인 교회가 완성이 되면 예수님은 하늘에서 완성하신 예수님의 신부인 새 예루살렘과 함께 재림 하셔서 혼인잔치를 하신 후 새로운 에덴인 천년왕국을 통치하게 되신다.

이것이 아담이 실패한 에덴동산의 통치를 예수님이 친히 자신의 피로 얻은 교회와 함께 오셔서 아담과 함께 타락한 세상을 심판하여 없이 하시고 새 하늘과 새 땅을 지으셔서 통치를 시작한다. 이것이 예수님께서 재림하시는 목적이다.

4. 시내산에서 맺은 율법의 언약은 혼인언약이다

"세계가 다 내게 속하였나니 너희가 내 말을 잘 듣고 내 언약을 지키면 너희는 열국 중에서 내 소유가 되겠고 너희가 내게 대하여 제사장 나라가 되며 거룩한 백성이 되리라 너는 이 말을 이스라엘 자손에게 고할찌니라"(출19:5-6)

시내산의 언약은 창세기 2장에서 아담과 하와가 고백한 혼인 언약이다. 여호와 하나님께서는 모세를 통해서 이스라엘 백성과 율법의 언약을 맺는다. 언약을 잘 지키면 이스라엘은 여호와의 소유가 된다.

이는 아담이 고백한 것과 같이 이스라엘은 여호와의 뼈가 되고 살이 되는 것이다. 즉 한 몸이 되는 것이다. 제사장 나라가 된다. 제사장 나라는 온 천하 모든 족속을 구원하는 민족이 된다는 것이다. 거룩한 백성이 된다. 이는 성령의 사람이 된다는 것이다. 시내산의 언약은 3위1체 하나님과 관계 속에서 성자 예수님의 신부가 되고, 성령 하나님의 성전이 되고, 성부 하나님의 제사장 나라가 되는 것이다.

"나 여호와가 말하노라 보라 날이 이르리니 내가 이스라엘 집과 유다 집에 새 언약을 세우리라 나 여호와가 말하노라 이 언약은 내가 그들의 열조의 손을 잡고 애굽 땅에서 인도하여 내던 날에 세운 것과 같지 아니할 것은 내가 그들의 남편이 되었어도 그들이 내 언약을 파하였음이니라"(렘31:31-32)

하나님께서 예레미야를 통해서 시내 산의 언약이 남편과 아내의 언약이었음을 상기시킨다. 애굽에서 나올 때 시내 산에서 맺은 언약이 아내와 남편의 언약이었음에도 불구하고 이스라엘이 언약을 버리고 남편인 여호와를 배반했다고 지적을 하신다.

5. 바벨론에서 돌아 올 때 맺은 새 언약

"나 만군의 여호와 이스라엘의 하나님이 이같이 말하노라 내가 그 사로잡힌 자를 돌아오게 할 때에 그들이 유다 땅과 그 성읍들에서 다시 이 말을 쓰리니 곧 의로운 처소여, 거룩한 산이여, 여호와께서 네게 복 주시기를 원하노라 할 것이며 나 여호와가 말하노라 보라 날이 이르리니 내가 이스라엘 집과 유다 집에 새 언약을 세우리라 나 여호와가 말하노라 이 언약은 내가 그들의 열조의 손을 잡고 애굽 땅에서 인도하여 내던 날에 세운것과 같지 아니할 것은 내가 그들의 남편이 되었어도 그들이 내 언약을 파하였음이니라 나 여호와가 말하노라 그러나 그 날 후에 내가 이스라엘 집에 세울 언약은 이러하니 곧 내가 나의 법을 그들의 속에 두며 그 마음에 기록하여 나는 그들의 하나님이 되고 그들은 내 백성이 될 것이라 그들이 다시는 각기 이웃과 형제를 가리켜 이르기를 너는 여호와를 알라 하지 아니하리니 이는 작은 자로부터 큰 자까지 다 나를 앎이니라 내가 그들의 죄악을 사하고 다시는 그 죄를 기억지 아니하리라 여호와의 말이니라"(렘31:23,31-34)

예레미야는 이스라엘이 바벨론에서 돌아올 때 새 언약을 맺을 것을 예언하고 있다. 새 언약은 돌 판에 새긴 옛 언약과 다르게 마음에 새길 것을 약속하고 있다. 이는 신약시대 성령의 인침을 두고 하는 말이다. 그렇다면 왜 예레미야는 신약에 이루어질 성령의 인침에 대한 예언을 바벨론 포로에서 돌아올 때 일어날 것을 예언하고 있는가? 예레미야 뿐 아니라 모든 16명의 선지자들은 동일하게 남북 왕조가 망하고 포로에서 돌아올 때 다윗의 의로운 가지에서 싹이 나서 새로운 다윗왕국이 세워질 것을 동일하게 약속을 하고 있다. 그렇다면 바벨론 포로에서 돌아와 세워질 다윗의 메시아 왕국은 무엇인가? 예수님께서 재림하셔서 통치할 천년왕국이다. 그렇다면 왜 선지자들은 바벨론 포로에서 돌아올 때 천년왕국이 이루어질 것을 예언하고 있는가? 과연 바벨론 포로에서 돌아올 때 성령의 인침이 있었는가? 실제 다윗의 메시아 왕국이 세워졌는가? 아니다. 세워지지 않았다. 그렇다면 과연 선지자들의 예언은 무엇인가? 이것을 성경은 예언의 이중성이라고 한다. 즉 남북왕조가 망하고 다시 회복되는 사건을 선지자들은 모두 우주론적이고 종말론적으로 예언을 하고 있는 것이다. 다시 말해서 단순하게 남북왕조가 망하고 회복되는 과정의 사건이 단순한 사건이 아니라 장차 신약에서 이루어진 이스라엘과 교회에 대한 예언이라는 것이다.

이미 구약에서는 신약의 모든 예언들이 다 이루어졌다. 이것이 남북 왕조의 멸망과 회복을 통해서 이루어진 것이다. 그리고 다시 이 내용이 신약에서 반복되는 것이다. 그렇다면 역사적으로 바벨론 포로 이후에는 율법으로 대우하지 아니 하시고 새 언약으로 자기 백성들을 대우하셨는가? 그렇다 실제로 하나님은 바벨론 포로 이후에는 이스라엘의 남은 자들은 율법으로 대우하시지 아니하시고 새 언약으로 대우 하셨다. 이사야 선지자는 페르시아 고레스 왕을 통해서 새 언약이 이루어질 것을 예언하였다. 그리고 실제로 그렇게 되었다. 이스라엘 백성들은 아무것도 할 수 없었다. 그러나 하나님은 선지자들의 예언처럼 정확하게 바벨론 포로 70년의 기간이 차자 고레스 왕을 보내 은혜로 포로에서 해방 시켜 주시고 그들에게 자유를 주시고 바벨론 포로에서 돌아와 성전을 건축하고 예배를 드리게 하셨던 것이다.

이것이 선지자들의 예언의 특징이다. 즉 이스라엘과 하나님 사이에 신분의 변화가 있었던 것이다. 바벨론 포로 이전에는 육체적인 부부 관계였다면 바벨론 포로 이후에는 영적인 부부가 된 것이다. 이것이 이스라엘의 남은 자들에게 약속하신 은혜의 언약이다. 하나님께서는 항상 언제든지 남은 자의 구원을 약속하셨다. 남은 자의 구원이란 은혜의 구원을 말한다. 구약에서는 대제사장들의 중재로 이루어졌고 신약에서는 예수님을 통해 이루어진다. 실제로 바벨론 포로에서 돌아온 자들은 이스라엘의 남은 자들이다. 남은 자의 약속은 동일하게 신약에서도 예수님께서 초림하시고 재림하시는 구속 과정에서 다 이루어진다.

6. 이사야 66장을 통한 신구약 시대 구분

이사야 선지자는 66장의 성경을 기록하였다. 이것을 기준으로 구약 39권과 신약 27권으로 신구약 성경이 편집되었다. 왜 그것이 가능했는가? 실제로 이사야 1장부터 39장은 이스라엘의 멸망의 내용이 기록되었다. 즉 이스라엘의 타락부터 바벨론 포로로 끌려가기 직전까지 역사이다. 이사야 39장의 내용은 이사야 선지자가 히스기야 왕에서 예루살렘에 있는 모든 보물들은 바벨론으로 옮긴 바가 될 것을 예언한다. 즉 바벨론에 의한 멸망을 예언한 것이다. 이것이 역사적으로 구약의 끝이다. 그리고 이사야 40장부터 신약이 시작되어 66장에서 끝난다. 이사야 40장은 바벨론 포로에서 돌아온 기사이다.

"너희 하나님이 가라사대 너희는 위로하라 내 백성을 위로하라 너희는 정다이 예루살렘에 말하며 그것에게 외쳐 고하라 그 복역의 때가 끝났고 그 죄악의 사함을 입었느니라 그 모든 죄를 인하여 여호와의 손에서 배나 받았느니라 할찌니라 외치는 자의 소리여 가로되 너희는 광야에서 여호와의 길을 예비하라 사막에서 우리 하나님의 대로를 평탄케 하라 골짜기마다 돋우어지며 산마다, 작은 산마다 낮아지며 고르지 않은 곳이 평탄케 되며 험한 곳이 평지가 될 것이요 여호와의 영광이 나타나고 모든 육체가 그것을 함께 보리라 대저 여호와의 입이 말씀하셨느니라 말하는 자의 소리여 가로되 외치라 대답하되 내가 무엇이라 외치리이까 가로되 모든 육체는 풀이요 그 모든 아름다움은 들의 꽃 같으니 풀은 마르고 꽃은 시듦은 여호와의 기운이 그 위에 붊이라 이 백성은 실로 풀이로다 풀은 마르고 꽃은 시드나 우리 하나님의 말씀은 영영히 서리라 하라"(사40:1-8)

왜 바벨론 포로에서 돌아온 것이 신약의 시작이 될까? 이사야 40장의 내용은 세례 요한이 광야에서 외쳤던 복음이다. 700년 전에 기록한 이사야 선지자의 바벨론 포로 귀환을 예수님의 초림과 재림으로 예언을 한 것이다. 그렇다면 바벨론 70년의 포로 생활은 이스라엘과 교회에 어떤 교훈을 주는가? 이스라엘이 바벨론에게 망하고 70년 포로 생활을 하는 것은 이스라엘의 죄악을 바벨론 70년 포로 생활을 통해 녹이고 연단하여 정결케 하는 기간을 말한다. 즉 하나님의 신부로 율법의 언약을 맺었던 이스라엘이 불순종하여 결혼 언약을 파괴한 것에 대한 징벌임과 동시에 하나님의 방법으로 다시 회복시켜 주시는 방법이다.

또한 바벨론 70년의 포로 기간은 신약의 2000년 교회 역사로 이 땅에서 예수님의 신부인 교회가 아름답게 단장해 나가는 과정을 기록하면서 예수님의 재림으로 이루어지는 천년왕국을 예표하고 있다.

이사야 선지자는 바벨론 70년 포로기간 동안 유다가 여호와의 거룩한 신부로 단장해 나가는 모습을 자세하게 기록하고 있다. 바벨론 포로 생활이 비록 고난의 연속이지만 하나님께서는 고난을 통해서 녹이고 연단하사 유다를 하나님의 아름다운 신부로 단장시켜 바벨론에서 돌아올 때는 온전하게 거룩해진 여호와의 신부로 장가드는 내용이다.

"나는 시온의 공의가 빛 같이, 예루살렘의 구원이 횃불 같이 나타나도록 시온을 위하여 잠잠하지 아니하며 예루살렘을 위하여 쉬지 아니할 것인즉 열방이 네 공의를, 열왕이 다 네 영광을 볼 것이요 너는 여호와의 입으로 정하실 새 이름으로 일컬음이 될 것이며 너는 또 여호와의 손의 아름다운 면류관, 네 하나님의 손의 왕관이 될 것이라 다시는 너를 버리운 자라 칭하지 아니하며 다시는 네 땅을 황무지라 칭하지 아니하고 오직 너를 헵시바라 하며 네 땅을 쁄라라 하리니 이는 여호와께서 너를 기뻐하실 것이며 네 땅이 결혼한바가 될 것임이라 마치 청년이 처녀와 결혼함 같이 네 아들들이 너를 취하겠고 신랑이 신부를 기뻐함 같이 네 하나님이 너를 기뻐하시리라"(사62:1-5)

　헵시바 쁄라는 나는 그녀를 사랑하여 결혼했다는 뜻이다. 이것을 위해 여호와는 쉬지 아니하시고 일을 하신다. 이것은 예루살렘이 더 이상 버림받은 성읍이 아니라 새롭게 하나님의 신부로 단장한 모습이다. 신약에서 새 예루살렘을 상징한다. 그런데 이 약속이 어떻게 이루어지는가? 페르시아 고레스 왕을 통해 이루어진다. 고레스 왕은 장차 재림 하실 예수님을 예표한 것이다.

　"잉태치 못하며 생산치 못한 너는 노래할찌어다 구로치 못한 너는 외쳐 노래할찌어다 홀로 된 여인의 자식이 남편 있는 자의 자식보다 많음이니라 여호와의 말이니라 네 장막터를 넓히며 네 처소의 휘장을 아끼지 말고 널리 펴되 너의 줄을 길게 하며 너의 말뚝을 견고히 할찌어다 이는 네가 좌우로 퍼지며 네 자손은 열방을 얻으며 황폐한 성읍들로 사람 살 곳이 되게 할 것임이니라 두려워 말라 네가 수치를 당치 아니하리라 놀라지 말라 네가 부끄러움을 보지 아니하리라 네가 네 청년 때의 수치를 잊겠고 과부 때의 치욕을 다시 기억함이 없으리니 이는 너를 지으신 자는 네 남편이시라 그 이름은 만군의 여호와시며 네 구속자는 이스라엘의 거룩한 자시라 온 세상의 하나님이라 칭함을 받으실 것이며 여호와께서 너를 부르시되 마치 버림을 입어 마음에 근심하는 아내 곧 소시에 아내 되었다가 버림을 입은 자에게 함 같이 하실 것임이니라 네 하나님의 말씀이니라 내가 잠시 너를 버렸으나 큰 긍휼로 너를 모을 것이요 내가 넘치는 진노로 내 얼굴을 네게서 잠시 가리웠으나 영원한 자비로 너를 긍휼히 여기리라 네 구속자 여호와의 말이니라"(사54:1-8)

　잉태치 못하고 구로치 못한 여인은 예루살렘이다. 그는 소시 때 자기의 남편을 버리고 바벨론이란 연애하는 자를 따라 집을 나갔다. 그러나 그녀는 병들고 버림받아 죽게 되었다. 그때 옛 남편인 여호와가 그녀를 긍휼히 여겨 다시 찾아와 주셔서 이제 최고의 여황후로 단장시켜 장가드는 모습이다. 이것이 바벨론 포로 기간 동안 페르시아 고레스 왕을 통해 일어난 기적이다.

페르시아 고레스 왕은 바벨론을 멸망시키고 유다 예루살렘을 해방시킨 메시아이다. 이는 예수님께서 마지막 시대 재림 하셔서 바벨론을 멸망시키고 바벨론에서 고생하고 있는 교회와 이스라엘을 구원해 주시는 예표이다. 이사야 40장부터 66장은 전부 그런 내용이 기록되어 있다.

"처녀 이스라엘아 너를 위하여 길표를 세우며 너를 위하여 표목을 만들고 대로 곧 네가 전에 가던 길에 착념하라 돌아오라 네 성읍들로 돌아오라 패역한 딸아 네가 어느 때까지 방황하겠느냐 여호와가 새 일을 세상에 창조하였나니 곧 여자가 남자를 안으리라"(렘31:21-22)

예레미야 역시 바벨론 포로가 끝난 후 유다가 가나안으로 돌아오는 모습을 기록하면서 이 일을 새 일이라고 하였다. 즉 남자가 여자를 안으리라 하였다. 이는 여인의 후손인 예수님이 오셔서 교회를 세우실 것을 예언한 것이다. 창세기 3장에 기록된 대로 여자의 후손이 뱀의 머리를 상하게 하는 예언이 이루어지는 것이다. 이것은 실제 바벨론 포로에서 돌아올 때 일어난 일이고 또한 예수님의 초림과 재림을 통해서 이루어진다.

7. 남북 왕조의 멸망과 회복

솔로몬의 타락으로 이스라엘은 남북 왕조로 분리가 된다. 북 왕조는 에브라임 지파를 중심으로 10개 지파로 이루어졌다. 남 유다는 유다와 베냐민 지파로 이루어 졌다. 에브라임은 요셉의 둘째 아들로 형 므낫세를 대신하여 장자가 되었다. 그래서 에브라임은 야곱의 12아들들 중에 육적인 장자의 축복을 받은 지파이다. 그래서 에브라임을 중심으로 한 북 왕조는 육적인 아브라함의 자손들이다. 신약에서는 육적인 아브라함의 자손인 이스라엘이다. 남 유다는 유다지파를 중심으로 이루어졌다. 유다지파는 야곱에 의해서 영적인 장자의 복을 받았다. 즉 다윗의 자손 메시아의 혈통을 잇는 지파이다. 이것을 교회지파라고 한다.

"유다야 너는 네 형제의 찬송이 될찌라 네 손이 네 원수의 목을 잡을 것이요 네 아비의 아들들이 네 앞에 절하리로다 유다는 사자 새끼로다 내 아들아 너는 움킨 것을 찢고 올라 갔도다 그의 엎드리고 웅크림이 수사자 같고 암사자 같으니 누가 그를 범할 수 있으랴 홀이 유다를 떠나지 아니하며 치리자의 지팡이가 그 발 사이에서 떠나지 아니하시기를 실로가 오시기까지 미치리니 그에게 모든 백성이 복종하리로다 그의 나귀를 포도나무에 매며 그 암나귀 새끼를 아름다운 포도나무에 맬 것이며 또 그 옷을 포도주에 빨며 그 복장을 포도즙에 빨리로다 그 눈은 포도주로 인하여 붉겠고 그 이는 우유로 인하여 희리로다"(창49:8-12)

유다지파는 영원한 왕의 지파이다. 옷을 포도주로 빨며 그 복장을 포도즙에 빨것이라 하였다. 이는 고난의 메시아를 예언한다. 예수님이 유다지파 다윗의 자손으로 오셔서 십자가에 돌아가신 후 만왕의 왕이 되실 것을 예언한 것이다.

"여호와의 말씀이 또 내게 임하여 가라사대 인자야 너는 막대기 하나를 취하여 그 위에 유다와 그 짝 이스라엘 자손이라 쓰고 또 다른 막대기 하나를 취하여 그 위에 에브라임의 막대기 곧 요셉과 그 짝 이스라엘 온 족속이라 쓰고 그 막대기들을 서로 연합하여 하나가 되게 하라 네 손에서 둘이 하나가 되리라 네 민족이 네게 말하여 이르기를 이것이 무슨 뜻인지 우리에게 고하지 아니하겠느냐 하거든 너는 곧 이르기를 주 여호와의 말씀에 내가 에브라임의 손에 있는바 요셉과 그 짝 이스라엘 지파들의 막대기를 취하여 유다의 막대기에 붙여서 한 막대기가 되게 한즉 내 손에서 하나가 되리라 하셨다 하고 너는 그 글 쓴 막대기들을 무리의 목전에서 손에 잡고 그들에게 이르기를 주 여호와의 말씀에 내가 이스라엘 자손을 그 간바 열국에서 취하며 그 사면에서 모아서 그 고토로 돌아가게 하고 그 땅 이스라엘 모든 산에서 그들로 한 나라를 이루어서 한 임금이 모두 다스리게 하리니 그들이 다시는 두 민족이 되지 아니하며 두 나라로 나누이지 아니할찌라 그들이 그 우상들과 가증한 물건과 그 모든 죄악으로 스스로 더럽히지 아니하리라 내가 그들을 그 범죄한 모든 처소에서 구원하여 정결케 한즉 그들은 내 백성이 되고 나는 그들의 하나님이 되리라 내 종 다윗이 그들의 왕이 되리니 그들에게 다 한 목자가 있을 것이라 그들이 내 규례를 준행하고 내 율례를 지켜 행하며 내가 내 종 야곱에게 준 땅 곧 그 열조가 거하던 땅에 그들이 거하되 그들과 그 자자손손이 영원히 거기 거할 것이요 내 종 다윗이 영원히 그 왕이 되리라"(겔37:15-25)

　에스겔은 바벨론 포로들과 함께 살면서 예언을 했던 선지자이다. 그리고 그가 예언한 영원한 성전은 신약의 교회를 말한다. 그래서 에스겔을 성령 하나님의 선지자라고 한다. 이사야는 고난의 메시아인 성자 예수님의 예언자이다. 예레미야는 구속의 역사를 예정하시고 섭리하시는 성부 하나님의 예언자이다.

　에스겔은 포로 70년 생활이 끝나면 북 왕조 이스라엘과 남 유다가 동시에 포로에서 해방되어 가나안으로 복귀를 한 후 다윗의 자손이 왕이 되어 영원히 통치를 받을 것을 예언하고 있다. 그것이 한 막대기 비유이다. 구약에서도 그러 했던 것처럼 신약에서도 예언은 반복적으로 이루어진다. 주후 70년 9월8일 이스라엘은 망하여 전 세계로 흩어졌다. 교회는 마가의 다락방에 성령이 강림하신 후 땅 끝까지 복음이 증거 되는 가운데 교회가 세워져 간다. 복음이 땅 끝까지 증거 되는 가운데 이방인의 충만한 수가 다 차고 교회가 완성이 되면 이스라엘의 역사도 회복되어 가나안 땅에 국가를 세우고 예루살렘 성을 회복하고 성전 산에 성전을 건축하고 구약 제사를 시작한다. 이것이 마지막 예수님의 재림이 이루어지기 전 7년에 이루어진다. 7년 동안 이스라엘이 회복되고 교회의 구원이 완성되면 예수님은 재림하셔서 이스라엘과 교회를 통치하신다. 이것이 이스라엘의 천년왕국을 통치할 새 예루살렘 교회이다.

　복음이 땅 끝까지 증거 되는 가운데 1948년 5월 14일 이스라엘 국가가 세워졌다. 2018년 5월14일 예루살렘은 이스라엘의 수도가 되었다. 이제 성전 산에 제 3 성전이 지어지면 이방인의 때가 끝나고 이스라엘과 교회가 하나 되어 회복되는 기간이 된다. 이것이 다니엘의 70이레 비밀이다.

8. 다니엘의 70이레 비밀과 예수님의 재림 통치

다니엘은 바벨론 70년 포로생활이 끝나갈 때 근심하면서 21일 금식기도를 하다가 예레미야의 예언을 깨닫게 되는 가운데 하나님께서 70이레 비밀을 가르쳐 주신다. 즉 바벨론 70년 포로 생활과 이방인의 교회를 연결 시켜 주시는 하나님의 구속의 섭리를 깨닫게 해 주신 것이다.

다니엘의 70이레 비밀은 바벨론 포로 70년의 기간이 단순하게 고레스 왕을 통해서 끝난 것이 아니라 신약의 이스라엘과 교회로 연결이 된다는 것이다. 구약에서 남 북 왕조가 앗수르와 바벨론에 망한 후 포로가 되어 생활 했듯이 신약에서도 이스라엘과 교회가 바벨론이란 세상 속에서 포로가 되어 생활을 하다가 예수님이 오셔서 해방시켜 주시고 새 예루살렘과 새 하늘과 새 땅을 통치하게 하시는 것을 연결 시켜 주는 것이다.

"네 백성과 네 거룩한 성을 위하여 칠십 이레로 기한을 정하였나니 허물이 마치며 죄가 끝나며 죄악이 영속되며 영원한 의가 드러나며 이상과 예언이 응하며 또 지극히 거룩한 자가 기름부음을 받으리라 그러므로 너는 깨달아 알찌니라 예루살렘을 중건하라는 영이 날 때부터 기름부음을 받은 자 곧 왕이 일어나기까지 일곱 이레와 육십이 이레가 지날 것이요 그 때 곤란한 동안에 성이 중건되어 거리와 해자가 이룰 것이며 육십 이 이레 후에 기름부음을 받은 자가 끊어져 없어질 것이며 장차 한 왕의 백성이 와서 그 성읍과 성소를 훼파하려니와 그의 종말은 홍수에 엄몰됨 같을 것이며 또 끝까지 전쟁이 있으리니 황폐할 것이 작정되었느니라 그가 장차 많은 사람으로 더불어 한 이레 동안의 언약을 굳게 정하겠고 그가 그 이레의 절반에 제사와 예물을 금지할 것이며 또 잔포하여 미운 물건이 날개를 의지하여 설 것이며 또 이미 정한 종말까지 진노가 황폐케 하는 자에게 쏟아지리라 하였느니라"(단9:24-27)

다니엘의 70이레 비밀은 예루살렘 성을 중건하라는 명령이 날 때부터 예수님이 오셔서 십자가에 돌아가실 때까지 일곱이레와 육십 이 이레가 지난다. 그리고 이스라엘은 망하여 전 세계로 흩어진다. 남은 마지막 한 이레는 이방인의 때가 끝나고 교회가 완성 될 때 적그리스도와 이스라엘이 평화 조약을 맺고 성전을 건축하여 7년 구약제사를 드림으로 시작된다. 적그리스도는 전 삼년 반 동안은 구약제사를 허락하지만 후 삼년 반이 시작될 때 약속을 파괴하고 거룩한 성전에 자기 우상을 세우고 배도를 한다. 그리고 짐승의 표를 받지 않는 모든 사람들을 죽인다. 이때 예수님이 재림 하셔서 적그리스도의 나라를 멸망시키고 새 하늘과 새 땅을 새 예루살렘을 통해 통치하신다. 이때 교회는 예수님과 함께 왕이 되고 짐승의 표를 받지 않는 이스라엘과 남은 이방인들은 천년왕국 백성으로 들어가 천년동안 교회의 통치를 받는다.

9. 예수님께서 말씀하신 배도와 야곱의 대환난

"그러므로 너희가 선지자 다니엘의 말한바 멸망의 가증한 것이 거룩한 곳에 선 것을 보거든 (읽는 자는 깨달을찐저) 그 때에 유대에 있는 자들은 산으로 도망할찌어다 지붕 위에 있는 자는 집안에 있는 물건을 가지러 내려 가지 말며 밭에 있는 자는 겉옷을 가지러 뒤로 돌이키지 말찌어다 그 날에는 아이 밴 자들과 젖먹이는 자들에게 화가 있으리로다 너희의 도망하는 일이 겨울에나 안식일에 되지 않도록 기도하라 이는 그 때에 큰 환난이 있겠음이라 창세로부터 지금까지 이런 환난이 없었고 후에도 없으리라 그 날들을 감하지 아니할 것이면 모든 육체가 구원을 얻지 못할 것이나 그러나 택하신 자들을 위하여 그 날들을 감하시리라 그 때에 사람이 너희에게 말하되 보라 그리스도가 여기 있다 혹 저기 있다 하여도 믿지 말라 거짓 그리스도들과 거짓 선지자들이 일어나 큰 표적과 기사를 보이어 할 수만 있으면 택하신 자들도 미혹하게 하리라 보라 내가 너희에게 미리 말하였노라 그러면 사람들이 너희에게 말하되 보라 그리스도가 광야에 있다 하여도 나가지 말고 보라 골방에 있다 하여도 믿지 말라 번개가 동편에서 나서 서편까지 번쩍임 같이 인자의 임함도 그러하리라 주검이 있는 곳에는 독수리들이 모일찌니라"(마24:15-28)

예수님께서 다니엘이 말한바 멸망의 가증한 것이 거룩한 곳에 선 것을 보거든 산으로 도망하라고 하신 말씀은 다니엘11:31-32의 내용이다.

"군대는 그의 편에 서서 성소 곧 견고한 곳을 더럽히며 매일 드리는 제사를 폐하며 멸망케 하는 미운 물건을 세울 것이며 그가 또 언약을 배반하고 악행하는 자를 궤휼로 타락시킬 것이나 오직 자기의 하나님을 아는 백성은 강하여 용맹을 발하리라"(단11:31-32)

이 말씀은 주전 168년 안티오커스 4세가 지성소에 제우스 신상을 세운 일을 두고 하는 말이다. 마카비 왕조의 혁명을 통해서 7년 동안 성소가 더럽혀지고 나서 성전이 회복되었다. 이날을 수전절 또는 하누카 축제라고 한다. 예수님께서 또 다시 이 말씀을 가지고 예언을 하신 이유는 예언의 이중성이다. 또 다시 그런 일들이 일어나는 것이다. 이것은 역사적으로 주후 70년 로마에 의하여 예루살렘이 망할 때 같은 일들이 일어났다. 또 세상 마지막 날 즉 예수님이 재림하시기 7년 전에 예루살렘 성전이 건축되고 구약제사가 드려진 후 후삼년 반이 시작될 때 적그리스도에 의해서 일어나게 될 배도를 말씀 하신다.

제4장 교회를 알아야 한다

1. 성 삼위 하나님과 교회

"예수께서 나아와 일러 가라사대 하늘과 땅의 모든 권세를 내게 주셨으니 그러므로 너희는 가서 모든 족속으로 제자를 삼아 아버지와 아들과 성령의 이름으로 세례를 주고 내가 너희에게 분부한 모든 것을 가르쳐 지키게 하라 볼찌어다 내가 세상 끝날까지 너희와 항상 함께 있으리라 하시니라"(마28:18-20)

교회는 세례를 통해서 구원 받은 성도들이 세운다. 그런데 세례를 성부 성자 성령의 이름으로 받는다. 그 이유는 한 사람이 구원을 받아 예수님의 몸 된 교회가 되려면 성부 하나님과 성령 하나님의 도우심이 필요하기 때문이다. 왜냐하면 성부 성자 성령의 하나님은 한 분이시기 때문이다. 그러므로 예수님의 신부인 교회가 되려면 성부 하나님의 아들이 되어야 하고 성령 하나님의 거룩한 성전이 되어야 한다.

에베소서 1장은 교회란 무엇인가? 라는 주제이다. 결론은 교회란 예수님의 몸으로 만물을 충만하게 하는 충만이다. 그런데 만물을 충만하게 하는 예수님의 몸 된 교회가 되려면 성부 하나님의 아들이 되어야 하고 성령 하나님의 인침과 보증이 있어야 하는 것이다. 이것이 에베소서 1장의 주제이다.

교회는 성부 하나님의 창세전의 예정과 택함을 받은 자
에베소서 1장에서는 먼저 교회는 성부 하나님께서 창세전에 예정하시고 택하신 거룩하고 흠이 없는 하나님의 아들들이다. 그리고 그 이유는 거저 주시는 하나님의 은혜의 영광을 찬송하기 위함이다.

"찬송하리로다 하나님 곧 우리 주 예수 그리스도의 아버지께서 그리스도 안에서 하늘에 속한 모든 신령한 복으로 우리에게 복 주시되 곧 창세 전에 그리스도 안에서 우리를 택하사 우리로 사랑 안에서 그 앞에 거룩하고 흠이 없게 하시려고 그 기쁘신 뜻대로 우리를 예정하사 예수 그리스도로 말미암아 자기의 아들들이 되게 하셨으니 이는 그의 사랑하시는 자 안에서 우리에게 거저 주시는 바 그의 은혜의 영광을 찬미하게 하려는 것이라"(엡1:3-6)

교회는 성자 예수님의 피로 구속함을(소유권) 얻은 자

교회는 성자 예수님의 피를 통해 구속 곧 죄 사함을 받은 사람으로 하늘에 있는 것이나 땅에 있는 것들이 통일되게 하려고 하신 것이다.

"우리가 그리스도 안에서 그의 은혜의 풍성함을 따라 그의 피로 말미암아 구속 곧 죄 사함을 받았으니 이는 그가 모든 지혜와 총명으로 우리에게 넘치게 하사 그 뜻의 비밀을 우리에게 알리셨으니 곧 그 기쁘심을 따라 그리스도 안에서 때가 찬 경륜을 위하여 예정하신 것이니 하늘에 있는 것이나 땅에 있는 것이 다 그리스도 안에서 통일되게 하려 하심이라 모든 일을 그 마음의 원대로 역사하시는 자의 뜻을 따라 우리가 예정을 입어 그 안에서 기업이 되었으니 이는 그리스도 안에서 전부터 바라던 우리로 그의 영광의 찬송이 되게 하려 하심이라"(엡1:7-12)

교회는 성령 하나님의 인침과 보증을 받은 자

교회는 성령 하나님의 인침과 보증을 통해 하나님 나라에 기업의 보증된 사람들이다. "그 안에서 너희도 진리의 말씀 곧 너희의 구원의 복음을 듣고 그 안에서 또한 믿어 약속의 성령으로 인치심을 받았으니 이는 우리의 기업에 보증이 되사 그 얻으신 것을 구속하시고 그의 영광을 찬미하게 하려 하심이라"(엡1:13-14)

교회는 예수님의 몸으로 만물을 충만하게 하는 충만

"또 만물을 그 발아래 복종하게 하시고 그를 만물 위에 교회의 머리

로 주셨느니라 교회는 그의 몸이니 만물 안에서 만물을 충만케 하시는 자의 충만이니라"(엡1:22-23)

이렇게 성 삼위 하나님으로부터 은총을 입은 예수님의 몸 된 교회는 모든 이름위에 뛰어난 예수님의 이름으로 만물을 충만하게 한다. 이는 아담이 잃어버린 만유 통치를 다시 회복하는 것이 예수님의 교회이다. 이는 예수님의 교회인 새 예루살렘이 통치할 천년왕국을 말한다.

2. 창세전부터 감춰진 교회

"이것을 읽으면 그리스도의 비밀을 내가 깨달은 것을 너희가 알 수 있으리라 이제 그의 거룩한 사도들과 선지자들에게 성령으로 나타내신것 같이 다른 세대에서는 사람의 아들들에게 알게 하지 아니하셨으니 이는 이방인들이 복음으로 말미암아 그리스도 예수 안에서 함께 후사가 되고 함께 지체가 되고 함께 약속에 참예하는 자가 됨이라 이 복음을 위하여 그의 능력이 역사하시는 대로 내게 주신 하나님의 은혜의 선물을 따라 내가 일군이 되었노라 모든 성도 중에 지극히 작은 자보다 더 작은 나에게 이 은혜를 주신 것은 측량할 수 없는 그리스도의 풍성을 이방인에게 전하게 하시고 영원부터 만물을 창조하신 하나님 속에 감추었던 비밀의 경륜이 어떠한 것을 드러내게 하려 하심이라 이는 이제 교회로 말미암아 하늘에서 정사와 권세들에게 하나님의 각종 지혜를 알게 하려 하심이니 곧 영원부터 우리 주 그리스도 예수 안에서 예정하신 뜻대로 하신 것이라"(엡3:4-11)

사도 바울은 교회의 비밀을 말하면서 교회는 영원 전부터 만물을 창조하신 하나님 속에 감추었던 비밀의 경륜이라고 하였다. 이는 교회로 하여금 정사와 권세들에게 하나님의 각종 지혜를 알게 하심이라고 하였다. 그런데 이 비밀이 다른 세대에서는 하나님의 아들들에게 알게 하지 아니하셨으나 이방인들에게는 이 비밀을 가르쳐 주셔서 영원 전부터 감추었던 비밀의 경륜을 알게 하신 것이다. 이는 이방인들이 예수 안에서 먼저 부름을 받은 이스라엘과 함께 후사가 되고 지체가 되고 함께 약속에 참예한 자가 되게 하신 것이다.

하나님의 구속사는 교회를 아는 것

교회는 이처럼 하나님께서 영원 전부터 감추어 오셨던 비밀이다. 그런데 예수님을 통해서 이방인들에게 나타난 것이다. 마가의 다락방에서 시작된 교회 시대는 땅 끝까지 복음이 증거 되면서 끝이 난다. 그렇게 되면 교회 시대가 마감을 하고 이스라엘의 시대가 다시 온다 이것이 마지막 7년이란 한 이레이다.

성경에 나타난 종말의 심판의 주제는 교회이다. 그러므로 교회를 모르면 심판 자체를 모르는 것이다. 교회를 모르면 알곡 자체를 모른다. 교회라는 비밀을 알아야 요한 계시록의 심판을 이해하고 설명할 수 있다. 교회를 모르면 요한 계시록을 절대로 주제 파악조차 할 수 없다. 창세기 1장 에덴에서부터 요한 계시록 22장 새 예루살렘과 새 하늘과 새 땅까지의 모든 기사는 교회에 대한 기록이다. 남북 왕조 역사도 역시 교회의 그림자이다. 바벨론 70년 포로 역사도 교회에 대한 것이다. 노아의 구원 받은 가족이나 아브라함을 통해 부름을 받은 택한 백성들 모두 교회를 만들어 가신 하나님의 섭리이다. 에덴동산에서의 아담과 하와의 타락과 심판은 예수님과 교회에 대한 이야기이다.

3. 창세전부터 꿈꾸던 교회

하나님께서는 창세전에 교회에게 신령한 모든 복을 주셨다. 하나님께서는 창세전에 그리스도 예수 안에서 교회를 예정하시고 택하셨다. 하나님은 교회를 창세전에 그리스도 예수 안에서 거룩하고 흠이 없는 아들로 예정 하셨다. 하나님께서는 창세전에 직접 교회를 온전케 하셨다. 그렇게 하신 이유는 단 하나이다. 거저 주시는 하나님의 은혜를 교회로 하여금 찬송하게 하는 것이다.

교회는 창세전부터 하나님께서 꿈꾸어 오신 꿈이다. 만대로부터 하나님은 자기의 아들 예수님의 신부를 꿈꾸어 오셨다. 그리고 그 계획을 이루셨다. 에덴동산의 아담과 하와부터 요한 계시록의 예수님과 새 예루살렘이다.

"찬송하리로다 하나님 곧 우리 주 예수 그리스도의 아버지께서 그리스도 안에서 하늘에 속한 모든 신령한 복으로 우리에게 복 주시되 곧 창세전에 그리스도 안에서 우리를 택하사 우리로 사랑 안에서 그 앞에 거룩하고 흠이 없게 하시려고 그 기쁘신 뜻대로 우리를 예정하사 예수 그리스도로 말미암아 자기의 아들들이 되게 하셨으니 이는 그의 사랑하시는 자 안에서 우리에게 거저 주시는 바 그의 은혜의 영광을 찬미하게 하려는 것이라"(엡1:3-6)

사도 바울은 그리스도의 남은 고난을 그의 몸 된 교회를 위하여 자신의 몸에 채우고 있다. 왜냐하면 바울은 교회를 박해하다가 예수님의 사도로 부르심을 입었다. 다메섹 도상에서 바울은 사울아 사울아 네가 왜 나를 핍박하느냐고 물으신 예수님의 질문에서 그는 교회의 비밀을 깨달았다. 예수 믿는 성도를 핍박하는 것은 바로 예수님을 핍박하는 것이고 예수믿는 성도를 사랑하는 것은 곧 예수님을 사랑하는 것임을 알았다. 그때부터 바울은 죽으나 사나 교회를 위해 살았던 것이다.

교회는 예수 믿고 구원 받은 한 사람이 하나의 세포가 되어 구원 받은 모든 성도들이 한 몸을 이룰 때 교회는 완성된다. 교회의 비밀은 한 사람이 전부이면서 교회 전체가 전부인 것이다. 그러므로 교회인 나 한 사람의 온전함이 없이는 교회 전체의 온전함도 없다. 그래서 예수님은 구원 받은 성도 한 사람의 가치는 천하보다 귀하다고 하셨다. 당신의 가치가 천하보다 귀한 것을 아는가? 예수님은 당신을 온전한 예수님으로 완성하시고 계신 것을 아는가? 사도 바울이 각 사람에게 복음을 전하고 각 사람을 가르치고 각 사람을 권하는 목적이 각 사람을 그리스도 안에서 완전한 사람으로 세우기 위함이었다. 이것은 사도 바울이 원하는 것이 아니라 사도 바울 속에 계신 예수님의 소원이셨다. 바로 창세전에 하나님께서 꿈꾸어 오신 꿈이었다.

"내가 이제 너희를 위하여 받는 괴로움을 기뻐하고 그리스도의 남은 고난을 그의 몸된 교회를 위하여 내 육체에 채우노라 내가 교회 일군 된 것은 하나님이 너희를 위하여 내게 주신 경륜을 따라 하나님의 말씀을 이루려 함이니라 이 비밀은 만세와 만대로부터 옴으로 감추었던 것인데 이제는 그의 성도들에게 나타났고 하나님이 그들로 하여금 이 비밀의 영광이 이방인 가운데 어떻게 풍성한 것을 알게 하려 하심이라 이 비밀은 너희 안에 계신 그리스도시니 곧 영광의 소망이니라 우리가 그를 전파하여 각 사람을 권하고 모든 지혜로 각 사람을 가르침은 각 사람을 그리스도 안에서 완전한 자로 세우려 함이니 이를 위하여 나도 내 속에서 능력으로 역사하시는 이의 역사를 따라 힘을 다하여 수고하노라"(골1:24-29)

4. 에덴의 교회

에덴의 교회는 하나님께서 아담이 독처하는 것이 좋아 보이지 않아서 하와를 창조 하시는 과정에서 나타난다. 하나님은 아담을 잠들게 한 후 갈비뼈 하나를 취하여 살로 채우시고 아담을 깨워 하와를 주신다. 아담은 하와를 보고 이는 내 뼈 중에 뼈요 내 살 중의 살이라고 고백을 한다. 이 고백은 하와가 아담의 소유물이란 사실을 고백하는 것이다. 이것이 바로 대속의 원리이다. 대속이란 값 주고 사서 내 소유로 삼았다는 뜻이다. 이 고백을 들으신 하나님께서는 남자가 부모를 떠나 자기 아내와 한 몸을 이루라고 하셨다. 새로운 독립된 가족을 이루라는 것이다.

이것은 이미 하나님 속에 감춰진 비밀이셨다. 예수님이 독처하는 것이 좋아 보이지 않아서 하나님은 만세와 만대로부터 그의 아들 예수님의 신부를 꿈꾸며 생각해 오셨던 것이다. 1차적으로 아담을 통해 구속의 역사를 시작했지만 아담의 실패로 끝날 때 하나님은 둘째 아담인 예수님을 보내 주셔서 새로운 신부인 교회를 만드셔서 새로운 에덴인 새 하늘과 새 땅을 다스리게 하신 것이다.

"여호와 하나님이 가라사대 사람의 독처하는 것이 좋지 못하니 내가 그를 위하여 돕는 배필을 지으리라 하시니라 여호와 하나님이 흙으로 각종 들짐승과 공중의 각종 새를 지으시고 아담이 어떻게 이름을 짓나 보시려고 그것들을 그에게로 이끌어 이르시니 아담이 각 생물을 일컫는 바가 곧 그 이름이라 아담이 모든 육축과 공중의 새와 들의 모든 짐승에게 이름을 주니라 아담이 돕는 배필이 없으므로 여호와 하나님이 아담을 깊이 잠들게 하시니 잠들매 그가 그 갈빗대 하나를 취하고 살로 대신 채우시고 여호와 하나님이 아담에게서 취하신 그 갈빗대로 여자를 만드시고 그를 아담에게로 이끌어 오시니 아담이 가로되 이는 내 뼈 중의 뼈요 살 중의 살이라 이것을 남자에게서 취하였은즉 여자라 칭하리라 하니라 이러므로 남자가 부모를 떠나 그 아내와 연합하여 둘이 한 몸을 이룰찌로다"(창2:18-24)

5. 이스라엘의 교회

시내산의 결혼 언약

시내 산에서 모세를 통해 하나님과 이스라엘이 맺은 율법의 언약은 시내 산의 혼인 언약이었다. 에덴에서의 혼인 언약은 아담과 하와를 통해 이루어졌다. 시내 산에서의 혼인 언약은 이스라엘과 여호와 하나님 사이에서 이루어졌다. 여호와께서는 이스라엘과 혼인 언약을 맺으시면서 그들이 이 언약을 잘 지키면 여호와의 소유가 될 것을 말씀하셨다. 여호와의 소유가 된다는 것은 하와가 아담의 소유가 됨으로 아담과 하와가 한 몸을 이루어 부부가 되는 것과 같은 의미이다.

"세계가 다 내게 속하였나니 너희가 내 말을 잘 듣고 내 언약을 지키면 너희는 열국 중에서 내 소유가 되겠고 너희가 내게 대하여 제사장 나라가 되며 거룩한 백성이 되리라 너는 이 말을 이스라엘 자손에게 고할찌니라"(출19:5-6)

여호와 남편의 언약을 버린 이스라엘을 고발한 예레미야

예레미야 선지자는 이스라엘이 애굽에서 나올 때 시내산에서 맺은 여호와와 혼인 언약을 파하였다고 고발을 한다. 그러면서 이제 바벨론에서 돌아 올 때는 새로운 언약을 맺을 것을 말씀 하신다. 옛 시내 산의 혼인 언약은 돌 판에 새긴 언약이었지만 바벨론에서 돌아 올 때 맺은 새 언약은 마음 판에 새길 것을 말씀 하신다. 실제로 신약의 성령의 언약은 이미 바벨론 포로에서 돌아올 때 이스라엘 백성들에게 주어진 약속이다. 이는 성령의 인침을 통한 언약이다. 마가의 다락방에 강림 하신 성령의 언약이다. 사도 요한은 이것을 성령의 기름 부으심이라고 하였고 거듭남이라고 하였다.

"나 여호와가 말하노라 보라 날이 이르리니 내가 이스라엘 집과 유다 집에 새 언약을 세우리라 나 여호와가 말하노라 이 언약은 내가 그들의 열조의 손을 잡고 애굽 땅에서 인도하여 내던 날에 세운 것과 같지 아니할 것은 내가 그들의 남편이 되었어도 그들이 내 언약을 파하였음이니라 나 여호와가 말하노라 그러나 그 날 후에 내가 이스라엘 집에 세울 언약은 이러하니 곧 내가 나의 법을 그들의 속에 두며 그 마음에 기록하여 나는 그들의 하나님이 되고 그들은 내 백성이 될 것이라 그들이 다시는 각기 이웃과 형제를 가리켜 이르기를 너는 여호와를 알라 하지 아니하리니 이는 작은 자로부터 큰 자까지 다 나를 앎이니라 내가 그들의 죄악을 사하고 다시는 그 죄를 기억지 아니하리라 여호와의 말이니라"(렘31:31-34)

여호와께서 예루살렘에게 장가든다

바벨론 포로 이후에 여호와께서 예루살렘에게 장가오신다. 이는 호세아 선지자를 통해서 고멜이란 창녀를 아내로 삼고 세 번이나 더러운 자식을 낳은 더러운 아내를 다시 아내로 맞이 하면서 고백한 여호와의 사랑 고백이다. 이는 70년 바벨론 포로 생활을 통해서 유다 자손들을 정결하게 하고 깨끗하게 하여 다시 아내로 맞이 하시겠다는 고백이다. 그때는 예루살렘이 여호와를 향해 바알이라고 부르지 않고 남편 곧 자기라고 부른다. 그때는 여호와는 하늘에 응하고 하늘은 땅에 응하고 땅은 곡식과 포도주와 기름에 응한다. 공중의 새와 곤충으로 언약을 세운다. 이는 만물이 새롭게 된다. 예수님께서 오셔서 세우실 천년왕국에 대한 예언이다.

"그러므로 내가 저를 개유하여 거친 들로 데리고 가서 말로 위로하고 거기서 비로소 저의 포도원을 저에게 주고 아골 골짜기로 소망의 문을 삼아 주리니 저가 거기서 응대하기를 어렸을 때와 애굽 땅에서 올라 오던 날과 같이 하리라 여호와께서 이르시되 그 날에 네가 나를 내 남편이라 일컫고 다시는 내 바알이라 일컫지 아니하리라 내가 바알들의 이름을 저의 입에서 제하여 다시는 그 이름을 기억하여 일컬음이 없게 하리라 그 날에는 내가 저희를 위하여 들짐승과 공중의 새와 땅의 곤충으로 더불어 언약을 세우며 또 이 땅에서 활과 칼을 꺾어 전쟁을 없이 하고 저희로 평안히 눕게 하리라 내가 네게 장가들어 영원히 살되 의와 공변됨과 은총과 긍휼히 여김으로 네게 장가들며 진실함으로 네게 장가들리니 네가 여호와를 알리라 여호와께서 가라사대 그 날에 내가 응하리라 나는 하늘에 응하고 하늘은 땅에 응하고 땅은 곡식과 포도주와 기름에 응하고 또 이것들은 이스르엘에 응하리라 내가 나를 위하여 저를 이 땅에 심고 긍휼히 여김을 받지 못하였던 자를 긍휼히 여기며 내 백성 아니었던 자에게 향하여 이르기를 너는 내 백성이라 하리니 저희는 이르기를 주는 내 하나님이시라 하리라"(호2:14-23)

미래의 아름다운 예루살렘

이사야 선지자는 미래의 아름다운 예루살렘을 노래하고 있다. 이는 바벨론 포로에서 돌아 올 때 일어나는 예루살렘의 변화이다. 예루살렘은 각종 보석으로 단장한 신부가 된다. 그리고 그 안에서 자라나는 자녀들은 행복하고 아름다운 기업을 얻는다. 그동안 광풍에 요동하며 안위를 받지 못하고 제국들에 의해서 고난을 받아온 예루살렘이 새롭게 태어난다. 요한 계시록에 12 보석으로 단장한 새 예루살렘의 모형이기도 하다. 이제 새롭게 변화된 예루살렘을 흔들 수 있는 나라는 세상에 없다. 왜냐하면 여호와가 예루살렘의 남편이 되었기 때문이다.

"너 곤고하며 광풍에 요동하여 안위를 받지 못한 자여 보라 내가 화려한 채색으로 네 돌 사이에 더하며 청옥으로 네 기초를 쌓으며 홍보석으로 네 성첩을 지으며 석류석으로 네 성문을 만들고 네 지경을 다 보석으로 꾸밀 것이며 네 모든 자녀는 여호와의 교훈을 받을 것이니 네 자녀는 크게 평강할 것이며 너는 의로 설 것이며 학대가 네게서 멀어질 것인즉 네가 두려워 아니할 것이며 공포 그것도 너를 가까이 못할 것이라 그들이 모일찌라도 나로 말미암지 아니한 것이니 누구든지 모여 너를 치는 자는 너를 인하여 패망하리라 숯불을 불어서 자기가 쓸만한 기계를 제조하는 장인도 내가 창조하였고 파괴하며 진멸하는 자도 내가 창조하였은즉 무릇 너를 치려고 제조된 기계가 날카롭지 못할 것이라 무릇 일어나 너를 대적하여 송사하는 혀는 네게 정죄를 당하리니 이는 여호와의 종들의 기업이요 이는 그들이 내게서 얻은 의니라 여호와의 말이니라"(사54:11-17)

6. 신약의 교회

한 새 사람인 교회

신약의 교회는 이방인들을 중심으로 선민인 이스라엘이 하나 된 교회를 말한다. 이를 한 새 사람이라고 하였다. 이스라엘과 이방인들이 함께 지어져 가는 성전이다. 신약의 교회는 예수님의 피로 하나 된 교회이다. 더 이상 이방인이라고 외인이 아니다. 이스라엘이라고 선민이 아니다. 사도와 선지자들의 터 위에 세움을 입은 한 새 사람이다. 이스라엘과 이방인이 예수님의 십자가를 통해 하나가 된 비밀이다.

"그 때에 너희는 그리스도 밖에 있었고 이스라엘 나라 밖의 사람이라 약속의 언약들에 대하여 외인이요 세상에서 소망이 없고 하나님도 없는 자이더니 이제는 전에 멀리 있던 너희가 그리스도 예수 안에서 그리스도의 피로 가까와졌느니라 그는 우리의 화평이신지라 둘로 하나를 만드사 중간에 막힌 담을 허시고 원수 된 것 곧 의문에 속한 계명의 율법을 자기 육체로 폐하셨으니 이는 이 둘로 자기의 안에서 한 새 사람을 지어 화평하게 하시고 또 십자가로 이 둘을 한 몸으로 하나님과 화목하게 하려 하심이라 원수 된것을 십자가로 소멸하시고 또 오셔서 먼데 있는 너희에게 평안을 전하고 가까운데 있는 자들에게 평안을 전하셨으니 이는 저로 말미암아 우리 둘이 한 성령 안에서 아버지께 나아감을 얻게 하려 하심이라그러므로 이제부터 너희가 외인도 아니요 손도 아니요 오직 성도들과 동일한 시민이요 하나님의 권속이라 너희는 사도들과 선지자들의 터 위에 세우심을 입은 자라 그리스도 예수께서 친히 모퉁이 돌이 되셨느니라 그의 안에서 건물마다 서로 연결하여 주 안에서 성전이 되어가고 너희도 성령 안에서 하나님의 거하실 처소가 되기 위하여 예수 안에서 함께 지어져 가느니라"(엡2:12-22)

세상의 모든 민족들이 하나 된 교회

신약의 교회는 예수님 안에서 지식에까지 새롭게 된 피조물들이다. 민족이나 피부색이나 인종이나 나라간의 차별이 없다. 하늘과 땅의 모든 권세를 가지고 만유의 주되신 예수님 안에 있는 자들이다. 이들은 지식에까지 새롭게 된 자들이다.

"너희가 서로 거짓말을 하지 말라 옛 사람과 그 행위를 벗어 버리고 새 사람을 입었으니 이는 자기를 창조하신 이의 형상을 따라 지식에까지 새롭게 하심을 입은 자니라 거기에는 헬라인이나 유대인이나 할례파나 무할례파나 야만인이나 스구디아인이나 종이나 자유인이 차별이 있을 수 없나니 오직 그리스도는 만유시요 만유 안에 계시니라"(골3:9-11)

7. 천년왕국의 교회

새 예루살렘 교회

천년 왕국 교회는 새 예루살렘이다. 새 예루살렘은 마가의 다락방에 성령이 강림 하신 후 땅끝까지 복음이 증거 되는 가운데 구원을 받은 성도들을 통해 하늘에서 예수님께서 친히 지으신 예수님의 신부이다. 영적인 교회이다. 예수님은 제자들에게 십자가에서 죽으신 후 아버지께로 가서 제자들을 위해 처소를 예비하신다고 하셨다. 그 처소가 완성이 된 새 예루살렘이다. 새 예루살렘은 하늘에서 예수님께서 지으셔서 천년왕국이 시작될 때 하늘에서 새 하늘과 새 땅으로 내려온다. 그리고 예수님과 교회는 새 예루살렘을 통해서 천년왕국을 다스리게 되는 것이다. 에덴동산에서 아담과 하와가 실패한 통치를 이제 교회와 예수님이 새로운 에덴인 새 예루살렘에서 천년왕국을 통치하는 것이다.

"또 내가 새 하늘과 새 땅을 보니 처음 하늘과 처음 땅이 없어졌고 바다도 다시 있지 않더라 또 내가 보매 거룩한 성 새 예루살렘이 하나님께로부터 하늘에서 내려오니 그 예비한 것이 신부가 남편을 위하여 단장한 것 같더라 내가 들으니 보좌에서 큰 음성이 나서 가로되 보라 하나님의 장막이 사람들과 함께 있으매 하나님이 저희와 함께 거하시리니 저희는 하나님의 백성이 되고 하나님은 친히 저희와 함께 계셔서 모든 눈물을 그 눈에서 씻기시매 다시 사망이 없고 애통하는 것이나 곡하는 것이나 아픈 것이 다시 있지 아니하리니 처음 것들이 다 지나갔음이러라 보좌에 앉으신 이가 가라사대 보라 내가 만물을 새롭게 하노라 하시고 또 가라사대 이 말은 신실하고 참되니 기록하라 하시고 또 내게 말씀하시되 이루었도다 나는 알파와 오메가요 처음과 나중이라 내가 생명수 샘물로 목마른 자에게 값 없이 주리니 이기는 자는 이것들을 유업으로 얻으리라 나는 저의 하나님이 되고 그는 내 아들이 되리라"(계21:1-7)

12보석으로 단장한 새 예루살렘

일곱 재앙을 담은 일곱 천사중 하나가 어린 양의 아내를 보여 주고 있다. 그 성의 빛이 지극히 귀한 보석 같고 벽옥과 수정 같이 맑았다. 크고 높은 성곽이 있고 열 두 문이 있다.

열 두 문에는 열 두 지파 이름들이 있다. 열 두 기초 석에는 신약의 열 두 사도들의 이름이 있다. 예수님의 신부인 새 예루살렘이 구원 받은 이스라엘과 이방인들로 이루어졌음을 알 수 있다. 열 두 보석을 단장을 하고 있는데 이는 구약의 대제사장 가슴에 있는 에봇에 붙어 있는 열 두 보석과 같다. 이는 완성된 교회인 새 예루살렘이 왕 같은 대제사장이 되어 천년왕국을 통치하려는 것이다. 새 예루살렘에는 성전이 없다. 왜냐하면 전능하신 이와 어린양이 그 성전이 되시기 때문이다. 해와 달의 빛이 필요 없다. 왜냐하면 하나님의 영광이 비취고 어린 양이 등이 되시기 때문이다. 에베소서에서 언급한 것처럼 교회는 하나님의 영광의 찬송이 된 것이다.

"일곱 대접을 가지고 마지막 일곱 재앙을 담은 일곱 천사중 하나가 나아와서 내게 말하여 가로되 이리 오라 내가 신부 곧 어린 양의 아내를 네게 보이리라 하고 성령으로 나를 데리고 크고 높은 산으로 올라가 하나님께로부터 하늘에서 내려오는 거룩한 성 예루살렘을 보이니 하나님의 영광이 있으매 그 성의 빛이 지극히 귀한 보석 같고 벽옥과 수정 같이 맑더라 크고 높은 성곽이 있고 열 두 문이 있는데 문에 열 두 천사가 있고 그 문들 위에 이름을 썼으니 이스라엘 자손 열 두 지파의 이름들이라 동편에 세 문, 북편에 세 문, 남편에 세 문, 서편에 세 문이니 그 성에 성곽은 열 두 기초석이 있고 그 위에 어린 양의 십이 사도의 열 두 이름이 있더라 내게 말하는 자가 그 성과 그 문들과 성곽을 척량하려고 금 갈대를 가졌더라 그 성은 네모가 반듯하여 장광이 같은지라 그 갈대로 그 성을 척량하니 일만 이천 스다디온이요 장과 광과 고가 같더라 그 성곽을 척량하매 일백 사십 사 규빗이니 사람의 척량 곧 천사의 척량이라 그 성곽은 벽옥으로 쌓였고 그 성은 정금인데 맑은 유리 같더라 그 성의 성곽의 기초석은 각색 보석으로 꾸몄는데 첫째 기초 석은 벽옥이요 둘째는 남보석이요 세째는 옥수요 네째는 녹보석이요 다섯째는 홍마노요 여섯째는 홍보석이요 일곱째는 황옥이요 여덟째는 녹옥이요 아홉째는 담황옥이요 열째는 비취옥이요 열 한째는 청옥이요 열 둘째는 자정이라 그 열 두 문은 열 두 진주니 문마다 한 진주요 성의 길은 맑은 유리 같은 정금이더라 성안에 성전을 내가 보지 못하였으니 이는 주 하나님 곧 전능하신 이와 및 어린 양이 그 성전이심이라 그 성은 해나 달의 비췸이 쓸데 없으니 이는 하나님의 영광이 비취고 어린 양이 그 등이 되심이라 만국이 그 빛 가운데로 다니고 땅의 왕들이 자기 영광을 가지고 그리로 들어오리라 성문들을 낮에 도무지 닫지 아니하리니 거기는 밤이 없음이라(계 21:9-25)

제5장 미래를 알아야 한다

1. 코로나 19를 통해 준비된 리셋(The Great Reset)

　코로나 바이러스는 20년 전부터 준비된 팬데믹이다. 지구촌은 76억의 인구가 살고 있다. 이들이 날마다 만들어 내는 쓰레기와 오물들은 지구 전체를 망가뜨리고 있다. 급기야 지구촌에 인간이 더 이상 존재할 수 없는 위험 수위에 다다르게 된 것이다. 이로 인하여 지구촌은 이상 기후와 각종 재난에 위기를 맞이하고 있다. 통계에 의하면 1975년 로마 클럽이 보고한 지구촌의 생명은 25년 남았다. 그런데 22년이 더 지나고 있다. 지구촌을 운영하는 엘리트 인간들은 고심 끝에 지구촌에 인간이 존재하는 방법을 만들었다. 이것이 비밀 결사 장미 십자단이 1979년에 만든 미국 조지아 가이드 스톤에 있는 10계명이다. 첫 계명이 지구촌의 인구를 5억으로 줄이라고 하였다. 지구촌의 인간이 살아갈 수 있는 최적의 인구가 5억이란 것이다.
　지구촌의 인구를 줄여야 하는 또 하나의 명제가 있다. 제 4차 산업 혁명이다. 제 4차 산업 혁명은 AI 인공지능, 로봇, 드론, 자동화 시스템이다. 그동안 사람들이 해야 했던 생산, 운송, 경영, 평가, 계획, 운영, 교육 등의 모든 분야를 AI 인공지능을 가진 알고리즘과 로봇들의 프로그램을 통해서 다 해낼 수 있는 세상이 된 것이다. 그러므로 자연스럽게 사람들이 쓸모 없는 세상이 도래한 것이다. 이와 같은 환경에서 인류가 지구촌에 살아남기 위해 리셋을 준비하게 된 것이다.

그렇다면 리셋이란 무엇인가? 컴퓨터 초기화를 의미한다. 그동안 써 왔던 모든 프로그램이나 저장된 내용들을 모두 지우고 새롭게 시작하는 용어이다. 이것을 천지개벽이라고 한다. 세상을 다시 시작한다는 뜻이다. 이것을 신세계질서 라고 한다. 그동안 살아온 질서를 구질서(Old Order)라고 한다면 신세계질서는 신질서(New Order)라는 것이다. 인구를 90% 이상 제거한 후 새로운 세상을 만드는 것이다. 이것이 2015년 유엔 설립 70주년 총회에서 채택된 2030년 어젠다이다. 즉 2030년까지 지구촌에 세워질 신세계질서이다.

코로나 19 팬데믹의 가장 큰 목적은 지구촌을 리셋하는 것이다. 정치를 리셋하여 국가를 사라지게 한다. 경제를 리셋하여 자본주의 세상을 끝내고 전자화폐를 통해 나눠주는 공산주의 세상을 만드는 것이다. 종교를 리셋하여 하나의 종교로 통합을 하고, 가정을 리셋하여 해체시키는 것이다. 직장과 학교를 해체시켜 메타버스 속으로 들어가게 한다. 인구는 90% 이상 제거하여 5억의 인구로 지상 유토피아를 세운다. 이것이 코로나 19 팬데믹을 통한 리셋이다.

2. 코로나 팬데믹-기아 팬데믹-전쟁 팬데믹

코로나 팬데믹은 가장 먼저 경제 시스템을 락 다운시켜 세계 경제를 주저 앉게 하는 것이다. 다국적 기업만 남기고 모든 자영업자와 개인 기업들을 사라지게 하는 것이다. 그 다음으로 일어날 일은 기아 팬데믹이다. 전 세계적으로 유통과정이 파괴되어 소통이 이루어지지 않으므로 스테그인플레이션이 일어난다. 락 다운의 경제를 유지시키기 위해 시중에 풀린 양적완화는 부동산이나 주식이나 가상화폐를 폭등시켜 투기의 세상을 만든다. 인플레이션을 잡겠다고 금리를 올리면 개인 기업이나 자영업자들은 빚더미에 앉고 다시는 일어 설 수 없는 지경으로 떨어지면 그때부터 기아 팬데믹이 시작된다. 경제적인 위기가 이제 정치적인 위기로 변해 폭동과 약탈 폭력들이 등장 한다. 이것을 막기 위해 경찰이나 군대가 동원되는 가운데 은행들이 파산을 하고 국가부도가 속출하고 전쟁이 일어난다. 이렇게 해서 인종 청소가 되고 구질서가 마감이 된다. 그 후 새로운 세상이 시작 된다. 신세계질서이다. 이것을 위해 지금 지구촌에서는 무서운 일들이 일어나고 있는 것이다.

3. 3차 세계대전과 인종청소를 통한 하나님의 심판

하나님께서는 복음이 땅 끝까지 증거 되고 구원 받은 수가 차면 예수님께서 재림 하셔서 세상을 심판하시고 새로운 나라를 세우신다. 천년왕국이다. 이것을 최후의 심판이라 하셨다.

이 때가 되면 세상은 죄악이 관영하게 되어 악마주의가 판을 치는 세상이 된다. 사람들이 짐승화 되고 동물화 된다. 그래서 하나님께서 심판을 행하시는 것이다. 코로나 19를 통해 일어난 지구촌의 리셋은 하나님의 심판이다. 복음을 거역한 자들에 대한 심판이다. 포악하고 악독한 자들에 대한 심판이다. 우상숭배하고 간음하고 속이고 빼앗았던 모든 것들에 대한 심판이다. 인종 청소는 코로나 백신을 통해 이루어진다. 인종 청소는 제 3차 세계 대전을 통해 이루어진다. 코로나 백신은 사람을 통제하고 청소하기 위해 사람들의 몸속에 더러운 유전자들과 나노 로봇을 주입시킨다. 그래서 서서히 죽어가게 한다. 그리고 유사시에 수많은 사람들을 한 가지 방법이나 여러 가지 방법으로 죽이고 통제할 수 있다.

미국 CNN 방송에서는 미국 CDC 질병관리청과 국토 안보부에서 만든 좀비 프로젝트에 대한 대비책을 소개하였다. 이미 미국 CDC 질병관리청과 국토 안보부에서는 미래에 있을 좀비들의 공격에 대한 대비책을 만들었다는 것이다. 이것을 심각하게 소개하고 대비한 내용들인데 과연 CDC 관리청이나 국토 안보부에서 만든 좀비들의 공격에 대비한 프로젝트 근거는 과연 무엇일까? 그들은 어떻게 좀비들의 공격을 알았는가에 대한 의문이다. 이미 그들이 좀비들의 공격을 알았다면 좀비들의 존재도 알았을 것이다.

무서운 것은 일본에서 2019년 1월에 만든 영화 하우스 키퍼에서는 코로나 19에 감염된 사람들이 모두 좀비가 되어서 건강한 사람들을 공격한다. 분명히 사람인데 DNA 유전자 검사를 해보니까 인간이 아닌 유해 인간이 되었다. 그래서 90% 사람들이 좀비 인간으로 살처분의 대상이 되었다. 과연 코로나 백신을 맞으면 좀비가 되는가? 많은 의사들과 과학자들이 유전자가 변경 되어 키메라와 같은 좀비 인간이 될 수 있다고 한다. 그리고 코로나 백신으로 사람들 몸 안에서 조립된 블루투스 넷트워크를 통해 사람들의 유전자와 뇌를 조종할 수 있다.

2022년에도 코로나는 끝나지 않을 것이다. 왜냐하면 생후 6개월에서 17세까지 어린 아이와 청소년들에게 백신을 심어야 하기 때문이다. 지금 유럽이나 미국에서는 오미크론 변종 코로나에 의해서 어린이들이 집중적으로 감염이 되고 있다. 이것은 이들에게 백신을 놓기 위한 작전이다. 그래서 언론은 이들에게 백신을 속히 맞춰줘야 한다고 선전을 한다. 점점 어린 아이와 청소년들에게 백신의 주입이 가까이 오고 있다. 청소년들의 백신 패스 적용 역시 그들에게 백신을 맞추기 위한 작전이다. 미국 트럼프의 주치의였던 블라디미르 젤렌코는 어린 아이들에게 백신을 놓는 것은 인신 공양이나 다름이 없다고 하였다. 제 3차 세계 대전이 일어나면 전쟁을 통해서 죽은 사람 보다 전염병과 백신을 통해 죽은 사람들이 더 많을 것이다.

4. 미국과 함께 망하는 구질서 세계(Old Order)

미국이란 나라는 템플 기사단(예수회)이 1307년 신세계질서를 꿈꾸고 세운 나라이다. 1516년 토마스 모어의 유토피아, 1627년 프란시스 베이컨의 뉴 아틀란티스는 모두 신대륙 미국에 대한 꿈들을 그린 소설이다. 1774년 5월1일 독일 예수회 신부 아담 바이스하우프트가 일루미나티를 창설하고 같은 해 1774년 7월 4일에 미국이 일루미나티 국가로 건국을 한다. 1871년 바티칸 교황청과 영국의 더 시티 오브 런던에 있는 은행가들에 의하여 남북전쟁에서 사용한 천문학적인 빚을 갚아 주는 조건으로 미국이란 국가의 주인이 이들에게 넘어갔다. 바티칸 예수회와 런던의 은행가들은 미국을 신세계질서를 일으켜 지구촌의 과학적 공산주의 유토피아를 만드는 기동 타격대 나라로 새롭게 정립을 했다. 바티칸과 더 시티 오브 런던의 사주를 받아 미국의 일루미나티는 세계 1, 2차 대전을 일으켜 승전국이 되고 세계를 정치적으로 경제적으로 지배하는 패권국가가 된다. 이제 세계 3차 대전을 일으켜 지구촌의 인구를 90% 줄이고 제 3유엔을 통해 2030년에 신세계질서를 완성하기 위해 코로나 바이러스를 퍼뜨려 ID 2020 작전을 시작했다. ID 2020작전은 블록체인 기술을 이용한 디지털 칩으로 전 세계인들에게 동일한 디지털 신분증을 갖게 하여 코로나 백신 패스와 전자화폐 시스템과 개인 여권이나 신분증을 포함한 모든 통제사회 시스템을 탑재시킨 세계정부의 디지털 칩이다.

일단 신세계질서를 세우기 위해 구시대 질서를 리셋 해야 한다. 그러기 위해 세계 패권국가인 미국의 질서를 무너뜨린 것이다. 이것이 일루미나티가 미국을 망하게 하는 정책들을 실행하고 있는 것이다. 허리케인, 산불, 미국의 우파 좌파의 첨예한 대립과 갈등, 미국 달러의 휴지화, 미국에서의 폭력과 약탈로 인한 내전 등이 준비되고 있다. 이렇게 되면 자연스럽게 세계질서는 무너지고 구시대는 사라지게 된다. 최종적으로 3차 대전을 통해 구시대를 마감하고 신세계질서를 시작하는 것이다. 그리고 난 후 미국이란 나라는 역사 저편으로 사라지고 미국이란 이름의 간판 대신 세계정부가 들어서게 되는 것이다.

1차 대전 후 공산화된 소련을 미국과 견줄 수 있는 G2국가로 만든 세력들이 미국의 일루미나티 은행가들이다. 2차 대전 후 소련을 대신하여 미국과 G2로 견줄 수 있는 카운터 펀치 대상 국가를 중국으로 바꿔 1978년 등소평 때부터 미국의 일루미나티와 은행가들은 매년 5000억불 이상의 무역 흑자를 중국에 넘겨주어 각종 우주개발기술과 최첨단 군사기술을 전수시켜 40년 만에 세계를 움직이는 정치, 경제, 군사 대국으로 만들었다. 겉으로 보면 트럼프 정부가 등장하면서 중국과 여러 가지 패권전쟁을 준비한 것 같지만 내부적으로는 같은 편이고 중국은 미국 일루미나티가 조정하는 꼭두각시 정부일 뿐이다. 그들이 겉으로 원하는 것은 패권전쟁이지만 그들이 진짜 노리는 것은 구질서를 리셋하고 새로운 공산주의 통제사회인 신세계질서를 세우는 것이다.

5. 중동 평화 조약과 7년 대환난 시작

바티칸 교황 프란치스코는 트럼프와 함께 아랍에미리트와 바레인과 이스라엘 사이에 평화협정을 맺게 하여 중동의 평화정책을 시작했다. 동시에 아부다비에 아브라함 집을 2022년 건축하여 종교통합을 시도하고 있다. 그리고 제 3성전 건축을 위해 기금을 모금하기 위해 아랍에미리트와 이스라엘의 평화협정 기념 메달을 만들어 150달러에 판매를 하고 있다. 이 메달에는 칼을 쳐서 보습을 만드는 그림과 이사야 2장 4절 말씀이 새겨져 있다.

"그가 열방 사이에 판단하시며 많은 백성을 판결하시리니 무리가 그 칼을 쳐서 보습을 만들고 그 창을 쳐서 낫을 만들 것이며 이 나라와 저 나라가 다시는 칼을 들고 서로 치지 아니하며 다시는 전쟁을 연습지 아니하리라"(사2:4)

이 말씀은 유엔 본부 벽에도 기록되어 있다. 유엔 본부 건물과 트럼프 타워 사이에 거대한 동상이 하나 서 있다. 칼을 쳐서 보습을 만드는 동상이다. 그런데 칼을 쳐서 보습을 만드는 사람이 바로 트럼프이다. 덴버 공항 벽화 그림에도 칼을 쳐서 보습을 만드는 그림이 있다. 그런데 그 어린 아이가 독일 제복을 입고 있는 트럼프이다. 트럼프는 일루미나티 세력들이 청년 때부터 미국의 우파 대통령으로 선발하였고 그가 미국 대통령으로 등장한 2016년 대통령 유세 때부터 딥 스테이트와 일루미나티 공산주의 세력들의 정체를 폭로하면서 미국은 갑작스럽게 좌파와 우파의 대결 장소로 변하고 말았는데 이것이 미국을 망하게 하는 일루미나티 세력들의 작전이다.

아직 트럼프의 정치 생명은 죽지 않고 미국 우파들 사이에 유일한 소망으로 남아 있다. 그는 백악관을 떠나면서 반드시 다시 돌아 올 것을 약속했다. 만일 트럼프가 다시 백악관에 돌아온다면 미국은 엄청난 소용돌이 속에서 무너져 갈 것이다. 그리고 세계질서는 새롭게 만들어질 것이다. 그때가 2025년이다. 다보스 포럼(WEF 세계경제포럼)

대표 회장인 클라우스 슈밥은 2025년을 티핑 포인트 해로 정하고 더 그레이트 리셋을(THE Great Reset) 준비하고 있다.

다니엘의 70이레 비밀에서 마지막 남은 1이레 즉 7년의 시작은 적그리스도와 이스라엘의 정치 지도자 사이에 평화조약이 만들어 질 때 시작된다. 그 평화 조약의 내용은 이스라엘이 예루살렘 동편 성전 산에 제 3성전을 건축하고 구약 제사를 드리게 하는 것이다. 이 평화 조약이 성립된 후 바로 제 3성전 건축이 시작되면서 인류의 최후의 심판의 7년의 카운트 다운이 시작되는 것이다.

적그리스도는 7년 중 전 삼년 반이 지날 때 평화협정 내용을 파괴한다. 그리고 지성소에 자기 우상을 세우고 배도를 한다. 전 세계 모든 사람들에게 짐승의 표를 찍으면서 그 표가 없는 사람들에게 매매를 못하게 하고 죽인다. 이것이 예수님께서 말씀하신 야곱의 대환난이다. 전 삼년 반 동안은 세계 종교 통합을 강제로 시행한 교황이 정치적인 지도자의 권력을 이용하여 종교 통합에 반대한 그리스도인들을 죽이게 된다.

6. 제 3 유엔과 함께 시작된 신세계질서(New World Order)

제 3차 세계 대전이 끝날 때 세계는 구질서가 사라지고 새로운 세상이 시작된다. 이것이 제 3유엔 적그리스도의 나라이다. 정치적으로 적그리스도가 통치하는 통제사회가 된다. 경제적으로 디지털 전자화폐 시스템이 작동하는 공산주의 세상이 된다. 스마트 시티 안에서 이루어지는 신세계질서는 양자 역학 AI 빅 데이터가 통치하는 전자동화 시스템이 작동하는 세상이다. 스마트 시티에 살기 위해 모든 사람은 양자 역학이 작동하는 AI 인공지능 빅 데이터와 연결되어야 한다. 그렇게 되면 사람은 AI 인공지능 빅 데이터 시스템이 작동하는 컴퓨터 단말기가 된다. 이것이 바로 짐승의 표인 666 시스템이다.

이런 세상에 사는 인간은 더 이상 인간이 아니다. 유발 하라리가 말한 호모 데오스 신인간이 되는 것이다. 더 이상 생노병사와 관계없는 인간이다. 우주 에너지와 자연 에너지로 연결된 인간이다. 루시퍼를 섬긴 일루미나티 세력들이 꿈꾸며 만들어 온 유토피아이고 뉴 아틀란티스이다. 뉴 에이지에서 말한 우주와 자연과 하나 된 신인간이다. 메시아닉 쥬에서 말한 재림 그리스도, 집합 그리스도, 한 새 사람이다. 종교 통합에서 말한 우주교회이다. 아브라함 카이퍼가 말한 문화대명령의 완성이다.

그런데 놀라운 것은 2030년에 세워질 유엔이 그런 나라이다. 2015년 70차 유엔 총회에서 결의한 지속개발가능목표 17 어젠다 169개의 기본 정책들이 완성이 되면 2030년에 과학적 공산주의 유토피아가 지구촌에 세워진다. 다보스 포럼 홈피에 기록된 2030년 광고에는 "개인 소유가 없다, 개인적인 프라이버시도 없다 그러나 지금까지 경험하지 못한 행복한 세계이다" 라는 내용이 있다. 개인 소유가 없다는 것은 공산주의 세상이 되는 것이다. 개인 프라이버시가 없다는 것은 그동안 인간의 가치를 부여했던 가족, 종교, 도덕, 윤리 등이 없다는 것이다, 단지 인간은 개개인이 하나의 기계나 짐승이나 동물처럼 되는 것이다. 프라이버시란 인간들에게만 있는 부끄러움과 다른 사람들과의 비교에서 나타난 스스로를 지키려는 가치관이다. 이것이 없는 세상에서 사는 인간은 도덕도 없고, 윤리도 없고, 부끄러움도 없고, 종교적인 아무런 가치 기준이 없어지는 것이다. 이것을 뉴 에이지 악마주의라고 한다.

7. 자본주의가 현금과 함께 사라진다

2022년은 코로나가 지속되어 생후 6개월에서 17세 어린이와 청소년들에게 백신을 심는 작전이 계속될 것이다. 그와 동시에 크고 작은 변종들이 나타난다. 그 결과 락 다운은 계속되어 급기야 경제의 중심축이 무너지면서 혼란의 시대가 시작된다. 코로나 팬데믹을 통해 세계 유통망은 이미 무너져서 자원들이 이동하는데 오랜 시간과 막대한 비용들이 추가되고 있다. 이는 전략적으로 자본주의 경제 숨통을 끊어버린 작전이다. 그동안 한없이 풀었던 양적완화가 중단되고 이미 시작된 인플레이션은 초인플레이션 시대로 접어든다. 시중에 있는 돈들은 각국의 중앙은행들이 금리를 올리므로 은행으로 회수를 한다. 시중에서는 현금이 말라가고 초인플레이션으로 살아가기가 점점 어려워지는 가운데 천재지변을 통한 지진, 홍수, 가뭄 등으로 점점 자원은 고갈된다. 그동안 투기를 통해 부풀렸던 부동산과 주식과 가상 화폐가 추락하면서 개인들이 파산을 하고 은행들이 파산을 하면서 종이 돈의 시장 경제가 무너진다. 곧 세계 기축통화인 달러 시스템이 붕괴되는 것이다. 심각한 경제 공항은 세계 도처에서 폭력과 약탈로 이어지다가 결국은 제 3차 세계 대전을 통해서 구질서는 리셋이 된다. 그리고 공산주의 통제사회인 전자 화폐 시대가 열리게 된다.

세계 경제포럼에서는 2025년을 티핑 포인트 해로 정하고 리셋을 추진하고 있다. 티핑 포인트란 백인이 사는 동네에 흑인이 20%가 되면 백인들이 동시에 사라진다는 뜻이다. 즉 리셋의 원리이다. 2025년에 리셋이 이루어진다는 것이다. 존스 홉킨스 프로젝트에 의하면 2025년부터 2028사이에 엄청난 인구가 사라진다. 코로나 백신의 효과를 통한 인구감축이다. 코로나 백신 속에 있는 수많은 독극물들이 3-5년 사이에 온 몸에 퍼져서 죽어가는 현상이 나타나는데 그 시작이 2025년이 되는 것이다.

2022년 3월까지 미국 중앙은행 연준에서는 양적완화인 테이퍼링을 끝내고 금리를 올릴 계획을 발표했다. 아무리 늦어도 2022년 6월부터는 금리가 조금씩 오르게 될 것이다. 2-3차례 금리가 더 올라갈 때 세계 국가의 중앙은행들은 자국의 경제를 지키려고 더 높은 금리를 올려서 자본의 유출을 막으려 하다가 결국은 경제가 파탄에 이르게 된다. 그래서 자본주의는 생명을 다하는 것이다. 이미 다보스 경제 포럼에서는 2012년 자본주의 사망 선고를 내렸다. 그리고 2016년 클라우스 슈밥은 자본주의를 대체시킬 제 4차 산업 혁명을 제창한 바 있다. 그가 완성시킬 자본주의를 대체시킬 새로운 경제 시스템을 2025년에 등장시키기 위해 코로나 19를 통해 본격적인 리셋을 강하게 추진하고 있는 것이다.

2022년은 세계 경제 중심축이 무너진다. 그리고 2023년부터 혼란

이 조금씩 가중 되다가 2024년에는 본격적인 붕괴가 시작되어 2025년에 자본주의 경제는 리셋되어 막을 내린다. 그동안 자본주의 세상에서 누렸던 개인 재산을 통한 활용은 매매를 중개한 종이돈이 사라짐으로 끝이난다.

8. ID 2020, 공산주의 세계정부의 디지털 신분증

이미 중국에서는 디지털 화폐제도를(CBDC) 완성하고 민간 암호화폐인 비트코인(USDT)를 금지 시킨 후 막대한 경제적인 영향력을 이용하여 전 세계를 상대로 통제사회 시스템을 확장 시키고 있다. 미국 연준에서도 2021년 1월 2년 안에 디지털 화폐를 사용할 수 있도록 준비하도록 하였다. 이미 중국과 유럽 연합은 디지털 화폐 사용 준비를 마쳤다.

2015년 70차 유엔 총회에서는 2030년 공산주의 세계정부를 세우기 위해 ID 2020 시스템을 결의한 바 있다. ID 2020 시스템은 유엔에서 2030년 세계 정부를 준비하기 위한 세계정부 디지털 시민증이다. 이미 ID 2020 속에는 백신 패스 확인서가 들어가 있고 블록체인 전자화폐 시스템도 탑재 되어 있다. 세계정부 시민으로 필요한 모든 정보가 디지털 칩 속에 저장된다. 백신 패스 속에 있는 의료정보 네트워크를 통해 개인들의 건강 정보 뿐 아니라 생활 습관이나 생각까지도 조종할 수 있는 의료 시스템이 각 사람 몸속에 있는 유전자 변경을 통해 통제사회를 만들어 갈 수 있게 했다. 2030년 이전에 모든 국가가 해체된다. 가정도 해체가 된다. 자본주의 경제도 사라진다. 종교가 없어지고 사회 시스템은 AI 빅 데이터로 획일화 된다. 그래서 신세계 질서가 완성되는 것이다.

9. 스마트 시티에서 일어날 일

스마트 시티는 단순한 도시가 아니다. 고대 헬라 제국의 도시국가가 롤 모델이다. 헬라제국은 일반 사람들은 농사를 짓는 생산 산업에 종사를 하면서 살았다. 그리고 자칭 선민들이란 엘리트 인간들은 도시 국가 안에서 살았다. 그러니까 폴리스라고 하는 도시국가는 선민들이 사는 지역이다. 이런 도시국가들이 모여서 헬라 제국이 되었던 것이다. 소크라테스가 말한 현자 즉 신인간이 바로 선민들이다 지금도 이들은 자신들을 엘리트 라고 한다. 일명 프리메이슨 일루미나티 세력들이다.

이들이 헬라제국에서부터 꿈꾸던 나라가 지상의 유토피아를 이룬 도시국가인데 이것을 신세계질서 스마트 시티라고 한다. 스마트 시티는 사람이 통치하는 지역이 아니다. AI 인공지능 빅 데이터가 통치를 한다. 도시는 전 자동화 시스템으로 설계가 되고 도시 안에서 이루어지는 모든 일들은 빅 데이터가 관여를 해서 이루어진다. 도시가 하나의 거대한 컴퓨터 프로그램이 작동하는 기계와 같은 것이다. 이런 도시에서 사는 인간들은 역시 AI 인공지능으로 무장을 한다. AI 빅 데이터와 연결되어 도시에서 살기 위해 인간의 유전자가 AI 인공지능으로 편집이 되어 초자연적인 인간으로 변한다. 호모 데오스 인간들이 되는 것이다. 즉 신인간이 된다. 신인간이란 생노병사를 정복한 인간이다. 인간의 유전자가 AI 인공지능으로 편집되어 우주와 자연 에너지와 통합이 되어 버린 인간이 된다. 이것을 666이라고 한다.

10. 3차 세계 대전 후 사라질 구시대 유물들

세계 3차 대전이 끝난 후 세상은 완전하게 리셋이 이루어진다. 스마트 시티 안에서는 제 4차 산업 혁명을 통해 과학적 공산주의 유토피아가 세워진다. 모든 것들이 최고로 발달한 과학 문명에 의해서 이루어진다.

도시 밖에는 원시 공산주의 세상으로 버려진다. 국가가 사라지므로 행정 제도가 없다. 경제 시스템이 없기 때문에 물건을 사고파는 것도 없다. 발전소가 없기 때문에 물론 전기도 없다. 세계 3차 대전을 통해서 피폐되어 버려진 땅에서 남은 사람들이 살아가는데 고대 원시사회가 이루어진다. 있는 그대로 먹고 있는 그대로 살아간다. 서로에게 필요한 것이 있다면 물물 교환과 같은 방법으로 대체를 한다. 병원이 없다. 약국도 없다. 병들면 죽을 수밖에 없다. 이런 세상을 이사야 선지자는 기록을 하고 있다.

"여호와께서 땅을 공허하게 하시며 황무하게 하시며 뒤집어 엎으시고 그 거민을 흩으시리니백성과 제사장이 일반일 것이며 종과 상전이 일반일 것이며 비자와 가모가 일반일 것이며 사는 자와 파는 자가 일반일 것이며 채급하는 자와 채용하는 자가 일반일 것이며 이자를 받는 자와 이자를 내는 자가 일반일 것이라 땅이 온전히 공허하게 되고 온전히 황무하게 되리라 여호와께서 이 말씀을 하셨느니라 땅이 슬퍼하고 쇠잔하며 세계가 쇠약하고 쇠잔하며 세상 백성 중에 높은 자가 쇠약하며 땅이 또한 그 거민 아래서 더럽게 되었으니 이는 그들이 율법을 범하며 율례를 어기며 영원한 언약을 파하였음이라"(사24:1-5)

그런데 스마트 시티 안에는 모든 것이 있고 풍족하다. 그래서 도시 밖에 사는 남은 인간들은 스마트 시티에서 살기 위해 잠입을 한다. 그러나 스마트 시티는 완벽 통제사회 시스템이 완성이 되어 개미새끼 한 마리도 들어 올 수 없다. 바로 확인이 되어 체포된다. 스마트 시티는 거대한 장벽으로 둘러싸인 성채처럼 된다. 절대로 도시 밖에 있는 사람들이 도시 안으로 들어오는 것을 금한다. 만일 누군가 도시 안에서 살기를 원한다면 반드시 666짐승의 표를 받아야 한다. 그리고 도시에 사는 사람들도 한정되어 있다.

만일 휴거하지 못한 그리스도인들이 도시에 남아 있다면 자신의 목숨과 짐승의 표인 666을 바꿔야 한다. 이것이 요한 계시록에서 말한 순교이다.

"저가 권세를 받아 그 짐승의 우상에게 생기를 주어 그 짐승의 우상으로 말하게 하고 또 짐승의 우상에게 경배하지 아니하는 자는 몇이든지 다 죽이게 하더라 저가 모든 자 곧 작은 자나 큰 자나 부자나 빈궁한 자나 자유한 자나 종들로 그 오른손에나 이마에 표를 받게 하고 누구든지 이 표를 가진 자 외에는 매매를 못하게 하니 이 표는 곧 짐승의 이름이나 그 이름의 수라 지혜가 여기 있으니 총명 있는 자는 그 짐승의 수를 세어 보라 그 수는 사람의 수니 육백 육십 륙이니

라"(계13:15-18)

만일 휴거하지 못한 성도들이 도시 밖에서 살아 남는 다면 고대 원시 사회처럼 있는 대로 먹고 살다가 먹을 것이 없거나 병이 들면 죽을 수 밖에 없는 것이다. 그렇다고 목숨을 걸고 스마트 시티 안으로 들어간 성도들은 없을 것이다. 왜냐하면 이미 그곳에서는 666 짐승의 표를 받지 아니하면 매매를 못하고 죽게 되기 때문이다.

요한 계시록 12장에는 하나님께서 예비하신 피난처 교회가 있다. 모세와 세례 요한과 같은 선지자들을 통해서 준비시키신 광야 교회이다. 하나님은 모세를 40년 전에 애굽에서 불러내어 광야에 들어와 애굽에서 자기 백성들을 구하여 광야로 데려 올 준비를 하게 하셨다.

세례 요한 역시 30년 전부터 광야에서 메뚜기와 석청을 먹으면서 예수님의 사역을 준비하였다. 이것을 광야 사역이라고 한다. 하나님께서는 깨어 있는 신부들을 위해 광야에 예비처를 준비하시고 독수리 날개로 업어 인도하셔서 적그리스도에 의해서 도시 안에서 순교가 이루어질 때 42개월 동안 양육을 하게 하신다. 이곳을 광야 공동체 교회 또는 광야 피난처 교회라고 한다.

유일하게 광야 피난처 교회는 모든 것이 준비되어 있다. 그래서 그곳에서는 정상적으로 양육을 받아 그리스도의 장성한 분량의 충만한 데까지 자라날 수 있는 것이다.

11. 호모 데우스 인간과 좀비 인간으로 변한 호모 사피엔스 인간

마지막 하나님의 심판

하나님의 마지막 심판은 모세를 통해 율법을 주실 때 땅만 진동했지만 하나님의 아들 예수님을 거역한 인류의 심판은 하늘까지 진동한다고 바울은 언급을 했다. 그때 구원 받은 우리 성도들은 영원히 진동치 아니할 나라를 유업으로 얻는다 하였다. 지금은 우리가 한없는 은혜 가운데 살고 있다. 아무리 삶이 힘들고 어려워도 최소한의 의식주를 위해서 일을 하면 어떤 방법으로든지 살아갈 수 있다. 힘들고 어려운 노인들이나 소년 소녀 가장들에게는 국가에서 복지정책을 취하여 살 수 있도록 해주고 있다. 참으로 놀랍고 감사한 일이다. 그러나 이제 그런 은혜의 시간이 끝난다. 심판의 시대가 점점 다가오고 있는 것이다.

사람이 아무리 힘쓰고 애쓰고 통곡할지라도 아무것도 할 수 없는 시대가 다가오고 있다.

환난의 시대이다. 하나님께 감사한 것은 예수님이 재림 하셔서 모든 것을 불태워 심판하시기 전에 적그리스도를 통해서 예수님 재림 7년 전에 리셋을 통한 배도를 하게 하심으로 예비심판의 시간을 보내면서 그나마 회개할 수 있는 기회를 주신 것이다. 예수님께서 마지막 오셔서 세상을 뒤엎으시기 전에 세상을 지배한 적그리스도가 마지막으로 살만한 세상을 만들기 위해 신세계질서를 세움으로 예비 심판의 과정을 거치게 된다. 이때가 바로 성도들이 회개하고 바로 돌아 설 때이다. 이때 정신을 못 차리고 살아 보려고 발버둥 치면서 세상과 자기 지혜를 의지한 자들은 피할 수 없는 심판을 받을 것이다.

"너희는 삼가 말하신 자를 거역하지 말라 땅에서 경고하신 자를 거역한 저희가 피하지 못하였거든 하물며 하늘로 좇아 경고하신 자를 배반하는 우리일까보냐 그 때에는 그 소리가 땅을 진동하였거니와 이제는 약속하여 가라사대 내가 또 한 번 땅만 아니라 하늘도 진동하리라 하셨느니라 이 또 한 번이라 하심은 진동치 아니하는 것을 영존케 하기 위하여 진동할 것들 곧 만든 것들의 변동 될 것을 나타내심이니라 그러므로 우리가 진동치 못할 나라를 받았은즉 은혜를 받자 이로 말미암아 경건함과 두려움으로 하나님을 기쁘시게 섬길찌니 우리 하나님은 소멸하는 불이심이니라"(히12:25-29)

사단의 세력들은 인간을 완전하게 지배하기 위해 666 짐승의 표를 만든다. 짐승의 표란 성령의 표와 같은 인침을 말한다. 예수님께서 구원 받은 성도들에게 성령을 인치셔서 예수님의 몸된 신부를 만들듯이 사단도 역시 자기의 표를 만들어 사람들에게 심어 사람들을 완전히 자기 몸처럼 만드는 것이 짐승의 표이다.

그렇다면 어떤 방법으로 짐승의 표를 받게 될까? 코로나 백신은 짐승의 표로 가는 과정이다. 코로나 백신 속에 더러운 유전자들과 산화 그래핀과 같은 독극물들과 하이드로겔 나노 로봇과 같은 것들을 넣어 인간들의 유전자와 뇌파를 변경시켜 인간을 다른 인간으로 바꾸는 것이다. 여기에서 말한 다른 인간이 악마주의 인간이다. 즉 사단의 형상을 닮은 인간이 되는 것이다. 현재 지구촌에 인구가 너무 많이 있기 때문에 사람들을 청소해야 한다. 그것을 위해 코로나 백신을 사용하여 인구 90%를 제거한다. 그중에 가장 치명적인 인간이 좀비인간이다. 좀비인간은 유전자가 악마적, 동물적으로 변경되어 사람을 잡아먹는 인간을 말한다. 좀비인간의 피속에는 좀비인간을 전염시키는 유전자가 있어 일단 좀비들에게 물린 경우 그 사람 역시 좀비로 변하는 것이다. 좀비로 변한 인간의 특징은 눈동자가 변한다. 늑대나 개처럼 어두움 속에서 파란 빛을 낸다. 즉 야행성 동물처럼 변한 것이다. 좀비에게는 인격이 없다 단지 배가 고파 주린 배를 채우는 것만이 그들의 유일한 존재 이유이다. 아버지가 좀비가 되면 자기 가족을 해치는 적이 된다. 어머니가 좀비가 되면 자식들을 잡아먹는 짐승이 된다. 만일 사랑하는 아들이나 손녀가 좀비가 되면 사랑하는 가족들을 공격하는 악마가 된다. 이것이 헐리우드 영화에서 나오는 좀비들의 모습이다. 그렇다면 누가 왜 좀비인간을 만드는가?

사단의 세력들이 지구촌의 인구를 줄이기 위해 만든 작전이다. 이런 좀비들은 합법적으로 살처분의 대상이 된다. 부모나 자식을 공격해서 죽이는 좀비가 더 이상 부모가 될 수 없고 자식이 될 수 없다. 그래서 그들은 합법적으로 살처분 하는 것이다. 구제역이나 조류 독감에 의해서 감염된 소, 돼지, 닭, 오리들을 산채로 구덩이를 파고 살처분 하듯이 앞으로 인간들이 그렇게 살처분 되는 것이다.

이렇게 해서 인종 청소가 끝이 나면 남은 사람들을 통해서 스마트 시티 안에서 신세계질서가 세워진다. AI 인공지능이 탑제된 빅 데이터가 도시전체를 전 자동화 시스템으로 통제를 한다. 그 안에 사는 인간들도 역시 AI 인공지능 빅 데이터와 연결이 된다. 그렇게 되면 그 사람은 인간성이 상실된 AI 인공지능인간이 된다. 이런 인간을 유발

하라리는 호모 데오스 인간이라 하였다 즉 신인간이란 것이다. 그래서 성경은 누구든지 짐승의 표를 받은 자들은 영원히 타는 불 못에 던져질 것을 경고하고 있다.

코로나 백신 속에 있는 수많은 물질들은 이처럼 사람을 좀비로 만들고 호모 데오스 인간을 만들도록 조립되어 있다. 그래서 일단 코로나 백신을 맞지 않는 것이 이 모든 심판에서 벗어나는 최선의 방법이다. 그래서 목숨을 걸고 코로나 백신을 거부하고 PCR 코로나 검사도 거절해야 하는 것이다.

코로나 백신 속에 있는 산화 그래핀이나 원숭이나 침팬지나 다른 짐승들의 유전자는 시간이 지남에 따라 사람들의 몸속에서 축적되고 자라나서 아주 약한 전기 주파수에 의해서 작동을 하게 된다. 이것을 EMP, EMF 공격이라고 한다.

EMP(Electro Magnetic Pulse)

EMP(Electro Magnetic Pulse)란 전자기 펄스를 방출하여 적 전자장비의 부품을 파괴함으로써 지휘 통제 체계, 방공망, 전산망 등을 순식간에 파괴, 마비, 오작동 시키는 전자기 무기. 핵폭발 시 생기는 전자 펄스에 의해 전자기 내에 순간적으로 대전류가 발생하게 하여 IC, LSI 등을 파괴하는 원리를 말다. 이런 원리로 코로나 백신을 맞은 사람들 몸속에 있는 산화 그래핀이나 원격진료 의료 시스템을 작동시켜 사람을 조종할 수 있다.

EMF(전자장, Electro Magnetic Field)

EMF 측정기는 코로나19 백신을 맞은 간호사 근처에서 크게 증가한 것으로 나타났다. 인간 내부에는 EMF가 존재할 이유가 없다. 인간이 새로운 5G 기술의 신호 및 수신기가 되는 경우가 아니라면 말이다. EMF 오염은 손상을 입히므로 예방 접종을 받은 사람들과 너무 가까이 있으면 EMF의 영향을 받게 된다. 사람에 대한 노출 한계 이하의 무선 주파수 전자기장에 대한 노출에 의한 종양 촉진은 매우 낮은 RF 노출을 사용하고 있다. 연구원들은 RF와 발암물질에 노출된 동물의 폐와 간에서 림프종이 증가하고 상당히 많은 수의 종양을 발견했다.

코로나 바이러스는 다변화된 변종을 통해 끊임없이 감염을 일으키고 이를 근거로 계속해서 부스터 샷을 접종하게 한다. 특히 어린 아이들과 청소년들의 늘어난 감염 통계로 집중적인 방역 패스 제도를 도입한 후 백신 접종을 최대한 끌어 올리는 것이 2022년 정책이다. 이미 미국이나 유럽에서는 어린 아이들과 어린 학생들의 감염이 폭발적으로 늘어나면서 생후 6개월에서부터 17세를 대상으로 코로나 백신 접종이 의무화 되고 있다.

호모 사피엔스 인간은 현 인류이다. 그런데 앞으로 현 인류인 호모 사피엔스 인간이 사라진다. 그리고 좀비인간과 호모 데오스 인간들이 등장한다. 이것이 하나님의 최후의 심판이다. 코로나 백신을 통해 트랜스 휴머니즘이(Trans Humanism) 일어난다. 트랜스 휴머니즘을 막기 위해서는 절대로 코로나 백신이나 PCR 검사를 받지 말아야 한다.

12. 이미 구원 받은 성도가 백신을 맞으면 구원을 잃어버리는가?

일단 물과 성령으로 거듭난 성도는 성령의 인침과 보증을 통해서 이미 그 영혼을 하나님께서 받으셨다. 단지 육체를 가지고 세상에서 사는 동안 악한 사단의 세력들에 의해 육체의 생명이 죽을 수 있고 변경될 수 있다. 그러나 한 번 구원을 얻은 성도의 구원은 영원하기 때문에 비록 인간의 연약함으로 잠시 동안 몸의 유전자가 바뀌더라도 구원은 없어지지 않는다.

"몸은 죽여도 영혼은 능히 죽이지 못하는 자들을 두려워하지 말고 오직 몸과 영혼을 능히 지옥에 멸하시는 자를 두려워하라 참새 두 마리가 한 앗사리온에 팔리는 것이 아니냐 그러나 너희 아버지께서 허락지 아니하시면 그 하나라도 땅에 떨어지지 아니하리라 너희에게는 머리털까지 다 세신바 되었나니 두려워하지 말라 너희는 많은 참새보다 귀하니라"(마10:28-31)

13. 성령의 표인가? 짐승의 표인가?

성령의 표
"우리를 너희와 함께 그리스도 안에서 견고케 하시고 우리에게 기름을 부으신 이는 하나님이시니 저가 또한 우리에게 인치시고 보증으로 성령을 우리 마음에 주셨느니라"(고후1:21-22)

아담 안에서 타락한 죄인은 예수님의 십자가 보혈로 죄사함을 얻고 반드시 거듭나야 하나님의 자녀가 될 수 있다. 죄인이 거듭나 하나님의 자녀가 될 때 성령의 인침과 보증이 일어난다. 성령의 인침은 생명책에 내 이름이 기록된 것이다. 보증은 내 마음에 성령의 기름 부으심이 있는 것이다. 여기에서 인쳤다는 표현은 도장을 찍었다. 즉 물건을 서로 사고 팔 때 소유권을 인정하는 것이다. 성령의 인침을 받은 성도는 소유권이 예수님에게 있는 것이다. 이런 사람을 교회 즉 예수님의 몸이며 예수님의 신부라고 한다. 예수 믿고 구원을 받은 성도를 그리스도인이라고 한다. 이 말의 뜻은 그리스도가 사는 사람, 그리스도를 닮아 가는 사람, 그리스도가 나타난 사람이란 뜻이다. 모두 교회에 대한 표현이다.

짐승의 표
짐승의 표란 역시 짐승 즉 사단의 소유가 되었다는 뜻이다. 다시 말하면 사단의 몸, 신부, 닮아 가는 사람이 되었다는 것이다. 사단 마귀도 하나님께서 인간을 사랑하셔서 예수님의 피로 구속하시고 성령의 인침을 통해 예수님의 몸 된 신부로 만들어 가실 때 이것을 시기하고 투기하여 자신도 인간들에게 자신의 표를 찍어 자기의 몸이 되게 하는 것이 사단이 하나님을 대적하는 방법이다. 하나님께서 은혜 기간을 통해 교회를 완성시키사 휴거를 통해 추수하시고 세상을 버리실 때 사단 마귀도 자기 때가 얼마 남지 않음을 알고 마지막으로 버림받은 인간들에게 자신의 표를 찍어 인간을 자기의 몸으로 만든 것이다. 이것을 악마주의라고 한다. 마지막 때가 되면 세상은 악마주의가 판을 치게 된다. 이것이 하나님께 버림받은 인간의 최후이다.

"죽임을 당한 어린 양의 생명책에 창세 이후로 녹명되지 못하고 이 땅에 사는 자들은 다 짐승에게 경배하리라 저가 권세를 받아 그 짐승의 우상에게 생기를 주어 그 짐승의 우상으로 말하게 하고 또 짐승의 우상에게 경배하지 아니하는 자는 몇이든지 다 죽이게 하더라 저가 모든 자 곧 작은 자나 큰 자나 부자나 빈궁한 자나 자유한 자나 종들로 그 오른손에나 이마에 표를 받게 하고 누구든지 이 표를 가진 자 외에는 매매를 못하게 하니 이 표는 곧 짐승의 이름이나 그 이름의 수라 지혜가 여기 있으니 총명 있는 자는 그 짐승의 수를 세어 보라 그 수는 사람의 수니 육백 육십 륙이니라"(계13:8,15-18)

14. 666 짐승의 표란 무엇인가?

하나님은 세상 만물을 창조하시고 아담에게 정복하고 다스리도록 주셨다. 그러나 아담은 사단인 뱀의 유혹에 넘어가 타락하여 오히려 사단의 종이 되었다. 마귀는 죄의 삯인 사망의 세력을 잡고 인간을 다스리게 되었다. 인간은 죽기를 무서워하므로 사망의 세력을 잡은 마귀의 종이 되어 살아 있는 송장처럼 살다가 지옥으로 가게 된 것이다.

하나님께서는 타락한 인간을 불쌍히 여기셔서 아들 예수님을 아담의 형상을 입게 하시고 이 땅에 오셔서 죄의 삯인 사망을 갚아 주시고 부활하사 하늘과 땅의 권세를 가지시고 승천하시고 하나님의 우편에 앉으셔서 예수님의 신부인 교회를 지어가고 계신다.

세상 임금은 사단 마귀

세상 임금은 사단 마귀이다. 그의 본 이름은 루시퍼이다. 그는 아담에게서 넘겨받은 물질 세상을 다스리는 신이다. 루시퍼 종교의 특징은 과학이다. 이것을 철학이라고도 한다. 철학(哲學,philosophy)은 그리스어 필로소피아(philosophia)에서 유래하며, 필로는 '사랑하다' '좋아하다'라는 뜻을 가지고 있는 접두사이고 소피아는 '지혜'라는 뜻으로, 필로소피아는 지(知)를 사랑하는 것, 즉 '애지(愛知)에 대한 학문'을 말한다. 그런데 소피아를 상징하는 지혜는 뱀을 상징한다. 여기에서 지혜란 로고스이다. 우주의 원리이고 물질 생성의 원리이다. 이것을 음양오행이라고 한다. 음양오행은 태양 종교에서 나온 것으로 해와 달과 다섯 별들에 의해서 우주의 삼라만상이 돌아가는 것을 말한다. 이것이 일(해), 월(달), 화(화성), 수(수성), 목(목성), 금(금성), 토(토성)이다.

루시퍼 사단 종교는 과학이다. 점성술과 연금술이다. 로고스 사상으로 우주의 원리를 연구하여 사람을 신으로 만드는 것이다. 플라톤의 철학은 사단의 종교 철학이다. 플라톤이 말한 데미우르고스 신은 제작신이다. 그런데 플라톤은 이를 창조신이라 하였다. 왜 제작신인데 창조신인가? 데미우르고스 신은 무에서 유를 창조한 신이 아니라 이미 있는 물질세계를 변형시키는 신이다. 그래서 제작신이라고 한다. 그런데 단순히 눈에 보이는 물질만을 변형 시키는 것이 아니다 눈에 보이지 않는 것들도 변형 시킨다. 데모크리투스는 원자론을 주장하였다. 지금부터 2500년 전에 눈에 보이지 않는 원자를 말한 것이다. 그는 우주는 고유한 무게와 모양만을 가지고 있는 원자들로 구성되어 있다고 보았다. 플라톤의 철학은 유물론이다. 즉 루시퍼 철학이다.

기독교 신학의 뿌리는 플라톤 철학이다. 그래서 플라톤이 말한 데오스가 하나님이 된 것이다. 그 하나님은 창조신이 아니라 제작신이다. 엄격하게 말하면 지혜의 신인 뱀, 루시퍼이다. 오늘날 유대 카발라는 지혜의 신 뱀을 섬기는 종교이다. 뱀을 통해 주어진 지혜를 가지고 세상을 지배한 무리들이다. 여기에서 말한 지혜는 72 마신들이다.

사단 루시퍼는 타락한 천사이다. 그러나 그는 하나님의 피조물중에 가장 으뜸이었다. 하나님과 가장 가까이서 하나님의 하시는 일을 너무나도 잘 알고 있는 천사였다. 그가 타락하여 심판을 받을 때 하늘의 천사 삼분의 일이 함께 추방당해서 세상을 통치하고 있는 것이다.

666이란 무엇인가?

과학을 통해 창조의 원리를 보면 공통되는 수가 6이다. 모든 하나님의 창조는 6이란 수로 이루어졌다. 그래서 6을 창조의 수라고 하였다. 우리가 알고 있는 천지인 사상은 사람이 곧 하늘이라는 사상이다.

비록 동학사상이지만 천지인 사상은 바벨론 메소포타미아 문명까지 올라간다. 천지인 사상은 하늘을 상징하는 1과 땅을 상징하는 2와 사람을 상징하는 3이 절대적으로 하나 라는 사상이다. 그런데 1,2,3을 합하면 절대수 6이 나온다. 하늘이 하늘로서 절대적으로 존재하려면 땅과 사람이 함께 있어야 한다. 그래서 하늘의 절대 수 6이다. 땅도 홀로 있으면 존재 가치가 없다. 하늘과 사람이 있어야 한다. 그래서 땅의 절대 수 6이다. 사람 역시 홀로 있으면 무의미 하다 그래서 하늘과 땅의 수를 합한 절대 수 6이 되어야 했다. 그래서 완전한 우주의 개념을 666이라 하였다. 이것은 바벨론 점괘였던 마방진에도 가로 세로가 6열인 수를 사용하여 점을 쳤다.

고대인들은 666을 통해 인간의 존재를 하늘과 땅으로 연결된 하나로 보았다. 그래서 인간이 죽더라도 완전히 사라지지 않고 다시 환생한다고 생각했다. 이것이 태양 종교의 환생 교리이다. 그리고 우주는 끊임없이 처음 나왔던 일자(The one)라는 신에게로 영겁회귀를 통해 복귀한다고 믿었다. 그리고 그 복귀가 다 이루어지면 세상은 자유롭게 되어 시간과 공간을 초월한 존재가 된다고 믿었다. 이것이 영혼 상승구원 교리이다.

소크라테스는 신인간 사상으로 절대철학을 만들었다. 세상을 통치할 수 있는 유일한 사람은 하늘이 내려준 현자라고 하였다. 즉 신인간이다. 그리고 나머지 모든 가축인간들은 그의 통치를 받아 들여야 한다고 했다. 이것이 공산주의 독재 정치의 시작이다. 그런데 사단의 종교는 공산주의이다. 즉 물질을 신으로 섬기는 종교이다. 공산당들은 사람의 영혼을 부인한다. 사람이란 정의는 오직 고깃덩어리이다. 그의 제자 플라톤은 소크라테스 절대 철학을 가지고 이원론 철학을 만들었다. 그것이 바로 신인간과 가축인간의 세계를 분리한 것이다. 플라톤의 제자 아리스토텔레스는 그의 스승 플라톤의 이원론을 형이상학 철학을 통해 하나의 철학을 만들어 사람이 신이 되는 과정을 형이상학 자연주의 철학으로 설명을 하였다.

플로티누스는 이러한 플라톤 철학으로 뉴 플라톤 철학을 보완하여 관상기도를 통한 영혼상승구원 교리를 만들었다. 이것이 유대 카발라 종교이다. 물질세계는 절대로 물질세계로 끝나지 않는다. 반드시 물질세계는 신들의 세계와 연결되어 있다. 관상 기도를 통해 신들의 세계로 연결 시켜 주는 자들이 마스터, 영매, 영적인 가이드, 최면술사들이다.

666은 만물장 이론

만물장 이론이란 우주의 네 가지 에너지가 하나로 통합이 되는 것을 말한다. 우주에는 네가지의 에너지가 있다. 중력, 전자기력, 약한 핵력, 강한 핵력이다. 그런데 1950년대 아인슈타인까지는 이 네 가지 에너지가 서로 연결될 수 없다고 생각을 했다. 그런데 양자 역학 과학이 발전하면서 이 네 가지 우주 에너지가 하나로 연결이 되었다. 이것을 초끈이론이라고 한다. 지금 눈에 보이는 우주는 아주 작은 눈에 보이지 않는 우주세포들의 홀로그램이란 사실도 알아냈다. 이것이 하나의 원자 속에 있는 우주론이다. 데이비드 봄은 우주 이 끝에서 저 끝까지의 거리는 무한하지만 실제로 하나의 초양자장 속에서 다 만나고 있다고 하였다.

영국의 힉스라는 과학자는 2012년 신의 물질인 힉스 입자를 발견하여 2013년 노벨상을 받았다. 힉스 입자는 우주가 처음 탄생할 때 모든 물질에 질량을 부여한 창조의 물질이다. 이제 우주의 모든 비밀이 다 밝혀진 것이다.

666 만물장 이론이 완성이 되면 어떤 일이 일어날까?

가장 먼저 사람의 생노병사가 정복이 된다. 왜냐하면 사람의 유전자를 변형 시켜 우주에 있는 네 가지 에너지와 연결을 시키면 사람들이 꿈꾸어 온 생노병사가 정복된다. 다시는 인간이 병이 들거나 죽지 않을 수 있다. 사람들의 음식은 더 이상 입으로 먹지 않고도 우주 에너지로 살아갈 수 있다. 이 사람이 스마트 시티 안에서 AI 빅 데이터에 연결된 호모 데오스 인간이다. 시간과 공간을 초월하여 살 수 있다.

666 짐승의 표란 무엇인가?

인간의 유전자를 변경시켜 우주 에너지와 통합하는 원격진료 의료 시스템이다. 사람의 몸속에 하이드로젤 나노 로봇을 넣어 사람의 유전자를 변형시킨다. 그리고 유전자 정보를 읽고 조종하는 네트워크를 만들어 AI 빅 데이터 컴퓨터에 연결하여 양자 역학적으로 통제를 받게 되면서 인간이 사라지고 AI 인공지능 인간으로 변한다. 이것이 짐승의 표이다.

코로나 백신 속에는 하이드로겔 나노 로봇이 있다. 빌 게이츠가 특허를 받은 이름은 루시퍼레이즈이다. 그가 받은 특허 번호는 666이다. 루시퍼레이즈는 루시퍼가 몸속에 들어와 루시퍼의 조종을 받은 몸이 된다는 뜻이다. 예수 믿은 성도가 믿음이 자라나 그리스도를 닮은 그리스도인이 된 것과 같은 것이다. 루시퍼레이즈를 받은 사람은 사단 마귀를 본받아 악마주의 행위를 하게 되는 것이다. 즉 사단 마귀가 지배하는 몸이 되어 마음대로 조종을 받게 된다.

왜 666 짐승의 표를 받으면 영원히 구원을 얻을 수 없는가?

666 짐승의 표를 받으면 더 이상 사람이 아니다. 그러하기 때문에 그 어떤 구원도 받을 수 없다. 성경은 창세 이후 생명책에 그 이름이 녹명되지 못한 사람들은 모두 짐승의 표를 받고 그에게 경배한다고 하였다. 특히 스마트 시티 안에서는 절대적으로 짐승의 표를 받지 않고는 살 수가 없다. 매매를 할 수 없다. 반드시 도시를 떠나야 한다. 그래서 최소한 짐승의 표를 받지 말아야 한다.

만일 도시를 떠나 산속에서 환난기간을 피하고 짐승의 표를 받지 않는 다면 그가 예수 믿고 구원을 받은 성도가 아니라도 천년왕국 백성으로 들어가 다시 한 번 구원의 기회를 얻게 된다.

언제 짐승의 표를 찍어 트랜스 휴머니즘이 일어나는가?

7년 대환난 기간 중 후 삼년 반이 시작될 때이다. 그때부터 적그리스도 짐승이 성도를 죽이게 된다. 순교 시대가 시작된 것이다.

15. 마지막 리셋시대에 구원받은 성도는 어떻게 살아야 하나?

은혜시대가 끝난다

은혜시대, 성령시대, 교회시대, 이방인의 때는 마가의 다락방에 성령이 강림하여 복음이 땅끝까지 증거 되는 가운데 교회가 완성이 될 때까지를 말한다. 이때가 되면 주후 70년 9월8일 망하여 전 세계로 흩어졌던 이스라엘이 가나안으로 돌아와 다시 국가를 세운다. 예루살렘이 다시 이스라엘의 수도가 된다. 예루살렘 동편 성전 산에 제 3성전이 건축되고 구약 제사가 시작된다. 이때에 이방인의 시대 즉 은혜시대가 끝난다.

정확하게 말하면 이스라엘 정치 지도자와 세계 정치 지도자가 평화협정을 맺고 예루살렘 동편 산에 제 3성전을 건축하고 구약제사를 허락하는 협정이 성립되는 순간부터 이방인의 때는 끝난다. 이때 휴거가 일어난다. 그리고 휴거하지 못한 구원 받은 성도들의 이마에 하나님의 인, 어린양의 인이 쳐진다. 그리고 전 삼년 반 동안 종교 지도자인 음녀가 정치 지도자의 권력을 이용하여 종교통합을 하는 가운데 많은 성도들을 죽인다. 후 삼년 반이 시작될 때 정치 지도자인 적그리스도가 종교 지도자인 음녀를 죽이고 배도를 한다. 그때부터 야곱의 대환난이 시작된다.

휴거를 준비해야 한다

살아서 종말을 맞이하는 성도는 육체를 가지고 주님을 만나야 한다. 그래서 어려운 것이다. 휴거의 신앙은 데살로니가 전서이다. 데살로니가 전서에서는 어떤 사람이 휴거를 하며, 휴거는 언제 이루어지는가에 대하여 기록을 하고 있다. 특별히 휴거 할 수 있는 성도들의 자격에 대하여 다음과 같이 기록을 한다.

"또 형제들아 너희를 권면하노니 규모 없는 자들을 권계하며 마음이 약한 자들을 안위하고 힘이 없는 자들을 붙들어 주며 모든 사람을 대하여 오래 참으라 삼가 누가 누구에게든지 악으로 악을 갚지 말게 하고 오직 피차 대하든지 모든 사람을 대하든지 항상 선을 좇으라 항상 기뻐하라 쉬지 말고 기도하라 범사에 감사하라 이는 그리스도 예수 안에서 너희를 향하신 하나님의 뜻이니라 성령을 소멸치 말며 예언을 멸시치 말고 범사에 헤아려 좋은 것을 취하고 악은 모든 모양이라도 버리라 평강의 하나님이 친히 너희로 온전히 거룩하게 하시고 또 너희 온 영과 혼과 몸이 우리 주 예수 그리스도 강림하실 때에 흠없게 보전되기를 원하노라"(살전5:14-23)

휴거에 참여한 성도들은 오래 참아야 한다. 절대로 악을 악으로 갚으면 안된다. 모든 사람에 대하여 항상 선을 좇아야 한다. 항상 기뻐하고 쉬지 말고 기도하고 범사에 감사해야 한다. 악은 모양이라도 버려야 한다. 영과 혼과 몸이 흠 없게 보전되어야 한다. 여기에서 가장 중요한 내용은 우리 성도들의 영혼뿐 만 아니라 몸이 흠 없이 보전되어야 한다는 것이다. 몸은 혈육을 말한다. 혈육은 혈기이다. 육체는 원죄의 부패성이 남아 있어 온갖 죄들을 양산하는 창고와 같다. 그런 몸이 흠 없이 보전되어야 휴거를 할 수 있다.

제자란 예수님을 따르는 사람이다. 이런 사람은 휴거할 수 있다. 그런데 예수님을 끝까지 따라가서 휴거에 성공하려면 예수님의 제자의 자격을 다 갖추어야 한다. 먼저 자신을 날마다 부인해야 한다. 자신의 모든 소유를 가난한 자들에게 주고 주님을 따라야 한다. 자신의 부모, 형제, 자매, 자식을 버려야 한다. 이렇게 하지 않는 사람은 예수님을 끝까지 따라갈 수 없다. 중간에 탈락하게 되는 것이다. 오늘날 휴거를 준비하는 사람들 중에 이렇게 준비하는 사람은 거의 없다. 그럼에도 불구하고 자신은 예수님을 믿고 구원을 받았기 때문에 휴거할 수 있다고 믿는 것은 스스로 속이는 것이다. 애굽에서 60만 명의 장정들이 출애굽을 하였다. 그중에서 여호수아와 갈렙 만이 가나안에 들어가고 나머지는 모두 광야에서 죽었다. 성경은 여호수아와 갈렙이 여호와를 온전히 좇았다고 기록을 하고 있다. 온전히 좇았다는 것은 단 한 번이라도 거역하거나, 원망하거나, 불순종하거나, 불신하지 않았다는 것이다.

휴거는 살아 있는 모든 성도가 올라가는 것이 아니다. 마가의 다락방에 강림하신 성령이 이 세상을 떠나는 것이다. 이때 성령의 인침과 보증을 받은 성도들을 데리고 떠난다. 즉 예수님의 12제자부터 휴거 직전까지 구원받고 죽은 자들이 부활하여 이 세상을 떠나는 것이다. 그리고 살아 있는 성도들 중에서 빌라델비아 교회처럼 휴거에 약속을 받은 자들이 함께 올라간다.

빌라델비아 교회는 휴거에 약속을 받은 교회이다. 그들이 휴거에 참여할 수 있었던 신앙은 형제 사랑이다. 적은 능력을 가지고 배반치 않는 믿음이다. 인내의 말씀을 지킨 교회이다.

"빌라델비아 교회의 사자에게 편지하기를 거룩하고 진실하사 다윗의 열쇠를 가지신 이 곧 열면 닫을 사람이 없고 닫으면 열 사람이 없는 그이가 가라사대 볼찌어다 내가 네 앞에 열린 문을 두었으되 능히 닫을 사람이 없으리라 내가 네 행위를 아노니 네가 적은 능력을 가지고도 내 말을 지키며 내 이름을 배반치 아니하였도다 보라 사단의 회 곧 자칭 유대인이라 하나 그렇지 않고 거짓말 하는 자들 중에서 몇을 네게 주어 저희로 와서 네 발앞에 절하게 하고 내가 너를 사랑하는 줄을 알게 하리라 네가 나의 인내의 말씀을 지켰은즉 내가 또한 너를 지키어 시험의 때를 면하게 하리니 이는 장차 온 세상에 임하여 땅에 거하는 자들을 시험할 때라 내가 속히 임하리니 네가 가진 것을 굳게 잡아 아무나 네 면류관을 빼앗지 못하게 하라 이기는 자는 내 하나님 성전에 기둥이 되게 하리니 그가 결코 다시 나가지 아니하리라 내가 하나님의 이름과 하나님의 성 곧 하늘에서 내 하나님께로부터 내려오는 새 예루살렘의 이름과 나의 새 이름을 그이 위에 기록하리라 귀 있는 자는 성령이 교회들에게 하시는 말씀을 들을찌어다"(계3:7-13)

광야 피난처 교회를 준비해야 한다

요한 계시록 7장에서는 144,000명의 이마에 하나님께서 인을 치신다. 이 사람들은 휴거에 참여하지 못하고 환난에 넘어간 성도들이다. 이마에 인을 치신 것은 아무도 그들을 해치지 못하게 지켜 주시고 예수님의 신부로 단장해 주시겠다는 약속이다.

이들 중에서 피난처 교회에서 후 삼년 반 동안 양육을 받아 첫째 부활에 참여한 성도들이 있다. 이들은 깨어 있는 성도들로 자기의 두루마기를 정결하게 지킨 자들이다.

"보라 내가 도적 같이 오리니 누구든지 깨어 자기 옷을 지켜 벌거벗고 다니지 아니하며 자기의 부끄러움을 보이지 아니하는 자가 복이 있도다"(계16:15)

예수님이 공중으로 오실 때 자기의 옷을 지켜 벌거벗고 다니지 않는 사람은 복이 있다. 이중에서 휴거하는 성도들이 있다. 그러나 모든 성도들이 다 자기의 부끄러움을 보이지 아니할 수 없다. 그 중에는 5% 10% 부족한 성도들은 휴거에 참여하지 못하고 환난으로 넘어가 피난처 교회에서 양육을 받아 온전하게 되어 첫째 부활에 참여하게 된다.

에베소 교회는 인내, 믿음, 악한 자들을 용납하지 않는 것 거의 모든 것들을 갖춘 교회이다. 그러나 한 가지 처음 사랑을 잃어버려 촛대가 옮겨진 교회이다. 이는 휴거에 참여하지 못한 교회가 된 것이다. 이런 에베소 교회와 같은 교회가 나중에 휴거에 참여하지 못한 이유를 깨닫고 피난처 교회에서 처음 사랑을 회복하고 첫째 부활에 참여하게 되는 것이다.

"에베소 교회의 사자에게 편지하기를 오른손에 일곱 별을 붙잡고 일곱 금 촛대 사이에 다니시는 이가 가라사대 내가 네 행위와 수고와 네 인내를 알고 또 악한 자들을 용납지 아니한 것과 자칭 사도라 하되 아닌 자들을 시험하여 그 거짓된 것을 네가 드러낸 것과 또 네가 참고 내 이름을 위하여 견디고 게으르지 아니한 것을 아노라 그러나 너를 책망할 것이 있나니 너의 처음 사랑을 버렸느니라 그러므로 어디서 떨어진 것을 생각하고 회개하여 처음 행위를 가지라 만일 그리하지 아니하고 회개치 아니하면 내가 네게 임하여 네 촛대를 그 자리에서 옮기리라 오직 네게 이것이 있으니 네가 니골라당의 행위를 미워하는도다 나도 이것을 미워하노라 귀 있는 자는 성령이 교회들에게 하시는 말씀을 들을찌어다 이기는 그에게는 내가 하나님의 낙원에 있는 생명나무의 과실을 주어 먹게 하리라"(계2:1-7)

"용이 자기가 땅으로 내어쫓긴 것을 보고 남자를 낳은 여자를 핍박하는지라 그 여자가 큰 독수리의 두 날개를 받아 광야 자기 곳으로 날아가 거기서 그 뱀의 낯을 피하여 한 때와 두 때와 반 때를 양육 받으매 여자의 뒤에서 뱀이 그 입으로 물을 강 같이 토하여 여자를 물에 떠내려 가게 하려 하되 땅이 여자를 도와 그 입을 벌려 용의 입에서 토한 강물을 삼키니 용이 여자에게 분노하여 돌아가서 그 여자의 남은 자손 곧 하나님의 계명을 지키며 예수의 증거를 가진 자들로 더불어 싸우려고 바다 모래 위에 섰더라"(계12:13-17)

순교를 준비해야 한다

라오디게아 교회는 순교하는 교회이다. 세상 속에 파묻혀 사는 교회이기 때문이다. 라오디게아 교회는 벌거벗은 교회이다. 예수님께서 입혀 주신 의의 옷이 다 망가져 버린 것이다. 그래서 흰옷을 사서 입어야 한다. 예수님의 생명을 주고 입혀 주신 옷을 더럽혔기 때문에 이제 자기가 죽어 그 옷을 다시 사야 하는 것이다. 요한 계시록에는 죽어서 흰옷을 입은 자들이 나온다. 모두 순교자들이다.

"라오디게아 교회의 사자에게 편지하기를 아멘이시요 충성되고 참된 증인이시요 하나님의 창조의 근본이신 이가 가라사대 내가 네 행위를 아노니 네가 차지도 아니하고 더웁지도 아니 하도다 네가 차든지 더웁든지 하기를 원하노라 네가 이같이 미지근하여 더웁지도 아니하고 차지도 아니하니 내 입에서 너를 토하여 내치리라 네가 말하기를 나는 부자라 부요하여 부족한 것이 없다 하나 네 곤고한 것과 가련한 것과 가난한 것과 눈 먼것과 벌거벗은 것을 알지 못하도다 내가 너를 권하노니 내게서 불로 연단한 금을 사서 부요하게 하고 흰 옷을 사서 입어 벌거벗은 수치를 보이지 않게 하고 안약을 사서 눈에 발라 보게 하라 무릇 내가 사랑하는 자를 책망하여 징계하노니 그러므로 네가 열심을 내라 회개하라 볼찌어다 내가 문밖에 서서 두드리노니 누구든지 내 음성을 듣고 문을 열면 내가 그에게로 들어가 그로 더불어 먹고 그는 나로 더불어 먹으리라 이기는 그에게는 내가 내 보좌에 함께 앉게 하여주기를 내가 이기고 아버지 보좌에 함께 앉은 것과 같이 하리라 귀 있는 자는 성령이 교회들에게 하시는 말씀을 들을찌어

다"(계3:14-22)

요한 계시록에서 흰 두루마기는 자기가 지켜 벌거벗지 않는 성도들이 있고, 흰 두루마기를 지키지 못하고 벌거벗고 사는 성도들이 있다. 라오디게아 교회이다. 이런 성도는 순교를 통해서 다시 흰 두루마기를 사서 입어야 하는 것이다.

"다섯째 인을 떼실 때에 내가 보니 하나님의 말씀과 저희의 가진 증거를 인하여 죽임을 당한 영혼들이 제단 아래 있어 큰 소리로 불러 가로되 거룩하고 참되신 대주재여 땅에 거하는 자들을 심판하여 우리 피를 신원하여 주지 아니하시기를 어느 때까지 하시려나이까 하니 각각 저희에게 흰 두루마기를 주시며 가라사대 아직 잠시 동안 쉬되 저희 동무 종들과 형제들도 자기처럼 죽임을 받아 그 수가 차기까지 하라 하시더라"(계6:9-11)

요한 계시록 15장에서도 불붙은 유리 바다를 통과한 성도들이 모세와 어린양의 노래를 부르고 있다. 불붙은 유리 바다는 순교의 강이다.

"또 내가 보니 불이 섞인 유리 바다 같은 것이 있고 짐승과 그의 우상과 그의 이름의 수를 이기고 벗어난 자들이 유리바다 가에 서서 하나님의 거문고를 가지고 하나님의 종 모세의 노래, 어린 양의 노래를 불러 가로되 주 하나님 곧 전능하신이시여 하시는 일이 크고 기이하시도다 만국의 왕이시여 주의 길이 의롭고 참되시도다 주여 누가 주의 이름을 두려워하지 아니하며 영화롭게 하지 아니하오리이까 오직 주만 거룩하시니이다 주의 의로우신 일이 나타났으매 만국이 와서 주께 경배하리이다 하더라"(계15:2-4)

왜 살아서 예수님을 만나는 성도는 양육을 받든지 순교를 해야 하는가?

예수 믿고 구원을 받는다는 의미는 단지 영생을 얻는다는 것이 아니다. 엄격하게 말하면 예수님을 내 안에 소유하는 것이다. 구원 받은 성도라도 육체는 원죄의 부패성이 있기 때문에 불안전한 상태이다. 그러나 예수님은 십자가에서 죽으사 우리를 구원하실 때 이미 우리의 모든 것을 거룩하게 하셨다. 예수님이 십자가에서 죽으실 때 구원 받은 우리 성도들도 함께 죽었다. 예수님께서 부활 하실 때 우리도 완전한 거룩한 몸으로 부활한 것이다. 이것이 시간차이는 있을지라도 구원 받은 성도는 처음 구원을 받을 때 본질적으로 변화한 것이다. 그러나 예수님을 믿고 세상에 사는 동안 성령의 도우심을 따라서 이미 온전하게 된 믿음의 거룩함을 원죄의 부패성을 가진 육체 속에서 자라나도록 키워야 한다. 이미 나를 값 주고 사신 예수님을 내안에서 회복시켜 나가는 것이다. 그래서 내 몸을 온전히 주님의 몸으로 만들어 가는 것이다. 이것을 성장이라고 한다.

　주님 앞에 설 때 영생과 함께 영광의 상급을 받는 기준이 바로 육체 가운데 살면서 내 안에 얼마나 예수님을 회복하고 살았는가가 상급 심판의 기준이 된다. 예수님을 믿고 중간에 죽어서 예수님을 만난 성도들은 자신이 죽을 때 가진 믿음의 분량에 따라서 상급을 받는다. 그러나 살아서 예수님을 만나는 성도들은 살아있는 육체를 이미 예수님께서 거룩하고 흠이 없게 하셨기 때문에 스스로 거룩한 옷을 지켜 휴거에 참여하든지 아니면 거룩한 옷을 훼손하였다면 그것을 복구해야 살아서 예수님을 만날 수 있는 것이다.

　거룩한 옷을 복구하는 방법이 거룩한 두루마기가 얼마나 더러워져 있는가에 따라서 달라지는 것이다. 지극히 적은 일부분이 더러워져 있다면 수리(양육)가 가능하다. 그러나 라오디게아 교회처럼 전체가 더러워져서 벌거벗고 있다면 자신이 죽어서 거룩한 두루마기를 다시 사야 하는 것이다.

　살아서 예수님의 재림을 맞이하는 것이 힘들고 어려울 수 있다. 그러나 가장 큰 복을 받은 성도들이다. 왜냐하면 어차피 한 번 죽는 것은 정한 것이다. 그러나 살아서 예수님을 만나는 성도들은 순교를 통해서 그리스도의 장성한 분량이 충만한데까지 자라날 수 있다. 그 결과 생명의 면류관을 얻을 수 있다. 최고의 상급이다. 순교나 피난처 교회에서 양육을 받는 것도 우리 인간의 힘으로 하는 것이 아니다. 이마에 인을 쳐 주신 하나님께서 이길 수 있는 힘을 주시고 아름다운 예수님의 신부인 교회로 단장시켜 나가시는 것이다. 비록 잠시동안 고난을 당할 수 있다. 그러나 그 고난을 이기고 나면 최고의 아름다운 예수님의 신부가 되는 것이다.

마지막 시대에 사는 성도들의 최대 과제는 무엇인가?

마지막 시대를 살아가는 성도들의 최대 과제는 자신을 온전한 교회로 세우는 것이다. 마지막 시대 세상을 살아가는 성도들의 과제는 세상에서 성공하고, 재물을 모으고, 평안하고 안정된 삶을 추구하는 것이 아니다. 어차피 세상은 모든 것이 뒤집혀지고 망하고 불로 태워져 사라진다. 알곡은 모아 곳간에 들이고 쭉정이는 불로 태워 버린다.

마지막 시대 세상에 사는 성도들은 자신의 신앙의 정체성을 확립하는 것이 가장 큰 과제이다. 하나님의 창조와 구속의 목적은 자기 아들 예수님의 신부를 얻는 것이다. 이것을 교회라고 한다. 그러므로 당신이 교회가 되는 것이 가장 중요한 이슈이며 삶의 목적이 되어야 한다. 당신이 교회가 되기 위해서 당신은 세상과 완전히 분리되어야 한다. 세상과 분리 되지 않으면 절대로 거룩함을 지킬 수 없다. 세상에 대하여 내 마음의 한 구석이라도 미련이 남아 있다면 롯의 처와 같이 올무에 걸릴 것이다. 요한 계시록 18장에서도 바벨론이란 도시를 떠나야 심판을 면할 수 있다고 하였다.

"또 내가 들으니 하늘로서 다른 음성이 나서 가로되 내 백성아, 거기서 나와 그의 죄에 참예하지 말고 그의 받을 재앙들을 받지 말라"(계18:4)

신구약 성경에서 구원을 받은 사람을 남은 자라고 하였다. 남은 자란 무슨 뜻인가? 세상과 분리된 사람이란 뜻이다. 세상과 분리가 되려면 세상에서 버림을 받아 쫓겨나든지 스스로 세상에서 나와야 한다. 그러면 남은 자가 되어 구원의 대상이 된다.

"그러므로 형제들아 내가 하나님의 모든 자비하심으로 너희를 권하노니 너희 몸을 하나님이 기뻐하시는 거룩한 산 제사로 드리라 이는 너희의 드릴 영적 예배니라 너희는 이 세대를 본받지 말고 오직 마음을 새롭게 함으로 변화를 받아 하나님의 선하시고 기뻐하시고 온전하신 뜻이 무엇인지 분별하도록 하라"(롬12:1-2)

내가 거룩한 예수님의 교회가 되려면 세상과 구별이 되어야 한다.

그리고 날마다 내 몸을 거룩한 산제사를 드려 영적 예배를 드림으로 믿음이 성장하여 하나님의 선하시고 기뻐하시고 온전하신 뜻이 무엇인지 분별할 수 있어야 한다.

온전한 교회가 된다는 것은 내 안에 계신 예수님이 온전히 사는 것을 의미한다. 어떤 경우에도 내가 사는 것이 아니라 내 안에 계신 주님이 살게 하시는 것이다. 바울은 주님이 살게 하기 위해 날마다 자신을 죽음에 넘겨 주었다.

"우리가 항상 예수 죽인 것을 몸에 짊어짐은 예수의 생명도 우리 몸에 나타나게 하려 함이라 우리 산 자가 항상 예수를 위하여 죽음에 넘기움은 예수의 생명이 또한 우리 죽을 육체에 나타나게 하려 함이니라 그런즉 사망은 우리 안에서 역사하고 생명은 너희 안에서 하느니라"(고후4:10-12)

교회의 비밀은 무엇인가?

한 사람의 몸에는 100조 개의 세포가 있다. 그런데 100조 개의 세포는 하나의 세포가 분열을 통해서 이루어졌다. 이것이 눈에 보이는 사람이다. 하나의 나의 모든 설계도를 가진 기본 세포는 보이지 않는다. 그러나 100조 개로 분열된 나는 볼 수 있다. 이것이 사람의 비밀이다.

교회 비밀도 마찬가지이다. 나 한 사람은 교회 전체를 만드는 하나의 세포이다, 구원 받은 모든 성도들이 하나가 될 때 전체 교회가 된다. 그러나 중요한 것은 전체 교회는 하나 된 나 한 사람의 세포가 없이는 불가능하므로 나 한 사람도 교회가 되고 전체가 또한 교회가 된다. 이것이 교회의 비밀이다.

"내가 이제 너희를 위하여 받는 괴로움을 기뻐하고 그리스도의 남은 고난을 그의 몸된 교회를 위하여 내 육체에 채우노라 내가 교회 일군 된 것은 하나님이 너희를 위하여 내게 주신 경륜을 따라 하나님의 말씀을 이루려 함이니라 이 비밀은 만세와 만대로부터 옴으로 감취었던 것인데 이제는 그의 성도들에게 나타났고 하나님이 그들로 하여금 이 비밀의 영광이 이방인 가운데 어떻게 풍성한 것을 알게 하려하심이라 이 비밀은 너희 안에 계신 그리스도시니 곧 영광의 소망이니라 우리가 그를 전파하여 각 사람을 권하고 모든 지혜로 각 사람을 가르침은 각 사람을 그리스도 안에서 완전한 자로 세우려 함이니 이를 위하여 나도 내 속에서 능력으로 역사하시는 이의 역사를 따라 힘을 다하여 수고하노라"(골1:24-29)

사도 바울은 교회를 위해 그리스도의 남은 고난을 자기 몸 안에 채우는 삶을 살았다. 왜냐하면 곧 교회는 자신의 몸이기 때문이다. 사도 바울은 각 사람을 가르치고, 각 사람을 권하고, 각 사람을 온전한 사람으로 세우려 했다. 왜냐하면 온전케 된 한 사람이 없는 온전한 전체 교회는 없기 때문이다. 이것은 사도 바울이 개인적으로 생각한 것이 아니라 바울 속에 계신 예수님께서 그렇게 하게 하신 것이다. 이것이 만세와 만대로부터 하나님 속에 감춰진 교회의 비밀이다.

그러므로 나 한 사람이 절대적인 교회가 되어야 한다. 절대적인 교회가 되는 것은 어떤 상황에서도 내가 살지 않고 내 안에 예수님께서 사셔서 원수를 사랑하고 핍박자를 위해 기도하고 원수가 주릴 때 먹을 것을 주고 목마를 때 마시게 해야 하는 것이다. 원수를 직접 갚지 않고 하나님께 맡기고 선으로 모든 악을 이기는 것이 절대적으로 나 한 사람이 교회가 되는 것이다.

"너희를 핍박하는 자를 축복하라 축복하고 저주하지 말라 즐거워하는 자들로 함께 즐거워하고 우는 자들로 함께 울라 서로 마음을 같이 하며 높은데 마음을 두지 말고 도리어 낮은데 처하며 스스로 지혜 있는체 말라 아무에게도 악으로 악을 갚지 말고 모든 사람 앞에서 선한 일을 도모하라 할 수 있거든 너희로서는 모든 사람으로 더불어 평화하라 내 사랑하는 자들아 너희가 친히 원수를 갚지 말고 진노하심에 맡기라 기록되었으되 원수 갚는 것이 내게 있으니 내가 갚으리라고 주께서 말씀하시니라 네 원수가 주리거든 먹이고 목마르거든 마시우라 그리함으로 네가 숯불을 그 머리에 쌓아 놓으리라 악에게 지지 말고 선으로 악을 이기라"(롬12:14-21)

피난처 교회와 단순 도피처의 차이

피난처 교회는 하나님께서 예비하신 교회이다. 그곳에서는 양육이

가능하다. 양육이 가능하다는 의미는 함께한 성도들이 자기 마음대로 사는 것이 아니라 예수님의 교회로 사는 것이다. 즉 예수님을 닮기 위해서 사는 곳이 피난처 교회이다. 초대 예루살렘 교회가 아름다운 피난처 교회였다. 구원 받은 성도는 세상에서 피난처를 찾을 수 없다. 구원 받은 성도들이 모여 사는 곳이 성도들의 피난처이다. 피난처 교회에서 양육이 이루어지려면 하나님의 말씀이 공급 되어야 한다. 예루살렘 교회는 사도의 가르침을 받아 서로 떡을 떼고 기도하고 전도하고 교제를 하였다. 그 결과 구원 받은 성도가 날마다 더하였고 세상 사람들로부터 칭찬을 받았다. 예수님의 몸 된 신부의 교회가 탄생한 것이다. 바나바와 바울이 안디옥 교회에서 가르칠 때 세상 사람들은 그들을 그리스도인이라고 하였다. 이는 그리스도를 닮은 사람들이란 뜻이다. 양육이 이루어지는 교회는 사도의 가르침이 있어야 한다. 그리고 모든 지체들이 순종하고 섬겨야 한다. 그래서 피난처 교회는 사람이 세운 것이 아니라 하나님께서 세우시는 것이다.

도피처는 사람들이 세운 곳이다. 단지 환난 시대를 피하기 위한 곳이다. 자신과 함께한 사람들의 육체의 생명을 지키기 위한 곳이다. 도피처에는 하나님의 말씀이 공급되지 않는다. 왜냐하면 하나님께서 세우신 공동체가 아니기 때문이다. 또한 모든 사람들이 순종하지 않기 때문이다. 진정한 교회란 순교자들이 모인 곳이다. 진정 자기가 살려고 모인 사람들이 아니다. 자기가 죽고 다른 지체를 살리기 위해서 사는 곳이 바로 공동체 교회이다. 그런데 이것은 생명의 말씀이 끊임없이 공급되지 않으면 불가능하다. 양식이 없어 주림이 아니고 물이 없어 갈함이 아니라 하나님의 말씀이 없는 기근과 기갈이다.

이미 구원을 받은 성도라도 원죄의 부패성이 있는 옛사람을 가지고 있다. 그런 사람들이 모여서 공동체를 만드는 것은 하나님의 도우심이 없으면 불가능하다. 무릇 살고자 하는 자는 죽을 것이요 죽고자 하는 자는 산다. 살기 위해서 모인 곳은 도피처이다. 죽고자 하여 모인 곳이 피난처 공동체 교회이다. 환난에 남은 성도는 최선을 다해서 원죄의 부패성에서 벗어나 예수님의 아름다운 신부로 단장해 나가야 한다. 이것이 과제이다. 아무리 환난기간에 육체의 생명을 보존한다 할지라고 예수님의 신부로 단장되어지지 않으면 구원을 받았을지라도 순교를 피할 수 없는 것이다.

　휴거가 끝난 후 남은 성도들은 두 종류로 구분이 된다. 피난처 교회와 도시에서 순교한 교회이다. 어차피 도시에서 순교한 교회들은 깨어 있지 못하기 때문에 피난처 교회를 상상할 수 없다. 그러나 깨어 있는 성도들은 피난처 교회를 생각하면서 준비를 한다. 이 가운데 피난처 교회와 도피처로 나눠지게 되는 것이다. 좀 더 눈이 밝아 깨어 있는 성도들과 양육이 가능한 성도들은 피난처 공동체 교회로 인도를 받을 것이다. 그러나 깨어 있기는 하지만 아직까지 정결한 영적인 눈을 가지고 있지 않고 양육을 통해서 더러워진 두루마기를 빨 수 없을 때는 도피처로 향하여 순교를 하는 것이다.

　환난 기간에서도 구원받은 성도들 안에는 성령이 계신다. 그러하기 때문에 성령의 인도를 받을 수 있다. 그리고 피난처 교회에서 양육을 받을 수 있다. 고센 땅에 애굽에 부어진 10가지 재앙이 있지 않았던 것처럼 하나님이 세우신 피난처 교회 안에는 아름다운 교제와 평화가 있다. 적그리스도인 짐승이 해하려 하지만 하나님께서 지키시는 공동체이다.

　당신이 하나님이 세우신 피난처 교회로 가든지 아니면 도피처로 가든지 하는 것은 당신의 선택에 있지 않고 당신을 너무나 잘 알고 계신 하나님께서 인도하신 것이다.

제6장 나를 알아야 한다

1. 당신이 교회인 10가지 이유

1) 정화(淨化)의 능력이 있다

 "기록된바 첫 사람 아담은 산 영이 되었다 함과 같이 마지막 아담은 살려 주는 영이 되었나니 그러나 먼저는 신령한 자가 아니요 육 있는 자요 그 다음에 신령한 자니라"(고전15:45-46)
 "명절 끝날 곧 큰날에 예수께서 서서 외쳐 가라사대 누구든지 목마르거든 내게로 와서 마시라 나를 믿는 자는 성경에 이름과 같이 그 배에서 생수의 강이 흘러나리라 하시니 이는 그를 믿는 자의 받을 성령을 가리켜 말씀하신 것이라 (예수께서 아직 영광을 받지 못하신 고로 성령이 아직 저희에게 계시지 아니하시더라)"(요7:37-39)
 "만일 그들이 우리 주 되신 구주 예수 그리스도를 앎으로 세상의 더러움을 피한 후에 다시 그 중에 얽매이고 지면 그 나중 형편이 처음보다 더 심하리니 의의 도를 안 후에 받은 거룩한 명령을 저버리는 것보다 알지 못하는 것이 도리어 그들에게 나으니라 참된 속담에 이르기를 개가 그 토하였던 것에 돌아가고 돼지가 씻었다가 더러운 구덩이에 도로 누웠다 하는 말이 그들에게 응하였도다"(벧후2:20-22)
 샘물은 항상 새물이 솟아 나온다 비록 현재 있는 물들을 더럽게 하여도 시간이 지나면 더러운 물은 사라지고 깨끗한 새물로 채워진다.

이것을 정화의 능력이라고 한다.

아담은 산 영이 되었지만 마지막 아담은 살려주는 영이 되었다. 산 영은 생동감이 없어 더러워지면 그만 끝이다. 그러나 살리는 영은 끊임 없이 죽은 세포를 밀어 내고 살아 있는 세포로 채워준다. 그래서 병이 들더라도 살리는 영은 치료가 가능하다. 원죄의 부패성이 항상 나를 이겨서 죄의 종으로 만들지만 예수님의 피는 항상 죄를 속하고 새로운 생명으로 채워 주신다. 베드로는 이단들에 대하여 경고를 한다. 이단들이 은사를 경험하고 잠시 동안 은혜를 받을지라도 하나님의 말씀을 통해 뿌리를 내리지 못하고 그 믿음을 저버리면 나중 형편이 처음 보다 더 심하게 망가진다는 사실을 경고하고 있다. 개가 토하고 다시 먹고 돼지가 씻고 나서 다시 누운 것처럼 자신을 정화시킬 수 없는 사람은 교회가 아니라는 것이다.

2) 열매가 있다

"이러므로 너희가 더욱 힘써 너희 믿음에 덕을, 덕에 지식을, 지식에 절제를, 절제에 인내를, 인내에 경건을, 경건에 형제 우애를, 형제 우애에 사랑을 공급하라 이런 것이 너희에게 있어 흡족한즉 너희로 우리 주 예수 그리스도를 알기에 게으르지 않고 열매 없는 자가 되지 않게 하려니와 이런 것이 없는 자는 소경이라 원시치 못하고 그의 옛 죄를 깨끗케 하심을 잊었느니라 그러므로 형제들아 더욱 힘써 너희 부르심과 택하심을 굳게 하라 너희가 이것을 행한즉 언제든지 실족지 아니하리라 이같이 하면 우리 주 곧 구주 예수 그리스도의 영원한 나라에 들어감을 넉넉히 너희에게 주시리라"(벧후1:5-11)

구원 받은 교회는 믿음이 자라남에 따라서 차례대로 열매를 맺게 된다. 믿음, 덕, 지식, 절제, 인내, 경건, 형제우애, 사랑이다. 이런 열매가 없는 사람은 소경이다 아직 영적인 눈을 뜨지 못한 사람이요, 거듭나지 못한 성도이다. 아직까지 거듭나지 못한 영적인 소경이기 때문에 자신이 지은 죄를 처리할 수 없다. 그래서 계속해서 같은 죄를 반복한다. 그러면서도 주제를 파악하지 못하고 자신은 여전히 교회라고 생각을 하는 것이다. 이런 사람은 예수 그리스도의 영원한 나라에 들어 갈 수 없다. 그러나 성령의 열매를 맺어 가는 성도는 예수 그리스도의 영원한 나라에 넉넉히 들어갈 수 있다.

3) 사랑이 있다

"사랑하는 자들아 내가 새 계명을 너희에게 쓰는 것이 아니라 너희가 처음부터 가진 옛 계명이니 이 옛 계명은 너희의 들은 바 말씀이거니와 다시 내가 너희에게 새 계명을 쓰노니 저에게와 너희에게도 참된 것이라 이는 어두움이 지나가고 참빛이 벌써 비침이니라 빛 가운데 있다 하며 그 형제를 미워하는 자는 지금까지 어두운 가운데 있는 자요 그의 형제를 사랑하는 자는 빛 가운데 거하여 자기 속에 거리낌이 없으나 그의 형제를 미워하는 자는 어두운 가운데 있고 또 어두운 가운데 행하며 갈 곳을 알지 못하나니 이는 어두움이 그의 눈을 멀게 하였음이니라"(요일2:7-11)

사도 요한은 눈에 보이는 형제를 사랑하는 자는 빛 가운데 있는 자요 빛 가운데 있다 하면서 눈에 보이는 형제를 미워하는 자는 어두운 가운데 있는 자라고 하였다. 빛 가운데 형제를 사랑하는 자는 그 마음에 거리낌이 없으나 형제를 미워하는 자는 어두운 가운데 있고 또 어두운 가운데 행하며 갈 곳을 알지 못하나니 이는 어두움이 그의 눈을 멀게 하였다고 했다.

4) 의로움이 있다

"주를 향하여 이 소망을 가진 자마다 그의 깨끗하심과 같이 자기를 깨끗하게 하느니라 죄를 짓는 자마다 불법을 행하나니 죄는 불법이라 그가 우리 죄를 없이 하려고 나타내신바 된 것을 너희가 아나니 그에게는 죄가 없느니라 그 안에 거하는 자마다 범죄하지 아니하나니 범죄하는 자마다 그를 보지도 못하였고 그를 알지도 못하였느니라 자녀들아 아무도 너희를 미혹하지 못하게 하라 의를 행하는 자는 그의 의로우심과 같이 의롭고 죄를 짓는 자는 마귀에게 속하나니 마귀는 처음부터 범죄함이니라 하나님의 아들이 나타나신 것은 마귀의 일을 멸하려 하심이니라 하나님께로서 난 자마다 죄를 짓지 아니하나니 이는 하나님의 씨가 그의 속에 거함이요 저도 범죄치 못하는 것은 하나님께로서 났음이라 이러므로 하나님의 자녀들과 마귀의 자녀들이 나타나나니 무릇 의를 행치 아니하는 자나 또는 그 형제를 사랑치 아니하는 자는 하나님께 속하지 아니하니라 우리가 서로 사랑할찌니 이는 너희가 처음부터 들은 소식이라 가인 같이 하지 말라 저는 악한 자에게 속하여 그 아우를 죽였으니 어찐 연고로 죽였느뇨 자기의 행위는 악하고 그 아우의 행위는 의로움이니라"(요일3:3-12)

　사도 요한은 주를 향하여 소망을 가진 자들은 그의 깨끗하심 같이 자기를 깨끗하게 한다고 하였다. 죄를 짓는 자마다 불법을 행하는 것이라 하였다. 그러면서 주 안에 거하는 자마다 범죄하지 아니하나니 범죄하는 자는 그를 보지도 못하였고 알지도 못한 자라고 하였다. 의를 행하는 자와 형제를 사랑하는 자는 하나님께 속하였고 죄를 범하는 자는 마귀에게 속하였다고 하였다.

　"우리가 저에게서 듣고 너희에게 전하는 소식이 이것이니 곧 하나님은 빛이시라 그에게는 어두움이 조금도 없으시니라 만일 우리가 하나님과 사귐이 있다 하고 어두운 가운데 행하면 거짓말을 하고 진리를 행치 아니함이거니와 저가 빛 가운데 계신것 같이 우리도 빛 가운데 행하면 우리가 서로 사귐이 있고 그 아들 예수의 피가 우리를 모든 죄에서 깨끗하게 하실 것이요 만일 우리가 죄 없다하면 스스로 속이고 또 진리가 우리 속에 있지 아니할 것이요 만일 우리가 우리 죄를 자백하면 저는 미쁘시고 의로우사 우리 죄를 사하시며 모든 불의에서 우리를 깨끗케 하실 것이요 만일 우리가 범죄하지 아니하였다 하면 하나님을 거짓말 하는 자로 만드는 것이니 또한 그의 말씀이 우리 속에 있지 아니하니라"(요일1:5-10)

　사도 요한은 하나님은 빛이시기 때문에 빛 가운데 거하는 자는 항상 예수님의 피로 자신을 깨끗하게 한다고 하였다. 그러나 빛 가운데 거한다 하면서 자신의 죄를 깨끗하게 하지 못하고 스스로 죄없다 하면 그는 하나님을 거짓말 하는 자로 만드는 것이라 하였다. 그러면서 항상 죄를 자백하고 고백하여 모든 불의에서 깨끗하게 하시는 말씀 가운데 살도록 하였다.

5) 믿음이 있다

"내가 복음을 부끄러워하지 아니하노니 이 복음은 모든 믿는 자에게 구원을 주시는 하나님의 능력이 됨이라 첫째는 유대인에게요 또한 헬라인에게로다 복음에는 하나님의 의가 나타나서 믿음으로 믿음에 이르게 하나니 기록된바 오직 의인은 믿음으로 말미암아 살리라 함과 같으니라"(롬1:16-17)

구원 받은 교회는 믿음이 있다. 즉 복음을 부끄러워 하지 않고 복음을 믿는 믿음으로 살아가는 것이다. 복음은 예수님의 십자가의 대속의 사건을 믿는 것이다. 또 복음을 믿는다는 것은 이 복음대로 살아가는 것을 말한다. 내가 예수님을 믿고 죄사함을 받았기 때문에 나도 나에게 죄를 지은 사람을 용서하면서 사는 것이 믿음으로 사는 것이다. 내가 예수님의 사랑을 받아 하나님의 자녀가 되었으니 나도 사랑할 수 없는 사람을 사랑하고 살아가는 것이 믿음으로 사는 것이다. 예수님께서 나를 용납하여 받아 주셨기 때문에 도저히 용납하여 받아 줄 수 없는 사람을 받아 주는 것이 믿음으로 사는 것이다. 많은 사람들은 믿음으로 사는 것을 추상적으로 또 관념론적으로 생각한다. 그냥 무조건 넘어가는 것은 믿음으로 사는 것이 아니다. 구체적으로 내가 믿는 복음대로 살아가는 것이 믿음이다. 그런 사람이 바로 의인이다.

"그리스도 예수 안에서는 할례나 무할례나 효력이 없으되 사랑으로써 역사하는 믿음뿐이니라 너희가 달음질을 잘 하더니 누가 너희를 막아 진리를 순종하지 못하게 하더냐"(갈5:6-7)

갈라디아 교회는 거짓 교사들의 미혹을 받아 믿음에서 떠나 영적으로 병이 들어 있었다. 그래서 어리석게 되었다. 율법의 행위로 의롭게 되려다가 도리어 올무에 걸려 서로를 원망하고 미워하는 교회가 되었다. 이런 갈라디아 교회를 향해 사도 바울은 할례나 무할례가 효력이 없으되 사랑으로써 역사하는 믿음 밖에 없다고 하였다. 이것이 나도 살고 모두를 살리는 길이라는 것이다. 믿음 생활을 하다가 교만해 지면 서로를 판단하고 정죄하게 된다. 누가 잘했는지 누가 잘못 했는지를 판단하게 된다. 이런 행위를 하면서 자신은 의로운 사람이란 착각을 한다. 이것이 갈라디아 교회 성도들의 영적인 병이다. 즉 믿음으로 살지 않고 율법의 행위로 살아가려 하는 것이다.

사람이 의롭게 되는 것은 그 사람의 옳은 행위를 따지는 것이 아니다. 할례를 받았느냐 할례를 받지 않았느냐가 아니다. 이는 그 사람의 행위가 옳았느냐 아니면 잘못했는가를 따지는 것이 그 사람을 의롭게 하는 것이 아니다. 병든 나를 치료하고 병든 성도를 치료하여 살리는 방법은 사랑으로 역사 하는 믿음 밖에 없다. 여기에서 말한 사랑은 아가페 사랑이다.

믿음으로 그 사람의 허물을 덮어 주는 것이다. 믿음으로 그 사람을 용서하는 것이다. 믿음으로 그 사람을 품어 주는 것이다. 믿음으로 그 사람을 희생적으로 사랑하는 것이다. 이때 그 사람이 의롭게 되어 죄에서 벗어날 수 있는 것이다. 당신이 만일 교회라면 이렇게 살아야 하는 것이다. 당신의 자녀, 당신의 남편, 당신의 아내, 당신의 친구의 행위에 따라서 판단하고 정죄하지 말고 당신에게 그 영혼을 살리고 치료할 수 있는 능력이 있다는 사실을 알아야 한다. 그것이 바로 사랑으로써 역사하는 믿음이다.

6) 온전함이 있다

"또 네 이웃을 사랑하고 네 원수를 미워하라 하였다는 것을 너희가 들었으나 나는 너희에게 이르노니 너희 원수를 사랑하며 너희를 핍박하는 자를 위하여 기도하라 이같이 한즉 하늘에 계신 너희 아버지의 아들이 되리니 이는 하나님이 그 해를 악인과 선인에게 비취게 하시며 비를 의로운 자와 불의한 자에게 내리우심이니라 너희가 너희를 사랑하는 자를 사랑하면 무슨 상이 있으리요 세리도 이같이 아니하느냐 또 너희가 너희 형제에게만 문안하면 남보다 더 하는 것이 무엇이냐 이방인들도 이같이 아니하느냐 그러므로 하늘에 계신 너희 아버

지의 온전하심과 같이 너희도 온전하라"(마5:43-48)

　기독교는 단지 예수 믿고 영생을 얻은 종교가 아니다. 하늘에 계신 아버지의 온전하심을 이룬 종교이다. 예수 믿고 하나님 아버지의 양자가 된 성도는 예수님과 똑같이 아버지의 온전하심에 도달해야 한다. 이것이 우리를 구원해 주시는 아버지의 뜻이다.

　예수님은 제자들에게 옛 계명과 새 계명의 차이점을 알게 하신다. 옛 계명은 상대적이지만 새 계명은 절대적이다. 옛 계명의 대상은 사람이었지만 새 계명의 대상은 하나님이시다.

　하나님 아버지께서 해를 악인과 선인에게 비취신 것처럼, 비를 의로운 자와 불의한 자에게 내리우심 같이 예수 믿고 구원을 받아 하나님의 아들이 된 교회도 그렇게 살아야 한다는 것이다. 원수를 사랑해야 한다. 핍박자를 위해 기도해야 한다. 세리나 이방인들처럼 사랑하는 사람만 사랑하고 형제에게만 문안하면 안된다는 것이다.

7) 인내가 있다

　"볼찌어다 내가 네 앞에 열린 문을 두었으되 능히 닫을 사람이 없으리라 내가 네 행위를 아노니 네가 적은 능력을 가지고도 내 말을 지키며 내 이름을 배반치 아니하였도다 보라 사단의 회 곧 자칭 유대인이라 하나 그렇지 않고 거짓말 하는 자들 중에서 몇을 네게 주어 저희로 와서 네 발앞에 절하게 하고 내가 너를 사랑하는 줄을 알게 하리라 네가 나의 인내의 말씀을 지켰은즉 내가 또한 너를 지키어 시험의 때를 면하게 하리니 이는 장차 온 세상에 임하여 땅에 거하는 자들을 시험할 때라"(계3:8-10)

　세상에 사는 사람들의 최대 관심사는 눈에 보이는 성과물이 있어야 한다. 사업을 하면서도 성과물이 없으면 힘들어 하고 실망을 한다. 기도를 하는 사람들 역시 속히 응답이 와서 성과물이 나타나기를 고대한다. 정치를 하는 사람들에게도 그들의 수고가 큰 성과물로 나타나기를 고대한다. 세상에 사는 사람 중 어느 누구도 성과물이 없이 오랜 세월 고생하고 살기를 원하는 사람은 한 사람도 없다.

그런데 성경은 다르게 말을 한다. 세상에서 가장 큰 복을 받은 사람이 인내의 말씀을 지킨 것이다. 인내란 성과물이 없음에도 불구하고 오랜 세월을 버티는 것을 말한다. 물질 세상에서 인내하는 것은 미련하게 보인다. 무능하게 보인다. 비천하게 보인다. 실패자와 같이 보인다. 그래서 오랜 세월 인내하는 사람들이 많지 않다. 설령(設令) 있다고 해도 어쩔 수 없는 환경에서 견디는 것이다. 그런데 성경은 인내하는 자가 최고의 복을 받을 것을 말씀 하신다. 빌라델비아 교회이다.

빌라델비아 교회는 가난한 시골교회이다. 구성원들도 가난하고 학식도 없다. 뛰어난 사람도 없고 유명한 사람도 없다. 그런데 그 교회 안에 자칭 유대인들이 있다. 가짜 유대인 사단을 숭배하는 바리새파 유대인들이다. 이들은 교만하여 칭찬 받기를 바라고, 돈을 좋아 하고, 시장에서 문안 받기를 좋아하고, 높은 자리에 앉기를 좋아하는 사람들이다. 다른 사람들을 업신 여기고, 판단하고, 정죄하고, 심판하는 사람들이다.

이들 틈에서 함께 신앙 생활을 하고 있는 빌라델비아 교회 성도들을 생각하면 가슴이 미어진다. 그들이 당한 고통과 판단과 업신 여김은 말로 할 수 없다. 그럼에도 불구하고 그들을 교회로 사랑하고 섬기는 인내의 말씀을 끝까지 지켰다. 그 결과 하나님은 사단을 숭배하면서 교회생활을 한 위선자들을 심판하여 교회 앞에 절하게 하셨다. 그리고 빌라델비아 교회에게 휴거의 축복과 하늘의 새 예루살렘의 이름을 주셨다. 예수님의 신부가 된 것이다.

눈에 보이는 것들 때문에 싸우고, 판단하고, 정죄한 것은 어리석은 일이다. 눈에 보이는 성과물이 없을지라도 빌라델비아 교회처럼 인내의 말씀을 지키는 것이 하나님의 온전한 복을 받는 비결이다.

"내 형제들아 너희가 여러가지 시험을 만나거든 온전히 기쁘게 여기라 이는 너희 믿음의 시련이 인내를 만들어 내는줄 너희가 앎이라 인내를 온전히 이루라 이는 너희로 온전하고 구비하여 조금도 부족함이 없게 하려 함이라"(약1:2-4)

야고보 사도는 하나님께서 여러가지 시험을 주신 것은 인내를 온전히 이루라고 주신 것이라 하였다. 그러므로 여러가지 시험을 만날 때 온전히 기쁘게 여기고 믿음의 시련을 통해 인내 훈련을 하라고 하신다. 인내를 온전히 이룬 후 하나님께서 조금도 부족함이 없는 온전한 복을 주시겠다고 한다. 바람에 나는 겨들이 보이는가? 바람에 요동하는 바다의 파도를 보는가? 오늘날 말세 성도들이 인내의 축복을 알지 못하고 보이는 물질 세상 속에서 얼마나 방황을 하고 있는가! 눈에 보이는 모든 것들은 다 사라지고 만다. 그러나 인내의 말씀을 지킨 자들은 새 예루살렘이 된다.

40년 전에 공동체 교회 비전을 주셨다. 2022년이 40년이 되는 해이다. 40년을 하루같이 인내의 말씀을 붙잡고 오늘에 왔다. 이제야 빛을 보여 주신다. 이제야 열매를 보여 주신다. 이제야 인내의 실체가 이루어지고 있다. 노아는 100년 동안 산에서 방주를 만들었다. 인내의 말씀을 지켜서 끝내 방주가 완성될 때 세상은 물로 심판을 받았고 노아의 방주는 심판을 이기고 물위에 떴다.

이제 세상은 불로 사라진다. 불에 타지 않는 것이 있다. 눈에 보이지 않는 인내의 말씀을 지켜서 주님이 가져 오실 나라를 기다리는 것이다. 이런 사람들이 바로 교회이다.

8) 용서가 있다

"그 때에 베드로가 나아와 가로되 주여 형제가 내게 죄를 범하면 몇 번이나 용서하여 주리이까 일곱번까지 하오리이까 예수께서 가라사대 네게 이르노니 일곱번 뿐 아니라 일흔번씩 일곱번이라도 할찌니라 이러므로 천국은 그 종들과 회계하려 하던 어떤 임금과 같으니 회계할 때에 일만 달란트 빚진 자 하나를 데려오매 갚을 것이 없는지라 주인이 명하여 그 몸과 처와 자식들과 모든 소유를 다 팔아 갚게 하라 한대 그 종이 엎드리어 절하며 가로되 내게 참으소서 다 갚으리이다 하거늘 그 종의 주인이 불쌍히 여겨 놓아 보내며 그 빚을 탕감하여 주었더니 그 종이 나가서 제게 백 데나리온 빚진 동관 하나를 만나 붙들어 목을 잡고 가로되 빚을 갚으라 하매 그 동관이 엎드리어 간구하여 가로되 나를 참아 주소서 갚으리이다 하되 허락하지 아니하고 이에 가서 저가 빚을 갚도록 옥에 가두거늘 그 동관들이 그것을 보고 심히 민망하여 주인에게 가서 그 일을 다 고하니 이에 주인이 저를 불러다가 말하되 악한 종아 네가 빌기에 내가 네 빚을 전부 탕감하여 주었거늘 내가 너를 불쌍히 여김과 같이 너도 네 동관을 불쌍히 여김이 마땅치 아니하냐 하고 주인이 노하여 그 빚을 다 갚도록 저를 옥졸들에게 붙이니라 너희가 각각 중심으로 형제를 용서하지 아니하면 내 천부께서도 너희에게 이와 같이 하시리라"(마18:21-35)

무서운 예수님의 말씀이 있다. 너희가 중심으로 형제를 용서하지 아니하면 내 천부께서도 너희에게 이와 같이 하시리라. 용서에 대한 말씀이다. 베드로가 일곱 번까지 용서하오리까 물을 때 일흔 번에 일곱 번까지 하라고 하셨다. 이 말씀은 계속해서 영원히 용서하라고 하신 것이다. 한결같이 용서하라는 것이다. 성실하게 용서하라는 것이다. 쉬지 말고 용서하라는 것이다. 충성스럽게 용서하라는 것이다. 그러면서 비유를 말씀 하신다. 일만 달란트 빚진 자가 탕감을 받고 나오다 자신에게 100 데나리온 빚진 친구를 만나 목을 잡고 옥에 가둔다. 이 말을 들은 임금은 다시 그 악한 종을 불러 일만 달란트 빚을 다 갚도록 옥에 가뒀다는 비유이다. 그렇다면 일만 달란트는 오늘날 얼마나 될까?

1데나리온은 하루 품삯이다. 1드라크마는 1데나리온에 해당하는 그리스 은화이다. 1달란트는 6000 드라크마이고 이는 6000일 품삯이다. 1만 달란트는 6000만 드라크마로 6000만일 품삯이다. 16만 년 품삯이다. 하루 품삯을 10만원을 계산을 하면 6조원이 된다. 그렇다면 100 데나리온은 얼마인가? 1000만원이다. 악한 종은 1000만원의 친구 빚을 탕감하여 주지 아니한 연고로 6조원의 빚을 탕감 받지 못하게 된 것이다. 이 비유는 용서가 얼마나 큰 복인가를 가르쳐 주는 비유이다.

우리 죄인이 하나님께 용서를 받은 댓가는 6조원의 가치가 있다. 그러나 우리가 용서해야 할 가치는 아무리 많아도 1000만원 밖에 안 된다. 만일 우리가 1000만원 가치를 용서하지 못하면 6조원의 빚을 갚아야 하는 것이다.

9) 온유가 있다

"이 사람 모세는 온유함이 지면의 모든 사람보다 승하더라"(민 12:3)
"온유한 자는 복이 있나니 저희가 땅을 기업으로 받을 것임이요"(마 5:5)

모세는 광야교회 지도자이다. 그는 애굽에서 자기 백성을 구하기 위해 애굽 사람을 쳐 죽였다. 인간적인 방법으로 자기 백성을 구하려다가 그는 40년 동안 광야 생활을 해야 했다. 모세에게 왜 40년 광야 생활이 필요 했을까? 그는 애굽에 있을 때 혈기가 왕성한 사람이었다. 그러나 광야 40년의 세월을 통해 세상 사람들 중에 가장 온유한 자가 되었다.

온유란 부드럽고 동정심이 많은 마음을 말한다. 급히 성내지 아니하고, 포악하지 않고, 항상 평정심을 잃지 않는 마음이다. 하나님이 쓰시는 일군이 되려면 반드시 온유한 자가 되어야 한다. 성령의 인도를 받기 위해서 반드시 온유한 자가 되어야 한다. 온유한 자가 되기 위해 모세는 40년 동안 원죄의 부패성에서 나온 혈기를 죽여야 했다. 그래서 혈기 왕성한 그가 마치 어린아이와 같이 되었던 것이다.

모세가 40년 광야에서 이스라엘의 백성들과 장로들과 방백들과 충돌하는 일들이 많이 있었다. 그때마다 모세는 그들 앞에 엎드렸다. 그리고 그들을 섬겼다. 단 한 번도 그들 앞에 주장하는 자세나 완고한 지도자로 나타나지 않았다. 이것이 하나님께서 모세를 40년 동안 훈련시키신 목적이다. 이스라엘이 홍해 앞 바알스본에 갇혔을 때 백성들은 모세를 향해 원망하고 불평을 토하며 애굽에 매장지가 없어서 여기서 죽게 하느냐고 대적을 했다. 그때 모세는 그들에게 여호와께서 싸우실 터이니 너희는 가만히 있어 여호와의 구원을 보라고 하였다.

"온 회중이 소리를 높여 부르짖으며 밤새도록 백성이 곡하였더라 이스라엘 자손이 다 모세와 아론을 원망하며 온 회중이 그들에게 이르되 우리가 애굽 땅에서 죽었거나 이 광야에서 죽었더면 좋았을 것을 어찌하여 여호와가 우리를 그 땅으로 인도하여 칼에 망하게 하려 하는고 우리 처자가 사로잡히리니 애굽으로 돌아가는 것이 낫지 아니하랴 이에 서로 말하되 우리가 한 장관을 세우고 애굽으로 돌아가자 하매 모세와 아론이 이스라엘 자손의 온 회중 앞에서 엎드린지라"(민14:1-5)

가데스바네아에서 10명의 정탐군들의 악한 보고를 받고 이스라엘 백성들이 밤새 울면서 모세를 원망하고 애굽으로 돌아가자고 탄식을 한다. 그때 모세와 아론이 그들 앞에 엎드렸다.

"레위의 증손 고핫의 손자 이스할의 아들 고라와 르우벤 자손 엘리압의 아들 다단과 아비람과 벨렛의 아들 온이 당을 짓고 이스라엘 자손 총회에 택함을 받은 자 곧 회중에 유명한 어떤 족장 이백 오십인과 함께 일어나서 모세를 거스리니 그들이 모여서 모세와 아론을 거스려 그들에게 이르되 너희가 분수에 지나도다 회중이 다 각각 거룩하고 여호와께서도 그들 중에 계시거늘 너희가 어찌하여 여호와의 총회 위에 스스로 높이느뇨 모세가 듣고 엎드렸다가"(민16:1-4)

레위 자손 고라, 르우벤 자손 다단과 온이 당을 짓고 이스라엘 총회 앞에 택함을 받은 유명한자 250 족장들이 일제히 모세를 대적하면서 모세의 지도력에 대하여 비난하고 훼방을 한다. 그때 아론과 모세는 또 그들 앞에 엎드린다.

"백성의 온 가족들이 각기 장막 문에서 우는 것을 모세가 들으니라 이러므로 여호와의 진노가 심히 크고 모세도 기뻐하지 아니하여 여호와께 여짜오되 주께서 어찌하여 종을 괴롭게 하시나이까 어찌하여 나로 주의 목전에 은혜를 입게 아니하시고 이 모든 백성을 내게 맡기사 나로 그 짐을 지게 하시나이까 이 모든 백성을 내가 잉태하였나이까 내가 어찌 그들을 생산하였기에 주께서 나더러 양육하는 아비가 젖먹는 아이를 품듯 그들을 품에 품고 주께서 그들의 열조에게 맹세하신 땅으로 가라 하시나이까 이 모든 백성에게 줄 고기를 내가 어디서 얻으리이까 그들이 나를 향하여 울며 가로되 우리에게 고기를 주어 먹게 하라 하온즉 책임이 심히 중하여 나 혼자는 이 모든 백성을 질 수 없나이다 주께서 내게 이같이 행하실찐대 구하옵나니 내게 은혜를 베푸사 즉시 나를 죽여 나로 나의 곤고함을 보지 않게 하옵소서"(민 11:10-15)

모세는 광야에서 이스라엘 백성들이 애굽에서 먹었던 고기를 먹고 싶다고 울 때 그는 여호와 앞에서 울며 고기를 요구한 그들에게 아무것도 할 수 없는 자신을 비관하면서 차라리 자신을 죽여 달라고 애원을 한다. 모세는 광야 교회의 지도자이다. 그는 이를 위해 40년 동안 녹아지는 연단을 받아 지면에서 가장 온유한 자가 되었다. 만일 모세가 중간에 애굽에서 있었던 것처럼 혈기를 부리며 백성들과 싸웠다면 아무도 살아남을 수 없었을 것이다.

그러나 모세는 외롭고 쓸쓸할 때 마다 때로는 눈 앞이 캄캄할 때 마다 여호와 앞에 나와 기도하고 대화하므로 계속해서 백성들을 지키고 인도할 수 있었다.

만일 구원 받은 교회가 모세처럼 온유함으로 모든 죄인들을 받아 품지 아니하면 어느 누구도 구원을 받을 수 없을 것이다. 여호와께서는 두 번이나 목이 곧은 이 백성들을 멸하고 새로운 백성들을 주어 가나안으로 인도해 주겠다고 하셨다. 그때마다 모세는 차라리 자신을 죽여 생명책에서 자신의 이름을 지워달라고 하였다.

예수 믿고 구원을 받은 교회가 세상에서 빛과 소금의 역할을 감당한다는 것이 무엇인가? 모세와 같이 온유한 마음으로 죄인들을 품고 여호와의 보좌 앞으로 나가는 것이다. 오늘날 눈에 보이는 것들 때문에 교회안에서도 다툼과 분쟁과 싸움이 일어난다. 그 누구도 모세와 같이 엎드린 사람이 없다. 때로는 하나님께서 맡겨 주신 직분을 감당하면서 통곡하고 탄식할 때가 많이 있다. 그러나 모세를 생각하고 다시 정신을 차린다.

하늘에 소망을 두고 예수님과 동행한 성도는 오늘날에도 모세처럼 사람들에게 짓밟히면서 도 그들의 영혼에 대한 책임을 포기하지 않도록 옛 사람의 혈기를 죽이고 온유함으로 훈련을 해야 할 것이다.

"내가 생각건대 하나님이 사도인 우리를 죽이기로 작정한 자 같이 미말에 두셨으매 우리는 세계 곧 천사와 사람에게 구경거리가 되었노라 우리는 그리스도의 연고로 미련하되 너희는 그리스도 안에서 지혜롭고 우리는 약하되 너희는 강하고 너희는 존귀하되 우리는 비천하여바로 이 시간까지 우리가 주리고 목마르며 헐벗고 매맞으며 정처가 없고 또 수고하여 친히 손으로 일을 하며 후욕을 당한즉 축복하고 핍박을 당한즉 참고 비방을 당한즉 권면하니 우리가 지금까지 세상의 더러운 것과 만물의 찌끼 같이 되었도다 내가 너희를 부끄럽게 하려고 이것을 쓰는 것이 아니라 오직 너희를 내 사랑하는 자녀 같이 권하려 하는 것이라 그리스도 안에서 일만 스승이 있으되 아비는 많지 아니하니 그리스도 예수 안에서 복음으로써 내가 너희를 낳았음이라"(고전4:9-15)

사도 바울은 고린도 교회가 자신을 향해 온갖 비방과 원망과 대적하는 말을 할 때 오히려 그들에 대해 복을 빌면서 자신들은 세상에서 더러운 것과 만물의 찌끼 같이 되었다고 하였다. 그러면서 바울이 고린도 교회를 버릴 수 없는 이유는 복음으로 낳은 자식이기 때문이라고 한다.

오늘날 교회는 너무나 사납다. 너무나 싸움을 좋아 한다. 알아도 모른척 허물을 덮어주고, 믿음이 연약한 자들을 받아 품고, 거친 성도들조차도 함께 어깨동무 할 수 있는 아름다운 교회가 되어야 한다. 자신이 죽고 지체를 살리는 교회가 되고 싶다.

"하나님의 성령을 근심하게 하지 말라 그 안에서 너희가 구속의 날까지 인치심을 받았느니라 너희는 모든 악독과 노함과 분냄과 떠드는 것과 훼방하는 것을 모든 악의와 함께 버리고 서로 인자하게 하며 불쌍히 여기며 서로 용서하기를 하나님이 그리스도 안에서 너희를 용서하심과 같이 하라"(엡4:30-32)

10) 겸손이 있다

"수고하고 무거운 짐진 자들아 다 내게로 오라 내가 너희를 쉬게 하리라 나는 마음이 온유하고 겸손하니 나의 멍에를 메고 내게 배우라 그러면 너희 마음이 쉼을 얻으리니 이는 내 멍에는 쉽고 내 짐은 가

벼움이라 하시니라"(마11:28-30)
　예수님은 자신을 온유하고 겸손한 자라고 하셨다. 제자들이 자신의 온유하고 겸손한 멍에를 매고 배우면 마음의 쉼을 얻으리라고 하셨다. 그렇다 마음이 온유하고 겸손하지 못한 사람은 절대로 주님이 주신 안식을 얻을 수 없다 그렇다면 겸손이란 무엇인가?
　"너희 안에 이 마음을 품으라 곧 그리스도 예수의 마음이니 그는 근본 하나님의 본체시나 하나님과 동등 됨을 취할 것으로 여기지 아니하시고 오히려 자기를 비워 종의 형체를 가져 사람들과 같이 되었고 사람의 모양으로 나타나셨으매 자기를 낮추시고 죽기까지 복종하셨으니 곧 십자가에 죽으심이라 이러므로 하나님이 그를 지극히 높여 모든 이름 위에 뛰어난 이름을 주사 하늘에 있는 자들과 땅에 있는 자들과 땅 아래 있는 자들로 모든 무릎을 예수의 이름에 꿇게 하시고 모든 입으로 예수 그리스도를 주라 시인하여 하나님 아버지께 영광을 돌리게 하셨느니라"(빌2:5-11)
　겸손이란 자신을 비운 것이다. 자신을 비우지 아니한 사람은 절대로 겸손할 수 없다. 자신을 비운다는 것은 자신의 존재가 없다는 것이다. 사람들의 모든 사건은 상대성이 있다. 상대방의 언행이나 선택에 따라서 희노애락이 결정된다. 그러나 자신을 비운 사람은 절대로 어떤 경우에서도 상대적인 문제가 일어나지 않는다. 이것을 겸손이라고 하였다. 예수님은 근본 하나님의 본체시나 자기를 비워 오히려 종의 형체를 가져 사람이 되셨다. 뿐만 아니라 죽기까지 복종하셨다. 그래서 하나님은 예수님을 지극히 높여 모든 이름위에 뛰어나게 하시고 하늘에 있는 자들과 땅에 있는 자들과 땅 아래 있는 자들로 모든 무릎을 예수 이름에 꿇게 하시고 모든 입으로 예수 그리스도를 주라 시인하여 하나님 아버지께 영광을 돌리게 하셨다.
　예수님께서 만왕의 왕이 되신 것은 그냥 되신 것이 아니다. 자신을 비우시고 종의 형체를 가지고 인간이 되셔서 십자가에 죽기까지 복종하심으로 이루신 것이다. 성경은 이것을 겸손이라 하였다. 예수님께서 그렇게 하신 목적은 하나님 아버지께 영광을 돌리게 하신 것이다.
　그렇다 겸손해야 자신을 비우고 예수님이 자신 속에서 살도록 할 수 있다. 입으로는 주를 시인하면서 자기 혈기대로 사는 사람들은 절대로 하나님 아버지께 영광을 돌려 드릴 수 없다. 왜냐하면 그 사람을 통해서는 예수님이 나타날 수 없기 때문이다. 오늘날 가짜 그리스도인들이 많이 있다. 온유와 겸손의 멍에를 메고 예수님을 배우지 아니한 연고다.

믿음의 분량도 그냥 자라나는 것이 아니다. 예수를 오래 믿었다고 자라나는 것이 아니다. 성경을 잘 알고 있다고 그렇게 된 것도 아니다. 기도를 많이 한다고 되는 것이 아니다. 자신을 비워야 하는 것이다. 그리고 예수님을 배워야 하는 것이다. 예수님을 배운다는 것은 예수님을 따라가는 것이다. 예수님처럼 사는 것이다. 예수님의 말씀대로 순종하는 것이다.

그렇게 하면 예수님처럼 낮아진다. 예수님처럼 십자가에 죽을 수 있는 복종까지 있을 수 있다. 그렇게 최대한 낮아질 때 예수님은 그를 지극히 높여서 모든 이름 위에 뛰어난 이름을 주신다. 아브라함에게 약속하신 대로 이름을 창대하게 해주신 것이다. 아브라함을 통해서 천하만민이 복을 얻게 하신 것이다.

"여호와께서 아브람에게 이르시되 너는 너의 본토 친척 아비 집을 떠나 내가 네게 지시할 땅으로 가라 내가 너로 큰 민족을 이루고 네게 복을 주어 네 이름을 창대케 하리니 너는 복의 근원이 될찌라 너를 축복하는 자에게는 내가 복을 내리고 너를 저주하는 자에게는 내가 저주하리니 땅의 모든 족속이 너를 인하여 복을 얻을 것이니라 하신지라"(창12:1-3)

많은 사람들이 예수를 믿고 일군들이 된다. 그런데 수고하고 무거운 짐은 점점 더 무거워진다. 그래서 결국은 시험에 들어 교회를 떠난다. 오히려 예수를 믿지 않을 때가 더 좋았다고 말을 한다. 이것은 예수님이 하신 말씀과 반대로 되는 것이다. 왜 이런 사태가 일어날까?

분명히 예수님은 안식을 얻으리라고 하셨는데 왜 안식 대신 짐이 더욱 더 무겁게 되었는가? 문제는 온유와 겸손의 멍에를 메고 예수님을 배우지 않았기 때문이다. 신앙생활이란 예수님을 배워서 내 안에 채우는 것이다. 예수님이 내 안에 많이 채워질수록 안식을 얻고 내 짐이 가볍게 된다. 그런데 많은 사람들이 자신을 비우지 아니하고 예수님을 머리로 만 배운다. 입으로 만 배운다. 그렇게 되니까 짐이 점점 무거워 지는 것이다.

예수님은 제자들에게 만일 나를 따라 오려거든 자신을 부인하고 날마다 자기 십자가를 지고 예수님을 따라 오라고 하셨다. 자신을 부인한다는 말은 자신의 소유를 버린 것이다. 자신의 부모, 형제, 자매, 자식을 버린 것이다. 이것이 자신을 비운 것이다.

많은 사람들이 겸손에 대하여 말하고 자신을 겸손한 사람이라고 생각을 한다. 그러나 그 모든 것은 자의적인 겸손이다. 이는 교만을 겸손으로 포장한 것이다. 진짜 겸손은 언제 어디에서든지 자신을 내려 놓은 것을 말한다. 사람이 있는데 존재 자체가 느껴지지 않는 사람이다. 자랑하고, 고집 부리고, 자신을 주장하고, 이기고 더 많이 가지려 하는 자들은 절대로 겸손할 수 없다. 결과적으로 그런 자들은 절대로 주님이 주신 안식을 경험할 수 없다.

2. 당신이 거듭난 성도인 10가지 이유

1) 양심이 살아 있기 때문

"염소와 송아지의 피로 아니하고 오직 자기 피로 영원한 속죄를 이루사 단번에 성소에 들어 가셨느니라 염소와 황소의 피와 및 암송아지의 재로 부정한 자에게 뿌려 그 육체를 정결케 하여 거룩케 하거든 하물며 영원하신 성령으로 말미암아 흠 없는 자기를 하나님께 드린 그리스도의 피가 어찌 너희 양심으로 죽은 행실에서 깨끗하게 하고 살아계신 하나님을 섬기게 못하겠느뇨"(히9:12-14)

거듭남이란 예수를 믿고 새 생명을 얻으면 죽은 양심이 살아나는 것이다. 그래서 죄에 대한 저항력이나 면역력이 자라나서 전 인격적인 변화를 얻게 되는 것이다. 도덕적이지 못한 사람이 도덕적인 사람이 된다. 윤리적이지 못한 사람이 신사처럼 변한다. 양심이란 죄를 인식하는 능력이다. 거듭나지 못할 때에도 양심은 있다. 그러나 죄에 대한 저항력이나 면역력은 없다. 그래서 죄에 대한 인식은 있을지라도 그것을 처리할 수 있는 능력은 없다. 그러나 거듭난 성도는 양심이 살아 있을 뿐 아니라 죄에 대한 저항력이나 면역력이 점점 높아져서 죄 문제를 스스로 처리할 수 있기 때문에 전 인격적인 변화가 일어나는 것이다. 이것을 믿음의 성장이라고 한다.

사도 바울은 양심에 대하여 언급을 한다. 믿음과 양심은 밀접한 관계가 있다. 왜냐하면 믿음이 자라나는 장소가 깨끗한 양심이기 때문이다. 바울은 하나님을 섬길 때 신앙 양심을 따라서 행하였다고 말을 한다. 히브리서에서도 예수님의 피가 양심을 깨끗하게 하여 하나님을 섬길 수 있게 한다고 하였다.

"바울이 공회를 주목하여 이르되 여러분 형제들아 오늘까지 나는 범사에 양심을 따라 하나님을 섬겼노라 하거늘"(행23:1)

사도 바울은 이단들에 대한 정의를 착한 양심을 버려 믿음이 파선한 자들이라고 하였다.

그러면서 디모데에게는 하나님의 말씀을 가지고 선한 싸움을 싸우는 가운데 착한 양심을 가지라고 하였다. 또한 이단들은 양심이 화인을 맞아 외식함으로 거짓말을 하는 자들이라고 하였다. 화인을 맞았다고 하는 것은 불로 인침을 받아 타버린 양심을 말한다. 영적으로 죽어버린 양심이다. 이들이 바로 이단들이다. 이들은 비 없는 구름이고, 기탄없이 거짓말을 한다.

"아들 디모데야 내가 네게 이 경계로써 명하노니 전에 너를 지도한 예언을 따라 그것으로 선한 싸움을 싸우며 믿음과 착한 양심을 가지라 어떤이들이 이 양심을 버렸고 그 믿음에 관하여는 파선하였느니라 그 가운데 후메내오와 알렉산더가 있으니 내가 사단에게 내어준 것은 저희로 징계를 받아 훼방하지 말게 하려 함이니라"(딤전1:18-20)

"그러나 성령이 밝히 말씀하시기를 후일에 어떤 사람들이 믿음에서 떠나 미혹하는 영과 귀신의 가르침을 따르리라 하셨으니 자기 양심이 화인을 맞아서 외식함으로 거짓말하는 자들이라"(딤전4:1-2)

다윗은 엔게디 황무지에서 3000명의 군사를 이끌고 자신을 죽이러 온 사울을 만난다. 사울이 피곤하여 굴속에서 잠들어 있을 때 다윗은 그곳에 들어가 사울의 겉옷자락을 베었다. 다윗의 종들은 사울을 죽이는 절호의 기회라고 말을 했지만 다윗은 여호와께서 기름 부으신 왕이라는 생각을 지켜 그렇게 한 것이다. 그런데 다윗이 사울의 겉옷자락을 벨 때 다윗의 마음이 찔렸다고 했다. 이는 다윗의 양심에 가책이 있었다는 것이다. 이것이 살아 있는 양심이다. 보통 사람들의 마음은 자기를 죽이려는 원수에 대하여 분노와 두려움으로 대했을 것이다. 그러나 다윗의 마음은 그렇지 않았다. 그런 마음 자체도 없었을 뿐 아니라 원수의 겉옷자락을 베는 순간에도 그의 살아 있는 양심은 작동을 하였던 것이다.

"다윗의 사람들이 가로되 보소서 여호와께서 당신에게 이르시기를 내가 원수를 네 손에 붙이리니 네 소견에 선한대로 그에게 행하라 하시더니 이것이 그 날이니이다 다윗이 일어나서 사울의 겉옷자락을 가만히 베니라 그리한 후에 사울의 옷자락 벰을 인하여 다윗의 마음이 찔려 자기 사람들에게 이르되 내가 손을 들어 여호와의 기름 부음을 받은 내 주를 치는 것은 여호와의 금하시는 것이니 그는 여호와의 기름 부음을 받은 자가 됨이니라 하고 다윗이 이 말로 자기 사람들을 금하여 사울을 해하지 못하게 하니라 사울이 일어나 굴에서 나가 자기 길을 가니라"(삼상24:4-7)

오늘날 수많은 그리스도인들이 이렇게 살아 있는 양심을 가지고 살아 간다면 세상이 얼마나 많이 변할 수 있을까 생각해 본다. 사도 바울은 자신의 양심만을 생각하지 않고 다른 사람들의 양심도 소중하게 생각하고 지켜 주는 일에 소홀히 하지 않았다.

"이같이 너희가 형제에게 죄를 지어 그 약한 양심을 상하게 하는 것이 곧 그리스도에게 죄를 짓는 것이니라 그러므로 만일 음식이 내 형제를 실족하게 한다면 나는 영원히 고기를 먹지 아니하여 내 형제를 실족하지 않게 하리라"(고전8:12-13)

2) 죄에 대한 저항력이 있기 때문

"내가 원하는 바 선은 하지 아니하고 도리어 원치 아니하는 바 악은 행하는도다 만일 내가 원치 아니하는 그것을 하면 이를 행하는 자가 내가 아니요 내 속에 거하는 죄니라 그러므로 내가 한 법을 깨달았노니 곧 선을 행하기 원하는 나에게 악이 함께 있는 것이로다 내 속 사람으로는 하나님의 법을 즐거워하되 내 지체 속에서 한 다른 법이 내 마음의 법과 싸워 내 지체 속에 있는 죄의 법 아래로 나를 사로잡아 오는 것을 보는도다 오호라 나는 곤고한 사람이로다 이 사망의 몸에서 누가 나를 건져 내랴 우리 주 예수 그리스도로 말미암아 하나님께 감사하리로다 그런즉 내 자신이 마음으로는 하나님의 법을, 육신으로는 죄의 법을 섬기노라"(롬7:19-25)

사도 바울은 탄식한다. 선을 행하기 원하는 자신의 뜻과 달리 항상 악을 행하는 자신을 발견한 것이다. 사도 바울이 죄와 싸우되 피흘리기까지 싸우는 가운데 귀중한 한 가지 사실을 알았다. 자신의 힘으로는 절대로 선을 행할 수 없는 존재라는 것을 알게 된 것이다.

여기에서 그는 원죄의 부패성을 깨닫게 된다. 자기가 죄를 지은 것은 이미 자기가 죄의 종이 되었기 때문이란 사실을 알게 된 것이다. 바울은 그때까지 자신이 죄를 짓는다고 생각을 했는데 그것이 아니라 자기 속에 있는 죄가 죄를 짓고 있다는 사실을 알게 된 것이다.

사도 바울이 이것을 깨닫게 된 능력이 바로 죄에 대한 저항성이다. 물과 성령으로 거듭난 성도는 새 생명으로 태어났기 때문에 계속해서 의를 추구하고 선을 행하기 원하는 욕망이 더욱 더 강하게 된다. 그러나 이미 원죄의 부패성에 타락한 우리 육체는 그런 거룩한 소원을 들어 줄 능력이 없다. 그래서 반복적으로 실패하게 된다. 예수님께서 새 술을 새 부대에 넣어야 둘 다 안전하다고 하셨다. 새 술은 새 생명이다. 새 부대는 새롭게 변화된 우리의 육신이다. 육신이 새롭게 변화 되기 전에는 헌 부대이다. 새 술이 헌 부대를 터뜨리게 되는 것이다.

예수님은 원죄의 부패성에 타락하여 선을 행할 수 없는 우리 옛 사람을 자신이 십자가에 죽으실 때 함께 죽게 하셨다. 그리고 부활하실 때 함께 일으키신 것이다. 이것이 십자가의 능력이다. 죄에 대한 저항력은 헌 부대를 터뜨리고 나의 옛 사람은 절대로 선을 행할 수 없는 존재인 것을 확실하게 알게 해 준다. 그때에 헌 부대를 버리고 새 부대를 갖게 된다. 이렇게 되어야 성령의 인도를 받는 성도가 될 수 있다.

로마서에서는 육신에 속한 그리스도인과 영에 속한 그리스도인에 대하여 가르쳐 주고 있다. 육신에 속한 그리스도인은 자신이 선을 행할 수 있는 사람인 것을 알고 끊임없이 시도하면서 실패한 성도를 말한다. 영에 속한 그리스도인은 자기 옛 사람 속에 선을 행할 수 있는 능력이 전혀 없다는 사실을 깨닫고 오직 믿음으로 사는 성도를 말한다.

"무릇 그리스도 예수와 합하여 세례를 받은 우리는 그의 죽으심과 합하여 세례 받은 줄을 알지 못하느뇨 그러므로 우리가 그의 죽으심과 합하여 세례를 받음으로 그와 함께 장사되었나니 이는 아버지의 영광으로 말미암아 그리스도를 죽은 자 가운데서 살리심과 같이 우리로 또한 새 생명 가운데서 행하게 하려 함이니라 만일 우리가 그의 죽으심을 본받아 연합한 자가 되었으면 또한 그의 부활을 본받아 연합한 자가 되리라 우리가 알거니 우리 옛 사람이 예수와 함께 십자가에 못 박힌 것은 죄의 몸이 멸하여 다시는 우리가 죄에게 종노릇 하지 아니하려 함이니 이는 죽은 자가 죄에서 벗어나 의롭다 하심을 얻었음이니라"(롬6:3-7)

사도 바울은 예수와 함께 세례를 받은 자는 이미 예수와 함께 십자가에 죽었다는 사실을 고백한다. 예수와 함께 십자가에 못 박힌 것은 죄의 몸이 멸하여 다시는 죄에게 종노릇 하지 않게 하려 함이라 하였다. 예수를 믿는 다는 것은 단순한 믿음을 가진 것이 아니다. 예수님께서 우리를 구원하시기 위해 십자가에서 피를 흘리실 뿐 아니라 죽어 주심은 우리의 자범죄 뿐 아니라 죄를 만들어 내는 원죄의 부패성 공장까지 부셔 버리고 새로운 피조물로 만드셨다는 것이다. 우리의 믿음이 여기까지 나아가야 한다.

죄에 대한 저항력은 우리를 항상 그 자리에 머물러 있게 하는 것이 아니라 날마다 그리스도의 장성한 분량이 충만한 곳으로 이끌어 준다. 그래서 믿음이 자라나는 것이다. 사도 바울이 오호라 나는 곤고한 자로다 누가 이 사망의 몸에서 나를 건져 낼 수 있는가 탄식 했다. 이것이 사도 바울이 육신적인 그리스도인의 삶을 청산하고 영에 속한 그리스도인으로 입문하는 문이 되었다. 사도 바울은 바로 감사하리로다 찬송하면서 새로운 믿음의 고백을 한다.

"그러므로 이제 그리스도 예수 안에 있는 자에게는 결코 정죄함이 없나니 이는 그리스도 예수 안에 있는 생명의 성령의 법이 죄와 사망의 법에서 너를 해방하였음이라 율법이 육신으로 말미암아 연약하여 할 수 없는 그것을 하나님은 하시나니 곧 죄를 인하여 자기 아들을 죄 있는 육신의 모양으로 보내어 육신에 죄를 정하사 육신을 좇지 않고 그 영을 좇아 행하는 우리에게 율법의 요구를 이루어지게 하려 하심이니라"(롬8:1-4)

사도 바울은 그리스도 예수 안에 있는 자에게는 절대로 정죄함이 없다고 하였다. 왜냐하면 예수님께서 생명의 성령의 법으로 죄와 사망의 법에서 해방 시켜 주셨기 때문이라 한다. 왜 정죄함이 없는가? 이미 예수님은 나와 같은 육신을 입으시고 내가 이룰 수 없는 율법의 요구를 다 이루어 주시고 죽어 주셨기 때문이다. 그러므로 이제 그리스도 예수 안에 있는 자는 죄는 있을지라도 그 죄에 대한 심판에 따른 정죄함이 없어진 것이다.

왜 구원을 받은 성도들은 탄식하는가? 우리 안에 들어오신 예수님의 생명이 끊임없이 온전한 거룩함을 좇아서 자라나도록 역사하기 때문이다. 그런데 옛 사람의 육신 속에는 원죄의 부패성이 있어 그리스도의 장성한 분량에 이르도록 자라나려 하는 생명의 역사를 가로막게 된다. 이것을 영적인 싸움이라고 한다. 결과는 어떻게 될까? 이미 우리 안에서 이루어진 그리스도 안에 있는 생명의 성령의 법이 죄와 사망의 법에서 해방 시켜 주셨기 때문에 절대적으로 승리하는 것이다. 이렇게 승리 할 수 있는 능력을 죄에 대한 저항력이라고 한다.

3) 죄에 대한 깨달음이 있기 때문

"그런즉 우리가 무슨 말 하리요 율법이 죄냐 그럴 수 없느니라 율법으로 말미암지 않고는 내가 죄를 알지 못하였으니 곧 율법이 탐내지 말라 하지 아니하였더면 내가 탐심을 알지 못하였으리라 그러나 죄가 기회를 타서 계명으로 말미암아 내 속에서 각양 탐심을 이루었나니 이는 법이 없으면 죄가 죽은 것임이니라 전에 법을 깨닫지 못할 때에는 내가 살았더니 계명이 이르매 죄는 살아나고 나는 죽었도다 생명에 이르게 할 그 계명이 내게 대하여 도리어 사망에 이르게 하는 것이 되었도다 죄가 기회를 타서 계명으로 말미암아 나를 속이고 그것으로 나를 죽였는지라 이로 보건대 율법도 거룩하며 계명도 거룩하며 의로우며 선하도다 그런즉 선한 것이 내게 사망이 되었느뇨 그럴 수 없느니라 오직 죄가 죄로 드러나기 위하여 선한 그것으로 말미암아 나를 죽게 만들었으니 이는 계명으로 말미암아 죄로 심히 죄되게 하려함이니라 우리가 율법은 신령한줄 알거니와 나는 육신에 속하여 죄 아래 팔렸도다"(롬7:7-14)

양동이가 물속에 잠겨 있을 때에는 양동이 속에 물이 가득 차 있다는 것을 잘 모른다. 그러나 물속에 있는 양동이를 들어 올려 보면 금방 양동이 속에 가득한 물이 넘쳐나는 것을 알 수 있다. 죄인이 거듭나기 전에는 자기가 죄인인 것을 모른다. 그러나 죄사함을 받고 구원을 받은 후에는 자신이 큰 죄인임을 알게 된다. 이것이 교회가 된 증거이다.

구원 받은 성도가 구원 받기 전에는 그렇게 율법이 중요하다는 사실을 잘 모른다. 그러나 구원을 받고 나면 자신이 죄인임을 알았기 때문에 죄목을 정하고 심판하는 율법에 대하여 아주 민감하게 반응을 하게 된다. 전에 그냥 넘어갔던 작은 죄들이 율법이 밝아지면서 크게 나타나게 된다. 구원 받고 난 후에는 거룩한 삶을 살기 위해 율법에 대해 신경을 쓰다보니까 오히려 율법이 적의 비행기를 찾아내어 미사일로 요격하는 레이더 망과 같이 나의 세포 하나 하나 속에 있는 죄들을 들춰내므로 그때마다 나는 율법을 통해 사망 선고를 받게 된다.

사도 바울은 이런 딜레마에 빠져서 허우적거리고 있다. 그러면서 이 문제가 발생한 근본 원인을 알아 보려고 한다. 과거 율법을 모를 때에는 살 만 했는데 이제 율법을 알고 난 후에는 율법은 살아나고 바울 자신은 죽게 된 것이다. 그래서 바울은 되묻는다. 율법을 통해 율법이 요구한 거룩한 삶을 살려고 했는데 오히려 그 율법이 부패한 육신 속에 있는 죄를 찾아내 사망에 이르게 한 것을 보고 바울은 깜짝 놀랐던 것이다. 그렇다면 율법이 문제인가? 사도 바울 자신에게 문제가 있는가? 분명히 율법은 거룩하다. 분명히 율법에는 문제가 없다 그렇다면 문제는 사도 바울에게 있었던 것이다. 이것이 바로 원죄의 부패성을 가진 옛 사람이었다.

원죄의 부패성을 가진 옛 사람은 거룩하고 신령한 율법과 게임을 할 수 없다. 100전 100패로 진다는 사실을 사도 바울은 알았다. 그래서 사도 바울의 시선은 예수님의 십자가로 향했던 것이다. 이것을 갈라디아에서는 율법이 몽학선생이 되어 십자가의 스승에게로 이끈다고 하였다. 구원 받은 성도는 죄를 깨닫게 된다. 율법을 통해서 육체 속에 잠재적으로 숨어 있는 미래의 죄까지도 색출하여 사망 선고를 내린다. 이후 십자가 밑에서 옛 사람을 벗어 버리고 새로운 피조물로 다시 태어난다. 모든 구원 받은 교회는 여기에서 만나야 한다.

4) 정결한 마음이 있기 때문

"이제는 너희가 이 모든 것을 벗어버리라 곧 분과 악의와 훼방과 너희 입의 부끄러운 말이라 너희가 서로 거짓말을 말라 옛 사람과 그 행위를 벗어버리고 새 사람을 입었으니 이는 자기를 창조하신 자의 형상을 좇아 지식에까지 새롭게 하심을 받는 자니라   거기는 헬라인과 유대인이나 할례당과 무할례당이나 야인이나 스구디아인이나 종이나 자유인이 분별이 있을 수 없나니 오직 그리스도는 만유시요 만유 안에 계시니라"(골3:8-11)

구원 받은 성도는 이미 자기를 창조하신 자의 형상을 따라 새 사람이 되어 지식에까지 새롭게 하심을 받는 자가 되었다. 그러므로 더러운 마음에서 나오는 분과 악의와 훼방과 거짓말과 같은 옛사람의 행위를 벗어 버려야 한다. 이런 은총은 유대인에게만 주신 것이 아니다. 할례당에게만 주신 것이 아니다. 헬라인에게도, 야인에게도, 스구디아인에게도, 종에게도, 자유인에게도 분별이 있을 수 없다. 왜냐하면 우리를 구원하신 예수님은 만유시요 만유안에 계시기 때문이다.

"우리가 저에게서 듣고 너희에게 전하는 소식이 이것이니 곧 하나님은 빛이시라 그에게는 어두움이 조금도 없으시니라 만일 우리가 하나님과 사귐이 있다 하고 어두운 가운데 행하면 거짓말을 하고 진리를 행치 아니함이거니와 저가 빛 가운데 계신것 같이 우리도 빛 가운데 행하면 우리가 서로 사귐이 있고 그 아들 예수의 피가 우리를 모든 죄에서 깨끗하게 하실 것이요 만일 우리가 죄 없다하면 스스로 속이고 또 진리가 우리 속에 있지 아니할 것이요 만일 우리가 우리 죄를 자백하면 저는 미쁘시고 의로우사 우리 죄를 사하시며 모든 불의에서 우리를 깨끗케 하실 것이요 만일 우리가 범죄하지 아니하였다 하면 하나님을 거짓말 하는 자로 만드는 것이니 또한 그의 말씀이 우리 속에 있지 아니하니라"(요일1:5-10)

사도 요한은 구원 받은 성도가 항상 모든 죄에서 깨끗함을 얻고 살아가는 방법에 대하여 기록하고 있다. 빛 가운데 사귀는 것이다. 하나님이 빛 가운데 계신것 같이 우리가 빛 가운데 있으면 우리가 서로 사귐이 있고 그 아들 예수의 피가 모든 죄에서 깨끗하게 하신다. 하나님과 사귐이 있다하고 어두움 가운데 행하면 거짓말을 하고 진리를 행치 아니한 사람이 된다. 빛 가운데 서로 사귀면 서로를 통해서 나의 모습을 깨닫게 된다. 왜냐하면 빛 가운데에서는 어두움이 모두 드러나기 때문이다. 그럼에도 불구하고 진리 안에 있다고 하면서 어두움 가운데 있는 자들은 스스로 속이는 자가 된다.

빛 가운데 행한 자는 죄가 없어 의인이 아니라 죄를 인정하므로 의인의 반열에서 정결한 마음을 유지할 수 있다. 오히려 죄없다 하면 하나님을 거짓말하는 자로 만드는 것이다.

참으로 놀라운 것은 우리가 만일 우리 죄를 인정하고 자백하면 저는 미쁘시고 의로우사 우리 죄를 사하시며 모든 불의에서 우리를 깨끗하게 하신다. 이론이 아니라 진짜 그렇게 된다. 더러워진 손을 물로 씻으면 깨끗하게 되듯이, 더러운 옷을 세탁기에 넣고 빨면 새 옷이 되듯이 죄를 인정하고 자백한 사람에게 정결하고 깨끗한 마음을 하나님께서 주신다. 이것이 교회의 비밀이다. 교회 안에서 행하는 자는 자기가 스스로 죄를 깨닫지 못할지라도 밝은 빛 가운데 사귐을 통해서 아들 예수의 피가 모든 죄에서 깨끗하게 하신다.

5) 말씀이 살아 있기 때문

"또 이르시되 그러므로 전에 너희에게 말하기를 내 아버지께서 오게 하여 주지 아니하시면 누구든지 내게 올 수 없다 하였노라 하시니라 그 때부터 그의 제자 중에서 많은 사람이 떠나가고 다시 그와 함께 다니지 아니하더라 예수께서 열두 제자에게 이르시되 너희도 가려느냐 시몬 베드로가 대답하되 주여 영생의 말씀이 주께 있사오니 우리가 누구에게로 가오리이까 우리가 주는 하나님의 거룩하신 자이신 줄 믿고 알았사옵나이다"(요6;65-69)

예수님께서 기적을 베푸시고 병을 고칠 때에는 수많은 사람들이 예수님을 따랐다. 그러나 예수님의 십자가의 죽으심이 가까움으로 제자의 도를 말씀 하시고 자기를 따르는 자의 희생을 말씀하실 때 많은 사람들이 떠나갔다. 그때 예수님은 제자들에게 너희도 가려느냐 물었다. 베드로가 주여 영생의 말씀이 주께 있사오니 우리가 누구에게로 가오리까 대답을 했다.

12제자들도 처음에는 주님께서 베푸신 기적을 보고 메시아인줄 알았다. 그러나 예수님과 함께 한 시간이 많아 지면서 예수님의 말씀을 깨닫게 되면서 신앙이 성장하게 되었다. 예수님은 십자가의 죽음을 앞두고 제자들에게 참 믿음이 있는지에 대하여 시험을 하시는데 베드로가 그렇게 대답을 하므로 제자들의 믿음이 예수님께서 기대하는 수준에 이른 줄을 아셨다.

특히 요한복음에서는 예수님께서 베푸신 기적과 예수님께서 하신 말씀에 대한 가치를 절대적으로 비교하고 있다.

"유월절에 예수께서 예루살렘에 계시니 많은 사람이 그의 행하시는 표적을 보고 그의 이름을 믿었으나 예수는 그의 몸을 그들에게 의탁하지 아니하셨으니 이는 친히 모든 사람을 아심이요 또 사람에 대하여 누구의 증언도 받으실 필요가 없었으니 이는 그가 친히 사람의 속에 있는 것을 아셨음이니라"(요2:23-25)

요한복음 2장에서는 유월절에 예루살렘에서 예수님께서 행하시는 표적을 보고 예수님을 믿었으나 예수는 그의 몸을 그들에게 의탁하지 아니하셨으니 이는 친히 모든 사람 속에 있는 것을 아심이라 하셨다. 이는 표적을 보고 예수님을 따르는 무리들의 신앙을 예수님이 거절하신 것이다.

요한복음 3장에서도 니고데모가 밤에 예수님을 찾아와서 행하시는 표적을 보고 하늘로서 내려온 선생이라고 말했다. 그때 예수님은 니고데모에게 사람이 거듭나지 아니하면 하나님 나라를 볼 수 없고 또 들어갈 수 없다고 말씀 하셨다. 니고데모는 사람이 이미 태어 났는데 어떻게 다시 태어날 수 있느냐고 말할 때 예수님은 물과 성령으로 거듭나야 한다고 말씀 하셨다. 여기에서 말씀하신 물은 말씀을 의미한다. 요한복음 6:63에서도 예수님은 "살리는 것은 영이니 육은 무익하니라 내가 너희에게 이른 말은 영이요 생명이라" 말씀 하셨다.

"나를 보내신 아버지께서 이끌지 아니하면 아무라도 내게 올 수 없으니 오는 그를 내가 마지막 날에 다시 살리리라 선지자의 글에 저희가 다 하나님의 가르치심을 받으리라 기록되었은즉 아버지께 듣고 배운 사람마다 내게로 오느니라 이는 아버지를 본 자가 있다는 것이 아니라 오직 하나님에게서 온 자만 아버지를 보았느니라 진실로 진실로 너희에게 이르노니 믿는 자는 영생을 가졌나니 내가 곧 생명의 떡이로라"(요6:44-48)

예수님은 아버지께서 이끌어 주시지 아니하면 아무도 예수님께 올 수 없다고 하셨다. 그러면서 선지자의 글을 소개하셨다. 아버지께 듣고 배운 자마다 예수님께 온다고 하셨다. 예수님은 아버지께로 오셨다. 그래서 예수님께 배운 자는 아버지께 배운 자이기 때문에 다 예수님에게로 온다고 하신 것이다. 예수님은 생명의 떡이라 말씀 하시면서 나를 믿는 자는 영생을 가졌다고 하셨다. 예수님은 말씀이 육신이 되신 분이시다. 그래서 생명의 떡이란 의미는 생명의 말씀이란 의미이다. 생명의 떡을 먹는 자는 생명의 말씀을 믿는 자이다. 구체적으로 생명의 말씀을 듣고 배우고 순종하는 사람을 말한다.

요한복음은 어떻게 거듭나서 하나님의 자녀가 되는 과정을 자세하게 알려 주는 말씀이다. 요약하면 예수님께서 행하시는 표적을 보고 예수님을 믿는 사람들은 참 믿음이 아니라는 것이다. 왜냐하면 그들은 표적이 끝나면 다시 돌아 갈 수 밖에 없다는 것이다. 그러나 예수님의 말씀을 듣고 배우고 그대로 순종하는 사람은 예수님의 말씀이 영이고 생명이기 때문에 거듭나서 하나님의 자녀가 될 수 있다는 것이다. 이미 12제자들은 영생의 말씀을 가지고 순종하여 하나님의 자녀들이 되었기 때문에 표적이 끝나고 어떤 시험이 올지라도 예수님을 떠날 수 없는 것이다.

"우리가 주는 하나님의 거룩하신 자신줄 믿고 알았삽나이다 예수께서 대답하시되 내가 너희 열 둘을 택하지 아니하였느냐 그러나 너희 중에 한 사람은 마귀니라 하시니 이 말씀은 가롯 시몬의 아들 유다를 가리키심이라 저는 열 둘 중의 하나로 예수를 팔 자러라"(요 6:69-71)

베드로는 예수님이 하나님의 거룩하신 자신줄 믿고 알았다고 고백을 했다. 그때 예수님은 열 둘을 택하였다고 말씀 하시면서 가롯 유다는 아니라고 하셨다. 이미 예수님은 가롯 유다가 자신을 팔 것을 아셨다. 예수님은 12제자들에게 아버지의 말씀을 주셨고 제자들은 그 말씀을 받아서 예수님께 택함을 받은 것이다. 그러나 가롯 유다는 예수님의 말씀을 들으면서도 순종하지 않고 있는 것을 예수님께서 아셨다. 그렇기 때문에 가롯 유다가 자기를 팔 것을 아신 것이다.

기독교는 말씀의 종교이다. 그러므로 구원받아 교회가 된 사람은 반드시 말씀을 가지고 있다. 요한 계시록에서 순교하여 구원을 얻은 성도들도 동일하게 말씀을 가지고 승리 한다.

"다섯째 인을 떼실 때에 내가 보니 하나님의 말씀과 저희의 가진 증거를 인하여 죽임을 당한 영혼들이 제단 아래 있어 큰 소리로 불러 가로되 거룩하고 참되신 대주재여 땅에 거하는 자들을 심판하여 우리 피를 신원하여 주지 아니하시기를 어느 때까지 하시려나이까 하니각 각 저희에게 흰 두루마기를 주시며 가라사대 아직 잠시 동안 쉬되 저희 동무 종들과 형제들도 자기처럼 죽임을 받아 그 수가 차기까지 하라 하시더라"(계6:9-11)

순교하여 흰 두루마기를 다시 입은 자들은 모두 하나님의 말씀과 저희의 가진 증거가 있는 자들이다. 그들은 하나님의 말씀을 가지고 있을 뿐 아니라 그 말씀에 순종해서 이미 경험하고 얻은 증거도 가지고 있었던 것이다.

"또 내가 보좌들을 보니 거기 앉은 자들이 있어 심판하는 권세를 받았더라 또 내가 보니 예수의 증거와 하나님의 말씀을 인하여 목 베임을 받은 자의 영혼들과 또 짐승과 그의 우상에게 경배하지도 아니하고 이마와 손에 그의 표를 받지도 아니한 자들이 살아서 그리스도로 더불어 천년 동안 왕노릇 하니"(계20:4)

천년동안 새 예루살렘을 통해서 천년왕국을 통치할 성도들 중에는 목 베임을 받고 순교한 성도들이 있다. 그들이 순교할 수 있었던 신앙은 예수의 증거와 하나님의 말씀이었다. 예수의 증거와 하나님의 말씀이란 무엇인가? 하나님께서 예수님을 통해 말씀하신 것을 듣고 순종해서 예수님을 만나 영생을 가진 자들이다. 그들은 이미 하나님의 말씀과 예수의 증거가 있기 때문에 순교할 수 있었던 것이다. 그들은 단순히 하나님의 말씀만 가지고 있지 않았다. 하나님의 말씀을 가지고 오신 예수님을 경험하고 말씀을 통해 예수님을 만난 성도들이다.

사도 요한은 요한일서 1장에서 하나님의 말씀으로 오신 예수님을 만나 경험한 내용을 쓰고 있다.

"태초부터 있는 생명의 말씀에 관하여는 우리가 들은 바요 눈으로 본 바요 주목하고 우리 손으로 만진 바라 이 생명이 나타내신바 된지라 이 영원한 생명을 우리가 보았고 증거하여 너희에게 전하노니 이는 아버지와 함께 계시다가 우리에게 나타내신바 된 자니라 우리가 보고 들은 바를 너희에게도 전함은 너희로 우리와 사귐이 있게 하려 함이니 우리의 사귐은 아버지와 그 아들 예수 그리스도와 함께 함

이라 우리가 이것을 씀은 우리의 기쁨이 충만케 하려 함이로라"(요일 1:1-4)

사도 요한은 요한복음 1:1에서는 "태초에 말씀이 계시니라 이 말씀이 하나님과 함께 계셨으니 이 말씀은 곧 하나님이시니라" 태초에 계신 말씀이 하나님과 함께 계셨고 이 말씀을 입고 오신 분이 예수님이라고 하였다.

그리고 요한 1서에서는 태초부터 있는 생명의 말씀에 관하여는 우리가 들은 바요 눈으로 본 바요 주목하고 우리 손으로 만진 바라고 고백한다. 이는 말씀되신 예수님을 만나 예수님을 경험하고 예수님과 함께 살고 있으면서 요한 1서 편지를 받은 성도들에게도 하나님과 예수님과 함께한 교제를 통해 사도 요한이 가진 기쁨을 충만하게 누리기를 원한 것이다.

"그 때에 사람이 너희에게 말하되 보라 그리스도가 여기 있다 혹 저기 있다 하여도 믿지 말라 거짓 그리스도들과 거짓 선지자들이 일어나 큰 표적과 기사를 보이어 할 수만 있으면 택하신 자들도 미혹하게 하리라 보라 내가 너희에게 미리 말하였노라 그러면 사람들이 너희에게 말하되 보라 그리스도가 광야에 있다 하여도 나가지 말고 보라 골방에 있다 하여도 믿지 말라 번개가 동편에서 나서 서편까지 번쩍임 같이 인자의 임함도 그러하리라 주검이 있는 곳에는 독수리들이 모일찌니라"(마24:23-28)

말세가 되면 거짓 그리스도와 거짓 선지자들이 많이 나타나 택하신 자까지 미혹할 것을 예수님께서 미리 경고하셨다. 그러면서 그들이 어떤 기적과 표적을 통해서 그리스도라 하여도 믿지 말라고 하셨다. 주검이 있는 곳에는 독수리가 모인다고 하셨다. 이는 지옥가서 멸망할 사람들은 모두 하나님의 말씀과 예수의 증거를 가지고 있지 않고 기사나 표적을 구하고 따르는 신앙을 가질 것을 미리 경고 하신 것이다.

"그 때에 불법한 자가 나타나리니 주 예수께서 그 입의 기운으로 저를 죽이시고 강림하여 나타나심으로 폐하시리라 악한 자의 임함은 사단의 역사를 따라 모든 능력과 표적과 거짓 기적과 불의의 모든 속임으로 멸망하는 자들에게 임하리니 이는 저희가 진리의 사랑을 받지 아니하여 구원함을 얻지 못함이니라 이러므로 하나님이 유혹을 저의 가운데 역사하게 하사 거짓 것을 믿게 하심은 진리를 믿지 않고 불의를 좋아하는 모든 자로 심판을 받게 하려 하심이니라"(살후2:8-12)

　마지막 때 적그리스도는 모든 능력과 표적과 거짓 기적과 불의의 모든 속임으로 멸망하는 자들에게 임한다. 왜냐하면 그들은 진리의 사랑을 받지 아니하여 구원을 얻지 못하기 때문이다. 하나님께서 적그리스도를 통해 유혹을 저희 가운데 역사하게 하여 거짓 것을 믿게 하사 진리를 믿지 않고 불의를 좋아 하는 모든 자로 심판을 받게 하려 하신 것이다.

　지금 전 세계적으로 일어나는 신사도 운동과 은사 은동은 적그리스도 세력을 통한 하나님의 심판이다. 하나님은 알곡과 가라지를 골라내시기 위해 거짓 그리스도들과 거짓 선지자들에게 기사와 표적과 거짓 기적을 일으키게 하여 진리의 말씀을 믿고 순종하지 아니하고 욕심과 탐욕으로 불의를 좋아 하는 모든 자들을 심판 하신 것이다.

　당신은 하나님의 말씀과 예수의 증거를 가지고 있는가? 아니면 예수를 믿고 있으면서도 아직도 허전하고 허무하여 기사와 표적과 이적을 구하고 있는가?

6) 징계가 있기 때문

"너희가 피곤하여 낙심치 않기 위하여 죄인들의 이같이 자기에게 거역한 일을 참으신 자를 생각하라 너희가 죄와 싸우되 아직 피흘리기까지는 대항치 아니하고　또 아들들에게 권하는것 같이 너희에게 권면하신 말씀을 잊었도다 일렀으되 내 아들아 주의 징계하심을 경히 여기지 말며 그에게 꾸지람을 받을 때에 낙심하지 말라 주께서 그 사랑하시는 자를 징계하시고 그의 받으시는 아들마다 채찍질하심이니라 하였으니 너희가 참음은 징계를 받기 위함이라 하나님이 아들과 같이 너희를 대우하시나니 어찌 아비가 징계하지 않는 아들이 있으리요 징계는 다 받는 것이거늘 너희에게 없으면 사생자요 참 아들이 아니니라 또 우리 육체의 아버지가 우리를 징계하여도 공경하였거든 하물며 모든 영의 아버지께 더욱 복종하여 살려 하지 않겠느냐 저희는 잠시 자기의 뜻대로 우리를 징계하였거니와 오직 하나님은 우리의 유익을 위하여 그의 거룩하심에 참예케 하시느니라"(히12:3-10)

　물과 성령으로 거듭나 구원 받은 성도는 성령의 인침과 보증을 통해 그 구원이 영원히 없어지지 않는다. 이미 성령의 인침을 통해 마음에 성전이 세워졌고 성령으로 말미암아 양자가 되어 아바 아버지라고 부르게 되었다. 예수님께서 십자가의 대속으로 새로운 피조물이 되었고 지식에까지 새롭게 되었다. 거룩해지려고 사는 것이 아니라 이미 거룩해 졌기 때문에 거룩한 삶을 사는 것이다. 이것이 바로 믿음으로 사는 것이다. 새로운 피조물로 사는 것이다. 거룩한 하나님의 자녀로 사는 것이다.

　그러나 구원 받은 성도가 이런 참 지식과 참 믿음을 가지고 살지 않고 세상 사람들처럼 산다면 하나님께서 그를 징계하신다. 왜냐하면 사생자가 아니라 이미 하나님의 자녀가 되었기 때문이다. 만일 내가 구원 받은 하나님의 자녀로서 세상 사람들처럼 사는데도 하나님의 징계가 없다면 나는 사생자요 참 아들이 아니라는 것이다. 하나님은 반드시 받으시는 아들마다 그의 거룩하심에 참예케 하시기 위해 징계하시고 채찍질 하신다.

　하나님이 징계하시고 채찍질 하실 때 절대로 낙심하거나 원망해서는 안된다. 인내가 부족하여 자꾸 넘어지고 죄를 범하기 때문에 인내를 온전히 이루라고 징계를 하신 것이다. 신앙을 견고케 하신다. 무릇 징계가 당시에는 즐거워 보이지 않고 슬퍼 보이나 후에 그로 말미암아 연달한 자에게는 의의 평강한 열매를 맺게 되고 피곤한 손과 연약한 무릎을 일으켜 세우고 발을 위하여 곧은 길을 만들어 저는 다리로 하여금 어그러지지 않고 고침을 받게 된다. 이렇게 될 때 비로소 하나님의 말씀과 예수의 증거를 갖게 되는 것이다.

7) 지각(知覺)이 있기 때문

"때가 오래므로 너희가 마땅히 선생이 될터인데 너희가 다시 하나님의 말씀의 초보가 무엇인지 누구에게 가르침을 받아야 할 것이니 젖이나 먹고 단단한 식물을 못 먹을 자가 되었도다 대저 젖을 먹는 자마다 어린 아이니 의의 말씀을 경험하지 못한 자요 단단한 식물은 장성한 자의 것이니 저희는 지각을 사용하므로 연단을 받아 선악을 분변하는 자들이니라"(히5:12-14)

마지막 미혹의 시대를 살아가는 그리스도인들에게 반드시 있어야 할 것이 있다. 바로 영적인 지각(知覺)이다. 지각이란 스스로 깨달은 능력으로 사물의 이치나 도리를 분별하는 힘이다. 어린 아이들에게는 현상을 보고 있는 그대로를 알 뿐 지각이 없다. 최소한 스스로를 자각할 수 있는 나이에서부터 조금씩 자라난다. 어른이 되어서도 지각이 없는 분들이 있다. 쉽게 말해서 전후좌우를 분별하는 눈치가 없다는 것이다.

사도 바울은 영적인 지각은 젖이나 먹고 단단한 식물을 먹지 못한 자에게는 없다고 했다. 이런 사람을 영적인 어린 아이라고 했다. 영적인 지각은 의의 말씀을 경험하므로 소유할 수 있다. 의의 말씀을 경험하기 위해서는 반드시 순종과 복종이란 과정을 통과해야 한다. 단단한 식물을 먹는 것과 젖을 먹는 것의 차이는 다른 사람의 가르침을 받고 사는 사람을 젖을 먹는 사람이라 하였고 스스로 하나님의 말씀에 순종하고 복종하는 사람을 단단한 식물을 먹는 어른이라 하였다. 지각은 단단한 식물을 먹는 사람에게 하나님께서 주신 선물이다. 이런 사람은 반복적으로 지각을 사용하므로 연단을 받아 선악을 분변하는 자들이다.

마지막 시험의 때에는 지각이 없는 어린 아이와 같은 믿음으로는 승리할 수 없다. 반드시 속히 연단을 받아 의의 말씀을 경험하는 일에 집중해야 한다. 사도 바울은 믿음을 성장 시켜 영적인 어린 아이들과 같이 세상 풍속에 요동하지 말아야 할 것을 경고를 한다.

"우리가 다 하나님의 아들을 믿는 것과 아는 일에 하나가 되어 온전한 사람을 이루어 그리스도의 장성한 분량이 충만한데까지 이르리니 이는 우리가 이제부터 어린 아이가 되지 아니하여 사람의 궤술과 간사한 유혹에 빠져 모든 교훈의 풍조에 밀려 요동치 않게 하려 함이

라"(엡4:13-14)

사도 바울은 마지막 때가 되면 혼돈의 시대가 되어서 바른 교훈을 받지 아니하고 귀가 가려워서 자기의 사욕을 좇을 스승을 많이 두고 귀를 진리에서 돌이켜 허탄한 이야기를 좇으리라 하였다. 그런 악한 시대가 오기 전에 하나님의 말씀을 통한 지각을 얻도록 말씀 사역에 전무하여 대비하라고 경고를 한다.

"하나님 앞과 산 자와 죽은 자를 심판하실 그리스도 예수 앞에서 그의 나타나실 것과 그의 나라를 두고 엄히 명하노니 너는 말씀을 전파하라 때를 얻든지 못 얻든지 항상 힘쓰라 범사에 오래 참음과 가르침으로 경책하며 경계하며 권하라 때가 이르리니 사람이 바른 교훈을 받지 아니하며 귀가 가려워서 자기의 사욕을 좇을 스승을 많이 두고 또 그 귀를 진리에서 돌이켜 허탄한 이야기를 좇으리라"(딤후 4:1-4)

8) 순종이 있기 때문

"그는 육체에 계실 때에 자기를 죽음에서 능히 구원하실 이에게 심한 통곡과 눈물로 간구와 소원을 올렸고 그의 경외하심을 인하여 들으심을 얻었느니라 그가 아들이시라도 받으신 고난으로 순종함을 배워서 온전하게 되었은즉 자기를 순종하는 모든 자에게 영원한 구원의 근원이 되시고 하나님께 멜기세덱의 반차를 좇은 대제사장이라 칭하심을 받았느니라"(히5:7-10)

예수님은 인간을 구원하기 위해 30년 동안 고난을 통해 순종을 배워 온전하게 되셔서 인간을 구원할 수 있는 자격을 얻으셨다. 만일 예수님께서 육체를 입으시고 고난을 통해 인간을 배우시지 않으셨다면 예수님은 모든 자에게 영원한 구원의 근원이 되실 수 없었다. 그러나 예수님은 육체에 계실 때 자기를 죽음에서 능히 구원하신 이에게 심한 통곡과 눈물로 간구와 소원을 올려 그의 경외하심을 인하여 들으심을 얻게 되셨다. 그 결과 하나님께 멜기세덱의 반차를 좇은 대제사장이라 칭하심을 받으셨다.

예수님께서 인간을 구원하시기 위해 하나님과 동등 됨을 취할 것으로 여기지 아니하시고 자기를 비워 육체를 입으시고 30년 동안 인간을 가슴에 품고 거룩한 예수님의 신부로 만드신 것이다. 기독교는 단순한 종교가 아니다. 살아 있는 종교이고 생명의 종교이다. 예수님께서 인간을 구원하시기 위해 걸어 가셨던 길을 이제 우리 구원 받은 성도들이 구원 받을 영혼들을 가슴에 품고 심한 통곡과 눈물로 간구의 소원을 올려 드려야 한다.

예수님께서 하나님의 아들이시라도 고난으로 순종을 배워 인간을 구원 하셨듯이 구원 받은 성도들도 철저하게 고난으로 순종함을 배워 온전하게 되어야 한다. 그래야 예수님처럼 다른 사람들을 구원할 수 있는 것이다.

"네가 하나님은 한 분이신 줄을 믿느냐 잘하는도다 귀신들도 믿고 떠느니라 아아 허탄한 사람아 행함이 없는 믿음이 헛 것인줄 알고자 하느냐 우리 조상 아브라함이 그 아들 이삭을 제단에 드릴 때에 행함으로 의롭다 하심을 받은 것이 아니냐 네가 보거니와 믿음이 그의 행함과 함께 일하고 행함으로 믿음이 온전케 되었느니라 이에 경에 이른바 아브라함이 하나님을 믿으니 이것을 의로 여기셨다는 말씀이 응하였고 그는 하나님의 벗이라 칭함을 받았나니 이로 보건대 사람이 행함으로 의롭다 하심을 받고 믿음으로만 아니니라 또 이와 같이 기생 라합이 사자를 접대하여 다른 길로 나가게 할 때에 행함으로 의롭다 하심을 받은 것이 아니냐 영혼 없는 몸이 죽은것 같이 행함이 없는 믿음은 죽은 것이니라"(약2:19-26)

야고보 사도는 귀신들도 하나님이 한 분이신 줄 믿고 떤다고 하였다. 그렇다면 귀신들도 구원을 받을 수 있는가? 받을 수 없다. 왜냐하면 행함이 없는 믿음이기 때문이다. 야고보 사도는 행함이 없는 믿음은 마귀가 준 믿음이라고 하였다. 영적인 스파이 C.S 루이스는 악마의 편지에서 어떻게 하면 예수 믿는 사람들을 모두 지옥으로 보낼 수 있겠느냐고 물은 사단에게 한 귀신이 훌륭한 기독교인이 되게 하되 거듭 나지만 못하게 하면 된다고 하였다. 이는 예수만 잘 믿게 하고 순종만 하지 못하게 하면 된다고 하는 뜻이다. 이런 사단 신학이 신복음주의이다. 지식적으로 예수를 믿고 행함을 빼앗아 버린 사단의 신학이다. 신구약 성경을 줄줄 암송한다. 교회 예배에 빠짐없이 출석을 한다. 십일조와 충실한 헌금 생활을 한다. 기도도 하고 성경도 읽는다. 종교적인 행위를 하지만 일상생활 속에서 하나님의 말씀대로 살지 않는다.

요한복음에서도 보았듯이 예수님은 자신을 생명의 떡이라고 말씀하시면서 자기를 먹으라고 하셨다. 이는 말씀을 먹고 살라는 것이다. 예수님의 말씀대로 순종해서 살라고 하신 것이다. 여기서 조금 저기서 조금 뽑아서 내가 편리한대로 사는 것이 아니라 하나님의 말씀 그대로 순종해서 살라는 것이다. 내가 할 수 있는 말씀만 가지고 살지 말고 할 수 없는 말씀도 고난을 통해서 순종을 배우라는 것이다. 그렇게 해서 온전한 믿음을 가지라는 것이다.

기사나 표적이나 이적을 좇는 믿음을 버리고 나를 부인하고 나를 예수님의 몸으로 만들어 가라는 것이다. 내 안에 예수님을 회복시켜 나가라는 말이다. 예수님께서 내 몸을 값주고 사셨기 때문에 구원 받은 성도는 자기 뜻대로 살면 안된다. 교회란 예수님의 몸이다. 예수님께서 죽으셔서 나를 살려 주셨으니 이제 산자는 예수님을 위해서 살아야 한다. 이런 사람을 교회라고 한다.

"나더러 주여 주여 하는 자마다 천국에 다 들어갈 것이 아니요 다만 하늘에 계신 내 아버지의 뜻대로 행하는 자라야 들어가리라 그 날에 많은 사람이 나더러 이르되 주여 주여 우리가 주의 이름으로 선지자 노릇하며 주의 이름으로 귀신을 쫓아 내며 주의 이름으로 많은 권능을 행치 아니하였나이까 하리니 그때에 내가 저희에게 밝히 말하되 내가 너희를 도무지 알지 못하니 불법을 행하는 자들아 내게서 떠나가라 하리라"(마 7:21-23)

아무리 기도를 많이 해도, 아무리 능력이 많아도, 귀신을 쫓아내고, 병을 고치고, 믿음으로 산을 옮긴다 해도 하나님의 뜻대로 살지 않는 사람은 불법을 행하는 자이다. 주님께서 모른다 하신다. 심판의 날에 많은 사람들이 와서 그렇게 한다고 하셨다. 그러나 주님은 그들을 도무지 알지 못한다고 하셨다.

9) 확신이 있기 때문

 너희가 믿음에 있는가 너희 자신을 시험하고 너희 자신을 확증하라 예수 그리스도께서 너희 안에 계신 줄을 너희가 스스로 알지 못하느냐 그렇지 않으면 너희가 버리운 자니라"(고후13:5)

 사도 바울은 고린도 교회를 향해서 스스로 믿음 안에 있는가에 대하여 자신을 시험하고 확증하라고 하였다. 예수 그리스도가 너희 안에 계신 줄을 스스로 알지 못하면 버리운 자라고 하였다. 스스로 시험하고 확증하라는 말의 의미는 무엇인가? 냉정하게 내가 구원 받은 성도인가를 스스로 판단하라는 것이다. 내가 구원을 받지 못했을 수도 있다는 사실을 가정해 보고 생각도 해 보라는 것이다. 그 어떤 경우에서도 내 안에 예수 그리스도가 계신 것이 확실하면 버리운 자가 아니라는 것이다. 여기에서 중요한 것은 스스로 아는 것이다. 이미 사도 바울은 성령의 인침과 보증에 대하여 말한 바 있다. 성령으로 기름 부음을 받은 자들은 성령의 인침과 보증이 있다. 성령의 인침은 하나님의 생명책에 내 이름을 기록한 것이고 보증은 그것에 대한 성령의 증거이다. 내 안에 예수 그리스도가 계신 줄을 스스로 알 수 있는 것은 나의 의지로 하는 것이 아니라 내 안에 계신 성령의 인침과 보증을 통해서 일어난 결과이다.

 "우리를 너희와 함께 그리스도 안에서 견고케 하시고 우리에게 기름을 부으신 이는 하나님이시니 저가 또한 우리에게 인치시고 보증으로 성령을 우리 마음에 주셨느니라"(고후1:21-22)

 "너희는 다시 무서워하는 종의 영을 받지 아니하였고 양자의 영을 받았으므로 아바 아버지라 부르짖느니라 성령이 친히 우리 영으로 더불어 우리가 하나님의 자녀인 것을 증거하시나니 자녀이면 또한 후사 곧 하나님의 후사요 그리스도와 함께한 후사니 우리가 그와 함께 영광을 받기 위하여 고난도 함께 받아야 될 것이니라"(롬8:15-17)

 사도 바울은 구원 받은 성도는 무서워하는 종의 영을 받지 않고 양자의 영을 받았기 때문에 아바 아버지라고 부르짖는다고 하였다. 이렇게 할 수 있는 것은 성령이 친히 우리 영으로 더불어 우리가 하나님의 자녀인 것을 증거 하는 결과라는 것이다.

"너희는 주께 받은바 기름 부음이 너희 안에 거하나니 아무도 너희를 가르칠 필요가 없고 오직 그의 기름 부음이 모든 것을 너희에게 가르치며 또 참되고 거짓이 없으니 너희를 가르치신 그대로 주 안에 거하라"(요일2:27)

사도 요한 역시 성령의 기름 부음에 대하여 기록한다. 이미 그는 요한복음 3장에서 물과 성령으로 거듭나는 원리를 말하였다. 이어 요한1서에서도 성령의 기름 부으심으로 거듭남의 원리를 말한다. 성령의 기름 부음을 통해 거듭나면 아무도 가르쳐 주지 않아도 하나님과 예수님을 알 수 있다는 것이다. 뿐만 아니라 하나님의 말씀조차도 이해가 되고 기쁨이 된다는 것이다.

"누가 우리를 그리스도의 사랑에서 끊으리요 환난이나 곤고나 핍박이나 기근이나 적신이나 위험이나 칼이랴 기록된바 우리가 종일 주를 위하여 죽임을 당케 되며 도살할 양 같이 여김을 받았나이다 함과 같으니라 그러나 이 모든 일에 우리를 사랑하시는 이로 말미암아 우리가 넉넉히 이기느니라 내가 확신하노니 사망이나 생명이나 천사들이나 권세자들이나 현재 일이나 장래 일이나 능력이나 높음이나 깊음이나 다른 아무 피조물이라도 우리를 우리 주 그리스도 예수 안에 있는 하나님의 사랑에서 끊을 수 없으리라"(롬8:35-39)

구원은 우리가 만든 것이 아니다. 하나님께서 예수 그리스도의 십자가를 통해서 이루신 것이다. 그러므로 우리가 구원을 좌지우지 하는 것이 아니라 하나님께서 하신 것이다. 성경은 그리스도 예수 안에 있는 하나님의 사랑에 대하여 말한다. 하나님께서 죄인을 사랑하실 수 없어서 중보자 예수님을 보내 우리를 값 주고 사셨다. 우리의 구원이 예수님 안에서 이루어진 것이다. 예수님과 하나님은 창세전부터 하나이시다. 이 두 분은 영원히 떨어지지 않으시고 끊어지지 않으신 분이다. 그러므로 그리스도 예수 안에 있는 우리 구원 받은 성도를 그 누구도 끊을 수 없는 것이다. 우리를 그리스도 예수 안에서 끊고자 하는 자는 창세전부터 하나이신 예수님과 하나님을 끊으려 한 자이다. 환난이나 곤고나 핍박이나 기근이나 적신이나 칼이나 사망이나 생명이나 천사들이나 권세 자들이나 현재 일이나 장래 일이나 능력이나 높음이나 깊음이나 다른 아무 피조물이라도 구원 받은 성도를 그리스도 예수 안에 있는 하나님의 사랑에서 끊을 수 없다.

10) 선을 행할 수 있기 때문

"이를 기이히 여기지 말라 무덤 속에 있는 자가 다 그의 음성을 들을 때가 오나니 선한 일을 행한 자는 생명의 부활로, 악한 일을 행한 자는 심판의 부활로 나오리라"(요5:28-29)

마틴 루터는 인간은 타락하여 선을 행할 수 없기 때문에 하나님께서 오직 믿음으로 만 구원 하신다고 했다. 그러면서 믿음의 행함을 강조하는 야고보서를 지푸라기 서신이라고 했다. 이것을 무행위 구원이라고 한다. 무행위 구원이란 처음부터 끝까지 행함이 없이 오직 믿음으로 만 구원을 얻을 수 있다고 주장한 것이다. 신복음주의 신학에서도 루터의 무행위 구원의 원리에 따라 누구든지 마음으로 예수를 믿고 입으로 시인하면 구원을 얻는다고 말한다. 그러면서 특히 하나님의 말씀의 지식을 강조한다. 성경을 공부하고 성경지식을 소유함으로 구원을 받는다고 하는 것이다. 이런 신학에서 나온 전도방법이 영접기도, CCC의 사영리, 네비게이토의 브릿지(Bridge), 제임스 케네디 목사의 전도 폭발 등이다.

누구든지 마음으로 예수님을 영접하고 입으로 시인하면 구원이 이루어져 세례를 통해서 교회에 일원이 되는 것이다. 누구든지 전도 집회에 참석하여 예수님을 영접하면 구원을 얻은 것이다. 그런데 놀라운 것은 신복음주의 신학에는 교회론이 없다. 왜냐하면 우주가 곧 교회이기 때문이다. 예수 믿는 성도들이 사는 곳이 곧 교회가 되기 때문이다. 그래서 될 수 있는 대로 많은 사람들이 예수님을 믿는 도시나 국가를 만들어 성시화나 성국화를 이룩하는 것이 목적이다. 이런 교회를 보편적 교회라고 한다. 오리겐이 만든 무천년주의 신학으로 세운 지상의 천년왕국을 추구하는 교회이다 신복음주의는 종교통합을 통하여 이 땅에 로마 가톨릭과 같은 지상 천년왕국 교회를 세우려 하는데 이 나라가 적그리스도 배도의 나라이다.

　예수님은 자기를 선한 선생이라고 부를 때 아버지 한 분만 선하신 분이라고 말씀 하셨다. 이렇게 말씀하신 선은 절대적인 선이다. 타락한 인간은 절대로 선을 행할 수 없다. 그러나 물과 성령으로 거듭난 성도는 즉 예수님을 통해 하나님의 자녀가 된 성도는 선을 행할 수 있다. 구원의 과정을 거꾸로 뒤집어 보면 반드시 구원을 얻은 성도는 선을 행하게 되어 있다는 것이다. 처음 예수를 믿고 구원을 얻을 때는 믿음으로 구원을 얻는다. 그 후에는 반드시 선을 행하는 행위가 따라온다. 이런 믿음을 참 믿음이라고 한다. 처음부터 끝까지 무행위로 구원을 얻는다는 것은 거짓 복음이다.

　그래서 예수님은 주님께서 세상을 심판 하실 때 선을 행하는 자들은 생명의 부활로 악을 행하는 자들은 심판의 부활로 나온다고 하신 것이다.

　"우리가 즐거워하고 크게 기뻐하여 그에게 영광을 돌리세 어린 양의 혼인 기약이 이르렀고 그 아내가 예비하였으니 그에게 허락하사 빛나고 깨끗한 세마포를 입게 하셨은즉 이 세마포는 성도들의 옳은 행실이로다 하더라 천사가 내게 말하기를 기록하라 어린 양의 혼인 잔치에 청함을 입은 자들이 복이 있도다 하고 또 내게 말하되 이것은 하나님의 참되신 말씀이라 하기로"(계19:7-9)

　요한 계시록에는 예수님이 재림하실 때 하늘에서 완성된 예수님의 신부 새 예루살렘이 천년왕국을 통치하기 위해 새 하늘과 새 땅으로 내려온다. 그런데 예수님의 신부가 입고 있는 빛나고 깨끗한 세마포 옷이 성도들의 옳은 행실이라고 하였다. 즉 구원 받는 성도들의 선한 행위라는 것이다.

　"그러므로 누구든지 나의 이 말을 듣고 행하는 자는 그 집을 반석 위에 지은 지혜로운 사람 같으리니 비가 내리고 창수가 나고 바람이 불어 그 집에 부딪히되 무너지지 아니하나니 이는 주초를 반석 위에 놓은 연고요 나의 이 말을 듣고 행치 아니하는 자는 그 집을 모래 위에 지은 어리석은 사람 같으리니 비가 내리고 창수가 나고 바람이 불어 그 집에 부딪히매 무너져 그 무너짐이 심하니라"(마7:24-27)

예수님은 입으로 주여 주여 하면서 예수님의 말씀에 순종하지 아니하고 귀신을 쫓아내고 병을 고치고 이적을 행하는 자들을 모른다 쫓아 내시면서 입으로 주여 주여 하는 자들이 천국에 들어가는 것이 아니라 아버지의 뜻대로 행하는 자들이 들어간다고 하시면서 반석 위에 집을 짓는 비유를 말씀 하셨다.

예수님의 말씀에 순종해서 사는 사람들은 반석 위에 집을 지은 지혜로운 자들이고 예수님의 말씀을 듣고 순종치 아니한 자들은 모래위에 집을 지은 어리석은 사람이라고 하셨다. 비가 내리고 바람이 불고 창수가 터지는 심판시대가 되면 모래 위에 지은 집은 무너진다고 하셨다.

"죽임을 당한 어린 양의 생명책에 창세 이후로 녹명되지 못하고 이 땅에 사는 자들은 다 짐승에게 경배하리라 누구든지 귀가 있거든 들을찌어다 사로잡는 자는 사로잡힐 것이요 칼로 죽이는 자는 자기도 마땅히 칼에 죽으리니 성도들의 인내와 믿음이 여기 있느니라"(계 13:8-10)

예수님의 심판은 심은대로 거두게 하신 것이다. 다른 사람을 사로잡은 사람은 반드시 잡히고 칼로 죽이는 자는 반드시 자기도 칼에 죽는다. 우리가 지은 죄는 우리 몸 안에 남아 있어 심판 시대에 그대로 거두게 된다. 그래서 예수님께서는 심판을 받지 아니하려거든 호리라도 남김이 없이 다 갚으라고 하셨다.

요한 계시록 13장 말씀은 왜 성도들이 순교를 해야 하는지를 알려주는 말씀이다. 살아서 휴거를 맞이한 구원 받은 성도는 살아서 예수님을 만나는 것이다. 그러므로 영과 혼과 몸이 거룩하고 흠없이 보전되어 있어야 한다. 만에 하나 그렇게 준비가 되어 있지 않으면 휴거에 참여하지 못하고 환난에 들어가 휴거하지 못한 것들을 정결하게 회복해야 한다. 쉽게 말해서 환난 기간에 양육을 받아 티끌만한 죄까지도 없어져야 살아 있는 상태로 예수님의 지상 재림 때 만날 수 있는 것이다. 그러나 라오디게아 교회처럼 벌거벗고 있다면 순교를 통해서만 거룩하고 흠이 없게 될 수 있기 때문이다.

그래서 휴거를 못하고 환난에 들어간 성도는 순교를 피하기 위해서

라도 최선을 다해서 세상과 구별이 되어 자신의 세마포 옷을 깨끗하게 빨아서 피난처 교회에서라도 양육을 받아 첫째 부활에 참여하도록 해야 한다.

3. 당신이 하나님의 아들인 10가지 이유

1) 절대적인 평안이 있기 때문

"평안을 너희에게 끼치노니 곧 나의 평안을 너희에게 주노라 내가 너희에게 주는 것은 세상이 주는 것 같지 아니하니라 너희는 마음에 근심도 말고 두려워하지도 말라"(요14:27)

하나님의 아들들에게는 절대적인 평안이 있다. 이 평안은 아무도 빼앗아 갈 수 없다. 그래서 성도는 마음에 근심해서도 안되고 두려워해서도 안된다. 항상 평강이 마음에 남아서 주장하도록 해야 한다. 평안은 예수님께서 나와 함께 하신다는 증거이다. 만일 내가 어떤 경우에서라도 평안을 잃어 버렸다면 나는 평안을 잃어버린 것이 아니라 예수님을 잃어버린 것이다. 그 이유가 무엇인지를 깨달을 수 있도록 성령께 기도를 해서 잃어버린 평안을 소유해야 한다.

"이 날 곧 안식 후 첫날 저녁 때에 제자들이 유대인들을 두려워하여 모인 곳의 문들을 닫았더니 예수께서 오사 가운데 서서 이르시되 너희에게 평강이 있을지어다"(요20:19)

예수님은 제자들에게 약속하신대로 부활하신 후 처음 제자들에게 나타나셔서 평강의 복을 주셨다.

"그리스도의 평강이 너희 마음을 주장하게 하라 평강을 위하여 너희가 한 몸으로 부르심을 받았나니 또한 너희는 감사하는 자가 되라"(골3:15)

사도 바울은 평강이 너희 마음을 주장하게 하라고 하였다. 왜냐하면 평강을 위해 너희가 한 몸으로 부르심을 받았기 때문이라 하였다. 사도들이 쓴 모든 서신에서 항상 처음으로 강조된 것이 은혜와 평강이다.

2) 절대적인 자유가 있기 때문

"그러므로 예수께서 자기를 믿은 유대인들에게 이르시되 너희가 내 말에 거하면 참 내 제자가 되고 진리를 알찌니 진리가 너희를 자유케 하리라"(요8:31-32)

예수님은 자유를 얻을 수 있는 방법을 알려 주셨다. 첫째는 예수님 말씀에 거하여야 한다. 거한다는 말의 의미는 말씀대로 살아야 한다는 뜻이다. 잠시 동안 순종하는 것은 말씀대로 사는 것이 아니다. 선택해서 순종하는 것도 말씀대로 사는 것이 아니다. 일상을 말씀대로 사는 것이다. 많은 사람들이 한두 번 말씀에 순종하고 자유를 얻기를 바란다. 그것은 기우(杞憂)에 불과하다. 절대로 그런 일은 일어나지 않는다. 예수님이 주신 자유를 얻기 위해 먼저 예수님의 제자가 되어야 하는데 예수님의 제자가 되려면 예수님의 말씀대로 살아야 하는 것이다. 그렇다면 얼마를 살아야 제자가 될까? 최소 3년을 살아야 한다. 예수님께서 제자들과 3년의 공생애를 사신 이유이다.

두 번째는 제자가 되는 것이다. 제자가 된다는 것은 예수님의 말씀을 가지고 예수님을 따라가는 자이다. 예수님은 제자의 자격에 대하여 날마다 자기를 부인하고 주님을 따르고 자신의 모든 소유와 부모 형제 자매 자식을 버린 자라고 하셨다. 그렇게 되어야 주님을 따를 수 있다는 것이다. 하나님의 말씀대로 살면 자연스럽게 세상과 분리가 되고 제자의 자격을 얻을 수 있다. 많은 사람들이 제자가 되려고 하나님의 말씀에 순종하는 가운데 점점 세상에서 외롭게 되고 홀로 되는 것들이 두려워 중간에서 포기하고 만다. 그래서 예수님의 제자가 많지 않은 것이다.

세 번째 진리를 알게 된다. 진리를 알게 된다는 것은 하나님의 말씀으로 연단을 받아 지각을 사용할 수 있는 단계를 말한다. 진리는 하나님의 말씀이다. 하나님의 말씀을 단순하게 아는 지식이 아니다. 그 말씀 속에 살아 움직이는 예수님의 생명과 인격을 경험하는 것이다. 그 기준이 높아질수록 예수님을 많이 소유하고 많이 닮아 가는 것이다.

네 번째 진리가 자유케 한다. 구원 받은 성도의 가장 큰 복중의 하나가 자유이다. 얽매이지 않고, 붙잡히지 않고, 갇히지 않는 자유스런 상태를 말한다. 사람에 대하여 자유를 얻는다. 세상에 살면서 가장 힘들고 어려운 관계가 사람과의 관계이다. 가족부터 시작해서 친구, 이웃, 동료, 특별하게 만난 사람들이다. 처음에는 별 문제가 없다. 그러나 관계가 깊어질수록 어긋나기 시작하여 나중에는 원수와 같은 존재로 변한다. 이때도 진리를 아는 자들은 자유를 얻는다.

"사람의 행위가 여호와를 기쁘시게 하면 그 사람의 원수라도 그로 더불어 화목하게 하시느니라"(잠16:7)

재물에 대한 자유이다. 세상에 모든 사람들이 재물에 노예가 되어 살아간다. 모든 평가를 재물로 한다. 아무리 친한 이웃이나 가족이라도 재물에 대한 극단적인 문제가 생기면 모두가 돌아 선다. 세상에 사는 사람 중에 재물에 대해 자유스런 사람은 없다. 그러나 있는 것도 없게 하시고 없는 것도 있게 하시는 주님과 함께 살아가는 제자는 주님이 주신 진리로 자유를 누리게 된다.

"나의 하나님이 그리스도 예수 안에서 영광 가운데 그 풍성한대로 너희 모든 쓸 것을 채우시리라"(빌4:19)

사람들은 자신이 있는 환경에 대하여 불편해 하고 괴로워 한다. 지긋 지긋한 환경으로부터 해방되기를 바란다. 그러나 그렇게 할수록 더욱 더 얽매이고 불편해 진다. 그러나 진리를 아는 자들은 그런 환경에서 자유를 누릴 수 있다. 하나님의 아들들은 비록 세상에서 살고 있지만 하나님의 통치를 받고 살아간다. 구원 받은 하나님의 아들들이 세상에서 얽매이고 붙잡혀 포로생활을 하는 것은 정상이 아니다. 사도 바울은 어떤 환경에서도 자족하는 것을 배웠다. 그래서 능력 주시는 자 안에서 모든 것을 할 수 있게 되었다.

"내가 궁핍하므로 말하는 것이 아니라 어떠한 형편에든지 내가 자족하기를 배웠노니 내가 비천에 처할 줄도 알고 풍부에 처할 줄도 알아 모든 일에 배부르며 배고픔과 풍부와 궁핍에도 일체의 비결을 배웠노라 내게 능력 주시는 자 안에서 내가 모든 것을 할 수 있느니라"(빌4:11-13)

3) 절대적인 승리가 있기 때문

"사람이 감당할 시험 밖에는 너희에게 당한 것이 없나니 오직 하나님은 미쁘사 너희가 감당치 못할 시험 당함을 허락지 아니하시고 시험 당할 즈음에 또한 피할 길을 내사 너희로 능히 감당하게 하시느니라"(고전10:13)

세상 사람들은 시험에 들면 두려워하고 불안해하고 방황을 한다. 과도한 근심과 염려로 일을 더 크게 악화 시킬 수도 있다. 구원 받은 성도 역시 다르지 없다. 망하지 않을까? 죽지는 않을까? 잃어버리지는 않을까? 실패하지 않을까? 떠나지 않을까? 노심초사(勞心焦思)한다.

그러나 성경은 완전한 승리를 약속하고 있다. 말씀에 굳게 선 하나님의 아들들은 이 말씀을 가지고 승리한다. 하나님께서는 우리의 형편을 모두 알고 계신다. 그리고 또한 우리를 사랑하신다. 그러므로 어떠한 크고 험한 시험이 온다 할지라도 두려워하지 않는다. 왜냐하면 결론적으로 하나님께서는 처음부터 감당할 수 없는 시험 자체를 허락하시지 않는다. 그리고 또한 시험 당할 즈음에 피할 길도 주신다. 그래서 모두 다 감당하게 하신다. 그런 과정을 통해 우리를 정결케 하시고, 새롭게 하시고, 온전케 하신다.

"그는 우리 영혼을 살려 두시고 우리의 실족함을 허락지 아니하시는 주시로다 하나님이여 주께서 우리를 시험하시되 우리를 단련하시기를 은을 단련함 같이 하셨으며 우리를 끌어 그물에 들게 하시며 어려운 짐을 우리 허리에 두셨으며 사람들로 우리 머리 위로 타고 가게 하셨나이다 우리가 불과 물을 통행하였더니 주께서 우리를 끌어내사 풍부한 곳에 들이셨나이다"(시66:9-12)

하나님은 우리 영혼을 살려 주시고 우리의 실족함을 절대로 허락하시지 않는다. 이스라엘 백성들에게 젖과 꿀이 흐르는 가나안 땅을 주시려고 광야에서 훈련하신 것처럼 우리를 주님이 예비하신 복에 합당한 사람으로 지어가시기 위해 잠시동안 시험을 허락하신 것이다. 때로는 은을 단련한 것 같이 하신다. 때로는 그물에 들게 하신다. 즉 함정에 빠지게 하신다. 어려운 짐을 허리에 두사 강한 용사로 단련 시키신다. 때로는 사람들을 우리 머리위로 타고가게 하신다. 즉 사람들에게 멸시와 천대를 받게 하신다. 때로는 물과 불을 통행하게 하신다. 연장을 강하게 단련하기 위해 대장장이들이 불과 물로 연단하듯이 때론 우리를 가혹하게 다루신다. 그러나 절대로 죽지 않는다. 절대로 실족하여 쓰러지지 않는다. 모든 것을 예비하시고 그 모든 과정이 끝나면 풍부한 곳으로 인도하신다. 그래서 서원을 깊게 하시고 번제와 감사제를 드리게 하신다.

"우리가 알거니와 하나님을 사랑하는 자 곧 그 뜻대로 부르심을 입은 자들에게는 모든 것이 합력하여 선을 이루느니라"(롬8:28)

하나님의 사랑하는 자녀들이 항상 기뻐하고 범사에 감사해야 할 이유가 있다. 우리를 사랑하시는 하나님은 우리의 모든 것을 합력해서 선을 이루어 주시기 때문이다. 때로는 우리가 억울한 일을 당하여 큰 불이익을 당해도 슬퍼하거나 흔들리지 말아야 한다. 때로는 원수들에게 조롱을 받고 핍박을 받아도 같은 조건으로 갚으려 해서도 안된다. 왜냐하면 그 순간에는 힘들고 억울하고 손해를 본 것 같지만 오히려 우리를 사랑하신 하나님은 그 모든 것들을 합력해서 더욱 더 아름다운 선으로 만들어 주시기 때문이다.

우리 하나님의 자녀들은 지식을 가지고 주님을 따라가야 한다. 다윗이 고백한 것처럼 여호와의 거룩한 이름을 위해 우리를 인도해 주시고 원수 앞에서 상을 베푸시기 위해 때로는 우리를 올무에 들게 하신다. 이스라엘 백성들이 바알스본에 갇힐 때 그들은 원망하고 불평했지만 하나님은 애굽의 군사들을 홍해 안에 수장시키기 위해 그렇게 하신 것처럼 우리 주위에서 일어난 모든 것들이 우리를 사랑하시는 하나님께서 모든 것을 합력하여 선을 이루기 위해 섭리 하신다는 사실을 절대로 잊지 말아야 한다.

4) 절대적인 배려가 있기 때문

"여러 계시를 받은 것이 지극히 크므로 너무 자고하지 않게 하시려고 내 육체에 가시 곧 사단의 사자를 주셨으니 이는 나를 쳐서 너무 자고하지 않게 하려 하심이니라 이것이 내게서 떠나기 위하여 내가 세번 주께 간구하였더니 내게 이르시기를 내 은혜가 네게 족하도다 이는 내 능력이 약한데서 온전하여짐이라 하신지라 이러므로 도리어 크게 기뻐함으로 나의 여러 약한 것들에 대하여 자랑하리니 이는 그리스도의 능력으로 내게 머물게 하려함이라 그러므로 내가 그리스도를 위하여 약한 것들과 능욕과 궁핍과 핍박과 곤란을 기뻐하노니 이는 내가 약할 그 때에 곧 강함이니라"(고후12:7-10)

하나님께서는 하나님의 아들들에게 특별한 배려를 베푸신다. 사도 바울에게 사단의 가시가 있었다. 이것은 그에게 너무나 치명적인 아픔과 고통이었다. 그는 겟세마네에서 기도 하셨던 예수님처럼 자신의 모든 것을 내려놓고 세 번 기도를 했다. 그런데 사도 바울에게 있는 사단의 가시는 하나님의 특별한 배려였다는 응답이 왔다. 사도 바울은 자신의 생애에 가장 큰 고통이 사단이 자기에게 준 것이라고 생각을 했는데 뜻밖에도 그것이 하나님께서 사도 바울에게 베푸신 특별한 배려였다는 것이다.

이 세상에서는 완전한 복을 받은 사람은 아무도 없다. 사람은 원죄의 부패성이 있어 완전한 복을 받으면 완전히 망가지기 때문이다. 재물이 많은 사람 중에는 믿음이 부요한 사람이 없다. 그러나 가난한 사람에게는 믿음의 부요함을 주신다. 세상에서는 재물과 믿음에 모두 부요한 사람이 없다는 것이다. 햇빛이 강하면 그림자가 강하듯이 사람에게는 모두 상대성이 있는 것이다.

사도 바울에게도 예외는 없다. 하나님은 사도 바울에게 지극히 큰 여러 계시를 주셨다. 동시에 사단의 가시도 주셨다. 이유는 바울이 지극히 큰 여러 계시를 받고 자고하지 않게 하시려는 배려이셨다. 그런데 사도 바울 조차 그 사실을 몰랐다. 그는 세 번의 절대적인 기도를 통해 하나님과 대면한 이후에야 알게 된 것이다. 엄격하게 말하면 하나님의 절대적인 배려를 알기 전에는 사도 바울의 신앙을 온전하다 할 수 없다. 그러나 이제 사도 바울의 신앙이 완성 되었다.

사도 바울은 자기의 약한 것들을 밀어 내지 아니하고 자랑하기 시작한다. 감사하기 시작한다. 왜 하나님께서 자기를 약하게 하고 불편하게 낮추셨는가를 알게 되었다. 바울은 자신이 약할 때 강한 때이고 자신이 가장 낮아져 있을 때 하나님께서 자신을 가장 높이실 때라는 사실을 알게 되었다. 그래서 이제 사도 바울의 신앙은 전천후 신앙이 되었고 더욱 더 풍성한 신앙으로 들어가게 되었다. 놀라운 비밀이다. 우리의 모든 것을 알고 계신 주님이 오늘도 나에게 큰 배려를 하고 계신다. 하나님께서 내게 주신 은혜가 너무 커서 자고하지 않도록 안전장치를 준비하셨다.

"바로가 백성을 보낸 후에 블레셋 사람의 땅의 길은 가까울지라도 하나님이 그들을 그 길로 인도하지 아니하셨으니 이는 하나님이 말씀하시기를 이 백성이 전쟁을 하게 되면 마음을 돌이켜 애굽으로 돌아갈까 하셨음이라"(출13:17)

하나님께서는 애굽에서 이스라엘을 인도하실 때 가까운 블레셋 길로 인도하시지 않고 먼 광야로 돌려 인도 하셨다. 그 이유는 이스라엘이 블레셋 땅으로 가다가 전쟁을 보면 다시 애굽으로 돌아 가려고 하기 때문이다. 블레셋을 통과하면 일주일이면 된다. 그러나 먼 광야길을 돌아가면 2년이 걸린다. 경제적으로 생각하면 효과가 전혀 없다. 그럼에도 불구하고 하나님께서 그렇게 하신 이유는 이스라엘에 대한 특별한 배려였다. 이것은 모든 것을 알고 계신 하나님 만이 결정하실 수 있는 배려이다. 사람들은 불평할 수 있다. 왜 일주일이면 통과할 수 있는 길을 2년 동안 가야 하냐고요.

때로는 하나님이 우리를 돌려 인도 하신다. 좋은 길을 버리고 거친 들판으로 이끄신다. 화려한 길을 버리게 하시고 비천한 길을 걷게 하신다. 이렇게 하신 뜻은 하나님께서 우리를 힘들게 하려 하심이 아니라 우리를 더욱 더 온전케 하시는 배려이다. 이것은 하나님이 받으시는 택한 백성들에게 만 주시는 아주 특별한 섭리이시다.

무엇을 얻느냐가 중요하지 않고 어떤 사람이 되는가가 중요하다. 이는 결과로 이루어지지 않고 과정을 통해서 이루어진다. 먼 길을 돌아가다가 다시 애굽으로 가고 싶어도 그 길이 너무 멀어 실망하고 포기하게 하신다. 어찌 하든지 목적지를 향해 가게 하신다. 그 길이 험하고 아무리 멀어도 하나님은 포기 하시지 않으신다.

　오늘 나는 무엇을 위해 기도하는가? 오늘 나는 무엇 때문에 힘들어 하는가? 하나만 알고 둘을 모르는 어린 아이의 신앙을 버리고 지금 내가 아파하는 것이 나를 온전케 하시는 특별한 하나님의 배려임을 알고 그 아픔과 고통을 가지고 하나님께 감사제를 드려야 하겠다.

5) 절대적인 위로가 있기 때문

　"찬송하리로다 그는 우리 주 예수 그리스도의 하나님이시요 자비의 아버지시요 모든 위로의 하나님이시며 우리의 모든 환난 중에서 우리를 위로하사 우리로 하여금 하나님께 받는 위로로써 모든 환난 중에 있는 자들을 능히 위로하게 하시는 이시로다 그리스도의 고난이 우리에게 넘친 것 같이 우리의 위로도 그리스도로 말미암아 넘치는도다 우리가 환난 받는 것도 너희의 위로와 구원을 위함이요 혹 위로 받는 것도 너희의 위로를 위함이니 이 위로가 너희 속에 역사하여 우리가 받는것 같은 고난을 너희도 견디게 하느니라 너희를 위한 우리의 소망이 견고함은 너희가 고난에 참예하는 자가 된 것같이 위로에도 그러할 줄을 앎이라 형제들아 우리가 아시아에서 당한 환난을 너희가 알지 못하기를 원치 아니하노니 힘에 지나도록 심한 고생을 받아 살 소망까지 끊어지고 우리 마음에 사형 선고를 받은 줄 알았으니 이는 우리로 자기를 의뢰하지 말고 오직 죽은 자를 다시 살리시는 하나님만 의뢰하게 하심이라 그가 이같이 큰 사망에서 우리를 건지셨고 또 건지시리라 또한 이후에라도 건지시기를 그를 의지하여 바라노라 너희도 우리를 위하여 간구함으로 도우라 이는 우리가 많은 사람의 기도로 얻은 은사를 인하여 많은 사람도 우리를 위하여 감사하게 하려 함이라"(고후1:3-11)

　새로운 길을 걸어가는 자에게 용기가 필요하고 분명한 목적의식 있어야 한다. 많은 사람들은 새로운 길을 가는 것을 기피하고 두려워한다. 왜냐하면 길이 없기 때문이다. 그러나 새로운 길을 마다하지 않고 가는 사람이 있다. 그 길을 모르는 사람에게 가는 길을 열어 주기 위함이다. 이런 사람을 우리는 선구자 또는 개척자 라고 부른다.

사도 바울은 아시아에서 당한 고난에 대하여 말을 한다. 사형선고를 받은 것 같은 고난을 견뎌야 했다. 그럼에도 불구하고 사도 바울은 그 고난을 잘 견뎌 이겼다. 그리고 많은 하나님의 위로를 받게 되었다. 그것에 대하여 사도 바울은 자기가 당한 그 큰 고난과 위로는 고린도 교회 안에서 고난당한 자를 위로하고 세우기 위함이라고 말을 한다.

그러면서 바울은 자기가 당한 고난도 고린도 교회를 위함이요 자기가 받은 하나님의 위로 또한 고린도 교회를 위함이라고 하였다. 참으로 놀라운 사도이다. 하나님께서 주신 모든 고난을 받아 들이면서 견디고 이기는 과정들을 학습하면서 그 길을 따라 오는 자들을 위해 안내 지도를 그려주고 있는 것이다.

옛날에 노모를 모시고 살았던 외아들은 먹을 것이 없어 죽게 되었을 때 할 수 없이 늙은 어머니를 산에 버리기 위해 업고 깊은 산으로 들어가 노모를 버리고 나오는데 아들이 돌아 오는 길목 마다 소나무 가지가 꺾여 있는 것을 알았다. 아들은 어머니가 깊은 산속에 자기를 버리고 돌아가다가 혹시 깊은 산속에서 길을 잃어 버릴까 염려하셔서 그렇게 한 사실을 알고 다시 가서 노모를 업고 돌아 왔다는 이야기가 있다.

구원 받은 성도가 당한 그 어떤 고난도 의미 없는 고난은 없다. 그래서 고난을 당할 때 무조건 물리치고 반항할 것이 아니라 바울처럼 자기와 같은 고난당하는 자들을 위로하고 건져내기 위해 그 고난을 잘 견디면서 승리하는 지도를 그릴 때 하나님은 그런 믿음의 사람들을 통해서 모든 고난당하는 자들을 건져 내고 그 가운데 받은 위로를 나눠줄 수 있는 것이다.

6) 절대적인 희생이 있기 때문

"우리가 이 보배를 질그릇에 가졌으니 이는 능력의 심히 큰 것이 하나님께 있고 우리에게 있지 아니함을 알게 하려 함이라 우리가 사방으로 우겨쌈을 당하여도 싸이지 아니하며 답답한 일을 당하여도 낙심하지 아니하며 핍박을 받아도 버린바 되지 아니하며 거꾸러뜨림을 당하여도 망하지 아니하고 우리가 항상 예수 죽인 것을 몸에 짊어짐은 예수의 생명도 우리 몸에 나타나게 하려 함이라 우리 산 자가 항상 예수를 위하여 죽음에 넘기움은 예수의 생명이 또한 우리 죽을 육체에 나타나게 하려 함이니라 그런즉 사망은 우리 안에서 역사하고 생명은 너희 안에서 하느니라"(고후4:7-12)

    기독교의 생명은 누군가가 죽어야 나타난다. 예수 믿는 사람들이 아무도 죽기를 싫어하면 아무도 구원을 얻을 수 없다. 초대 교회 전도 방법은 성도들이 죽어 가는 과정 속에서 일어났다. 야고보 사도가 죽어 복음이 전 세계적으로 퍼져 나갔다. 스테반 집사가 죽음으로 사울이 변하여 바울이 되었다. 바울은 1차 전도 여행 때 루스드라에서 전도하다가 돌에 맞아 죽은 줄 알고 성 밖으로 던짐을 받았다. 그런데 놀랍게도 2차 전도 여행 때 루스드라에서 디모데를 얻었다. 그 후 디모데는 사도 바울의 생명을 끝까지 지킨 후계자가 되었다.

    하나님께서 복음을 증거 하여 생명을 살리는 방법은 제자들의 고난과 핍박과 죽음을 통해서 이루신다. 사도 바울은 이것을 너무나 잘 알고 있다. 보배를 질그릇에 가졌으니 이는 능력의 심히 큰 것이 우리에게 있지 않고 하나님께 있음을 알게 하려 하심이라 하였다. 질그릇 속에 있는 보배가 드러나기 위해 질그릇은 깨어져야 한다. 하나님께서 사도 바울과 제자들을 사방으로 우겨쌈을 당하게 하신다. 거꾸러뜨림을 당하게 하신다. 답답한 일을 당하게 하신다. 그러나 싸이지 아니하고, 망하지 아니하고, 낙심하지 않는다. 도저히 살아갈 수 없는 환경에서도 오뚜기처럼 항상 일어난다. 숨도 쉴 수 없는 환경에서도 믿음의 전진은 계속된다. 이때 죽은 송장과 같은 제자들을 통해서 부활하신 예수님의 생명은 그들과 함께 사람들에게서 살아난다.

    바울은 이것을 너무나도 잘 알기 때문에 항상 예수 죽인 것을 몸에 짊어지고 살았다. 산자가 스스로 죽음에 넘겨줌은 예수의 생명이 죽은 육체 속에 나타나게 함이라고 바울은 말한다. 그런즉 사망은 우리에게 역사하고 생명은 너희에게 한다고 하였다.

    오늘날에는 희생의 복음이 없다. 다 편하게 복을 받고 잘 먹고 잘 살기 위해 예수를 믿는다. 오히려 환난이 오고 핍박이 오면 예수를 잘 못 믿고 있는가 의심을 한다. 하나님께서 성도들의 고난 속에서 예수님의 생명을 나타내서 귀한 영혼들을 구원하려 하시는데 아무도 그 희생의 고난에 머물러 있는 사람이 없다.

그러나 진짜 예수 믿고 구원을 얻은 하나님의 자녀들은 지금도 자기가 속한 곳에서 썩어진 밀알이 되어 살아 간다. 예수님께서는 한 알의 밀이 땅에 떨어져 죽지 아니하면 한 알 그대로 있고 죽으면 많은 열매를 맺는다 하셨다. 이는 자신의 십자가의 죽음을 말씀 하신 것이다. 예수님은 우리를 구원하시기 위해 자신의 생명을 버리셨다. 그러나 예수를 믿고 구원을 얻은 성도는 예수님을 위해 자기 생명을 버리지 않는다. 이것이 오늘날 기독교의 다른 복음이다. 바알 복음이다.

"내가 진실로 진실로 너희에게 이르노니 한 알의 밀이 땅에 떨어져 죽지 아니하면 한 알 그대로 있고 죽으면 많은 열매를 맺느니라 자기 생명을 사랑하는 자는 잃어버릴 것이요 이 세상에서 자기 생명을 미워하는 자는 영생하도록 보존하리라"(요12:24-25)

예수님은 제자들에게 자기의 살을 먹고 자기의 피를 마시라고 하셨다. 그래서 영생을 주기를 원하신 것이다. 누가 당신의 살을 먹고 피를 요구하면 당신은 어떻게 하겠는가? 아마도 도망하고 말 것이다. 싸움을 해서라도 그렇게 하지 못하게 할 것이다. 기독교란 종교는 죄인이 마땅히 자기 죄로 죽어야 하는데 죄가 없으신 예수님이 오히려 죽으셔서 죄인을 구원해 주신 것이다. 왜냐하면 하나님이 우리를 사랑하시기 때문이다.

"예수께서 이르시되 내가 진실로 진실로 너희에게 이르노니 인자의 살을 먹지 아니하고 인자의 피를 마시지 아니하면 너희 속에 생명이 없느니라 내 살을 먹고 내 피를 마시는 자는 영생을 가졌고 마지막 날에 내가 그를 다시 살리리니 내 살은 참된 양식이요 내 피는 참된 음료로다 내 살을 먹고 내 피를 마시는 자는 내 안에 거하고 나도 그 안에 거하나니 살아계신 아버지께서 나를 보내시매 내가 아버지로 인하여 사는것 같이 나를 먹는 그 사람도 나로 인하여 살리라"(요 6:53-57)

7) 절대적인 구제가 있기 때문

"욥바에 다비다라 하는 여제자가 있으니 그 이름을 번역하면 도르가라 선행과 구제하는 일이 심히 많더니 그 때에 병들어 죽으매 시체를 씻어 다락에 뉘우니라 룻다가 욥바에 가까운지라 제자들이 베드로가 거기 있음을 듣고 두 사람을 보내어 지체말고 오라고 간청하니 베드로가 일어나 저희와 함께 가서 이르매 저희가 데리고 다락에 올라가니 모든 과부가 베드로의 곁에 서서 울며 도르가가 저희와 함께 있을 때에 지은 속옷과 겉옷을 다 내어 보이거늘 베드로가 사람을 다 내어보내고 무릎을 꿇고 기도하고 돌이켜 시체를 향하여 가로되 다비다야 일어나라 하니 그가 눈을 떠 베드로를 보고 일어나 앉는지라 베드로가 손을 내밀어 일으키고 성도들과 과부들을 불러 들여 그의 산 것을 보이니 온 욥바 사람이 알고 많이 주를 믿더라 베드로가 욥바에 여러 날 있어 시몬이라 하는 피장의 집에서 유하니라"(행 9:36-43)

하나님의 사람들의 특징은 감동을 주는 것이다. 다비다는 모든 과부들과 베드로의 마음을 감동시켰다. 그녀의 죽음은 모든 사람들의 마음을 울렸고 베드로의 마음을 울렸다. 성경에는 가장 비천하고 가장 약한 자들을 통해서 일어나는 기적들이 있다. 그들은 이 세상 어떤 영웅들이 해내지 못한 일들을 하고 수 많은 사람들을 부끄럽게 했다. 그중 하나가 다비다 이야기이다.

욥바의 다비다는 과부였다. 그런데 그냥 과부가 아니라 위대한 과부였다. 성경은 그녀를 제자라고 했다. 제자, 너무나도 멋진 말이다. 그리스도인의 정체성을 표현하는데 제자라는 단어처럼 원색적이고 직설적인 단어는 없다. 글자 그대로 다비다는 예수님의 삶을 그대로 따라가는 예수님의 제자였다. 그녀의 눈에는 오직 예수님이 살고 가신 그 길만 보였다. 자신이 예수님의 제자로 할 수 있는 일이 동료 가난한 과부를 돌보는 것이다. 성경은 다비다의 선행과 구제가 심히 많았다고 기록을 한다.

다비다의 삶의 목적은 오직 하나였다. 불행한 과부들의 탄식을 스스로가 짊어지는 것이다. 그래서 자신의 생명과 삶 전체를 불사르다 결국 죽게 된 것이다. 어쩌면 물 한 방울 피 한 방울 남김 없이 쏟으시고 돌아가신 예수님의 자취를 그대로 따라간 것이다.

다비다 역시 여자 중의 하나였다. 그녀에게도 세상의 풍요와 안락과 사치와 쾌락이란 유혹이 없을 수 없다. 홀로된 여인으로 남편이 있는 여인 부럽지 않게 살 수 있는 욕망도 있었을 것이다. 그런데 과부 다비다의 기쁨은 오직 예수님의 제자라는 이름 하나였다.

당시 욥바에서 일어나고 있었던 일들을 조용히 눈을 감고 마음속으로 그려 본다. 나도 모르게 깊은 마음 한 구석에서 뜨거운 감동이 밀려 온다. 결코 얼굴도 보이지 않고 나이도 모르지만 어쩌면 이 세상에서 가장 아름다운 여인의 모습으로 마음에 차오른다.

모든 과부들이 베드로가 도착하자 다비다가 사도 베드로를 위해서 만들어 놓았던 속옷과 겉옷을 보이며 통곡을 한다. 베드로 역시 억제할 수 없는 감동이 밀려 온다. 베드로는 크게 소리질러 다비다야 일어나라 외친다. 놀랍게 다비다가 바로 살아난다. 세상에 이런 기적이 또 있을까? 다비다의 구제와 헌신은 예수님의 마음도 감동을 시켰던 것이다.

천천 금은 보화를 모은들 무슨 소용이 있겠는가! 날마다 비단 방석에 앉아 호의호식했던 부자가 무슨 소용 있는가! 그가 음부에 들어가 나사로에게 손가락 끝에 물 한 방울만 찍어 자기의 혀를 서늘하게 해 달라고 애원을 하지만 그것 조차도 거절당하고 말았지 않았는가!

세상에 태어나 안개와 같은 삶을 잠시 동안 살다가 돌아가는데 왜 그리 복잡하고 추구하는 욕심들이 많은가? 아주 작은 일 한 가지라도 다비다와 같이 목숨을 다해서 충성한다면 모든 사람들을 감동시키고 예수님을 감동 시키고 하늘과 땅을 감동시키지 않겠는가!

8) 절대적인 섬김이 있기 때문

"하루는 엘리사가 수넴에 이르렀더니 거기에 한 귀한 여인이 그를 간권하여 음식을 먹게 하였으므로 엘리사가 그 곳을 지날 때마다 음식을 먹으러 그리로 들어갔더라 여인이 그의 남편에게 이르되 항상 우리를 지나가는 이 사람은 하나님의 거룩한 사람인 줄을 내가 아노니 청하건대 우리가 그를 위하여 작은 방을 담 위에 만들고 침상과 책상과 의자와 촛대를 두사이다 그가 우리에게 이르면 거기에 머물리이다 하였더라 하루는 엘리사가 거기에 이르러 그 방에 들어가 누웠더니 자기 사환 게하시에게 이르되 이 수넴 여인을 불러오라 하니 곧 여인을 부르매 여인이 그 앞에 선지라 엘리사가 자기 사환에게 이르되 너는 그에게 이르라 네가 이같이 우리를 위하여 세심한 배려를 하는도다 내가 너를 위하여 무엇을 하랴 왕에게나 사령관에게 무슨 구할 것이 있느냐 하니 여인이 이르되 나는 내 백성 중에 거주하나이다 하니라 엘리사가 이르되 그러면 그를 위하여 무엇을 하여야 할까 하니 게하시가 대답하되 참으로 이 여인은 아들이 없고 그 남편은 늙었나이다 하니 이르되 다시 부르라 하여 부르매 여인이 문에 서니라 엘리사가 이르되 한 해가 지나 이 때쯤에 네가 아들을 안으리라 하니 여인이 이르되 아니로소이다 내 주 하나님의 사람이여 당신의 계집종을 속이지 마옵소서 하니라 여인이 과연 잉태하여 한 해가 지나 이 때쯤에 엘리사가 여인에게 말한 대로 아들을 낳았더라"(왕하4:8-17)

 수넴 여인은 남편은 늙었고 자식이 없다. 그럼에도 불구하고 불만이 없다. 엘리사가 수넴여인의 섬김을 통해 감동을 받고 무슨 일이든지 도와주고 싶어서 왕이나 혹은 군대장관이나 방백들에게 요구할 것이 있으면 말해 보라고 한다. 그때 수넴 여인은 나는 내 백성 중에 거주하고 있는 것으로 만족한다고 고백을 한다. 이는 다른 소원이나 다른 욕심이 하나도 없고 지금 삶이 만족하다는 것이다. 그럼에도 불구하고 엘리사는 수넴 여인에게 무엇인가를 해주고 싶어 혼자서 말을 할 때 종 게하시가 이 여인에게는 자식이 없고 남편 또한 늙었다고 말을 한다. 엘리사는 다시 여인을 불러 오게 한 후 일 년 후에 아들을 안을 것이라고 축복을 한다. 여인은 자신을 속이지 말라고 하지만 하나님은 그녀에게 아들을 주셨다.

 무엇이 이렇게 엘리사의 마음을 흔들었을까? 수넴 여인의 섬김이었다. 엘리사가 마을을 지날 때마다 간권하여 음식을 먹게 하고 남편에게 부탁하여 방을 만들고 침대와 책상과 등을 준비했다. 엘리사는 이곳을 지날 때마다 이곳에 머물러 음식을 먹고 발을 씻고 쉼을 얻을 수 있었다. 이런 큰 섬김을 받고 있는 엘리사는 수넴 여인에게 무엇이든지 보답하고 싶었던 것이다.

성경은 수넴 여인을 귀한 여인이라고 기록을 하고 있다. 귀하다고 하는 것은 여러가지 뜻이 있다. 부자란 뜻도 있다. 신분이 높다는 뜻도 있다. 인격이 고상하고 삶이 경건하다는 뜻도 있다. 수넴 여인은 영적인 맑은 눈을 가지고 있었다. 항상 마을 앞을 지나는 엘리사를 거룩한 하나님의 사람으로 알았다. 그리고 남편에게도 그렇게 소개를 했다. 수넴 여인은 경건의 능력을 가지고 있었다. 그래서 그는 이스라엘 백성으로 사는 것으로 만족했다. 엘리사를 위해 섬긴 것은 특별한 이유가 아니라 단순히 하나님의 거룩한 사람을 섬기고 싶은 생각 뿐이었다. 그런데 하나님께서는 생각지도 못한 아들을 그녀의 품에 안겨 주셨다.

하루는 수넴 여인의 아들이 병들어 죽었다. 엘리사는 그 아들을 다시 살려 주었다. 엘리사는 수넴 여인에게 7년 동안 기근이 있으니 그 동안 다른 곳으로 이주하여 기근을 피하라고 할 때 수넴 여인은 순종하여 7년 동안 블레셋 땅으로 이주하였다. 7년 후 다시 돌아왔는데 주인 없는 동안 다른 사람들이 수넴 여인의 땅을 경작하고 있어 수넴 여인은 왕 앞으로 가서 자기의 사정을 아뢴다. 그때 마침 게하시가 왕과 함께 이야기 하다가 수넴 여인을 보고 엘리사가 이 여인의 아들을 살려낸 이야기를 해준다. 왕은 관리를 임명하여 수넴 여인의 땅과 7년 동안 소출한 모든 것들을 수넴 여인에게 돌려 주라고 명령을 했다.

수넴 여인은 7년 대환난 기간 동안 피난처 교회에서 보호를 받으며 양육을 받아 첫째 부활에 참여한 교회의 롤 모델이다. 마치 빌라델비아 교회처럼 7년 기근을 피하게 되고 죽은 아들이 다시 살아나는 사건을 통해 부활의 약속도 받은 교회의 모습이다. 앞으로 7년 환난이 다가 오고 있다. 누가 과연 이 환난을 피하고 이길 수 있을까? 수넴 여인과 같이 영적으로 깨어 있어 하나님의 거룩한 사람을 분별하고 그를 섬기며 함께하고 있는 지체들과의 삶을 만족하는 신앙이 바로 환난 때 기근을 피할 수 있는 신앙임을 수넴 여인을 통해서 깨닫게 된다.

9) 절대적인 공급이 있기 때문

"여호와의 말씀이 엘리야에게 임하여 가라사대 너는 일어나 시돈에 속한 사르밧으로 가서 거기 유하라 내가 그곳 과부에게 명하여 너를 공궤하게 하였느니라 저가 일어나 사르밧으로 가서 성문에 이를 때에 한 과부가 그곳에서 나무 가지를 줍는지라 이에 불러 가로되 청컨대 그릇에 물을 조금 가져다가 나로 마시게 하라 저가 가지러 갈때에 엘리야가 저를 불러 가로되 청컨대 네 손에 떡 한 조각을 내게로 가져오라 저가 가로되 당신의 하나님 여호와의 사심을 가리켜 맹세하노니 나는 떡이 없고 다만 통에 가루 한 움큼과 병에 기름 조금 뿐이라 내가 나무 가지 두엇을 주워 다가 나와 내 아들을 위하여 음식을 만들어 먹고 그 후에는 죽으리라 엘리야가 저에게 이르되 두려워 말고 가서 네 말대로 하려니와 먼저 그것으로 나를 위하여 작은 떡 하나를 만들어 내게로 가져오고 그 후에 너와 네 아들을 위하여 만들라 이스라엘 하나님 여호와의 말씀이 나 여호와가 비를 지면에 내리는 날까지 그 통의 가루는 다하지 아니하고 그 병의 기름은 없어지지 아니하리라 하셨느니라 저가 가서 엘리야의 말대로 하였더니 저와 엘리야와 식구가 여러날 먹었으나 여호와께서 엘리야로 하신 말씀 같이 통의 가루가 다하지 아니하고 병의 기름이 없어지지 아니하니라"(왕상 17:8-16)

모세는 이스라엘을 대표하는 선지자이고 엘리야는 이방인을 대표한 선지자이다. 모세는 애굽에서 이적을 행하였고 엘리야는 시돈 땅 사르밧에서 이적을 행하였다. 사르밧은 이방인의 땅이다. 예수님께서 엘리야를 세례 요한이라고 하셨다. 세례 요한은 신약을 준비한 선지자다. 요한 계시록 11장에서는 후 삼년 반 이방인들이 거룩한 성을 짓밟을 동안 모세와 같이 물이 피가 되게 하는 이적과 엘리야와 같이 하늘을 닫아 비가 내리지 않게 하는 이적을 행하고 있다. 예수님은 변화

산에서 모세와 엘리야와 예수님의 구속의 역사를 의논하셨다. 이처럼 구약 이스라엘을 대표한 모세와 신약 이방인을 대표한 엘리야는 두 감람나무와 두 촛대의 역할을 한다. 감람나무는 이스라엘을 상징하고 촛대는 교회를 상징한다. 사르밧 과부는 후 삼년 반에 있을 순교시대의 고난을 상징한다.

"성전 밖 마당은 척량하지 말고 그냥 두라 이것을 이방인에게 주었은즉 저희가 거룩한 성을 마흔 두달 동안 짓밟으리라 내가 나의 두 증인에게 권세를 주리니 저희가 굵은 베옷을 입고 일천 이백 육십 일을 예언하리라 이는 이 땅의 주 앞에 섰는 두 감람나무와 두 촛대니 만일 누구든지 저희를 해하고자 한즉 저희 입에서 불이 나서 그 원수를 소멸할찌니 누구든지 해하려 하면 반드시 이와 같이 죽임을 당하리라 저희가 권세를 가지고 하늘을 닫아 그 예언을 하는 날 동안 비 오지 못하게 하고 또 권세를 가지고 물을 변하여 피 되게 하고 아무 때든지 원하는 대로 여러 가지 재앙으로 땅을 치리로다"(계11:2-6)

그런데 놀랍게도 시돈 사르밧 과부는 이방인으로 엘리야가 말한 이스라엘 여호와의 말씀을 순종하여 자기와 아들이 먹고 죽기 위해 아끼던 빵을 엘리야에게 주었다. 그 결과 삼년 육 개월 동안 살아남을 수 있었다.

"엘리야는 우리와 성정이 같은 사람이로되 저가 비 오지 않기를 간절히 기도한즉 삼년 육개월 동안 땅에 비가 아니 오고 다시 기도한즉 하늘이 비를 주고 땅이 열매를 내었느니라"(약5:17-18)

하나님의 사람들에게는 하나님의 절대적인 공급이 있다. 있는 것도 없게 하시고 없는 것도 있게 하시는 하나님의 능력을 경험할 수 있다. 우주와 만물을 지으신 능력의 하나님의 공급하심을 경험하게 된다.

사도 바울은 하나님의 절대적인 공급에 대하여 확신을 가지고 살았다. 그는 빌립보 교회를 향해 자신이 경험하고 있는 하나님의 절대적인 공급을 약속하고 있다. 하나님이 주신 절대적인 공급의 장소는 그리스도 예수 안이다. 하나님께서 공급해 주시는 모양은 영광가운데 풍성하다. 하나님께서 공급해 주시는 범위는 모든 쓸것을 채우신다. 이와 같은 절대적인 공급을 이미 경험하고 앞으로 있을 것에 대한 확신을 가지고 있는 바울처럼 빌립보 교회가 갖기를 원하고 있는 것이다.

"나의 하나님이 그리스도 예수 안에서 영광 가운데 그 풍성한대로 너희 모든 쓸 것을 채우시리라"(빌4:19)

사르밧 과부가 자신과 아들의 생명을 담보로 한 빵을 엘리야에게 줄 수 있었던 이유는 엘리야가 여호와께서 채워 주시겠다고 하는 약속이었다. 그렇다 자신의 생명을 버린 자는 생명을 얻고 자신의 생명을 지키려는 자는 생명을 잃어버릴 것이다. 마지막 피난처 공동체 교회가 기근을 이길 수 있는 믿음이 바로 사르밧 과부이다. 사랑하는 지체들을 위해 자신이 먹고 죽을 수 있는 그 빵을 버릴 때부터 그는 하나님의 절대적인 공급을 받을 수 있을 것이다.

"선지자의 생도의 아내 중에 한 여인이 엘리사에게 부르짖어 가로되 당신의 종 나의 남편이 이미 죽었는데 당신의 종이 여호와를 경외한 줄은 당신이 아시는 바니이다 이제 채주가 이르러 나의 두 아이를 취하여 그 종을 삼고자 하나이다 엘리사가 저에게 이르되 내가 너를 위하여 어떻게 하랴 네 집에 무엇이 있는지 내게 고하라 저가 가로되 계집종의 집에 한 병 기름 외에는 아무 것도 없나이다 가로되 너는 밖에 나가서 모든 이웃에게 그릇을 빌라 빈 그릇을 빌되 조금 빌지 말고 너는 네 두 아들과 함께 들어가서 문을 닫고 그 모든 그릇에 기름을 부어서 차는 대로 옮겨 놓으라 여인이 물러가서 그 두 아들과 함께 문을 닫은 후에 저희는 그릇을 그에게로 가져 오고 그는 부었더니 그릇에 다 찬지라 여인이 아들에게 이르되 또 그릇을 내게로 가져 오라 아들이 가로되 다른 그릇이 없나이다 하니 기름이 곧 그쳤더라 그 여인이 하나님의 사람에게 나아가서 고한대 저가 가로되 너는 가서 기름을 팔아 빚을 갚고 남은 것으로 너와 네 두 아들이 생활하라 하였더라"(왕하4:1-7)

한 선지 생도 부인이 자신의 남편이 남기고 죽은 빚 때문에 두 아이를 잃게 된 사연을 엘리사에 말한다. 선지 생도 부인은 빚을 남기고 죽은 자기 남편이 여호와를 경외 했다고 말을 한다. 그 말은 남편이 목숨 바쳐서 헌신 하다가 죽었다는 것이다. 엘리사의 선지학교는 재정이 열

악하기 그지없었다. 나무를 베어 기숙사를 증축할 때 도끼를 빌려 왔다가 잃어버린 적도 있었다. 먹을 것이 없어 풀을 끓여 먹다가 중독되어 병이 나기도 했다. 이런 상황에서 한 선지 생도 부인은 남편이 빚을 내어 헌신하다가 죽었다는 사실을 상기 시켜 주고 있는 것이다.

그 때 엘리사는 마지막 집에 남아 있는 한 병의 기름을 다른 사람들에게 빌린 병에 채우라 하였다. 마지막 빌려온 병에 기름이 차고 난 후까지 기름은 계속해서 나왔다. 결국 선지 생도 부인은 기름을 팔아 빚을 갚고 평생 동안 살아갈 수 있었다. 이런 간증들이 하나님의 사람들에게 있어야 한다. 욕심과 탐욕으로 창고에 재물을 가득 쌓아 놓고 나눠주기를 싫어하다가 음부에 떨어져 나사로에게 물 한 방울을 간청한 어리석은 부자와 같이 되지 말아야 할 것이다.

10) 절대적인 약속이 있기 때문

"그 때에 유다 자손이 길갈에 있는 여호수아에게 나아오고 그니스 사람 여분네의 아들 갈렙이 여호수아에게 말하되 여호와께서 가데스 바네아에서 나와 당신에게 대하여 하나님의 사람 모세에게 이르신 일을 당신이 아시는 바라 내 나이 사십 세에 여호와의 종 모세가 가데스 바네아에서 나를 보내어 이 땅을 정탐하게 하였으므로 내가 성실한 마음으로 그에게 보고하였고 나와 함께 올라갔던 내 형제들은 백성의 간담을 녹게 하였으나 나는 내 하나님 여호와께 충성하였으므로 그 날에 모세가 맹세하여 이르되 네가 내 하나님 여호와께 충성하였은즉 네 발로 밟는 땅은 영원히 너와 네 자손의 기업이 되리라 하였나이다 이제 보소서 여호와께서 이 말씀을 모세에게 이르신 때로부터 이스라엘이 광야에서 방황한 이 사십오 년 동안을 여호와께서 말씀하신 대로 나를 생존하게 하셨나이다 오늘 내가 팔십오 세로되 모세가 나를 보내던 날과 같이 오늘도 내가 여전히 강건하니 내 힘이 그 때나 지금이나 같아서 싸움에나 출입에 감당할 수 있으니 그 날에 여호와께서 말씀하신 이 산지를 지금 내게 주소서 당신도 그 날에 들으셨거니와 그 곳에는 아낙 사람이 있고 그 성읍들은 크고 견고할지라도 여호와께서 나와 함께 하시면 내가 여호와께서 말씀하신 대로 그들을 쫓아내리이다 하니여호수아가 여분네의 아들 갈렙을 위하여 축복하고 헤브론을 그에게 주어 기업을 삼게 하매헤브론이 그니스 사람 여분네의 아들 갈렙의 기업이 되어 오늘까지 이르렀으니 이는 그가 이스라엘의 하나님 여호와를 온전히 좇았음이라 헤브론의 옛 이름은 기럇 아르바라 아르바는 아낙 사람 가운데에서 가장 큰 사람이었더라 그리고 그 땅에 전쟁이 그쳤더라"(수14:6-15)

갈렙은 유다지파 족장이다. 유다지파는 영적인 장자의 지파이다. 유다지파를 통해서 구속의 메시아가 나와 왕으로 통치할 것을 야곱은 창세기 49장에서 예언을 했다. 영적인 장자라는 것은 신약의 이방인의 교회를 말한다.

"유다야 너는 네 형제의 찬송이 될찌라 네 손이 네 원수의 목을 잡을 것이요 네 아비의 아들들이 네 앞에 절하리로다 유다는 사자 새끼로다 내 아들아 너는 움킨 것을 찢고 올라 갔도다 그의 엎드리고 웅크림이 수사자 같고 암사자 같으니 누가 그를 범할 수 있으랴 홀이 유다를 떠나지 아니하며 치리자의 지팡이가 그 발 사이에서 떠나지 아니하시기를 실로가 오시기까지 미치리니 그에게 모든 백성이 복종하리로다 그의 나귀를 포도나무에 매며 그 암나귀 새끼를 아름다운 포도나무에 맬 것이며 또 그 옷을 포도주에 빨며 그 복장을 포도즙에 빨리로다 그 눈은 포도주로 인하여 붉겠고 그 이는 우유로 인하여 희리로다."(창49:8-12)

애굽에서 나온 60만 명의 이십 세 이상의 장정들 중에 살아서 가나안에 입성한 사람은 여호수아와 갈렙 뿐이었다. 여호수아는 에브라임 지파 족장이고 갈렙은 유다지파 족장이었다. 에브라임은 북 왕조 이스라엘을 다스렸고 유다는 남 유다를 다스리는 국가가 되었다. 이것은 이미 하나님께서 여호수아와 갈렙을 통해서 이스라엘과 이방인의 교회를 섭리 하셨던 것이다. 여호수아는 이스라엘을 대표로 가나안에 들어갔고 갈렙은 이방인의 대표로 들어간 것이다.

참 놀라운 것은 갈렙이 이방인 출신이라는 것이다. 그럼에도 불구하고 가나안으로 입성 할 때 유다지파 족장으로 들어간 것이다. 갈렙은 그나스 사람 여분네의 아들이다. 그런데 그나스 사람은 이방인이다. 하나님께서 아브라함에게 기업으로 주신 이방인의 땅에서 살았던 사람들이다.

"애굽에서 나온 자들의 이십세 이상으로는 한 사람도 내가 아브라함과 이삭과 야곱에게 맹세한 땅을 정녕히 보지 못하리니 이는 그들이 나를 온전히 순종치 아니하였음이니라 다만 그나스 사람 여분네의 아들 갈렙과 눈의 아들 여호수아는 볼 것은 여호와를 온전히 순종하였음이니라 하시고"(민32:11-12)

"그 날에 여호와께서 아브람으로 더불어 언약을 세워 가라사대 내가 이 땅을 애굽강에서부터 그 큰 강 유브라데까지 네 자손에게 주노니 곧 겐 족속과 그니스 족속과 갓몬 족속과 헷 족속과 브리스 족속과 르바 족속과 아모리 족속과 가나안 족속과 기르가스 족속과 여부스 족속의 땅이니라 하셨더라"(창15:18-21)

여호와께서 갈렙은 여호와를 온전히 순종하였다고 하셨다. 이는 이방인의 교회의 정체성이다. 이방인의 교회는 순종하는 교회이다. 갈렙이 여호수아와 함께 가나안으로 들어간 것은 이방인과 이스라엘 백성들로 이루어진 새 예루살렘에 대한 예표이다.

갈렙은 45세에 여호수아와 함께 가나안을 정탐했다. 40년이 지난 지금 갈렙은 다시 이스라엘의 지도자 여호수아 앞에 나와 40년 전을 상기 시키면서 자신이 정탐했던 헤브론을 기업으로 줄 것을 요청하고 있다. 헤브론은 거인족인 아낙 자손들이 살고 있는 기럇 아르바이다.

"여호와께서 여호수아에게 명하신대로 여호수아가 기럇 아르바 곧 헤브론 성을 유다 자손 중에서 분깃으로 여분네의 아들 갈렙에게 주었으니 아르바는 아낙의 아비였더라"(수15:13)

아낙 자손들은 거인 족들이기 때문에 그들이 살고 있는 헤브론은 아무도 가려고 하지 않는 땅이다. 그러나 갈렙은 40년 전의 일들을 상기하면서 정정당당하게 자기가 가서 아낙 자손들을 몰아내고 기업을 얻겠다고 한다. 갈렙은 그의 나이가 팔십 오세였지만 사십년 전과 다를 바 없다고 고백을 한다.

갈렙이 너무 멋있지 않나요! 갈렙은 출신이 이방인이었지만 40년을 하루같이 자신이 여호와께 받은 기업을 꿈꾸면서 준비했다. 여호수아는 갈렙의 라이벌과 같은 존재이다. 모세 시대 살았던 유일한 생존자이고 족장이고 동지였다. 그러나 갈렙은 자신의 자리를 잘 지키고 자신의 분수를 잘 지키고 있다. 여호수아를 향해 교만하게 다가가지 않았다. 그는 겸손히 여호수아 앞에 나가 약속의 기업을 상기시키면서 정당한 요구를 해서 당당하게 헤브론을 기업으로 얻었다.

하나님의 사람들의 특징은 약속을 소중하게 여긴다. 한 번 약속한 것은 해로울찌라도 지킨다. 노아는 100년 동안 하나님의 약속을 믿고 방주를 준비했다. 에녹은 365년을 하나님과 동행했다. 아브라함은 25년 동안 이삭을 기다렸다. 당신은 언약을 얼마나 소중하게 간직하고 있는지요.

4. 당신이 교회가 아닌 10가지 이유

1) 영적인 분별력이 없기 때문

"그 눈을 뜨게 하여 어두움에서 빛으로, 사단의 권세에서 하나님께로 돌아가게 하고 죄 사함과 나를 믿어 거룩케 된 무리 가운데서 기업을 얻게 하리라 하더이다"(행26:18)

소경은 눈을 뜨지 못해서 아무것도 볼 수가 없다. 그래서 그는 손에 있는 지팡이로 더듬거리면서 겨우 한 걸음씩 걸을 수 밖에 없다. 그러나 눈을 뜬 사람은 만물을 밝히 보기 때문에 뛰어 갈 수 있다. 영적인 눈을 뜨지 못한 사람은 소경이다. 예수님께서는 거듭나지 못한 사람은 천국을 볼 수 없다고 하셨다. 영적인 눈을 뜬다는 것은 거듭난 것이다. 거듭난 사람은 천국을 볼 수 있다. 그러하기 때문에 지금까지 보았던 세상을 버릴 수 있다.

"예수께서 대답하여 가라사대 진실로 진실로 네게 이르노니 사람이 거듭나지 아니하면 하나님 나라를 볼수 없느니라"(요3:3)

예수님은 눈은 몸의 등불이라 하시면서 눈이 성하면 모든 것이 밝을 것이요 눈이 나쁘면 온 몸이 어두울 것이라 하셨다. 그러면서 재물과 하나님을 겸하여 섬길 수 없다고 하셨다.

"눈은 몸의 등불이니 그러므로 네 눈이 성하면 온 몸이 밝을 것이요 눈이 나쁘면 온 몸이 어두울 것이니 그러므로 네게 있는 빛이 어두우면 그 어둠이 얼마나 더하겠느냐 한 사람이 두 주인을 섬기지 못할 것이니 혹 이를 미워하고 저를 사랑하거나 혹 이를 중히 여기고 저를 경히 여김이라 너희가 하나님과 재물을 겸하여 섬기지 못하느니라"(마6:22-24)

영적인 분별력을 갖는다는 것은 신령한 것과 더러운 것을 분변하는 것이다. 결국은 하나님의 나라와 세상 것에 대한 분별력인데 재물에 대한 것이다. 거듭나지 못한 사람은 눈에 보이지 않는 하나님의 나라를 볼 수 없기 때문에 눈에 보이는 재물에 집착을 한다. 그러나 거듭나서 영적인 눈을 뜬 사람은 죄사함과 거룩하게 된 무리 가운데서 얻은 기업을 소중하게 생각한다. 그것이 바로 교회이다. 교회란 구원 받은 성도들이다. 이들이 곧 나의 기업이다. 초대 예루살렘 교회는 성령이 강림하신 후 자기 재산을 모두 팔아 사도들 앞에 두었다. 사도들은 그 모든 것들을 팔아서 가난한 자들에게 나눠 주었다. 그래서 핍절한 자가 아무도 없었다.

왜 초대교회 성도들이 그렇게 했을까? 그들에게 성령이 강림하신 후 영적인 눈이 떠진 것이다. 그들의 재산이 자신의 소유가 아니라 모두의 소유인 것을 깨닫게 된 것이다. 다시 말해서 가난한 지체들의 고통이 곧 자신의 고통이 된 것이다. 자신이 소유한 재물을 가지고 있는 것 보다 가난한 자들과 함께 나누는 것이 더욱 더 기뻤기 때문이다.

구원 받은 성도는 예수님의 몸 된 교회의 지체이다. 그러나 구원 받지 못한 성도는 교회를 알지 못한다. 지체가 된다는 것은 한 몸인 것을 아는 것이다. 즉 다른 지체에 대한 소중함을 아는 것이다. 내 팔이 내 몸의 지체이기 때문에 팔이 아프면 온 몸이 아파서 아픈 팔을 치료하기 위해 온 신경을 집중하는 것이다. 내 팔이 내 몸의 지체이기 때문에 팔이 아픈 동안에는 다른 일을 할 수 없는 것이다.

삭개오는 예수님을 만나자 마자 생명보다 아끼던 소유의 절반을 팔아 가난한 자들에게 주었다. 토색한 것들은 사배나 갚았다. 그는 눈을 뜨자마자 자신이 재물의 노예로 살았던 것을 깨닫고 자신의 소유를 버릴 수 있었던 것이다. 눈을 뜨지 못한 사람은 재물의 노예로 살지만 눈을 뜬 거듭난 영적인 성도는 재물을 다스리는 자유인으로 살 수 있는 것이다.

"삭개오가 서서 주께 여짜오되 주여 보시옵소서 내 소유의 절반을 가난한 자들에게 주겠사오며 만일 뉘 것을 토색한 일이 있으면 사배나 갚겠나이다 예수께서 이르시되 오늘 구원이 이 집에 이르렀으니 이 사람도 아브라함의 자손임이로다 인자의 온 것은 잃어버린 자를 찾아 구원하려 함이니라"(눅19:8-10)

당신은 눈을 뜬 성도인가? 아니면 아직도 눈을 뜨지 못한 소경인가? 이것을 아는 방법은 당신의 소유가 누구의 것인가를 아는 것이다. 아직도 당신의 소유가 당신의 것으로 머물러 있다면 아직까지 당신은 영적인 눈을 뜨지 못한 사람이다. 즉 당신은 재물을 섬기고 살아가는 재물의 노예이다. 예수님께서 말씀하신 대로 당신의 하나님은 재물인 것이다. 만일 당신이 눈을 뜬 영적인 교회라면 지금 고통 받고 있는 가난한 지체들의 아픔 때문에 당신은 초대 교회 성도들처럼 당신의 재물을 쪼갤 수 있을 것이다.

2) 영적인 권위를 모르기 때문

"그러한데 꿈꾸는 이 사람들도 그와 같이 육체를 더럽히며 권위를 업신여기며 영광을 비방하는도다"(유다서 8절)

이단들의 특징은 영적인 권위를 알지 못하는 것이다. 영적인 권위란 하나님께서 세상에 교회를 세우시기 위해 나눠주신 권세를 말한다. 예수님은 감람산에서 승천하시기 전에 열 한 제자를 불러 모으시고 지상최대의 명령을 주셨다.

"예수께서 나아와 일러 가라사대 하늘과 땅의 모든 권세를 내게 주셨으니 그러므로 너희는 가서 모든 족속으로 제자를 삼아 아버지와 아들과 성령의 이름으로 세례를 주고 내가 너희에게 분부한 모든 것을 가르쳐 지키게 하라 볼찌어다 내가 세상 끝날까지 너희와 항상 함

께 있으리라 하시니라"(마28:18-20)

사도 바울은 하나님께서 지상의 교회를 세우기 위해 주신 권세들에 대하여 기록 하였다. "그가 혹은 사도로, 혹은 선지자로, 혹은 복음 전하는 자로, 혹은 목사와 교사로 주셨으니 이는 성도를 온전케 하며 봉사의 일을 하게 하며 그리스도의 몸을 세우려 하심이라"(엡4:11-12)

교회는 세상에 세워진 하나님의 나라이다. 그래서 영적인 통치가 이루어지는 것이다. 영적인 통치가 이루어지지 않으면 영적인 성장이 없는 것이다. 그러나 이단들은 이런 영적인 통치를 알지 못하고 하나님이 주신 영적인 권위를 무시하고 업신 여긴다. 사도 바울은 자세하게 하나님께서 세우신 영적인 권위에 대하여 언급을 한다.

"하나님이 교회 중에 몇을 세우셨으니 첫째는 사도요 둘째는 선지자요 세째는 교사요 그 다음은 능력이요 그 다음은 병 고치는 은사와 서로 돕는 것과 다스리는 것과 각종 방언을 하는 것이라"(고전12:28)

수를 나타내는 서수와 기수가 있다. 기수는 단지 수를 더하거나 곱할 때 사용하는 수를 말한다. 서수는 순서를 정할 때 사용하는 단어이다. 그것이 첫째 둘째 셋째이다. 하나님께서 세우신 사역자들에게는 영적인 권위의 순서가 있다. 첫째는 사도이다. 둘째는 선지자이다. 이것은 세상에서 하나님의 나라를 세워가는 영적인 통치의 순서이다. 초대교회 성도들은 사도의 가르침을 받아 떡을 떼고 구제를 했다. 이것은 사도들에 의해서 하나님의 나라가 통치되고 있는 것이다.

에베소 교회의 후메내오와 알렉산더는 이단에 빠져 하나님의 권위를 훼방하고 스스로를 높여 교회를 파괴하다가 심판을 받았다.

"믿음과 착한 양심을 가지라 어떤이들이 이 양심을 버렸고 그 믿음에 관하여는 파선하였느니라 그 가운데 후메내오와 알렉산더가 있으니 내가 사단에게 내어준 것은 저희로 징계를 받아 훼방하지 말게 하려 함이니라"(딤전1:19-20)

대제사장들과 서기관들은 예수님께서 성전에서 가르치실 때 시기하여 무슨 권위로 이런 일을 하는지 물었다. 그때 예수님은 자신의 권위가 세례 요한에게서 받은 권위임을 알려 주셨다.

"하루는 예수께서 성전에서 백성을 가르치시며 복음을 전하실새 대제사장들과 서기관들이 장로들과 함께 가까이 와서 말하여 이르되 당신이 무슨 권위로 이런 일을 하는지 이 권위를 준 이가 누구인지 우리에게 말하라 대답하여 가라사대 나도 한 말을 너희에게 물으리니 내게 말하라 요한의 세례가 하늘로서냐 사람에게로서냐"(눅20:1-4)

하나님께서는 가데스바네아에서 10명의 정탐군들의 말을 듣고 모세와 하나님을 원망하고 다시 애굽으로 돌아가자고 한 백성들의 말을 들으시고 그들을 다시 광야로 들어가게 하여 죽게 하시는 특단의 조치를 취하셨다. 모세를 통해 이 말을 들은 레위 자손 고라와 르우벤 자손 다단 등이 250명의 족장들과 함께 일어나 모세를 비방하면서 승복하기를 거절한다. 그들의 주장은 지금까지 고생하고 애굽에서 가데스바네아까지 왔는데 왜 모세 마음대로 다시 광야로 들어가게 하느냐고 대적한 것이다. 그러면서 거룩하신 여호와께서 우리 중에 거하시는데 왜 너희가 총회 위에 스스로 높이느냐고 비방을 한다.

레위 자손은 제사직분을 담당하는 지파이다. 르우벤 지파는 이스라엘의 장자 지파이다.

이들은 이스라엘에서 상당하게 많은 지도력을 가진 사람들이다. 다시 말해서 자신들 스스로도 이스라엘의 중요한 문제들을 결정할 수 있는 사람들이란 것이다. 그들은 그동안 참아왔던 분노를 표출하면서 백성들을 선동하여 지금 바로 가나안으로 들어 가지고 하는 것이다.

그때 모세는 그들 앞에 엎드려 내일 성막 앞에서 여호와의 판결을 받자고 제안을 한다. 고라 자손들과 250명의 족장들이 향로에 불을 붙여 모일 때 하나님께서 땅의 입을 벌리게 하사 그들을 삼키게 하신다. 그 후 12지파 족장들의 지팡이 중에서 아론의 지팡이에 꽃을 피게 하사 모세에게 영적인 하나님의 통치 권위가 있음을 증명 하셨다.

"레위의 증손 고핫의 손자 이스할의 아들 고라와 르우벤 자손 엘리압의 아들 다단과 아비람과 벨렛의 아들 온이 당을 짓고 이스라엘 자손 총회에서 택함을 받은 자 곧 회중 가운데에서 이름 있는 지휘관 이백오십 명과 함께 일어나서 모세를 거스르니라 그들이 모여서 모세와 아론을 거슬러 그들에게 이르되 너희가 분수에 지나도다 회중이 다 각각 거룩하고 여호와께서도 그들 중에 계시거늘 너희가 어찌하여

여호와의 총회 위에 스스로 높이느냐"(민16:1-3)

　세상에 세워진 하나님의 나라인 교회는 무질서하게 세워지는 것이 아니다. 하나님께서 부르신 사도들의 의해서 세워진다. 그러나 이단들은 이런 영적인 권위를 무시한다. 요한 계시록 1장에서도 일곱 교회를 세우신 예수님께서 오른손에 일곱 별을 붙잡으시고 일곱 촛대 사이를 왕래하신다. 일곱 별은 일곱 교회 사자들이고 일곱 촛대는 일곱 교회이다.
　만일 당신이 교회라면 분명히 영적인 권위를 인정하고 순복해야 하는 것이다. 그렇지 않고 영적인 권위를 무시하고 훼방한다면 당신은 교회가 아니다.
　다윗은 엔게디 굴에서 군사 삼천 명을 이끌고 자기를 죽이러 왔다가 굴속에서 잠든 사울을 보고 종들은 죽이자고 했지만 다윗은 사울의 옷자락을 벰을 인해 양심이 찔렸다고 하였다. 왜냐하면 사울왕은 여호와께로부터 기름 부음을 받은 왕으로 인정했기 때문이다. 이것이 다윗의 양심 속에 살아 있는 여호와의 경외하심이다. 참 신앙이란 내 마음속에서 완성되어야 한다. 그것은 하나님이 세우신 권위를 알고 순복하는 과정을 통해 완성이 된다. 다윗의 영원한 왕권은 그냥 주어지는 것이 아니다.
　성경은 세상에 있는 권세들에 대하여 굴복하라고 하였다. 왜냐하면 세상의 모든 권세는 다 아버지께로 나오기 때문이다. 세상 정권이 마음에 들지 않아도 최소한 성도들의 양심 속에서 통치를 받아야 한다.

3) 공동체 의식이 없기 때문

　"몸은 하나인데 많은 지체가 있고 몸의 지체가 많으나 한 몸임과 같이 그리스도도 그러하니라 우리가 유대인이나 헬라인이나 종이나 자유자나 다 한 성령으로 세례를 받아 한 몸이 되었고 또 다 한 성령을 마시게 하셨느니라 몸은 한 지체뿐 아니요 여럿이니　만일 발이 이르되 나는 손이 아니니 몸에 붙지 아니하였다 할찌라도 이로 인하여 몸에 붙지 아니한 것이 아니요　또 귀가 이르되 나는 눈이 아니니 몸에 붙지 아니하였다 할찌라도 이로 인하여 몸에 붙지 아니한 것이 아니니 만일 온 몸이 눈이면 듣는 곳은 어디며 온 몸이 듣는 곳이면 냄새 맡는 곳은 어디뇨 그러나 이제 하나님이 그 원하시는대로 지체를 각각 몸에 두셨으니 만일 다 한 지체 뿐이면 몸은 어디뇨 이제 지체는 많으나 몸은 하나라 눈이 손더러 내가 너를 쓸데 없다 하거나 또한 머리가 발더러 내가 너를 쓸데 없다 하거나 하지 못하리라 이뿐 아니라 몸의 더 약하게 보이는 지체가 도리어 요긴하고 우리가 몸의 덜 귀히 여기는 그것들을 더욱 귀한 것들로 입혀 주며 우리의 아름답지 못한 지체는 더욱 아름다운 것을 얻고 우리의 아름다운 지체는 요구할 것이 없으니 오직 하나님이 몸을 고르게 하여 부족한 지체에게 존귀를 더하사 몸 가운데서 분쟁이 없고 오직 여러 지체가 서로 같이하여 돌아보게 하셨으니 만일 한 지체가 고통을 받으면 모든 지체도 함께 고통을 받고 한 지체가 영광을 얻으면 모든 지체도 함께 즐거워하나니 너희는 그리스도의 몸이요 지체의 각 부분이라(고전12:12-27)

　원죄의 부패성을 가진 인간은 교만하고 욕심이 많아 모든 것을 자기 중심적으로 생각한다. 여기에서 끼리끼리 문화가 생겨났다. 유유상종이란 같은 무리끼리 모인다는 뜻이다. 부자는 부자끼리, 잘 생긴 사람은 잘 생긴 사람끼리 모인다. 왜냐하면 부자들은 가난한 사람들을 싫어하고 잘 생긴 사람은 못생긴 사람들을 싫어하기 때문이다. 오늘날 교회도 세상처럼 끼리끼리 모인다. 부자들이 모인 교회, 엘리트들이 모인 교회들이다.

　성경은 교회를 한 몸의 지체로 정의를 한다. 팔이 다리에 대하여 너는 팔이 아니니 내 몸이 아니다 할 수 없고 눈이 입더러 그렇게 할 수 없다고 말을 한다. 오히려 몸의 더 약하게 보인 지체가 더 요긴하고 덜 귀히 여기는 그것들을 더욱 더 귀한 것으로 입혀 준다고 하였다. 다시 말해서 아무리 초라하고 가난한 성도라도 더욱 더 필요한 지체이고 그들에게 더욱 더 귀한 것으로 입혀 주어야 한다는 것이다. 이것이 자연스럽게 또한 기쁘게 이루어지는 것이 영적인 교회라는 것이다. 이것을 공동체 의식이라고 한다.

　공동체 의식이 없는 것은 일단 영적인 분별력이 없기 때문이다. 성도가 성도를 알아보지 못한 것이다. 그래서 외모로만 사람을 판단하기 때문이다. 성도가 거듭나서 새 생명을 얻게 되면 자신이 하나님의 자녀인 것을 알게 된다. 믿음이 자라나면서 자신 뿐 아니라 구원 받은 성도들이 자신과 똑같이 하나님의 자녀인 것을 알게 된다. 즉 '나' 개인으로부터 이제 '우리' 라는 단어를 알게 된 것이다. 내가 소중한 존재이듯이 다른 지체가 소중하다는 것을 알게 된 것이다. 내가 존재하므로 다른 지체가 존재하는 것이 아니라 오히려 다른 지체가 존재하기 때문에 내가 존재하고 있다는 것을 아는 것이다. 이것이 공동체 의식이다.

　사도 바울은 공동체 의식을 사랑이라고 했다. 사랑하고 싶은 사람만 사랑하는 것은 사랑이 아니다. 사랑할 수 있을 때 사랑하는 것은 사랑이 아니다. 사랑 할 수 없는 사람을 사랑하고 사랑할 수 없을 때도 사랑하는 것이 사랑이다. 사도 바울은 이런 사랑을 모든 성도와 함께 하는 지식에 넘치는 사랑이라고 했다. 이런 사랑을 할 때 그 사랑의 깊이와 길이와 넓이와 높이를 알 수 있다는 것이다. 이런 사랑이 충만한 곳에 하나님의 모든 충만함이 함께 하신다는 것이다. 이런 사랑으로 하나님을 기쁘시게 하면 구하는 것만이 아니라 생각하는 것에 더욱 넘치도록 하신다는 것이다.

　"이러하므로 내가 하늘과 땅에 있는 각 족속에게 이름을 주신 아버지 앞에 무릎을 꿇고 비노니 그 영광의 풍성을 따라 그의 성령으로 말미암아 너희 속 사람을 능력으로 강건하게 하옵시며 믿음으로 말미암아 그리스도께서 너희 마음에 계시게 하옵시고 너희가 사랑 가운데서 뿌리가 박히고 터가 굳어져서 능히 모든 성도와 함께 지식에 넘치는 그리스도의 사랑을 알아 그 넓이와 길이와 높이와 깊이가 어떠함을 깨달아 하나님의 모든 충만하신 것으로 너희에게 충만하게 하시기를 구하노라 우리 가운데서 역사하시는 능력대로 우리의 온갖 구하는 것이나 생각하는 것에 더 넘치도록 능히 하실 이에게 교회 안에서와 그리스도 예수 안에서 영광이 대대로 영원 무궁하기를 원하노라 아멘"(엡3:14-21)

　당신은 공동체 의식이 있는가? 바리새인이나 서기관들처럼 대접받기를 좋아하고 높임 받기를 좋아하고 자랑하기를 좋아 하지 않는가? 가난한 성도를 업신여기고 부자들과 어울리며 자신의 존재 가치를 다른 곳에서 찾고 있지 않는가? 당신이 사랑할 수 있는 사람만 사랑하고 당신에게 유익한 사람들 만 받아 준다면 당신은 교회가 아니다. 예수님께서 말씀 하신다. 이방인들도 그렇게 한다. 세리들도 그렇게 한다.

4) 희생을 모르기 때문

사도 바울은 그리스도를 아는 지식에 대하여 말을 한다. 즉 희생을 통해서 얻은 지식이다. 우리 보통 성도들은 자기 몸을 아끼고 희생하기를 꺼려한다. 왜냐하면 희생을 통해서 얻은 지식을 모르기 때문이다. 있는 것이 없어지는 것을 두려워한다. 높은 지위를 잃어버릴까 염려한다. 그래서 희생을 외면하고 자신이 누리는 삶을 지키려 애를 쓴다. 이런 사람들은 교회를 모른다.

사도 바울은 자기에게 유익한 모든 것들을 오히려 해로 여겼다. 그래서 그것들을 배설물처럼 버렸다. 왜냐하면 이런 희생을 통해 오히려 그리스도를 얻고 그 안에서 자신을 발견하려 한 것이다. 이것을 그리스도를 아는 지식이라고 한다. 사도 바울의 신앙의 목표가 있다. 예수님의 부활의 권능의 비밀을 알고 참여하는 것이다. 그는 끊임없이 이 푯대를 향해 달려간다. 날마다 죽기 위해서 달려가는 것이다.

"그러나 무엇이든지 내게 유익하던 것을 내가 그리스도를 위하여 다 해로 여길뿐더러 또한 모든 것을 해로 여김은 내 주 그리스도 예수를 아는 지식이 가장 고상함을 인함이라 내가 그를 위하여 모든 것을 잃어버리고 배설물로 여김은 그리스도를 얻고 그 안에서 발견되려 함이니 내가 가진 의는 율법에서 난 것이 아니요 오직 그리스도를 믿음으로 말미암은 것이니 곧 믿음으로 하나님께로서 난 의라 내가 그리스도와 그 부활의 권능과 그 고난에 참예함을 알려하여 그의 죽으심을 본받아 어찌하든지 죽은 자 가운데서 부활에 이르려 하노니 내가 이미 얻었다 함도 아니요 온전히 이루었다 함도 아니라 오직 내가 그리스도 예수께 잡힌바 된 그것을 잡으려고 좇아가노라 형제들아 나는 아직 내가 잡은 줄로 여기지 아니하고 오직 한 일 즉 뒤에 있는 것은 잊어버리고 앞에 있는 것을 잡으려고 푯대를 향하여 그리스도 예수 안에서 하나님이 위에서 부르신 부름의 상을 위하여 좇아가노라 그러므로 누구든지 우리 온전히 이룬 자들은 이렇게 생각할찌니 만일 무슨 일에 너희가 달리 생각하면 하나님이 이것도 너희에게 나타내시리라 오직 우리가 어디까지 이르렀든지 그대로 행할 것이라"(빌3:7-16)

사도 바울은 성도들을 통해서 받은 괴로움을 자기 육체 속에 채웠다. 왜냐하면 그 고통을 그리스도가 받은 고통으로 여겼기 때문이다. 주님의 고난은 십자가에서 끝난 것이 아니다. 복음이 땅 끝까지 증거되고 교회가 완성될 때까지 계속된다. 이것을 사도 바울은 알고 있기 때문에 자신 또한 주님과 함께 교회를 위하여 받은 괴로움을 기뻐하고 그리스도의 남은 고난을 주님의 몸된 교회를 위해 자기 몸에 채운 것이다.

"내가 이제 너희를 위하여 받는 괴로움을 기뻐하고 그리스도의 남은 고난을 그의 몸된 교회를 위하여 내 육체에 채우노라"(골1:24)

사도 바울은 예수님의 생명이 어떻게 나타나는가에 대하여 잘 알고 있다. 예수님의 십자가 고난이 우리에게 생명이 되었듯이 사도들의 고난을 통해 예수님의 생명이 교회에게 공급되는 것이다. 그래서 사도 바울은 만물의 찌끼 같이 되는 일에도 마다하지 않았다. 오히려 사도 바울은 그런 고난과 희생을 기뻐하고 참았다. 성도들에게 사랑하는 자녀를 권하는 것 같이 하였던 것이다.

"내가 생각건대 하나님이 사도인 우리를 죽이기로 작정한 자 같이 미말에 두셨으매 우리는 세계 곧 천사와 사람에게 구경거리가 되었노라 우리는 그리스도의 연고로 미련하되 너희는 그리스도 안에서 지혜롭고 우리는 약하되 너희는 강하고 너희는 존귀하되 우리는 비천하여바로 이 시간까지 우리가 주리고 목마르며 헐벗고 매맞으며 정처가 없고 또 수고하여 친히 손으로 일을 하며 후욕을 당한즉 축복하고 핍박을 당한즉 참고 비방을 당한즉 권면하니 우리가 지금까지 세상의 더러운 것과 만물의 찌끼 같이 되었도다 내가 너희를 부끄럽게 하려고 이것을 쓰는 것이 아니라 오직 너희를 내 사랑하는 자녀 같이 권하려 하는 것이라 그리스도 안에서 일만 스승이 있으되 아비는 많지 아니하니 그리스도 예수 안에서 복음으로써 내가 너희를 낳았음이라"(고전4:9-15)

당신은 얼마나 많이 예수님의 몸 된 교회 지체들을 위해 희생하는가? 그리고 얼마나 많은 그리스도를 아는 지식을 가지고 있는가? 손에 든 세상의 것들을 놓을 수 있는 유일한 방법은 더 좋은 선물을 받는 것이다. 그때 손에 있는 세상의 모든 것들을 버릴 수 있다.

5) 열매가 없기 때문

예수님은 좋은 나무인지 나쁜 나무인지를 알아보는 방법을 열매라고 하셨다. 왜냐하면 가시나무에서 무화과를 따지 못하고 찔레에서 포도를 따지 못하기 때문이다. 예수님은 열매를 알아보는 방법 중에 하나가 바로 말이라고 하셨다. 왜냐하면 말이란 그 사람 마음속에 가득하게 차서 넘치는 것이기 때문이다. 그래서 선한 사람이 절대로 악한 말을 할 수 없고 악한 사람이 절대로 선한 말을 할 수 없기 때문이다. 때로는 아첨하기 위해 악한 자가 선한 말을 할 수 있지만 계속해서 선한 말을 지킬 수 없는 것이다.

"또 비유로 말씀하시되 소경이 소경을 인도할 수 있느냐 둘이 다 구덩이에 빠지지 아니하겠느냐 제자가 그 선생보다 높지 못하나 무릇 온전케 된 자는 그 선생과 같으리라 어찌하여 형제의 눈 속에 있는 티는 보고 네 눈 속에 있는 들보는 깨닫지 못하느냐 너는 네 눈 속에 있는 들보를 보지 못하면서 어찌하여 형제에게 말하기를 형제여 나로 네 눈 속에 있는 티를 빼게 하라 할 수 있느냐 외식하는 자여 먼저 네 눈 속에서 들보를 빼어라 그 후에야 네가 밝히 보고 형제의 눈 속에 있는 티를 빼리라 못된 열매 맺는 좋은 나무가 없고 또 좋은 열매 맺는 못된 나무가 없느니라 나무는 각각 그 열매로 아나니 가시나무에서 무화과를, 또는 찔레에서 포도를 따지 못하느니라 선한 사람은 마음의 쌓은 선에서 선을 내고 악한 자는 그 쌓은 악에서 악을 내나니 이는 마음의 가득한 것을 입으로 말함이니라"(눅6:39-45)

교회가 가진 열매 두 가지가 있다. 사랑과 순종이다. 교회는 사랑의 공동체이다. 그러므로 사랑하는 자는 하나님을 알지만 사랑하지 않는 자는 하나님을 모르는 자이다. 왜냐하면 하나님은 사랑이시기 때문이다.

"사랑하는 자들아 우리가 서로 사랑하자 사랑은 하나님께 속한 것이니 사랑하는 자마다 하나님께로 나서 하나님을 알고 사랑하지 아니하는 자는 하나님을 알지 못하나니 이는 하나님은 사랑이심이라"(요일4:7-8)

세상에 속한 자는 세상의 말을 듣지만 하나님께 속한 자는 하나님의 말씀을 듣는다. 이로서 미혹의 영과 진리의 영을 알 수 있다.

"저희는 세상에 속한고로 세상에 속한 말을 하매 세상이 저희 말을 듣느니라 우리는 하나님께 속하였으니 하나님을 아는 자는 우리의 말을 듣고 하나님께 속하지 아니한 자는 우리의 말을 듣지 아니하나니 진리의 영과 미혹의 영을 이로써 아느니라"(요일4:5-6)

세상에 속한 자들은 세상의 모든 추한 일들을 행하게 하신다.

"또한 저희가 마음에 하나님 두기를 싫어하매 하나님께서 저희를 그 상실한 마음대로 내어 버려두사 합당치 못한 일을 하게 하셨으니 곧 모든 불의, 추악, 탐욕, 악의가 가득한 자요 시기, 살인, 분쟁, 사기, 악독이 가득한 자요 수군수군하는 자요 비방하는 자요 하나님의 미워하시는 자요 능욕하는 자요 교만한 자요 자랑하는 자요 악을 도모하는 자요 부모를 거역하는 자요 우매한 자요 배약하는 자요 무정한 자요 무자비한 자라"(롬1:28-31)

6) 자기 의를 버리지 않기 때문

다윗은 죽기 전에 솔로몬에게 유언을 하면서 요압을 향해 백발로 평안히 음부에 내려가지 못하게 하라고 하였다. 요압은 다윗의 이복 누이 아들이다. 요압의 형제들은 아비새 아사헬이다. 이들은 모두 다윗 왕국의 일등공신들이다. 특히 요압은 가장 큰 공을 세운 군대장관이다. 그런데 다윗은 왜 아들 솔로몬에게 요압에 대하여 심판을 선언하고 있는가? 왜 요압은 다윗 왕국의 일등 공신이었지만 다윗 왕에게 버림을 받게 되었는가?

요압의 모든 활동은 자기를 위한 열심이었다. 자기의 의를 세우기 위한 전쟁이었다. 그는 다윗 왕의 권위를 그가 가진 권력으로 짓밟아 버렸다. 그는 자신의 명예와 이익을 위해서 살았다. 다윗 왕은 아들 솔로몬에게 요압에 대하여 백발로 평안히 음부에 들어가지 못하게 하는 이유들을 설명한다. 아브넬은 사울 왕의 군대 장관으로 다윗의 진영으로 합류하기 위해 왔다가 요압에게 죽임을 당했다. 아마사는 세바의 반역을 진압하는 장관으로 출정하다가 요압에게 죽임을 당했다. 다윗은 압살롬의 반란을 진압하기 위해 출정한 요압을 불러 절대로 아들 압살롬을 죽이지 못하게 부탁을 했다. 그러나 요압은 압살롬을 무참하게 살해 하였다. 요압은 자신의 정적들을 모조리 살해하므로 자신의 군대장관 지위를 유지하려 했다. 무소불위의 권력을 휘두른 요압 앞에 다윗은 초라한 왕이었을 뿐이었다. 다윗 왕은 스스로 스루야의 아들들의 횡포에 대하여 절규를 했다. 이것이 다윗이 솔로몬에게 요압이 백발로 평안하게 음부에 들어가지 못하게 하는 이유였다.

교회는 자기를 부인하는 자들의 모임이다. 자기를 부인하지 않으면 절대로 주님을 끝까지 따라갈 수 없다. 아무리 큰 일을 많이 했을지라도 요압처럼 심판을 받게 된다. 자기의 의를 위해 살아간 수많은 사람들이 있다. 이들의 열심은 대단하다. 이들의 희생도 대단하다. 그러나 자신을 위한 일이다. 자신의 열심이 방해를 받거나 자신의 희생이 인정을 받지 못한 순간 바로 독사로 변하여 독을 품어 낸다. 이들의 눈앞에 영적인 권위 따위는 안중에도 없다.

"스루야의 아들 요압이 내게 행한 일 곧 이스라엘 군대의 두 장관 넬의 아들 아브넬과 예델의 아들 아마사에게 행한 일을 네가 알거니와 저가 저희를 죽여 태평시대에 전쟁의 피를 흘리고 전쟁의 피로 자기의 허리에 띤 띠와 발에 신은 신에 묻혔으니 네 지혜대로 행하여 그 백발로 평안히 음부에 내려가지 못하게 하라"(왕상2:5-6)

사울이 바울이 되기 전에 인간의 열심을 가지고 교회를 잔해 하였다. 이것에 대하여 예수님은 가시채를 뒷발질하기가 네게 고생이라고 하셨다. 사울은 하나님을 위해 충성을 다한다고 생각하면서 교회를 잔해 하였다. 그러나 이것이 결국은 하나님인 예수님을 핍박하는 것이 되고 말았다는 것이다. 이렇게 무지한 하나님을 향한 인간의 열심이 오히려 하나님에게 고통을 안겨 주는 것이다. 그리고 요압처럼 심판을 받게 되는 것이다.

"우리가 다 땅에 엎드러지매 내가 소리를 들으니 히브리 방언으로 이르되 사울아 사울아 네가 어찌하여 나를 핍박하느냐 가시채를 뒷발질하기가 네게 고생이니라 내가 대답하되 주여 뉘시니이까 주께서 가라사대 나는 네가 핍박하는 예수라"(행26:14-15)

자기의 의로 교회를 섬기는지 아니면 참 믿음의 열매를 가지고 교회를 섬기는지를 알아보는 방법은 책망이다. 책망을 받아도 그 섬김이 계속되면 그는 참 믿음으로 하는 행위이다. 그러나 책망을 받고 난 후 섬김이 그치고 오히려 시험에 들어서 교회를 파괴하면 그 사람의 섬김은 자기의 의를 세우기 위한 열심이다.

"주께 기쁘시게 할 것이 무엇인가 시험하여 보라 너희는 열매 없는 어두움의 일에 참예하지 말고 도리어 책망하라 저희의 은밀히 행하는 것들은 말하기도 부끄러움이라 그러나 책망을 받는 모든 것이 빛으로 나타나나니 나타나지는 것마다 빛이니라 그러므로 이르시기를 잠자는 자여 깨어서 죽은 자들 가운데서 일어나라 그리스도께서 네게 비취시리라 하셨느니라"(엡5:10-14)

7) 자라나지 않기 때문

당신의 믿음이 자라나고 있지 않다면 당신은 교회가 아니다. 왜냐하면 교회는 스스로 자라나기 때문이다. 교회는 구원 받은 성도들의 모임이다. 그 안에서 받은 은사와 교제를 통해서 자라난다. 온 몸의 지체들이 머리를 통해서 서로 연락하고 상합하여 자라나게 하듯이 교회 역시 머리를 통해서 각 지체들의 믿음의 분량대로 도움을 입음으로 자라나는데 스스로 자란다. 스스로 자란다는 의미는 내 힘으로 자라나는 것이 아니라 다른 지체들의 활동을 통해서 내가 자라는 것이다.

곧 나의 헌신과 충성은 다른 지체를 자라나게 하고 다른 지체들의 헌신과 섬김은 내 믿음을 자라나게 하는 것이 교회의 비밀이다.

어디까지 자라나야 하는가? 그리스도의 장성한 분량이 충만한데까지 자라나야 한다. 그리스도의 장성한 분량이 충만하다는 것은 그리스도의 성품 전체를 닮아가는 것을 말한다. 이런 성도가 휴거에 참여할 수 있다. 물론 휴거와 믿음의 성장은 관계가 없다. 중요한 것은 얼마나 맑고 깨끗한 세마포 옷을 지키고 사는가에 있다.

"우리가 다 하나님의 아들을 믿는 것과 아는 일에 하나가 되어 온전한 사람을 이루어 그리스도의 장성한 분량이 충만한데까지 이르리니 이는 우리가 이제부터 어린 아이가 되지 아니하여 사람의 궤술과 간사한 유혹에 빠져 모든 교훈의 풍조에 밀려 요동치 않게 하려 함이라 오직 사랑 안에서 참된 것을 하여 범사에 그에게까지 자랄찌라 그는 머리니 곧 그리스도라 그에게서 온 몸이 각 마디를 통하여 도움을 입음으로 연락하고 상합하여 각 지체의 분량대로 역사하여 그 몸을 자라게 하며 사랑 안에서 스스로 세우느니라"(엡4:13-16)

믿음이 자라나지 않는 이유는 머리를 붙들지 않기 때문이다. 머리를 붙들지 않는 이유는 자기가 체험한 은사와 육체의 마음을 좇아 살기 때문이다. 이것이 마지막 시대 거짓 그리스도와 거짓 선지자들을 통해 일어날 기사와 표적을 두고 하는 경고이다. 하나님 말씀에 순종해서 사는 것 보다 눈에 보이는 기적을 더 바라고 의지한다. 하나님의 말씀을 통해 성령의 인도를 받기 보다 직통계시를 더 사모하고 추구한다. 이런 사람들은 인격적인 신앙의 성장이 없다.

"누구든지 일부러 겸손함과 천사 숭배함을 인하여 너희 상을 빼앗지 못하게 하라 저가 그 본 것을 의지하여 그 육체의 마음을 좇아 헛되이 과장하고 머리를 붙들지 아니하는지라 온 몸이 머리로 말미암아 마디와 힘줄로 공급함을 얻고 연합하여 하나님이 자라게 하심으로 자라느니라"(골2:18-19)

8) 순종이 이루어지지 않기 때문

예수님께서 인간을 구원하시기 위해 30년 동안 인간을 배우셔야 했다. 이것은 예수님의 구원이 단순한 것이 아니라 인간 속에 들어 오셔서 사셔야 했기 때문이다. 만약 예수님께서 30년 동안 인간을 배우시지 않았다면 하나님은 인간을 절대로 하나님의 아들로 만드실 수 없을 것이다. 이것이 참 기독교의 구원이다. 우리는 단지 예수를 믿음으로 구원을 얻을 수 있다고 단순하게 생각하는데 이것이 다른 복음이다. 성경에서 예수를 믿는다는 의미는 예수님을 영접하는 것이다. 내 안에서 사시도록 나를 비워 드리는 것을 믿음이라고 한다. 뿐 만 아니라 전폭적인 신뢰를 말한다. 나의 생애 전체를 예수님에게 맡기고 순종하는 것을 말한다.

예수님은 하나님의 아들이셨지만 스스로 인간의 육체를 입고 오셔서 고난으로 순종함을 배워서 온전하게 되셨다. 그래서 자기를 순종하는 자에게 영원한 구원의 근원이 되신 것이다. 예수 믿고 구원을 받으려면 반드시 예수님처럼 고난을 통해서 순종함을 배워야 예수님 안에 이루어진 온전한 구원을 받게 되는 것이다.

"그가 아들이시라도 받으신 고난으로 순종함을 배워서 온전하게 되었은즉 자기를 순종하는 모든 자에게 영원한 구원의 근원이 되시고 하나님께 멜기세덱의 반차를 좇은 대제사장이라 칭하심을 받았느니라"(히5:8-10)

예수님은 천국은 어린 아이와 같은 자들이 들어갈 수 있다고 하셨다. 어린 아이들의 특징은 순전한 것이다. 즉 순종의 표상이다. 마음이 굳어진 어른들과 비교해서 하신 말씀이다. 백지와 같은 종이에 무엇이든지 쓸 수 있는 순박한 마음을 가진 자들이 어린 아이라는 것이다.

교회는 순종하는 사람들의 모임이다. 왜냐하면 예수님을 머리로 삼고 살아가는 예수님의 몸이기 때문이다. 누군가 교회라고 하면서 순종하지 못한다면 그는 스스로 자신이 교회가 아님을 증명하는 것이다. 정상적인 사람이라면 머리의 판단으로 모든 행위가 이루어진다. 정신병자들조차도 머리의 지시를 받아 행동을 한다. 지상의 교회는 예수님이 주신 말씀대로 순종해서 살아가는 예수님의 몸이다.

"그 때에 사람들이 예수께서 안수하고 기도해 주심을 바라고 어린 아이들을 데리고 오매 제자들이 꾸짖거늘 예수께서 이르시되 어린 아이들을 용납하고 내게 오는 것을 금하지 말라 천국이 이런 사람의 것이니라 하시고 그들에게 안수하시고 거기를 떠나시니라"(마19:13-15)

9) 선을 행하므로 고난을 받지 않기 때문

교회는 선을 행함으로 고난을 받은 공동체이다. 베드로 사도는 하나님께서 선을 행하고 고난을 받기 위해 교회를 택하셨다고 하였다. 그러므로 교회가 선을 행하고 고난을 받을 때 이상하게 생각하지 말라고 당부를 한다. 그것이 교회를 부르신 하나님의 뜻이란 것이다. 그러면서 절대로 악을 행하고 죄를 지어서 고난을 당하지 않기를 간곡하게 부탁한다.

우리는 선을 행하고 표창을 받고 상을 받기를 기대한다. 오히려 선을 행하고 고난을 받으면 억울하게 생각하고 괴로워 하다가 선을 행하기를 멈춘다. 그러나 그렇지 않다. 선을 행하고 고난을 받아야 교회가 되는 것이다. 선을 행하고 고난을 받기를 거절하고 전쟁을 선포한 자들은 교회가 아니다.

예수님은 우리가 예수님께서 살고 가신 그 자취를 따라 오도록 본을 보이셨다. 그래서 선을 행하고 참으면 복이 있는 것이다. 예수님께서 범죄치 아니하시고 그 입에 궤사가 없으시며 욕을 받으시되 대신 욕하지 아니하시고 고난을 받으시되 위협하지 아니하시고 오직 공의로 심판 하시는 자에게 부탁하시고 친히 나무에 달려 그 몸으로 자신에게 고통을 준 자들의 죄를 친히 담당하셨다.

"사환들아 범사에 두려워함으로 주인들에게 순복하되 선하고 관용하는 자들에게만 아니라 또한 까다로운 자들에게도 그리하라 애매히 고난을 받아도 하나님을 생각함으로 슬픔을 참으면 이는 아름다우나 죄가 있어 매를 맞고 참으면 무슨 칭찬이 있으리요 오직 선을 행함으로 고난을 받고 참으면 이는 하나님 앞에 아름다우니라 이를 위하여 너희가 부르심을 입었으니 그리스도도 너희를 위하여 고난을 받으사 너희에게 본을 끼쳐 그 자취를 따라 오게 하려 하셨느니라 저는 죄를 범치 아니하시고 그 입에 궤사도 없으시며 욕을 받으시되 대신 욕하지 아니하시고 고난을 받으시되 위협하지 아니하시고 오직 공의로 심판하시는 자에게 부탁하시며 친히 나무에 달려 그 몸으로 우리 죄를 담당하셨으니 이는 우리로 죄에 대하여 죽고 의에 대하여 살게 하려 하심이라 저가 채찍에 맞음으로 너희는 나음을 얻었나니 너희가 전에는 양과 같이 길을 잃었더니 이제는 너희 영혼의 목자와 감독 되신 이에게 돌아왔느니라"(벧전2:18-25)

만일 당신이 교회라면 예수님처럼 선을 행하고 고난을 받을 수 있을 것이다. 그러나 당신이 교회가 아니라면 선을 행하고 고난을 받을 때 괴로워하면서 전쟁을 선포 할 것이다.

10) 우유부단하기 때문

당신이 교회가 아닌 이유 중 하나는 우유부단이다. 우유부단이란 죄인들이 가지는 특성이다. 쉽게 어떤 문제를 결정하지 못하고 뭉개는 것이다. 우유부단한 사람들 중에는 기회주의자, 아첨꾼, 이간질 시킨 자 등이 많다. 자신의 체면이나 이익을 위해서 절대로 진실을 말하거나 선택하지 않고 미루다가 상황이 반전되면 돌연히 행동이 돌변하는 사람들의 특징이 우유부단이다. 우유부단한 사람은 마치 박쥐와 같이 낮에는 짐승이 되고 밤에는 새가 되어 살아가는 존재들과 같다. 겉으로는 자신의 체면과 안전을 지키기 위해 우유부단한 태도로 결정을 미루지만 자신에게 유리한 환경이 전개되면 자기에게 이익이 되는 편이 되어 활동을 개시하는 성격이다. 예수님께서는 도무지 헛된 맹세하지 말고 '예'와 '아니오'를 분명하게 하라고 말씀 하시면서 그렇게 하지 않는 모든 것이 죄라고 하셨다.

"나는 너희에게 이르노니 도무지 맹세하지 말찌니 하늘로도 말라 이는 하나님의 보좌임이요 땅으로도 말라 이는 하나님의 발등상임이요 예루살렘으로도 말라 이는 큰 임금의 성임이요 네 머리로도 말라 이는 네가 한 터럭도 희고 검게 할 수 없음이라 오직 너희 말은 옳다 옳다, 아니라 아니라 하라 이에서 지나는 것은 악으로 좇아 나느니라"(마5:34-37)

"여호와 하나님의 지으신 들짐승 중에 뱀이 가장 간교하더라 뱀이 여자에게 물어 가로되 하나님이 참으로 너희더러 동산 모든 나무의 실과를 먹지 말라 하시더냐 여자가 뱀에게 말하되 동산 나무의 실과를 우리가 먹을 수 있으나 동산 중앙에 있는 나무의 실과는 하나님의 말씀에 너희는 먹지도 말고 만지지도 말라 너희가 죽을까 하노라 하셨느니라 뱀이 여자에게 이르되 너희가 결코 죽지 아니하리라 너희가 그것을 먹는 날에는 너희 눈이 밝아 하나님과 같이 되어 선악을 알줄을 하나님이 아심이니라 여자가 그 나무를 본즉 먹음직도 하고 보암직도 하고 지혜롭게 할만큼 탐스럽기도 한 나무인지라 여자가 그 실과를 따먹고 자기와 함께한 남편에게도 주매 그도 먹은지라"(창3:1-6)

뱀은 하와에게 동산 나무 모든 실과를 먹지 말라 하시더냐 물었다. 하와는 동산 나무의 실과는 우리가 먹을 수 있으나 동산 중앙에 있는 나무의 실과는 하나님의 말씀에 너희는 먹지도 말고 만지지도 말라 너희가 죽을까 하노라 하셨다고 말했다. 뱀에게 대답하는 하와의 말 속에는 사실과 다른 것들이 있다. 만지지 말라, 죽을까 하노라 이다. 만지지 말라고 하신 일이 없다. 죽을까 하노라가 아니라 정녕 죽으리라 하셨다. 왜 이렇게 하와는 대답을 했을까? 그의 마음이 우유부단해져 있는 것이다. 무장이 해제되어 있다. 자기 마음대로 생각하고 말을 하는 행위이다. 사단은 이런 사람들을 공격하고 넘어뜨린다. 자기 주관이 뚜렷하고 고집이 센 사람들은 미혹하기가 어렵다. 그러나 헐렁하게 마음이 분산되어 있는 자들은 사단의 공격 일순위이다.

우유부단한 사람은 절대로 하나님의 말씀으로 살아 갈 수 없다. 왜냐하면 심지가 견고하지 않기 때문이다. 대부분 감정대로 살아가고 자기 마음에 가는대로 살아가는 사람들이다. 이런 사람들을 우리는 조석변이 라고 한다. 하나님께서는 심지가 견고한 자를 평강에 평강으로 지키신다.

"주께서 심지가 견고한 자를 평강에 평강으로 지키시리니 이는 그가 주를 의뢰함이니이다"(사26:3)

이방인들은 그 마음의 허망한 것으로 행한다. 그래서 그들의 말과 행위는 일관성이 없다. 시시때때로 바뀌고 변경된다. 그래서 믿을 수 없는 것이다. 이런 사람들은 배반을 잘 한다. 약속을 헌신짝처럼 버린다. 구원을 받은 성도라도 그렇게 이방인들처럼 마음의 허망한 것을 좇아 살면 총명이 어두워지고 무지하게 되어 마음이 강퍅하게 되고 생명에서 떠나 죽은 송장처럼 자신을 방탕함에 방임하여 모든 더러운 일을 욕심으로 행하게 된다.

"그러므로 내가 이것을 말하며 주 안에서 증거하노니 이제부터는 이방인이 그 마음의 허망한 것으로 행함 같이 너희는 행하지 말라 저희 총명이 어두워지고 저희 가운데 있는 무지함과 저희 마음이 굳어짐으로 말미암아 하나님의 생명에서 떠나 있도다 저희가 감각 없는 자 되어 자신을 방탕에 방임하여 모든 더러운 것을 욕심으로 행하되 오직 너희는 그리스도를 이같이 배우지 아니하였느니라"(엡4:17-20)

성경에 기록된 인물 중 우유부단의 극치는 아합 왕이다. 그는 아내 이세벨에게 충동되어 북 왕조 이스라엘 왕 중에서 가장 악한 왕으로 기록되어 있다. 그는 마음이 약하여 나봇의 포도원을 탐내다가 뜻대로 되지 않자 병들어 누워 버렸다. 그는 아내 이세벨의 아바타처럼 살았다. 전형적으로 영적인 교훈을 주는 인물이다. 이세벨은 사단을 상징하고 그녀에게 충동되어 아바타로 살아가는 아합은 모든 죄인들의 모습이다. 이처럼 우유부단한 사람들은 사단의 아바타로 살아갈수 밖에 없다. 세상에 살아가는 모든 죄인들의 모습이기도 하다.

하나님께서는 우리 인간 한 사람 한 사람이 대장부가 되기를 원한다. 구원 받아 스스로 하나님 앞에서 홀로 선 하나님의 아들들이 되기를 원하시는 것이다.

"예로부터 아합과 같이 스스로 팔려 여호와 보시기에 악을 행한 자가 없음은 저가 그 아내 이세벨에게 충동되었음이라"(왕상21:25)

5. 당신이 거듭난 성도가 아닌 10가지 이유

1) 말씀에 대한 무관심

거듭난 성도는 새 생명을 가졌기 때문에 말씀에 대한 눈이 열린다.

즉 말씀에 대한 태도가 달라진다는 것이다. 죽은 자들은 배가 고프지 않다. 그러나 살아있는 사람은 양식을 먹지 않으면 배가 고프다. 예수님을 믿고 구원을 받았다고 하면서도 말씀에 대한 배고픔이 없는 사람의 구원은 가짜이다. 왜냐하면 생명이 없기 때문에 말씀에 대한 배고픔이 없는 것이다. 하루 한 끼만 안 먹어도 배가 고프다. 하루 안 먹으면 어지럽다. 삼 일을 먹지 않으면 정신이 혼미해 지고 일어나기조차 힘이 든다.

이처럼 영적인 생명도 마찬가지이다. 예수를 믿고 새 생명으로 거듭나면 생명의 말씀에 대한 그리움이 생긴다. 말씀에 대한 욕망이 솟구친다. 말씀에 대한 배고픔으로 견딜 수 없는 고통이 임한다. 구원을 받았다고 하면서도 며칠은 고사하고 몇 년 동안 이런 말씀에 대한 그리움이나 욕망이나 배고픔이 없다면 그 사람 속에 생명이 없는 것이 확실하다.

예수님께서도 사람이 떡으로만 사는 것이 아니요 하나님의 입으로 나오는 모든 말씀으로 살 것이라 하셨다.

"예수께서 대답하여 가라사대 기록되었으되 사람이 떡으로만 살것이 아니요 하나님의 입으로 나오는 모든 말씀으로 살 것이라 하였느니라 하시니"(마4:4)

다윗은 주의 계명을 사모하기에 입을 열고 헐떡였다고 고백을 한다. 짐승이나 사람들이 오랫동안 먹지 않으면 입을 열고 헐떡이게 된다. 굶주림에 지쳐 죽어가는 모습이다. 마치 사막에서 물이 없어 헐떡인 것과 같다.

"내가 주의 계명들을 사모하므로 내가 입을 열고 헐떡였나이다"(시 119:131)

다윗은 주의 의로운 말씀을 사모하기에 피곤하다고 하였다. 음식을 먹지 않으면 찾아오는 것이 피곤이다. 음식을 통해 영양이 공급되지 않기 때문에 온 몸의 기능이 정지되어 힘이 없는 것이다.

"눈이 주의 구원과 주의 의로운 말씀을 사모하기에 피곤하니이다"(시119:123)

다윗은 주의 말씀은 내 발의 등이요 내 길에 빛이라고 하였다. 어둡고 캄캄한 밤에 빛이 없으면 길을 갈 수 없다. 어두운 밤에 내가 걸어가야 할 발에 등이 없으면 한 발자국도 걸을 수 없다.
"주의 말씀은 내 발에 등이요 내 길에 빛이니이다"(시119:105)

2) 죄에 대한 무지

유다는 이단들의 특징을 물 없는 구름, 뿌리가 뽑힌 열매 없는 가을 나무, 수치의 거품을 뿜는 바다의 거친 물결이라 하였다. 이단이란 처음은 같은데 끝이 다른 것을 의미한다. 즉 지금은 예수를 믿고 구원을 받은것 같지만 지옥으로 들어갈 사람들이다. 특히 유다가 강조한 이단들의 특징은 수치의 거품을 뿜어내는 바다의 거친 물결이라는 것이다. 즉 끊임없이 더러운 죄를 지으면서도 그것이 죄인지 알지 못하고 반복하고 있다는 것이다.
"저희는 기탄 없이 너희와 함께 먹으니 너의 애찬의 암초요 자기 몸만 기르는 목자요 바람에 불려가는 물 없는 구름이요 죽고 또 죽어 뿌리까지 뽑힌 열매 없는 가을 나무요 자기의 수치의 거품을 뿜는 바다의 거친 물결이요 영원히 예비된 캄캄한 흑암에 돌아갈 유리하는 별들이라"(유12-13)
믿음은 착한 양심 속에서 자라난다. 착한 양심을 버리면 믿음은 파선을 한다. 물과 성령으로 거듭난 사람은 성령으로 양심이 살아나서 죄에 대한 저항력이 생긴다. 죄를 지으면 부끄럽고, 고통스럽고, 견딜 수 없는 갈등이 생긴다. 그런 고통이 있기 때문에 죄를 토해내고 자백하면서 정결함을 얻게 된다. 그러나 거듭나지 못한 사람은 일말의 양심이 있어서 죄를 지을 때 죄에 대한 인식보다 인간의 욕심과 탐욕이 앞서서 착한 양심을 버리고 믿음이 파선하게 되는 것이다. 이런 사람들은 아무리 성경을 읽고 배우고 암송을 해도 마약 주사를 맞은 중독자와 같이 그 순간만 죄에 대한 인식을 하지만 계속해서 부끄러운 죄를 반복하여 짓는 것이다.
"믿음과 착한 양심을 가지라 어떤이들이 이 양심을 버렸고 그 믿음

에 관하여는 파선하였느니라"(딤전1:19)

사도 바울은 하나님께 버림받은 사람들의 특징을 나열한다. 이 사람들의 특징은 죄에 대한 인식이 없는 사람들이다. 영적으로 죽은 사람들이다. 추악한 죄를 지으면서도 그것이 죄인 줄 모르고 그같이 행하는 자들을 옳다고 한다.

"또한 저희가 마음에 하나님 두기를 싫어하매 하나님께서 저희를 그 상실한 마음대로 내어 버려두사 합당치 못한 일을 하게 하셨으니 곧 모든 불의, 추악, 탐욕, 악의가 가득한 자요 시기, 살인, 분쟁, 사기, 악독이 가득한 자요 수군수군하는 자요 비방하는 자요 하나님의 미워하시는 자요 능욕하는 자요 교만한 자요 자랑하는 자요 악을 도모하는 자요 부모를 거역하는 자요 우매한 자요 배약하는 자요 무정한 자요 무자비한 자라 저희가 이같은 일을 행하는 자는 사형에 해당하다고 하나님의 정하심을 알고도 자기들만 행할 뿐 아니라 또한 그 일을 행하는 자를 옳다 하느니라"(롬1:28-32)

3) 세상사랑

오늘날 세상에는 다른 복음으로 가득 차 있다. 세상을 사랑하는 복음이다. 세상을 사랑하는 복음이란 무엇인가? 세상에서 잘 먹고 잘 살기 위한 복음이다. 세상에서 성공하고 다른 사람들 보다 앞서 가고, 부와 명예를 얻는 것을 하나님의 축복과 영광으로 생각하는 것이다. 항상 병들지 않고 건강하고, 좋은 대학에 들어가고, 좋은 직장에 다니고, 부자 되고, 인정받기 위해 예수님을 믿고 예배를 드리고 헌금을 하는 것들이 모두 세상을 사랑하는 종교적인 믿음이다.

모든 기도 제목들을 보라 하나 같이 예수 믿고 구원 받아 세상에서 성공적인 삶을 살다가 죽어서 천국에 가는 것이다. 이것은 성경에 기록된 기독교가 아니다. 사단 신학이 만든 짝퉁 기독교이다. 보편적 교회이다. 무천년주의 지상 왕국을 세우는 적 그리스도의 신학이다. 아브라함 카이퍼의 기독교 세계관, 도예베르트의 우주법 철학, 프란시스 쉐퍼의 기독교 세계관, 헤르만 바빙크의 기독교 세계관, 빌 브라이

제6장 나를 알아야 한다

트 그리스도의 계절이 오게 하자, 로렌 커닝햄 7개 정복 할 산 등은 모두가 한결같이 이 세상에 하나님의 나라 왕국을 세우는 것이다. 결국은 이런 기독교 세계관이 완성되면 배도의 적 그리스도의 나라가 세워지게 된다.

하나님께서 이런 쓰레기와 같은 것들을 인간에게 주시기 위해 자기의 아들 예수님을 십자가에서 죽게 하신 줄 아는가? 성경은 세상을 사랑하는 것을 영적인 간음이라 하였다. 하나님과 원수가 된 것이라 하였다.

"간음하는 여자들이여 세상과 벗된 것이 하나님의 원수임을 알지 못하느뇨 그런즉 누구든지 세상과 벗이 되고자 하는 자는 스스로 하나님과 원수되게 하는 것이니라 너희가 하나님이 우리 속에 거하게 하신 성령이 시기하기까지 사모한다 하신 말씀을 헛된 줄로 생각하느뇨"(약4:4-5)

사도 요한은 세상에 있는 모든 것이 아버지께로 좇아 온 것이 아니라 세상으로 좇아 온 것이라 하였다. 그러므로 세상을 사랑하는 믿음을 가진 자들은 모두 지옥으로 들어간다.

"이 세상이나 세상에 있는 것들을 사랑치 말라 누구든지 세상을 사랑하면 아버지의 사랑이 그 속에 있지 아니하니 이는 세상에 있는 모든 것이 육신의 정욕과 안목의 정욕과 이생의 자랑이니 다 아버지께로 좇아 온 것이 아니요 세상으로 좇아 온 것이라 이 세상도, 그 정욕도 지나가되 오직 하나님의 뜻을 행하는 이는 영원히 거하느니라"(요일2:15-16)

어떤 사람들은 예수님이 병을 짊어 지셨기 때문에 건강하게 살고 예수님께서 가난을 짊어 지셨기 때문에 부자로 산다고 한다. 미친 복음이다. 어떤 사람들은 기도는 만사를 변화시킨다고 하면서 금식기도, 작정기도, 일천번제 기도, 땅을 옮기는 기도, 도시를 점령하는 기도, 성시화 기도, 성국화 기도, 40일 작정기도, 다니엘 기도, 신유기도, 축사기도, 전투기도, 신부운동기도, 7, 365 기도운동, 가계의 저주를 끊는 기도, 릴레이 기도 등 수많은 기도를 한다. 이런 모든 기도의 목적은 하나님이 주신 왕국을 이 세상에 세우려는 것이다. 일명 킹덤 나우 사상이다.

  꿈을 깨시라! 이 세상은 아담이 타락할 때 함께 타락하여 사단에게 넘어갔다. 그래서 세상을 사랑하는 것은 사단을 사랑하는 것이다. 하나님과 원수된 것이다. 예수님 신랑을 버리고 사단을 신랑으로 섬기는 것이다. 예수님이 재림 하신 목적은 타락한 아담의 후손들과 세상을 불로 태워 심판하시기 위해 오신 것이다. 그리고 예수님이 세우시는 나라는 새 하늘과 새 땅이다. 지금이라도 늦지 않았다. 정신을 차리고 회개하여 바른 신앙의 길을 찾아야 한다. 그렇지 않으면 모래 위에 지은 집처럼 망하고 만다.

4) 재물사랑

  말세 사람들이 크게 혼돈하고 있는 것들이 있다. 돈이 하나님인지 하나님이 돈인지에 대한 것이다. 당신은 어떻게 생각하는가? 사람들은 말한다. 돈이 있어야 예배당을 건축하고, 돈이 있어야 선교사를 파송하고, 돈이 있어야 병원에도 가고, 돈이 있어야 구제도 하고, 돈이 있어야 선한 일도 하고, 돈이 있어야 헌금도 할 수 있다는 것이다. 그래서 돈이 하나님이고 하나님이 돈이란 것이다. 이것이 바알 종교이다. 물질 신을 섬기는 우상숭배이다. 눈에 보이는 물질 세계 만을 추구하는 눈 먼 소경들의 합창이다. 이들에게는 없는 것을 있게 하시고 있는 것도 없게 하시는 창조주 하나님은 그림에 떡이다. 단지 그들의 욕심과 욕망을 채워주는 지식일 뿐이다. 이른 아침부터 늦은 밤까지 돈을 벌고 모으기 위해 모든 일들을 마다하지 않는다.

  이들에게는 그의 나라와 그의 의를 구하라 그리하면 이 모든 것들을 너희에게 주겠다고 약속하신 예수님의 말씀은 소설 같은 이야기이다. 무엇을 먹을까 무엇을 입을까? 어디에서 살까를 걱정하는 것은 이방인들이 구하는 것이라고 하신 예수님의 말씀은 물질을 추구하고 살아가는 오늘날 현대 기독교인 전부가 이방인이란 사실을 증명하고 있다. 하늘의 새를 보라 들판에 있는 잡초와 꽃들을 보라 천부께서 다 입히시고 먹이시는데 하물며 너희일까보냐 하신 예수님의 말씀은 그들의 목에 걸린 십자가 장식과 같을 뿐이다.

당신은 재물을 사랑하는가? 예수님을 사랑하는가? 야고보 사도는 말세 재물을 세상에 쌓아 놓은 자들은 그 재물이 불 같이 자기의 살을 먹으리라 경고를 한다.

"들으라 부한 자들아 너희에게 임할 고생을 인하여 울고 통곡하라 너희 재물은 썩었고 너희 옷은 좀먹었으며 너희 금과 은은 녹이 슬었으니 이 녹이 너희에게 증거가 되며 불같이 너희 살을 먹으리라 너희가 말세에 재물을 쌓았도다 보라 너희 밭에 추수한 품군에게 주지 아니한 삯이 소리 지르며 추수한 자의 우는 소리가 만군의 주의 귀에 들렸느니라 너희가 땅에서 사치하고 연락하여 도살의 날에 너희 마음을 살지게 하였도다 너희가 옳은 자를 정죄하였도다 또 죽였도다 그는 너희에게 대항하지 아니하였느니라"(약5:1-6)

에스겔 선지자는 말세에 땅에 쌓아 놓은 재물로 인해 사랑하는 자녀들의 생명을 잃게 되고 더러운 오예물(오줌과 똥)이 되어 함께한 모두를 더럽힐 것을 경고하고 있다.

"그들이 그 은을 거리에 던지며 그 금을 오예물 같이 여기리니 이는 여호와 내가 진노를 베푸는 날에 그 은과 금이 능히 그들을 건지지 못하며 능히 그 심령을 족하게 하거나 그 창자를 채우지 못하고 오직 죄악에 빠치는 것이 됨이로다 그들이 그 화려한 장식으로 인하여 교만을 품었고 또 그것으로 가증한 우상과 미운 물건을 지었은즉 내가 그것으로 그들에게 오예물이 되게 하여 외인의 손에 붙여 노략하게 하며 세상 악인에게 붙여 그들로 약탈하여 더럽히게 하고 내가 또 내 얼굴을 그들에게서 돌이키리니 그들이 내 은밀한 처소를 더럽히고 강포한 자도 거기 들어와서 더럽히리라 너는 쇠사슬을 만들라 이는 피 흘리는 죄가 그 땅에 가득하고 강포가 그 성읍에 찼음이라" (겔7:19-23)

5) 자기중심

사단은 하와를 유혹할 때 선악과를 따 먹으면 눈이 밝아 하나님과 같이 되어 선악을 알 수 있을 것이라고 하였다. 결국 하와는 하나님과 같이 되고 싶어서 선악과를 따 먹었다. 이때부터 타락한 인간 한 사람 한 사람은 하나님과 같은 독립적이며 절대적인 존재가 되었다. 자기중심이란 모든 것을 자기욕심대로 행하는 것을 말한다. 자기중심 속에는 원죄의 부패성이 도사리고 있다. 그래서 인간 한 사람 한 사람의 영역 속에는 아무도 접근할 수 없는 견고한 왕국이 세워져 있다. 모든 행위와 판단은 자기의 존재 목적과 이익만을 지키기 위해 철저하게 투쟁하는 것이다.

"너희가 그것을 먹는 날에는 너희 눈이 밝아 하나님과 같이 되어 선악을 알줄을 하나님이 아심이니라"(창3:5)

자기중심의 극한적인 한계는 자신의 존재에 대한 위협을 가장 크게 느낄 때 일어난다. 평상시 서로 주고받고 하는 상황에서는 그렇게 민감하게 나타나지 않다가 누군가 자신의 영역에 들어와 자신의 생존에 위협을 가하거나 자신의 이익을 침해했을 때 민감하게 나타나고, 가장 크게 존재에 대한 두려움이 있을 때는 부모도, 형제도, 동업자도 자신을 해하는 원수로 여기게 되는 것이다.

교회란 예수 안에서 죽은 자들의 모임이다. 그래서 자기중심이 없다. 모든 것을 주님 중심으로 살아간다. 교회 안에 있는 지체들을 자신의 몸의 일부로 알고 사랑하는 것이다. 교회가 세상과 다른 점은 한 사람 한 사람의 존재 목적이 자기중심인가 아니면 다른 사람 중심인가에 있다. 구원을 받아 세상에서 건짐을 받았다고 하는 것은 물질 중심의 세상에서 구별되어 하나님의 자녀가 되었다는 것이다. 그래서 자기중심적인 사람들은 비록 교회생활을 하더라도 역시 자신의 존재만을 위해 살아가는 것이다. 말씀을 들어도 말씀 그대로 받아 들이지 못한다. 자기 생각으로 왜곡시키고 구별하고 판단하여 생각한다. 함께 무슨 일을 의논하여도 자기의 생각과 경험을 버리지 못한다. 특히 마지막 때에는 극한 상황이 일어나기 때문에 자신의 절대적인 존재를 지키기 위해 모두와 등을 돌리게 되는 것이다.

"네가 이것을 알라 말세에 고통하는 때가 이르리니 사람들은 자기를 사랑하며 돈을 사랑하며 자긍하며 교만하며 훼방하며 부모를 거역하며 감사치 아니하며 거룩하지 아니하며 무정하며 원통함을 풀지 아니하며 참소하며 절제하지 못하며 사나우며 선한 것을 좋아 아니하며 배반하여 팔며 조급하며 자고하며 쾌락을 사랑하기를 하나님 사랑하는 것보다 더하며 경건의 모양은 있으나 경건의 능력은 부인하는 자니 이같은 자들에게서 네가 돌아서라"(딤후3:1-5)

　물과 성령으로 거듭난 성도들에게는 모든 것이 '예'가 된다. 그러나 거듭나지 못한 사람은 모든 것이 '예'가 될 수 없다. 왜냐하면 원죄의 부패성에 포로가 되어 있기 때문이다. 철학에서 자아를 '슈퍼에고'라 한다. '슈퍼에고'가 바로 원죄의 부패성에 자리를 잡고 있는 것이다. 아무도 근접할 수 없는 절대적인 자리이다. 때로는 세상 사람들과 대화를 하거나 분쟁이 생길 때 절망감을 느낄 때가 많이 있다. 왜냐하면 생각하는 동기에서부터 생각하는 목적까지 절벽을 느끼기 때문이다. 그래서 성도들은 세상에서 살 수 없는 것이다. 그래서 구원받은 성도들은 예수 믿는 사람과 결혼을 해야 하고, 예수 믿는 성도들과 사업을 해야 하고 예수 믿고 구원 받은 성도들과 함께 살아야 하는 것이다.

　당신은 얼마든지 원죄의 부패성을 가지고도 잠시 동안 교회의 일원이 될 수 있다. 당신은 얼마든지 타락한 슈퍼에고를 가지고도 잠시 동안 교회 일군이 될 수 있다. 그러나 끝까지 교회 일원이 되거나 교회 일군은 될 수 없다. 왜냐하면 결국 당신 자신이 스스로 하나님과 같이 타락한 원죄의 부패성을 가지고 당신 중심으로 선악을 분별하는 자가 되었기 때문이다.

　서로가 좋아 결혼을 하고, 서로가 좋아 친구가 된다. 서로가 좋아 교회도 따라가고, 서로가 좋아 동업도 한다. 그러나 끝까지 좋은 결과를 보기 어렵다. 결국 싸우고, 이혼하고, 원수들이 된다. 왜냐하면 원죄의 부패성을 가진 죄인들이기 때문이다. 결국 자기중심으로 생각하고, 판단하고, 사랑하고, 이해하기 때문이다. 언젠가 자기중심적인 생각이나, 사랑이나, 판단이 무너질 때 모든 것들은 사라지게 되는 것이다.

　당신은 진정 거듭난 성도인가? 진정 자기중심적인 슈퍼에고에서 벗어났는가? 당신의 존재 목적이 자신인가? 아니면 교회 지체들인가?

6) 두려움

"하나님이 우리를 사랑하시는 사랑을 우리가 알고 믿었노니 하나님은 사랑이시라 사랑 안에 거하는 자는 하나님 안에 거하고 하나님도 그 안에 거하시느니라 이로써 사랑이 우리에게 온전히 이룬 것은 우리로 심판 날에 담대함을 가지게 하려 함이니 주의 어떠하심과 같이 우리도 세상에서 그러하니라 사랑 안에 두려움이 없고 온전한 사랑이 두려움을 내어 쫓나니 두려움에는 형벌이 있음이라 두려워하는 자는 사랑 안에서 온전히 이루지 못하였느니라"(요일4:16-18)

두려움은 심판의 그림자이다. 그래서 두려움이 있는 자들은 심판을 피할 수 없다. 그렇다면 어떻게 두려움을 이길 수 있을까? 사도 요한은 하나님의 사랑 안에 거하는 자는 하나님 안에 거하고 하나님도 그 안에 거하신다고 하였다. 이렇게 사랑 안에 온전히 이룬 자들은 심판 날에 담대함을 얻는다고 하였다. 반대로 사랑 안에 거하지 않는 자들은 심판에 대한 두려움을 이길 수 없다고 하였다.

죄를 범하면 두려움이 온다. 어떤 사람들은 원수와 같이 미워하는 사람들이 죽었을 때 좋아하지 못하고 오히려 두려워한다. 왜냐하면 원수와 같이 미워한 죄 값을 받고 있기 때문에 악몽에 시달리고 때로는 환청(幻聽)이나 환영(幻影)도 볼 수 있다. 모두가 두려움에서 오는 형벌이다.

사도 요한은 온전한 사랑이 두려움을 내어 쫓는다고 하였다. 반드시 두려움에는 형벌이 있기 때문에 두려워 하는 자들은 사랑 안에서 온전히 이루지 못하였다고 한다.

"여호와 하나님이 아담을 부르시며 그에게 이르시되 네가 어디 있느냐 가로되 내가 동산에서 하나님의 소리를 듣고 내가 벗었으므로 두려워하여 숨었나이다"(창3:9-10)

하나님께서 아담을 부르실 때 아담은 하나님을 향해 뛰어오지 못하고 오히려 숨었다. 왜냐하면 두려웠기 때문이다. 이처럼 죄는 사람에게 두려움을 준다.

"자녀들은 혈육에 함께 속하였으매 그도 또한 한 모양으로 혈육에 함께 속하심은 사망으로 말미암아 사망의 세력을 잡은 자 곧 마귀를 없이 하시며 또 죽기를 무서워하므로 일생에 매여 종노릇하는 모든 자들을 놓아 주려 하심이니"(히2:14-15)

인생들이 살아가는 목적은 살기 위해서가 아니라 두려움 때문이다. 이것을 죽기를 무서워해 사망에 종노릇하는 것이라고 하였다. 사망의 세력을 잡은 자 마귀의 종이라는 것이다. 그렇다 두려움의 가장 근본은 사망의 세력을 잡은 자 곧 마귀이다.

"하나님이 우리에게 주신 것은 두려워하는 마음이 아니요 오직 능력과 사랑과 근신하는 마음이니"(딤후1:7)

"그리스도의 평강이 너희 마음을 주장하게 하라 평강을 위하여 너희가 한 몸으로 부르심을 받았나니 또한 너희는 감사하는 자가 되라"(골3:15)

하나님께서 우리를 부르신 목적은 두려움이 아니요 평강이다. 그래서 성도들은 항상 평강이 우리 마음을 주장하게 해야 한다. 절대로 두려워하는 마음이 아니다. 당신은 두려움에서 완전히 해방이 되었는가? 두려워하는 자는 사랑 안에서 온전히 이루지 못한 자이다. 사랑은 내가 하나님의 사랑 안에서 거하고 하나님이 또한 그 사랑 안에 거하시는 것이다.

"그러나 두려워하는 자들과 믿지 아니하는 자들과 흉악한 자들과 살인자들과 행음자들과 술객들과 우상 숭배자들과 모든 거짓말 하는 자들은 불과 유황으로 타는 못에 참예하리니 이것이 둘째 사망이라"(계21:8)

7) 의심(두 마음)

아담이 범죄 한 후 눈이 밝아져 두 마음이 되었다. 자신이 벌거벗고 있는 모습을 볼 수 있었던 것이다. 아담은 범죄 하기 전에도 벌거벗고 있었지만 자신이 그 사실을 알지 못했다. 그러나 범죄한 후에는 눈이 밝아져 벌거벗고 있다는 사실을 알게 된 것이다. 아담의 마음이 둘로 쪼개져 버린 것이다. 이것을 인격의 파괴라고 한다. 그래서 아담은 여호와께서 부르실 때 자신도 모르게 숨고 말았던 것이다.

여호와께서는 누가 너의 벌거벗음을 고하였느냐고 물으시면서 왜 내가 먹지 말라고 한 실과를 먹었느냐고 책망하신다. 누가 아담이 벌거벗고 있다는 사실을 알게 했는가? 뱀이다. 아담이 범죄한 후 뱀의 종이 되어버린 것이다. 뱀은 아담에게 죄를 범하게 하여 아담으로 하여금 여호와를 떠나게 하였던 것이다. 이처럼 죄는 하나를 둘로 분리시킨다. 마음을 둘로 분리시킨다. 하나님과의 사이를 분리시킨다. 두 마음으로 고통을 당하는 것은 죄의 결과이다.

"이에 그들의 눈이 밝아 자기들의 몸이 벗은 줄을 알고 무화과나무 잎을 엮어 치마를 하였더라 그들이 날이 서늘할 때에 동산에 거니시는 여호와 하나님의 음성을 듣고 아담과 그 아내가 여호와 하나님의 낯을 피하여 동산 나무 사이에 숨은지라 여호와 하나님이 아담을 부르시며 그에게 이르시되 네가 어디 있느냐 가로되 내가 동산에서 하나님의 소리를 듣고 내가 벗었으므로 두려워하여 숨었나이다 가라사대 누가 너의 벗었음을 네게 고하였느냐 내가 너더러 먹지 말라 명한 그 나무 실과를 네가 먹었느냐"(창3:7-11)

야고보 사도는 의심하는 자들의 마음을 두 마음이라고 하였다. 두 마음이란 아담이 에덴에서 죄를 지음으로 파괴된 양심을 말한다. 이런 사람들은 아무것도 믿을 수 없다. 처음부터 끝까지 의심을 한다. 눈에 보이는 확실한 증거가 없을 경우 아무것도 결정하지 못한다. 야고보 사도는 의심하는 자는 바람에 밀려 요동하는 파도와 같다고 하였다. 이런 사람은 무엇이든지 주께 얻기를 생각하지 말라고 하였다.

"너희 중에 누구든지 지혜가 부족하거든 모든 사람에게 후히 주시고 꾸짖지 아니하시는 하나님께 구하라 그리하면 주시리라 오직 믿음으로 구하고 조금도 의심하지 말라 의심하는 자는 마치 바람에 밀려 요동하는 바다 물결 같으니 이런 사람은 무엇이든지 주께 얻기를 생각하지 말라 두 마음을 품어 모든 일에 정함이 없는 자로다"(약1:5-8)

구원을 얻는 믿음은 사람에게서 나온 것이 아니다. 왜냐하면 타락한 인간에게는 믿음이 없기 때문이다. 구원을 얻을 수 있는 믿음은 하나님께서 주신 선물이다. 행위에서 난 것이 아니니 누구든지 자랑할 수 없다.

"너희가 그 은혜를 인하여 믿음으로 말미암아 구원을 얻었나니 이 것이 너희에게서 난 것이 아니요 하나님의 선물이라 행위에서 난 것이 아니니 이는 누구든지 자랑치 못하게 함이니라우리는 그의 만드신 바라 그리스도 예수 안에서 선한 일을 위하여 지으심을 받은 자니 이 일은 하나님이 전에 예비하사 우리로 그 가운데서 행하게 하려 하심이니라"(엡2:8-10)

구원을 얻을 수 있는 믿음은 하나님의 말씀을 들을 때 생긴다. 믿음의 동기 자체가 하나님의 말씀인 것이다. 하나님의 말씀은 영이요 생명이다. 그러므로 말씀을 접하는 자는 하나님의 영과 생명을 만나는 것이다.

"그러므로 믿음은 들음에서 나며 들음은 그리스도의 말씀으로 말미암았느니라"(롬10:17)

"살리는 것은 영이니 육은 무익하니라 내가 너희에게 이른 말이 영이요 생명이라"(요6:63)

8) 기사와 표적을 따름

거듭나지 못한 사람은 새 생명이 없기 때문에 눈에 보이는 기사와 표적을 구하게 된다. 절대로 순수한 믿음을 가지고 하나님 말씀을 믿고 순종하면서 믿음 생활을 할 수 없다. 특히 하나님께서는 마지막 때 거짓 그리스도들과 거짓 선지자들에게 기사와 표적을 일으키게 하여 진리를 믿지 않고 불의를 좋아하는 모든 자들로 심판을 받게 하신다. 왜냐하면 참 믿음은 하나님의 말씀을 듣고 순종하는 것인데 이단들은 하나님의 말씀을 믿지 않고 기사와 표적을 구하기 때문이다.

지금 전 지구적으로 일어나고 있는 신사도운동이 바로 그것이다. 12사도와 구약의 선지자들이 기록한 성경을 믿지 않고 직통계시라는 교리를 만들어 새로운 사도들을 중심으로 기사와 표적을 따르는 믿음을 말한다. 신유(병고침), 투시, 축사(귀신을 쫓아 냄), 예언, 순간이동, 시간이동, 텔레파시, 공중부양, 금가루, 재정축복, 마인드 컨트롤, 집단최면 등이다.

만일 당신이 지금 신사도 운동에서 추구하는 기도운동을 통해 직통계시와 기사와 표적을 구하면서 신앙생활을 한다면 당신은 지금 하나님의 심판의 올무에 걸려 있는 것이다. 어떤 사람은 몸속에서 자라나고 있는 암병을 볼 수 있다. 어떤 사람들은 지나간 과거에 숨겨둔 모든 범죄를 읽어 낼 수 있다. 심지어 지금 내가 생각하고 있는 내용까지도 알아내어서 지적을 한다. 내가 무슨 고민을 하고 있고, 내가 지금 어떤 기막힌 환경에 떨어져 있는 것조차 다 알아낸다. 그래서 영혼들을 포로로 사로잡아 지옥으로 가고 있는 것이다.

"불법의 비밀이 이미 활동하였으나 지금 막는 자가 있어 그 중에서 옮길 때까지 하리라 그 때에 불법한 자가 나타나리니 주 예수께서 그 입의 기운으로 저를 죽이시고 강림하여 나타나심으로 폐하시리라 악한 자의 임함은 사단의 역사를 따라 모든 능력과 표적과 거짓 기적과 불의의 모든 속임으로 멸망하는 자들에게 임하리니 이는 저희가 진리의 사랑을 받지 아니하여 구원함을 얻지 못함이니라 이러므로 하나님이 유혹을 저의 가운데 역사하게 하사 거짓 것을 믿게 하심은 진리를 믿지 않고 불의를 좋아하는 모든 자로 심판을 받게 하려 하심이니라"(살후2:7-12)

예수님은 수많은 기사와 표적을 행하셨지만 그것을 믿고 따라오는 사람들에게 마음을 주시지 않으셨다. 왜냐하면 그들이 마음으로 추구하는 것이 무엇인지 알았기 때문이다. 수많은 군중들이 예수를 따랐던 것은 먹고 배불렀기 때문이지 진짜 예수님을 믿었기 때문에 따라온 것이 아니었다. 밤에 예수님을 찾아온 니고데모 역시 예수를 믿고 찾아 온것이 아니라 예수님이 행하셨던 기사와 표적을 보고 찾아온 사람이다. 그래서 예수님은 니고데모에게 거듭나지 못하면 하나님의 나라를 보지도 못하고 들어 갈 수도 없다고 하신 것이다.

"유월절에 예수께서 예루살렘에 계시니 많은 사람이 그 행하시는 표적을 보고 그 이름을 믿었으나 예수는 그 몸을 저희에게 의탁지 아니하셨으니 이는 친히 모든 사람을 아심이요 또 친히 사람의 속에 있는 것을 아시므로 사람에 대하여 아무의 증거도 받으실 필요가 없

음이니라"(요2:23-25)

예수님은 입으로 주여 주여 하면서 예수님의 말씀에 순종하지 않고 기사와 표적을 추구하던 자들에게 나는 너희를 도무지 알지 못한다 하면서 불법을 행한 자들이라고 하시면서 나를 떠나라고 하셨다. 그때 그들은 주님의 이름으로 귀신을 쫓아내고, 선지자 노릇을 하고, 많은 권능을 행치 아니하였나이까 응수를 한다. 참 믿음은 아버지의 뜻대로 행하는 자들이다. 아버지의 뜻은 하나님이 우리를 사랑하는 것처럼 우리가 서로 아가페 사랑을 하는 것이다.

"나더러 주여 주여 하는 자마다 천국에 다 들어갈 것이 아니요 다만 하늘에 계신 내 아버지의 뜻대로 행하는 자라야 들어가리라 그 날에 많은 사람이 나더러 이르되 주여 주여 우리가 주의 이름으로 선지자 노릇하며 주의 이름으로 귀신을 쫓아 내며 주의 이름으로 많은 권능을 행치 아니하였나이까 하리니 그때에 내가 저희에게 밝히 말하되 내가 너희를 도무지 알지 못하니 불법을 행하는 자들아 내게서 떠나가라 하리라"(마7:21-23)

"그 때에 사람이 너희에게 말하되 보라 그리스도가 여기 있다 혹 저기 있다 하여도 믿지 말라 거짓 그리스도들과 거짓 선지자들이 일어나 큰 표적과 기사를 보이어 할 수만 있으면 택하신 자들도 미혹하게 하리라 보라 내가 너희에게 미리 말하였노라"(마24:23-25)

구약에서도 꿈꾸며 예언하고, 점을 쳐서 미래의 일들을 맞추거나 기사와 표적을 그들의 말대로 행하는 자들에게 경고하셨다. 그런 자들을 죽이라고 하셨다. 하나님께서 원하시는 믿음은 마음을 다하고 성품을 다하여 너희 하나님 여호와를 사랑하고, 순종하며 그를 경외하며 그 명령을 지키며 그 목소리를 청종하며 그를 섬기며 그에게 부종하는 것이다.

하나님께서 이런 이적을 행하는 자들을 허락하신 이유는 이스라엘 백성들이 마음을 다하고 성품을 다하여 여호와를 진정으로 사랑하는지를 시험하시기 위함이라 하셨다. 그러니까 인격적인 믿음을 가지고 여호와의 말씀에 순종하고 부종하고 청종하는 신앙이 바른 신앙이고 기사와 표적을 따르는 신앙은 참 신앙이 아니라는 것이다.

"너희 중에 선지자나 꿈 꾸는 자가 일어나서 이적과 기사를 네게 보이고 네게 말하기를 네가 본래 알지 못하던 다른 신들을 우리가 좇아 섬기자 하며 이적과 기사가 그 말대로 이룰찌라도 너는 그 선지자나 꿈꾸는 자의 말을 청종하지 말라 이는 너희 하나님 여호와께서 너희가 마음을 다하고 성품을 다하여 너희 하나님 여호와를 사랑하는 여부를 알려하사 너희를 시험하심이니라 너희는 너희 하나님 여호와를 순종하며 그를 경외하며 그 명령을 지키며 그 목소리를 청종하며 그를 섬기며 그에게 부종하고 그 선지자나 꿈 꾸는 자는 죽이라 이는 그가 너희로 너희를 애굽 땅에서 인도하여 내시며 종 되었던 집에서 속량하여 취하신 너희 하나님 여호와를 배반케 하려 하며 너희 하나님 여호와께서 네게 행하라 명하신 도에서 너를 꾀어내려고 말하였음이라 너는 이같이 하여 너희 중에서 악을 제할찌니라"(신13:1-5)

예수님께서도 마지막 예수님이 재림 하실 때 거짓 선지자와 거짓 그리스도가 많이 나타나 기사와 큰 표적을 일으켜 할 수 있으면 택한 자들도 미혹하리라 하셨다. 미리 말씀 하신 이유는 그런 일이 있을 때 기시와 표적을 따르지 말라고 하신 것이다.

"그때에 사람이 너희에게 말하되 보라 그리스도가 여기 있다 혹 저기 있다 하여도 믿지 말라 거짓 그리스도들과 거짓 선지자들이 일어나 큰 표적과 기사를 보이어 할 수만 있으면 택하신 자들도 미혹하게 하리라 보라 내가 너희에게 미리 말하였노라"(마24:23-25)

9) 비 인격

인격이란 지정의(知情意)가 바로 정립된 인격을 말한다. 하나님이 인간을 창조하실 때 하나님의 형상대로 지으셨다. 하나님의 형상이란 인격을 말한다. 그래서 인간은 바른 지식을 가지고 바른 행동을 할 때 바른 감정을 느낄 수 있다. 인격적이란 말은 최소한의 지정의가 지켜지는 것을 말한다. 그러나 대부분 자기가 가지고 있는 바른 지식으로 행동하지 않고 자신의 욕심과 탐욕으로 행한다. 이것을 비 인격이라고 한다. 분명히 바른 지식으로는 내 소유가 아니다. 그럼에도 눈앞에 있는 재물을 놓치기 싫어서 거짓말로 내 것이라 주장한다. 분명하게 사건을 목격했다. 그럼에도 불구하고 불이익을 당할까 걱정해서 보지 못했다고 거짓말을 한다. 이런 일들을 날마다 정상으로 하는 자들을 비 인격자라고 한다.

그런데 놀라운 것은 그런 것들이 죄임에도 불구하고 전혀 죄책감이 없다는 것이다. 이단들의 특징이다. 이방인들이 가지고 살아가는 타락한 인격이다. 하나님께 버림받은 사람들에게 나타나는 형벌이다.

아나니아와 삽비라는 전 재산을 팔아 예루살렘교회에 등록한 부부이다. 그런데 재산에 대한 욕심 때문에 절반을 감추고 절반만 가지고 와서 사도 베드로에게 전부를 가지고 왔다고 거짓말을 했다. 그때 베드로는 어찌하여 성령을 속이고 땅 값을 얼마를 감추었느냐고 말을 한다. 사람에게 거짓말을 하는 것이 아니요 하나님께 한 것이라고 말할 때 그의 혼이 떠나갔다. 세 시간쯤 지나 삽비라가 와서 재산 전부를 가져 왔다고 거짓말을 할 때 역시 베드로 사도는 어찌 부부가 함께 꾀하여 주의 영을 시험하려고 하느냐고 책망할 때 그녀의 혼이 떠났다.

"아나니아라 하는 사람이 그 아내 삽비라로 더불어 소유를 팔아 그 값에서 얼마를 감추매 그 아내도 알더라 얼마를 가져다가 사도들의 발 앞에 두니 베드로가 가로되 아나니아야 어찌하여 사단이 네 마음에 가득하여 네가 성령을 속이고 땅값 얼마를 감추었느냐 땅이 그대로 있을 때에는 네 땅이 아니며 판 후에도 네 임의로 할 수가 없더냐 어찌하여 이 일을 네 마음에 두었느냐 사람에게 거짓말 한 것이 아니요 하나님께로다 아나니아가 이 말을 듣고 엎드러져 혼이 떠나니 이 일을 듣는 사람이 다 크게 두려워하더라 젊은 사람들이 일어나 시신을 싸서 메고 나가 장사하니라 세 시간쯤 지나 그 아내가 그 생긴 일을 알지 못하고 들어 오니 베드로가 가로되 그 땅 판 값이 이것 뿐이냐 내게 말하라 하니 가로되 예 이뿐이로라 베드로가 가로되 너희가 어찌 함께 꾀하여 주의 영을 시험하려 하느냐 보라 네 남편을 장사하고 오는 사람들의 발이 문앞에 이르렀으니 또 너를 메어 내가리라 한대 곧 베드로의 발 앞에 엎드러져 혼이 떠나는지라 젊은 사람들이 들어와 죽은 것을 보고 메어다가 그 남편 곁에 장사하니 온 교회와 이 일을 듣는 사람들이 다 크게 두려워하니라"(행5:1-11)

여리고성을 함락시킬 때 처음 열매이기 때문에 모두 하나님께 바칠 것을 명령했다. 그러나 아간은 욕심이 생겨 시날산의 아름다운 외투 한 벌과 은 이백 세겔, 금덩이 오십 세겔을 감추었다. 그 결과 이스라엘은 아이성 전투에서 대패하였고 제비를 뽑아 아간이 잡혀 심판을 받았다. 이처럼 성경은 비인격적인 거짓에 대하여 엄한 심판을 하고 있다.

"이스라엘 자손들이 바친 물건을 인하여 범죄하였으니 이는 유다 지파 세라의 증손 삽디의 손자 갈미의 아들 아간이 바친 물건을 취하였음이라 여호와께서 이스라엘 자손들에게 진노하시니라 아간이 여호수아에게 대답하여 가로되 참으로 나는 이스라엘 하나님 여호와께 범죄하여 여차 여차히 행하였나이다 내가 노략한 물건 중에 시날산의 아름다운 외투 한벌과 은 이백 세겔과 오십 세겔중의 금덩이 하나를 보고 탐내어 취하였나이다 보소서 이제 그 물건들을 내 장막 가운데 땅속에 감추었는데 은은 그 밑에 있나이다"(수7:1,20-21)

시편 기자는 살아 있을 때 주의 장막에 거하여 눈과 비를 피하고 죽어서 주의 성산에 들어가 영생을 누릴 수 있는 인격적인 신앙을 가진 자들에 대하여 노래를 하고 있다. 정직하게 행하고 진실을 말하고 혀로 참소치 아니하고 이웃을 훼방치 아니하고 한 번 서원한 것들은 해로울찌라도 변치 않는 신앙을 말하고 있다.

"여호와여 주의 장막에 유할 자 누구오며 주의 성산에 거할 자 누구오니이까 정직하게 행하며 공의를 일삼으며 그 마음에 진실을 말하며 그 혀로 참소치 아니하고 그 벗에게 행악지 아니하며 그 이웃을 훼방치 아니하며 그 눈은 망령된 자를 멸시하며 여호와를 두려워하는 자를 존대하며 그 마음에 서원한 것은 해로울찌라도 변치 아니하며 변리로 대금치 아니하며 뇌물을 받고 무죄한 자를 해치 아니하는 자니 이런 일을 행하는 자는 영영히 요동치 아니하리이다"(시15:1-5)

10) 관념적인 믿음

예수님은 말씀을 지식적으로 가지고 있으면서 순종치 아니한 자들에 대한 비유로 반석위에 지은 집과 모래 위에 지은 집으로 말씀 하셨다. 말씀을 듣고 행하는 자들은 반석위에 주초를 놓고 집을 지은 지혜로운 자이다. 그러나 말씀을 듣고 순종치 아니한 자들은 모래위에 지은 어리석은 사람과 같다. 비가 내리고 바람이 불고 창수가 터질 때 반석위에 지은 집은 안전하지만 모래위에 지은 집은 무너짐이 심하다. 반석은 천국에 집을 지은 사람이고 모래는 세상에 집을 지은 사람이다.

"그러므로 누구든지 나의 이 말을 듣고 행하는 자는 그 집을 반석 위에 지은 지혜로운 사람 같으리니 비가 내리고 창수가 나고 바람이 불어 그 집에 부딪히되 무너지지 아니하나니 이는 주초를 반석 위에 놓은 연고요 나의 이 말을 듣고 행치 아니하는 자는 그 집을 모래 위에 지은 어리석은 사람 같으리니 비가 내리고 창수가 나고 바람이 불어 그 집에 부딪히매 무너져 그 무너짐이 심하니라"(마7:24-27)

루터는 오직 믿음으로 구원을 얻는다고 하였다. 그 당시 팽배하였던 율법주의를 배격한 것이다. 그러면서 행함이 없는 믿음은 죽은 것은 것이라는 야고보서를 지푸라기 서신이라고 폄하(貶下)하였다. 루터가 주장한 오직 믿음은 처음부터 끝까지 무행위 구원이다. 성경은 거듭나기 전에는 선을 행할 수 있는 생명이 없기 때문에 믿음으로 구원을 얻지만 일단 구원을 받고난 후에는 새 생명이 자라남으로 선한 행위가 나타나게 된다. 그러므로 참 믿음은 참 행위와 일치하는 것이 성경적인 믿음이다. 만일 참 믿음이 행함과 일치되어 나타나지 않으면 그것을 무행위 구원이라고 한다. 이단 사상이다. 신복음주의 구원 역시 무행위 구원이다. 단지 하나님의 말씀을 지식적으로 가지고 있다는 것으로 구원을 받는 것이 아니다.

바리새파 유대인들도 역시 지식적인 믿음을 소유한 자들이다. 그들 자신은 손가락 하나 까딱하지 않고 율법을 어긴 자들을 심판하였다. 그래서 예수님은 바리새인들의 말은 듣되 그들의 행위는 본받지 말라고 하신 것이다.

　야고보 사도는 반드시 참 믿음이 있으면 반드시 참 행위가 따라온다는 사실을 강조하고 있다. 그러므로 행함이 없는 믿음은 그 자체가 죽은 것이라고 하였다. 하나님이 한 분이시라는 사실은 사단도 믿고 떤다고 하였다. 그러나 사단이 구원을 받을 수 없는 것은 절대로 하나님의 말씀에 순종할 수 없기 때문이다.

　"내 형제들아 만일 사람이 믿음이 있노라 하고 행함이 없으면 무슨 이익이 있으리요 그 믿음이 능히 자기를 구원하겠느냐 만일 형제나 자매가 헐벗고 일용할 양식이 없는데 너희 중에 누구든지 그에게 이르되 평안히 가라, 더웁게 하라, 배부르게 하라 하며 그 몸에 쓸 것을 주지 아니하면 무슨 이익이 있으리요 이와 같이 행함이 없는 믿음은 그 자체가 죽은 것이라 혹이 가로되 너는 믿음이 있고 나는 행함이 있으니 행함이 없는 네 믿음을 내게 보이라 나는 행함으로 내 믿음을 네게 보이리라 네가 하나님은 한 분이신 줄을 믿느냐 잘하는도다 귀신들도 믿고 떠느니라"(약2:14-19)

　야고보 사도는 말씀을 듣기만 하고 순종치 아니한 자들은 자신을 속이는 자들이라 하였다. 거울을 보고 자신의 얼굴을 확인한 후 곧 잊어버린 자와 같다는 것이다.

　"너희는 말씀을 행하는 자가 되고 듣기만 하여 자신을 속이는 자가 되지 말라 누구든지 말씀을 듣고 행하지 아니하면 그는 거울로 자기의 생긴 얼굴을 보는 사람과 같아서 제 자신을 보고 가서 그 모습이 어떠했는지를 곧 잊어버리거니와 자유롭게 하는 온전한 율법을 들여다보고 있는 자는 듣고 잊어버리는 자가 아니요 실천하는 자니 이 사람은 그 행하는 일에 복을 받으리라"(약1:22-25)

　예수님은 말씀이 육신을 입고 오신 분이시다. 그러므로 예수님의 탄생부터 죽으심이 이루어진 골고다까지 예수님의 모든 행적은 말씀 자체의 흔적이시다. 예수님이 보셨던 것, 예수님이 만지셨던 것, 예수님이 말씀 하신 모든 것은 말씀 자체이셨다. 예수님은 자기의 살과 자기의 피를 마시지 아니하면 생명이 없다고 하시면서 내 살을 먹고 내 피를 마시라고 하셨다. 이렇게 담대하게 자신의 살을 먹고 피를 마시라고 하신 뜻은 말씀이 육신을 입고 오신 예수님의 말씀대로 살라는 것이다. 예수님께서 말씀 하신대로 살지 않는 사람은 예수님의 살을 먹지 않고 예수님의 피를 마시지 않는 자로 생명이 없는 자이다. 그렇다면 예수님의 살과 피를 먹은 자는 어떻게 살아야 하는가? 예수님이 우리를 사랑하는 사랑을 가지고 살아야 하는 것이다. 즉 아가페 사랑을 받았으니 아가페 사랑으로 살아가야 하는 것이다. 내가 너희를 사랑한 것 같이 너희도 서로 사랑하라는 것이다.

"예수께서 이르시되 내가 진실로 진실로 너희에게 이르노니 인자의 살을 먹지 아니하고 인자의 피를 마시지 아니하면 너희 속에 생명이 없느니라 내 살을 먹고 내 피를 마시는 자는 영생을 가졌고 마지막 날에 내가 그를 다시 살리리니 내 살은 참된 양식이요 내 피는 참된 음료로다 내 살을 먹고 내 피를 마시는 자는 내 안에 거하고 나도 그 안에 거하나니 살아계신 아버지께서 나를 보내시매 내가 아버지로 인하여 사는것 같이 나를 먹는 그 사람도 나로 인하여 살리라"(요 6:53-57)

6. 당신이 하나님의 아들이 아닌 10가지 이유

1) 피해의식

피해의식이란 마음의 깊은 상처들이 쌓여서 병이 된 상태로 상대방이 베풀어준 모든 배려조차도 자신을 업신여기고 해 하려는 의도로 인식하고 반응하는 것이다. 특히 내성적이거나 오랜 세월 고통 속에서 억눌려 살았던 사람들에게 나타난다. 암몬 왕 나하스의 아들 하눈은 아버지가 죽은 후 다윗이 보낸 위로의 조문단을 오히려 정탐꾼으로 오해를 하고 다윗의 조문단의 수염을 모두 깎고 의복의 중동볼기까지 자른 후 돌려보냈다. 그리고 오히려 자신들의 행위로 다윗에게 미움을 받은 줄 알고 전쟁을 준비하기 위해 아람 사람 보병 이 만 명과 돕는 사람 일 만 삼 천을 고용했다. 그 결과 암몬을 돕는 모든 군대와 암몬의 랍바성은 점령당하고 말았다. 다윗은 나하스 왕이 죽을 때 내가 나하스의 아들 하눈에게 은총을 베풀되 그 아비가 내게 은총을 베푼것 같이 하리라고 말하면서 조문단을 보냈다. 그런데 나하스의 아들 하눈은 적반하장으로 선을 악으로 대하다가 스스로 망한 것이다. 왜 하눈은 그렇게 생각을 했을까? 하눈과 함께 한 모든 신하들의 마음에는 골이 깊은 피해의식이 있었다. 항상 주위 나라로부터 잦은 공격을 받아 심신이 피곤해 있었기 때문에 건강한 마음과 정상적인 생각을 할 수 없었던 것이다.

"그 후에 암몬 자손의 왕이 죽고 그 아들 하눈이 대신하여 왕이 되니 다윗이 가로되 내가 나하스의 아들 하눈에게 은총을 베풀되 그 아비가 내게 은총을 베푼것 같이 하리라 하고 그 신복들을 명하여 그 아비 죽은 것을 조상하라 하니라 다윗의 신복들이 암몬 자손의 땅에 이르매 암몬 자손의 방백들이 그 주 하눈에게 고하되 왕은 다윗이 조객을 보낸 것이 왕의 부친을 공경함인 줄로 여기시나이까 다윗이 그 신복을 보내어 이 성을 엿보고 탐지하여 함락시키고자 함이 아니니이까 이에 하눈이 다윗의 신복들을 잡아 그 수염 절반을 깎고 그 의복의 중동볼기까지 자르고 돌려보내매 혹이 이 일을 다윗에게 고하니라 그 사람들이 크게 부끄러워하므로 왕이 저희를 맞으러 보내어 이르기를 너희는 수염이 자라기까지 여리고에서 머물다가 돌아오라 하니라 암몬 자손이 자기가 다윗에게 미움이 된줄 알고 사람을 보내어 벧르홉 아람 사람과 소바 아람 사람의 보병 이만과 마아가 왕과 그 사람 일천과 돕 사람 일만 이천을 고용한지라"(삼하10:1-6)

피해의식은 마음이 피폐해진 결과이다. 오랫동안 직장이 없이 지내다가 취업 면접을 약속 받은 형제가 비가 온다는 이유로 가지 않았다. 이유를 물어보니 비가 와서 취업 면접을 하나마나 떨어질 것이라는 생각이 들어서 가지 않았다고 했다. 마음에 골이 깊은 피해 의식은 자신을 죽음으로 몰아간다. 하루는 한 형제가 시험이 들어 예배당에 오지 않겠다는 연락이 왔다. 가서 알아보니 내가 자기를 향해 비웃었다는 것이다. 자초지종을 들어보니 자신과 전혀 관계도 없는 주위 사람과 대화하면서 웃었던 것을 자기를 향한 비웃음으로 큰 상처를 받았던 것이다. 세상에는 이런 불쌍한 사람들이 너무나 많이 있다. 돈이 없는 가난한 사람들은 돈이 많은 사람들 앞에서 이런 고통을 당한다. 항상 초라하고 업신여김을 받은 사람들은 성공한 사람들을 통해서 엄청난 스트레스와 고통을 당한다. 모두가 사단이 준 병이다.

길르앗의 용사 입다는 기생의 아들로 쫓겨나 돕 땅에 있는 비류들과 함께 큰 나라를 세운다. 시간이 지난 후 길르앗 장로들은 암몬 자손의 공격을 막을 수가 없어서 입다를 찾아와 절하고 도와주면 머리로 섬기겠다고 말한다. 입다는 자신을 업신여기고 쫓아낸 길르앗 사람들에게 자신의 존재감을 나타낼 절호의 기회로 알고 전쟁에 참여하면서 서원을 한다. 만일 전쟁에서 이기고 돌아오면 처음 만난 사람을 번제로 드리겠다는 것이다. 그런데 입다가 전쟁에서 승리하고 돌아올 때 무남독녀 외동딸이 그를 맞이한다. 그때 입다는 대성통곡하면서 무남독녀 외동 딸을 번제로 드린다. 왜 입다는 그런 서원을 했을까? 비록 입다는 큰 용사가 되었지만 그의 마음 깊은 곳에는 어릴 때 길르앗 형제들로부터 받은 응어리가 피해의식으로 남아 있어서 그런 극단적인 서원으로 자신의 외동딸을 잃어버린 것이다. 물과 성령으로 거듭나 죄와 사망의 법에서 생명의 성령으로 해방된 성도들에게는 이런 피해의식이 있을 수 없다. 왜냐하면 새로운 피조물이 되었기 때문이다.

"입다가 미스바에 돌아와 자기 집에 이를 때에 그 딸이 소고를 잡고 춤추며 나와서 영접하니 이는 그의 무남독녀라 입다가 이를 보고 자기 옷을 찢으며 가로되 슬프다 내 딸이여 너는 나로 참담케 하는 자요 너는 나를 괴롭게 하는 자 중의 하나이로다 내가 여호와를 향하여 입을 열었으니 능히 돌이키지 못하리로다 딸이 그에게 이르되 나의 아버지여 아버지께서 여호와를 향하여 입을 여셨으니 아버지 입에서 낸 말씀대로 내게 행하소서 이는 여호와께서 아버지를 위하여 아버지의 대적 암몬 자손에게 원수를 갚으셨음이니이다 아비에게 또 이르되 이 일만 내게 허락하사 나를 두 달만 용납하소서 내가 나의 동무들과 함께 산에 올라가서 나의 처녀로 죽음을 인하여 애곡 하겠나이다 이르되 가라하고 두달 위한하고 보내니 그가 그 동무들과 함께 가서 산 위에서 처녀로 죽음을 인하여 애곡하고 두달만에 그 아비에게로 돌아

온지라 아비가 그 서원한대로 딸에게 행하니 딸이 남자를 알지 못하고 죽으니라 이로부터 이스라엘 가운데 규례가 되어 이스라엘 여자들이 해마다 가서 길르앗 사람 입다의 딸을 위하여 나흘씩 애곡하더라"(삿11:34-40)

2) 우월의식

거듭나지 못한 사람에게 있는 마음의 병이 있다. 우월의식이다. 자기보다 못한 사람들을 만났을 때 일어나는 현상이다. 우월의식은 상대방을 업신여기고, 시기하고, 투기하고, 비방하고, 비하하고, 판단하고, 정죄하고, 멀리하고, 미워하고, 깎아 내리는 현상이다. 부자가 가난한 자들을 업신여기고 미워하는 것이다. 성공한 사람이 성공하지 못한 사람들을 판단하고 폄하하는 것이다. 이런 병은 세상 사람들이 가지고 있는 질병이다.

북 왕조 에브라임은 하나님의 은혜로 큰 아들 므낫세를 대신하여 기업의 장자지파가 되었다. 그런데 항상 그것이 자신을 높이고 인정을 받으려는 우월의식 때문에 스스로 올무가 되었다. 비천한 입다가 암몬 자손을 이기고 금의환향할 때 에브라임이 시기하면서 왜 암몬과 싸우러 갈 때 자기들을 불러 함께 가지 않았느냐고 시비를 건다. 그러면서 반드시 불로 너와 네 집을 사르리라 말했다. 그때 입다는 말한다. 내가 너희에게 도움을 청했는데도 너희가 싸우지 아니하는 상황에서 우리가 목숨 걸고 싸워서 이기고 돌아 오니까 이제 와서 시비를 거느냐고 응수를 하므로 전쟁이 시작되었다. 결과적으로 에브라임 사람 사만 이천 명이 죽임을 당하고 말았다. 교만은 패망의 선봉이요 거만한 마음은 넘어짐의 앞잡이라 하였다.

"에브라임 사람들이 모여 북으로 가서 입다에게 이르되 네가 암몬 자손과 싸우러 건너갈 때에 어찌하여 우리를 불러 너와 함께 가게 하지 아니하였느냐 우리가 반드시 불로 너와 네 집을 사르리라 입다가 그들에게 이르되 나와 나의 백성이 암몬 자손과 크게 다툴 때에 내가 너희를 부르되 너희가 나를 그들의 손에서 구원하지 아니한 고로 내가 너희의 구원치 아니하는 것을 보고 내 생명을 돌아보지 아니하고 건너가서 암몬 자손을 쳤더니 여호와께서 그들을 내 손에 붙이셨거늘 너희가 어찌하여 오늘날 내게 올라와서 나로 더불어 싸우고자 하느냐 하고 입다가 길르앗 사람을 다 모으고 에브라임과 싸웠더니 길르앗 사람들이 에브라임을 쳐서 파하였으니 이는 에브라임의 말이 너희 길르앗 사람은 본래 에브라임에서 도망한 자로서 에브라임과 므낫세 중에 있다 하였음이라 길르앗 사람이 에브라임 사람 앞서 요단 나루턱을 잡아 지키고 에브라임 사람의 도망하는 자가 말하기를 청컨대 나로 건너게 하라 하면 그에게 묻기를 네가 에브라임 사람이냐 하여 그가 만일 아니라 하면 그에게 이르기를 십볼렛이라 하라 하여 에브라임 사람이 능히 구음을 바로 하지 못하고 씹볼렛이라 하면 길르앗 사람이 곧 그를 잡아서 요단 나루턱에서 죽였더라 그 때에 에브라임 사람의 죽은 자가 사만 이천명이었더라"(삿12:1-6)

기드온이 미디안 군대 135,000명을 이기고 돌아 올 때도 에브라임은 나와서 시비를 걸었다. 왜 미디안과 싸우러 갈 때 자신들을 부르지 아니하였으니 자신들을 그렇게 대접해도 되느냐는 것이다. 기드온은 엎드려 에브라임의 끝물 포도가 아비에셀의 맏물 포도 보다 낫지 아니 하냐 하고 에브라임을 추켜세울 때 그들의 노가 풀렸다.

에브라임이 가진 우월의식은 고질병이다. 세상에서 있는 자들에게 나타나는 현상이다. 배운 자들은 배우지 못한 자들에게 강한 우월의식을 가지고 있다. 이것은 지독한 병이다. 그리스도인에게는 이런 고질병이 없다. 만일 당신이 거듭난 구원 받은 사람이라고 하면서 이런 고질병을 가지고 있다면 당신은 당연코 거듭난 성도가 아니다. 아직도 세상 사람일 뿐이다. 심지어 교회안에서조차 이런 우월의식을 가지고 살아가는 사람들이 많이 있다는 것은 놀라운 일이 아니다.

"에브라임 사람들이 기드온에게 이르되 네가 미디안과 싸우러 갈 때에 우리를 부르지 아니하였으니 우리를 이같이 대접함은 어찜이뇨 하고 크게 다투는지라 기드온이 그들에게 이르되 나의 이제 행한 일이 너희의 한 것에 비교되겠느냐 에브라임의 끝물 포도가 아비에셀의 맏물 포도보다 낫지 아니하냐 하나님이 미디안 방백 오렙과 스엡을 너희 손에 붙이셨으니 나의 한 일이 어찌 능히 너희의 한 것에 비교되겠느냐 기드온이 이 말을 하매 그들의 노가 풀리니라"(삿8:1-3)

세례 요한은 주님의 재림을 준비하라고 선포한다. 높은 산은 낮아지고 낮은 골짜기는 메워지라고 한다. 높은 골짜기는 우월의식이다. 낮은 골짜기는 피해의식이다. 이 두 가지의 질병을 가지고는 주님의 재림을 맞이할 수 없다.

"요한이 요단강 부근 각처에 와서 죄 사함을 얻게 하는 회개의 세례를 전파하니 선지자 이사야의 책에 쓴바 광야에 외치는 자의 소리가 있어 가로되 너희는 주의 길을 예비하라 그의 첩경을 평탄케 하라 모든 골짜기가 메워지고 모든 산과 작은 산이 낮아지고 굽은 것이 곧아지고 험한 길이 평탄하여질 것이요 모든 육체가 하나님의 구원하심을 보리라 함과 같으니라"(눅3:3-6)

3) 우상숭배

우상숭배란 불의로 진리를 막는 것이다. 즉 하나님과 나 사이를 막아서는 담이다. 이 담이 사라지기 전에는 절대로 나와 하나님과의 평화는 없다. 우상숭배자들도 하나님께 대한 지식이 없는 것은 아니다. 이미 하나님은 자기를 알만한 것이 저희 속에 다 보이셨다. 그럼에도 불구하고 욕심과 탐욕 때문에 하나님을 향해 감사하지 않는다. 영화롭게도 하지 않는다. 오히려 그 마음이 허망하여지며 미련한 마음이 어두워져 스스로 지혜 있다 하나 우준하게 되어 썩어지지 않는 하나님의 영광을 사람과 금수와 버러지 형상의 우상으로 바꾸어 버리고 말았다. 오늘의 교회의 우상은 번영신학이다.

사람들은 말한다. 내가 부자 되고 출세해서 성공하면 그것이 하나님께 영광이 된다고 한다. 반대로 예수를 믿는 내가 가난하고 초라하고 실패자가 되면 그것이 하나님의 영광을 가리운다고 말을 한다. 그래서 모두들 하나님의 영광을 위해 열심히 세상에서 성공하고 부자되려고 열심을 내어 기도하고 섬기고 봉사하고 헌금을 한다. 성경은 이것을 우상 숭배라고 한다. 썩어지지 않는 하나님의 영광을 사람과 금

제6장 나를 알아야 한다

수와 버리지 형상의 우상으로 바꾸어 버렸다고 하신 것이다. 그래서 하나님은 말세 교회를 내어 버리신다.

"하나님의 진노가 불의로 진리를 막는 사람들의 모든 경건치 않음과 불의에 대하여 하늘로 좇아 나타나나니 이는 하나님을 알만한 것이 저희 속에 보임이라 하나님께서 이를 저희에게 보이셨느니라 창세로부터 그의 보이지 아니하는 것들 곧 그의 영원하신 능력과 신성이 그 만드신 만물에 분명히 보여 알게 되나니 그러므로 저희가 핑계치 못할찌니라 하나님을 알되 하나님으로 영화롭게도 아니하며 감사치도 아니하고 오히려 그 생각이 허망하여지며 미련한 마음이 어두워졌나니 스스로 지혜 있다 하나 우준하게 되어 썩어지지 아니하는 하나님의 영광을 썩어질 사람과 금수와 버러지 형상의 우상으로 바꾸었느니라"(롬1:18-23)

만일 당신이 믿는 기독교가 이런 것이라면 이미 당신은 하나님께 버림을 받은 것이다. 그래서 다음과 같은 죄를 짓고 있는 것이다.

"또한 저희가 마음에 하나님 두기를 싫어하매 하나님께서 저희를 그 상실한 마음대로 내어 버려두사 합당치 못한 일을 하게 하셨으니 곧 모든 불의, 추악, 탐욕, 악의가 가득한 자요 시기, 살인, 분쟁, 사기, 악독이 가득한 자요 수군수군하는 자요 비방하는 자요 하나님의 미워하시는 자요 능욕하는 자요 교만한 자요 자랑하는 자요 악을 도모하는 자요 부모를 거역하는 자요 우매한 자요 배약하는 자요 무정한 자요 무자비한 자라 저희가 이같은 일을 행하는 자는 사형에 해당하다고 하나님의 정하심을 알고도 자기들만 행할 뿐 아니라 또한 그 일을 행하는 자를 옳다 하느니라"(롬1:28-32)

성도들이 은혜를 받고 복을 받은 것이 문제가 아니다. 그 은혜를 받고 좋은 열매를 맺어야 한다. 좋은 열매로 이어지지 않는 은혜는 도리어 더 큰 심판을 받는다. 어떤 이들은 은혜 받은 것들을 구원으로 착각한다. 하나님이 은혜를 주신 목적은 열매을 맺으라고 주신 것이다. 은혜만 따 먹고 열매가 없는 사람들이 곧 우상 숭배하는 자들이다.

애굽에서 60만 명의 장정들이 은혜를 받고 나왔다. 그들은 모두 하나 같이 홍해를 건넜고 광야에서 만나를 먹었고 바위에서 나온 신령한 물을 마셨다. 그렇다고 그것이 구원은 아니다. 왜냐하면 광야에서 우상숭배로 다 죽었기 때문이다. 하나님은 다수를 기뻐하지 아니하신다. 은혜를 받고 하나님의 뜻대로 살아가는 소수를 기뻐하신다. 아무리 큰 은혜를 받아도 우상숭배하면 그것으로 심판이다.

"형제들아 너희가 알지 못하기를 내가 원치 아니하노니 우리 조상들이 다 구름 아래 있고 바다 가운데로 지나며 모세에게 속하여 다 구름과 바다에서 세례를 받고 다 같은 신령한 식물을 먹으며 다 같은 신령한 음료를 마셨으니 이는 저희를 따르는 신령한 반석으로부터 마셨으매 그 반석은 곧 그리스도시라 그러나 저희의 다수를 하나님이 기뻐하지 아니하신고로 저희가 광야에서 멸망을 받았느니라 그런 일은 우리의 거울이 되어 우리로 하여금 저희가 악을 즐겨한 것 같이 즐겨하는 자가 되지 않게 하려 함이니 저희 중에 어떤이들과 같이 너희는 우상 숭배하는 자가 되지 말라 기록된바 백성이 앉아서 먹고 마시며 일어나서 뛰논다 함과 같으니라"(고전10:1-7)

우상숭배란 신상을 차려 놓고 절을 하는 것이 아니다. 성령이 사셔야할 마음에 다른 것들이 자리를 잡고 살고 있는 것이 우상이다. 그래서 성경은 탐심이 곧 우상이라 하였다. 세상의 더러운 것들이 마음속에 가득차 있다면 거룩하신 성령이 오셔서 사실 수 없는 것이다.

"그러므로 땅에 있는 지체를 죽이라 곧 음란과 부정과 사욕과 악한 정욕과 탐심이니 탐심은 우상 숭배니라"(골3:5)

4) 간음

이스라엘 백성들이 애굽에서 가나안으로 가다가 멸망한 두 번째 죄가 간음이다. 발람의 교훈에 따라서 모압 평지에서 시므온 지파 장정들이 바알 제사에 초대를 받아 집단 간음에 참여하게 되었다. 이것을 바알브올 사건이라고 한다. 즉 이스라엘 백성들이 바알브올에 속해 버린 것이다. 하나님께 속한 거룩한 백성들이 사단에게 속해 버린 것이다. 이로 인해 염병이 시작되었다. 하루에 이만 사천 명이 죽었다. 이러한 엄중한 상황에서도 공개적으로 간음을 행한 시므리와 고스비를 창으로 땅에 꽂아 하나님의 진노를 잠잠하게 하였던 비느하스에게 평화의 언약과 함께 영원한 제사장 직분을 허락하셨다.

"그들 중의 어떤 사람들이 음행하다가 하루에 이만 삼천 명이 죽었나니 우리는 그들과 같이 음행하지 말자"(고전10:8)

바알브올 사건으로 하루에 이만 삼천 명이 죽은 사건을 성경에 기록한 것은 말세를 만난 성도들에게 거울이 되라고 하신 것이다. 즉 그들이 간음하다가 심판을 받았듯이 그런 일들을 삼가 하라고 하는 것이다.

"이스라엘이 싯딤에 머물러 있더니 그 백성이 모압 여자들과 음행하기를 시작하니라 그 여자들이 그 신들에게 제사할 때에 백성을 청하매 백성이 먹고 그들의 신들에게 절하므로 이스라엘이 바알브올에게 부속된지라 여호와께서 이스라엘에게 진노하시니라 그 염병으로 죽은 자가 이만 사천명이었더라"(민25:1-3,9)

"이스라엘 자손의 온 회중이 회막 문에서 울 때에 이스라엘 자손 한 사람이 모세와 온 회중의 목전에 미디안의 한 여인을 데리고 그 형제에게로 온지라 제사장 아론의 손자 엘르아살의 아들 비느하스가 보고 회중의 가운데서 일어나 손에 창을 들고 그 이스라엘 남자를 따라 그의 막에 들어가서 이스라엘 남자와 그 여인의 배를 꿰뚫어서 두 사람을 죽이니 염병이 이스라엘 자손에게서 그쳤더라 그 염병으로 죽은 자가 이만 사천명이었더라 여호와께서 모세에게 일러 가라사대 제사장 아론의 손자 엘르아살의 아들 비느하스가 나의 질투심으로 질투하여 이스라엘 자손 중에서 나의 노를 돌이켜서 나의 질투심으로 그들을 진멸하지 않게 하였도다 그러므로 말하라 내가 그에게 나의 평화의 언약을 주리니 그와 그 후손에게 영원한 제사장 직분의 언약이라 그가 그 하나님을 위하여 질투하여 이스라엘 자손을 속죄하였음이니라"(민25:6-13)

사도 베드로는 말세 심판이 이단자들에게 임하게 되는데 그들의 특징은 음란과 호색과 간음이다. 소돔과 고모라와 같은 세상이 심판을 받을 때 롯과 같은 경건한 자들을 구원해 주신다.

"소돔과 고모라 성을 멸망하기로 정하여 재가 되게 하사 후세에 경건치 아니할 자들에게 본을 삼으셨으며 무법한 자의 음란한 행실을 인하여 고통하는 의로운 롯을 건지셨으니 (이 의인이 저희 중에 거하여 날마다 저 불법한 행실을 보고 들음으로 그 의로운 심령을 상하니라) 주께서 경건한 자는 시험에서 건지시고 불의한 자는 형벌 아래 두어 심판날까지 지키시며 육체를 따라 더러운 정욕 가운데서 행하며 주관하는 이를 멸시하는 자들에게 특별히 형벌하실 줄을 아시느니라 이들은 담대하고 고집하여 떨지 않고 영광 있는 자를 훼방하거니와 더 큰 힘과 능력을 가진 천사들이라도 주 앞에서 저희를 거스려 훼방하는 송사를 하지 아니하느니라 그러나 이 사람들은 본래 잡혀 죽기 위하여 난 이성 없는 짐승 같아서 그 알지 못한 것을 훼방하고 저희 멸망 가운데서 멸망을 당하며 불의의 값으로 불의를 당하며 낮에 연락을 기쁘게 여기는 자들이니 점과 흠이라 너희와 함께 연회할 때에 저희 간사한 가운데 연락하며 음심이 가득한 눈을 가지고 범죄하기를 쉬지 아니하고 굳세지 못한 영혼들을 유혹하며 탐욕에 연단된 마음을 가진 자들이니 저주의 자식이라"(벧후2:6-14)

  예수님께서도 마지막 심판 때가 되면 노아 때와 소돔과 고모라 시대와 같이 되어 먹고 마시고 시집가고 장가가고 사고팔고 심고 집을 짓다가 심판을 받을 것을 말씀 하셨다. 음행과 간음은 하나님의 심판의 마지막 죄이다. 역사적으로 음행과 간음의 도시들은 모두 불과 유황과 지진으로 망하고 말았다. 로마 제국과 폼페이 성과 에베소, 두아디라, 고린도, 라오디게아 지역들이 모두 지진으로 망한 도시들이다. 사단의 종교는 음행의 종교이다. 바알 종교이다. 재물을 취하고 먹고 배부르면 집단적으로 행음하는 종교이다. 오늘날에도 바알의 음행 축제들이 있다. 카니발이다.

  "노아의 때에 된 것과 같이 인자의 때에도 그러하리라 노아가 방주에 들어가던 날까지 사람들이 먹고 마시고 장가 들고 시집 가더니 홍수가 나서 저희를 다 멸하였으며 또 롯의 때와 같으리니 사람들이 먹고 마시고 사고 팔고 심고 집을 짓더니 롯이 소돔에서 나가던 날에 하늘로서 불과 유황이 비오듯하여 저희를 멸하였느니라 인자의 나타나는 날에도 이러하리라"(눅17:26-30)

사단은 마지막 시대에 살아가는 모든 이들에게 음욕을 불일 듯 품게 하여 심판을 받게 한다. 특히 은사를 추구하는 자들에게 음행을 불일 듯 품게 한다. 부자들에게 음행을 불일 듯 품게 한다. 결국 타락한 인생들이 심판의 올무에 들어가서 빠져 나오지 못한 죄가 음행과 간음이다.

미국의 소아 성애자 제프리 엡스타인은 뉴욕 17번가 자택과 로리타 섬에서 수많은 젊은 여성과 어린 아이들을 모아 세계의 모든 저명 인사들에게 성매매를 알선하여 돈을 벌었다. 특히 이들은 아드레노크롬이란 회춘용 신약을 만들어 공급했는데 아드레노크롬은 어린 아이들을 학대하면서 인신 제사를 드릴 때 가장 큰 고통에 이를 즈음에 어린 아이들의 몸에서 피를 빼내서 만든 약이다. 이 약을 먹으면 주름살이 많은 피부가 탱탱한 피부로 바뀌고 정력이 좋아진다고 한다. 악한 이들은 수많은 어린 아이들을 인신매매하여 인신공양과 함께 아드레노크롬을 만들어 왔다. 이 약은 미국의 부자들과 정치인 그리고 헐리우드 배우들에게 비싸게 팔리고 있다. 오늘날 세계에서 수십 만 명의 어린아이들이 인신매매로 팔려 나가고 있다. 심지어 가난한 나라에서는 젊은 처녀들을 이용하여 어린 아이를 낳아 팔 수 있도록 매매 계약이 성행 하고 있다.

5) 하나님의 무관심

하나님의 구원의 목적은 우리를 하나님의 아들로 세우시는 것이다. 이것은 이미 다윗에게 약속하신 언약이다. 하나님은 나의 아버지가 되시고 나는 그의 아들이 되는 것이다. 부모와 자식관계가 성립되려면 부모의 혈통을 이어 받아야 한다. 하나님의 자녀는 예수님의 피로 말미암아 예수님과 한 몸을 이루었기 때문에 예수님과 같은 하나님의 아들이 되는 것이다. 우리가 하나님의 아들이면 후사가 되어 하나님의 나라를 유업으로 받는 것이다.

하나님의 아들이 되면 죄를 범해도 그 관계가 끊어지지 않는다. 아버지께서는 사람의 막대기와 인생의 채찍으로 징계 하시어 아버지의 거룩하심에 참여 시키신다. 만약 우리가 하나님의 아들로 죄를 범하는데도 불구하고 아버지의 채찍과 징계가 없다면 아들이 아닌 것이다.

"나는 그 아비가 되고 그는 내 아들이 되리니 저가 만일 죄를 범하면 내가 사람 막대기와 인생 채찍으로 징계하려니와 내가 네 앞에서 폐한 사울에게서 내 은총을 빼앗은것 같이 그에게서는 빼앗지 아니하리라"(삼하7:14-15)

구원 받은 성도는 물과 성령으로 거듭나서 양자의 영을 받았기 때문에 아바 아버지라고 부른다. 성도가 받은 영은 두려워하는 영이 아니다 양자의 영이다. 두려워하는 영은 종의 영이다. 구약에서는 율법으로 말미암아 두려운 영을 받았다. 그래서 그 영은 종의 영이기 때문에 죄를 범하면 떠나갔다. 사울에게 임한 영은 두려운 종의 영이었다. 그러나 하나님께서 다윗에게 주신 언약의 영은 양자의 영이었다. 그래서 영원한 생명으로 아버지와 아들의 관계가 이루어진 것이다.

"너희는 다시 무서워하는 종의 영을 받지 아니하였고 양자의 영을 받았으므로 아바 아버지라 부르짖느니라 성령이 친히 우리 영으로 더불어 우리가 하나님의 자녀인 것을 증거하시나니 자녀이면 또한 후사 곧 하나님의 후사요 그리스도와 함께한 후사니 우리가 그와 함께 영광을 받기 위하여 고난도 함께 받아야 될 것이니라"(롬8:15-17)

사도 바울은 죄를 범하는데도 하나님께서 무관심 하시고 징계가 없으면 사생자라고 하였다. 즉 버리운 자식이란 뜻이다. 하나님의 생명이 없는 자식이란 것이다. 그러나 하나님께서 징계하시고 채찍질 하신다면 참 아들이란 것이다. 왜냐하면 그렇게 해서 하나님의 거룩하심에 참여케 하시기 때문이다.

"또 아들들에게 권하는것 같이 너희에게 권면하신 말씀을 잊었도다 일렀으되 내 아들아 주의 징계하심을 경히 여기지 말며 그에게 꾸지람을 받을 때에 낙심하지 말라 주께서 그 사랑하시는 자를 징계하시고 그의 받으시는 아들마다 채찍질하심이니라 하였으니 너희가 참음은 징계를 받기 위함이라 하나님이 아들과 같이 너희를 대우하시나니 어찌 아비가 징계하지 않는 아들이 있으리요 징계는 다 받는 것이거

늘 너희에게 없으면 사생자요 참 아들이 아니니라"(히12:5-8)

당신은 참 하나님의 아들인가? 아니면 사생자인가? 이것은 자신이 너무나 잘 알고 있는 사실이다. 참 아들인 증거는 참으로 세밀한 작은 죄까지도 하나님께서 간섭하신다. 하나님이 받으시는 아들은 비록 보잘 것 없는 죄라도 징계하시고 채찍질 하신다. 하나님은 참 아들들이 무질서하게 사는 것을 허락하시지 않는다. 그래서 요한 계시록 라오디게아 교회를 향해서 차든지 더웁든지 하라고 하셨다. 더웁지도 아니하고 차지도 아니하고 미지근하면 하나님의 입에서 토해 버리시겠다고 하신다. 차라리 차면 하나님께서 징계와 채찍을 통해서라도 고치실 수 있는 것이다.

"내가 네 행위를 아노니 네가 차지도 아니하고 더웁지도 아니하도다 네가 차든지 더웁든지 하기를 원하노라 네가 이같이 미지근하여 더웁지도 아니하고 차지도 아니하니 내 입에서 너를 토하여 내치리라"(계3:15-16)

당신은 지금 하나님의 관심 속에서 살아가고 있는가? 아니면 궤도를 이탈한 유성처럼 하나님의 무관심 속에서 살아가고 있는가? 욥은 침 삼킬 동안도 눈 깜짝하는 순간도 하나님께서 자기를 놓지 않고 있다고 고백을 하고 있다. 욥은 하나님께서 자랑하는 사람이었다. 그러나 사단은 욥의 마음에 두려움이 있다는 사실을 알고 송사를 했다. 하나님께서 그렇게 많은 복을 주시니 그가 믿음이 좋지만 만일 하나님께서 그의 모든 소유를 가져가시면 그는 하나님을 향해 저주를 할 것이라고 말했다. 그래서 하나님은 욥의 마음의 두려움을 제거하시고 온전한 믿음을 주시기 위해 사단의 시험을 허락하신 것이다.

"사람이 무엇이기에 주께서 그를 크게 만드사 그에게 마음을 두시고 아침마다 권징하시며 순간마다 단련하시나이까 주께서 내게서 눈을 돌이키지 아니하시며 내가 침을 삼킬 동안도 나를 놓지 아니하시기를 어느 때까지 하시리이까 사람을 감찰하시는 이여 내가 범죄하였던들 주께 무슨 해가 되오리이까 어찌하여 나를 당신의 과녁으로 삼으셔서 내게 무거운 짐이 되게 하셨나이까 주께서 어찌하여 내 허물을 사하여 주지 아니하시며 내 죄악을 제거하여 버리지 아니하시나이

까 내가 이제 흙에 누우리니 주께서 나를 애써 찾으실지라도 내가 남아 있지 아니하리이다"(욥7:17-21)

6) 형식주의

사단이 만든 지옥행 올무 중 하나가 형식주의이다. 형식주의란 내용이 없는 껍질 뿐이다. 비싼 침대를 사는 것과 좋은 잠을 자는 것은 다르다. 좋은 옷을 입는 것과 좋은 사람이 되는 것은 다르다. 크고 비싼 예배당에 다니는 것과 내 자신의 믿음은 다르다. 아무리 비싼 화장품으로 단장을 하고 비싼 향수를 뿌려 좋은 향기를 낸다고 해도 진정한 아름다운 인간의 향기가 없다면 짐승일 뿐이다. 오늘날 수많은 사람들이 형식주의에 빠져서 스스로를 속이고 산다. 당신이 목사, 장로, 신학박사 라는 옷을 입고 있어도 그 옷 자체가 구원은 아닌 것이다. 만일 당신이 입고 있는 옷 때문에 구원을 받았다고 착각을 하고 있다면 당신 생애에 가장 불행한 사건이 될 것이다.

바리새인들은 땅에 끌리는 옷을 입고 다녔다. 일주일에 두 번 금식을 했다. 콩알까지 세어서 십일조를 드렸다. 그들은 절기를 지키고 계명을 지키기 위해 계명 상자를 이마와 손목에 매고 살았다. 그들은 어린 아이들에게 3000번 이상 율법을 가르치면서 마음 판에 새기게 했다. 안식일에는 1.6km 이상 걷지도 않았다. 불도 피우지 않았다. 그럼에도 불구하고 예수님은 그들을 향해 독사의 자식들이라고 말씀 하셨다. 그들이 이렇게 한 이유는 그들 내면에 있는 사단 숭배와 악마주의를 감추기 위한 전술이었다. 이것을 일명 형식주의라고 한다. 당신이 예배당에 나가서 예배를 드리는 것과 구원을 받은 것은 다르다. 왜냐하면 예배가 곧 구원이 아니기 때문이다. 당신이 세례를 받았다고 해서 구원을 받은 것이 아니다. 왜냐하면 세례가 곧 구원이 아니기 때문이다. 많은 사람들은 형식속에 살면서 자신이 하나님의 자녀라고 착각을 한다. 필자 역시 그런 삶을 살았다. 예배당 문턱이 구원인줄 알았다. 세례 문답지를 외워서 세례를 받고 나서 구원을 받은 줄 알았다. 아니었다.

당신은 당신 자신에게 진실해야 한다. 당신에게는 신앙의 양심이 있다. 이 양심이 무디어져 고장이 났다면 할 수 없다. 더 이상 고칠 수 없는 것이다. 이것이 곧 바리새인과 서기관들이다. 그러나 에덴동산에서 하나님이 아담을 부를 때 숲 속에 숨었듯이 당신이 만약 당신이 만든 은밀한 양심속에 숨어 있다면 당당하게 빛 가운데로 나와서 벌거벗고 있는 수치를 보여야 할 것이다. 언제까지나 당신의 수치를 감추고 살 수 없는 것이다. 왜냐하면 심판의 시대가 되었기 때문이다.

구약의 이스라엘이 망한 이유를 아는가? 형식주의였다. 그들은 바알에게 제사를 드리면서 한 번도 바알을 숭배한다고 생각하지 않았다. 왜냐하면 거짓 선지자들과 당시 타락한 제사장들이 여호와를 섬기는 것이라고 가르쳤기 때문이다. 그래서 그들은 바알제단에 십일조, 첫 열매, 속죄제물, 속건제물, 낙헌제물, 번제, 소제, 서원제물을 드리면서 여호와께 드렸다고 착각을 했던 것이다. 그래서 하나님께서는 누가 나와서 성전 문을 닫아 헛 된 제물을 드리지 못하게 하면 좋겠다고 탄식하셨던 것이다.

왜 하나님께서 앗수르 왕을 통해 사마리아 성을 파괴하고 바벨론을 통해 예루살렘 성전을 불로 태우신 줄 아는가? 그곳에서 드린 모든 제사가 여호와께 드린 제사가 아니라 사단에게 드린 제사였기 때문이다. 요한 계시록 17장-18장에서는 바벨론 음녀가 심판을 받고 있다. 바벨론 음녀가 누구인지 아는가? 현대교회이다. 왜 바벨론 음녀가 현대교회인가? 현대교회가 참 하나님을 섬기지 아니하고 바알을 섬기고 있기 때문이다. 바알이 무엇인가? 물질이다. 물질을 얻기 위해 구약의 이스라엘 백성들이 바알을 섬겼듯이 현대교회도 물질을 얻기 위해 물질신인 바알을 섬기고 있는 것이다. 그래서 현대교회는 참 남편이신 예수님을 버리고 음녀가 된 것이다.

그렇다면 누가 이런 바알 교회를 세우고 성도들을 미혹하여 지옥으로 가게 하는가? 오리겐-어거스틴-토마스 아퀴나스-마틴 루터-존 칼빈-슐라이어마허-아브라함 카이퍼-헤르만 바빙크-프란시스 쉐퍼-칼 바르트-윌리엄 브래넘-존 윔버-피터 와그너- 존 스토트-빌리 그래함-빌 브라이트-로렌 커닝햄-마이크 비클-신디 제이콥스-릭 조이 너-떼이야르 등이다. 이들을 통해서 감염된 기독교 신학과 교리를 요약하면 로마 가톨릭 보편적 교회, 국가교회, 유아세례, 화체설, 영적 임재설, 공재설, 무천년주의, 대체신학, 자유주의, 신정통주의, 신칼빈주의, 신복음주의, 신사도주의, 뉴 에이지, 메시아닉 쥬, 예루살렘 회복운동, 시오니즘 운동, 한 새 사람운동, 24시간 365일 기도운동, 땅 밟기 운동, 성시화 운동, 성국화 운동, 기독교 세계관, 신세계질서 등이다. 이들이 세운 교회는 보편적 교회이다. 우주교회이다. 집합 그리스도 교회이다. 사람의 육체 속에 재림하시는 한 새 사람 교회이다. 이들이 말한 참 구원은 생노병사를 정복한 AI 호모 데오스 인간을 만드는 것이다. 지상의 킹덤인 적 그리스도의 배도의 국가이다. 이것이 2030년에 제 3유엔으로 등장할 신세계질서이다.

"저희는 기탄 없이 너희와 함께 먹으니 너의 애찬의 암초요 자기 몸만 기르는 목자요 바람에 불려가는 물 없는 구름이요 죽고 또 죽어 뿌리까지 뽑힌 열매 없는 가을 나무요 자기의 수치의 거품을 뿜는 바다의 거친 물결이요 영원히 예비된 캄캄한 흑암에 돌아갈 유리하는 별들이라"(유12-13)

"그들이 내 백성의 상처를 가볍게 여기면서 말하기를 평강하다 평강하다 하나 평강이 없도다"(렘6:14)

7) 지식주의

사단이 현대 교회를 위해 만든 지옥행 올무 중 또 하나는 지식주의이다. 지식주의란 자기가 알고 있는 지식이 바로 자신이라고 착각하는 것이다. 지식이 있다고 해서 그 지식이 자신이 될 수 없다. 그 지식을 가지고 실천할 때 비로소 자신의 것이 되는 것이다. 야고보 사도는 말한다. 아무리 가난한 자들에게 평안해라, 배부르게 하라 말을 해도 양식을 주지 않으면 아무런 유익이 없다고 말한다.

"만일 형제나 자매가 헐벗고 일용할 양식이 없는데 너희 중에 누구든지 그에게 이르되 평안히 가라, 덥게 하라, 배부르게 하라 하며 그 몸에 쓸 것을 주지 아니하면 무슨 유익이 있으리요"(약2:15-16)

바리새인들은 613가지 율법을 외운다. 그리고 율례와 규례를 너무나 자세하게 알고 있다. 그런데 그것 때문에 바리새인들과 서기관들은 예수님께 정죄를 받았다. 왜냐하면 그 모든 지식을 가지고 살지 않고 그 지식을 가지지 않는 자들을 정죄하고 판단하는데 사용하였기 때문이다. 오늘날 법조인들이 자신들은 법대로 살지 않고 법을 어긴 사람들을 재판하여 감옥에 보내는 일을 해서 먹고 사는 것과 같다. 논쟁을 할 때도 지식이 짧은 사람은 진다. 시험을 봐도 지식이 많은 사람이 합격하여 좋은 대학 좋은 직장에 들어간다. 배우지 못한 사람들은 지식이 없어서 초라한 삶을 살 수 밖에 없다. 이런 지식과 정보화시대 신앙의 영역에서도 지식주의가 팽배해 있다. 성경구절을 외우고 성경공부를 많이 해서 지식을 쌓아 사람들을 가르치면서 살아가는 사람들이 오늘날 신학대학교 교수들이고 성직자들이다. 그렇다면 과연 그들은 하나님의 말씀대로 살면서 그 말씀을 가르치는가? 성경에서 스승과 학생 사이를 제자라고 하였다. 제자는 단순히 지식을 배우는 학생이 아니다. 스승의 모든 삶을 함께 채워가는 자이다. 도자기 기술을 배울 때 함께 도자기를 만들면서 배우는 사람을 제자라고 했다. 그래서 스승이 도자기를 만들지 못하면 제자도 도자기를 만들 수 없는 것이다.

성경에서 말하고 있는 교육은 단순히 지식을 가르치는 것이 아니다. 본을 보이고 따라오게 하는 것이다. 그래서 예수님의 제자가 되는 것은 예수님께서 사셨던 삶을 따라 가는 사람이다.

예수님의 제자가 되지 못한 사람은 절대로 제자를 낳을 수 없다. 아무리 신학교 교수라도 자신이 제자가 아니면 그가 가르친 모든 학생들이 제자가 될 수 없다. 아무리 목사가 설교를 잘해도 제자가 아니면 한 사람의 성도도 제자를 만들 수 없다. 이것이 기독교의 비극이다. 그래서 사도 바울은 고린도 교회를 향해 그리스도안에서 일만 스승은 있으되 아비는 많지 아니하니 복음으로써 내가 너희를 낳았다고 하였다.

"그리스도 안에서 일만 스승이 있으되 아비는 많지 아니하니 그리스도 예수 안에서 복음으로써 내가 너희를 낳았음이라 그러므로 내가

너희에게 권하노니 너희는 나를 본받는 자 되라"(고전4:15-16)

    신복음주의 신학이 지식주의이다. 성경대로 가르치고 성경대로 시행하여 기독교인들을 양산시키는 것이다. 지식주의란 지식만을 전하고 삶을 가르치지 않는 것을 말한다. 지식주의란 지식이 삶으로 연결되지 않고 지식으로 끝난 것을 말한 것이다. 처음부터 끝까지 오직 지식으로만 끝난 것이다. 복음도 지식으로 전한다. 삶도 지식으로 전한다. 그렇기 때문에 성경적인 삶에 대한 지식이 있을찌라도 실천이 불가능하다. 왜냐하면 처음 복음을 받을 때부터 생명이 없는 지식으로 받았기 때문이다.

    예를 들면 사람이 마음으로 믿어 의에 이르고 입으로 시인하여 구원을 얻는다는 말씀으로 예수를 마음으로 믿게 하고 입으로 시인하게 한다. 그러면 자연히 그 약속의 말씀대로 구원을 얻게 된다는 것이다. 그래서 세례를 주고 교회에 등록시켜 세례 교인이 된다. 그 후 성경 공부를 통해서 집사가 되고 장로가 되고 목사가 된다. 머리에는 그리스도인의 가정생활, 남편과 아내의 생활, 그리스도인의 직장 생활에 대한 성경적인 지식이 있다. 그러나 그 말씀대로 삶을 살 수 없다. 왜냐하면 생명이 없기 때문이다.

    머리에는 모든 말씀들이 가득차 있어서 하고 싶은 말은 많이 있지만 말 뿐이다. 그래서 결국 바리새인들과 서기관들처럼 외식하고 거짓말 하는 자들이 되는 것이다. 그런데 이런 구원이라도 받은 사람들이 많아지게 되면 자연스럽게 기독교 지식으로 하나가 된다. 이것이 성시화운동이고, 성국화 운동이다. 세상에 하나님의 나라를 세우는 것이다. 이 나라가 적 그리스도의 배도의 나라이다.

    다음은 신지학에서 말한 참 지식에 대한 허구성을 폭로한다. 신지학이란 신에 대한 지식이란 뜻이다. 신지학에서 말한 참 지식은 단순한 지식이 아닌 경험된 지식만을 말한다. 신지학에서는 경험하지 않는 지식을 참 지식이라고 말하지 않는다. 그렇다면 신지학에서 경험된 참된 신에 대한 지식이란 무엇인가? 초자연적인 신의 세계를 경험하는 것이다. 이것을 이적과 표적이라고 한다. 칼 바르트도 경험된 말씀만 하나님의 말씀이 된다고 하면서 인카네이션 신학을 만들었다.

인카네이션이란 말씀을 입고 오신 예수님이시다.

그런데 신지학에서와 칼 바르트가 말한 참된 신에 대한 경험된 지식은 슐라이어마허가 언급한 감정이입이다. 즉 감정대로 경험한 지식이다. 이것을 기사와 표적이라고 한다. 예를 들어서 신지학에서 말한 신에 대한 지식은 투시, 예언, 신유(병 고침), 축사(귀신을 쫓아 냄), 마인드 컨트롤, 텔레파시, 시간이동, 순간이동, 공중부양, 초혼(죽은 귀신을 불러냄) 등이다. 이런 것들을 경험하는 것을 신지학에서는 참된 신에 대한 지식이라고 정의를 한다. 칼 바르트 역시 이런 것들을 경험한 사람을 신을 아는 참 인간이라고 한다. 그래서 예수님을 참 인간 1호라고 말한다.

이런 신학은 슐라이어마허의 감정이입인 자유주의 신학으로부터 오늘날 신사도운동의 기사와 표적까지 연결되었다. 신사도 운동은 기독교 운동이 아니다. 반기독교 운동이다. 왜냐하면 직통계시로 이루어진 종교이기 때문이다. 칼 바르트 역시 경험된 말씀만 하나님의 말씀이 된다고 한다. 그러니까 경험되지 않는 성경 말씀은 종이에 불과하다는 것이다. 신사도 운동에서도 지금까지 사도들이 쓴 성경 시대는 지났다고 한다. 새로운 시대 새로운 사도들에 의해서 새로운 종교운동이 일어나야 한다는 것이다. 그래서 신사도들이 일으킨 기사와 표적을 하나님의 직통 계시라고 한다. 예수 전도단에서 말한 하나님의 음성을 듣는 방법도 역시 성경을 통해서 만 하나님의 음성을 듣는 것이 아니라 방언, 예언, 통역, 자연, 환청, 환영, 마인드 컨트롤과 같은 방법으로 하나님의 음성을 직접 듣는 것이다. 신사도운동에서 말한 직통계시이다.

8) 독단주의

"그 능력이 그리스도 안에서 역사하사 죽은 자들 가운데서 다시 살리시고 하늘에서 자기의 오른편에 앉히사 모든 정사와 권세와 능력과 주관하는 자와 이 세상뿐 아니라 오는 세상에 일컫는 모든 이름 위에 뛰어나게 하시고 또 만물을 그 발 아래 복종하게 하시고 그를 만물

위에 교회의 머리로 주셨느니라 교회는 그의 몸이니 만물 안에서 만물을 충만케 하시는 자의 충만이니라"(엡1:20-23)

교리가 다르다고, 신학이 다르다고, 성경해석이 다르다고, 칸을 막고 벽을 쌓는 것은 모두 정상적인 교회가 아니다. 왜냐하면 하나님께서 예수님을 십자가에서 죽게 하사 음부에서 부활시켜 하나님의 보좌 우편에 앉히사 이 세상 뿐 아니라 오는 세상에 일컫는 모든 이름위에 뛰어 나게 하시고 만물을 그 발아래 복종하게 하사 만물위에 교회의 머리로 주셨기 때문이다.

예수님의 교회는 만물 위에 세워졌다. 그리고 예수님의 이름은 모든 이름위에 뛰어 나시다. 만물이 교회의 머리 되신 예수님 발아래 있다. 아무리 교리가 탁월하고, 아무리 신학이 고명해도 만유 위에 세우신 교회를 나눌 수 없는 것이다. 2000년 교회 역사를 보면 크고 작은 종교 전쟁을 통해서 수많은 사람들이 희생당했다. 수많은 교파와 분파와 신학과 교리가 난무하였다. 이제 모두 말없이 사라져야 한다. 만왕의 왕 되신 예수님께서 오셔서 만물 위에 교회를 세우시고 만물을 충만하게 하실 것이기 때문이다.

같은 목회자들끼리도 싸우고 분쟁을 한다. 같은 성도들끼리도 그렇다. 모두 회개해야 한다. 모두들 예수님을 사랑하기 때문이라고 말한다. 모두들 하나님의 영광을 위해 그렇게 한다고 한다. 그렇게 말하고 주장한 것 자체가 독단주의이다. 사도 바울은 많은 분파로 갈라져서 싸우는 고린도 교회를 향해 예수님은 모든 사람에게 '예'가 되셨기 때문에 어떤 상황에서도 주어지는 하나님의 말씀에 '예'가 될 수 있어야 함을 강조하였다.

당신이 용서하지 못한 사람에게도 이제부터는 반드시 '예'라는 대답이 있어야 한다. 당신이 사랑하지 못한 사람에게도 이제부터는 '예'라고 대답해야 한다. 당신이 용납하지 못한 사람에게도 이제부터는 '예'라고 해야 한다. 독단주의 안에는 강퍅한 마음과 고집과 아집이 도사리고 있다. 이런 것들은 모두 원죄의 부패성의 잔재들이다. 때로는 나의 지식을 버리지 못하고 고집을 부린다. 때로는 나의 기술을 버리지 못하고 주장을 한다. 때로는 나의 자존심을 포기하지 못해 괴로워한다.

중요한 것은 무엇을 주장하고 지키는 것이 아니다. 옳고 그름을 판단하거나 정리하는 것이 아니다. 내 자신이 예수님의 몸 된 교회가 되는 것이다. 독단주의자들이 하나님의 아들이 아닌 이유가 여기에 있다. 그들은 교회를 모른다. 그들은 새로운 피조물이 무엇인지 모른다. 그들은 예수님이 왜 십자가에 돌아가셨는지 모른다. 단순하게 구원은 그냥 주어진 선물인줄 안다. 아니다 내가 구원을 받았다면 내 몸 안에 예수님으로 채워가야 예수님의 몸이 되고 예수님의 몸이 되어야 예수님의 신부인 교회가 되는 것이다.

9) 상대주의

인간의 모든 판단의 기준은 상대주의를 기초로 한다. 즉 상대방이 어떻게 행하는가에 따라서 나의 행동이 나온 것이다. 지식 또한 상대적이다. 행복 또한 상대적이다. 모든 가치를 판단하는 기준이 상대적이다. 이렇게 상대적인 가치관을 따라서 내가 지금 살고 있다면 나는 하나님의 아들이 아니다. 왜냐하면 하나님의 아들은 이런 상대적인 존재가 아니라 절대적인 창조주의 아들이 되었기 때문이다.

"비판을 받지 아니하려거든 비판하지 말라 너희의 비판하는 그 비판으로 너희가 비판을 받을 것이요 너희의 헤아리는 그 헤아림으로 너희가 헤아림을 받을 것이니라 어찌하여 형제의 눈속에 있는 티는 보고 네 눈속에 있는 들보는 깨닫지 못하느냐 보라 네 눈속에 들보가 있는데 어찌하여 형제에게 말하기를 나로 네 눈속에 있는 티를 빼게 하라 하겠느냐 외식하는 자여 먼저 네 눈속에서 들보를 빼어라 그 후에야 밝히 보고 형제의 눈속에서 티를 빼리라 거룩한 것을 개에게 주지 말며 너희 진주를 돼지 앞에 던지지 말라 저희가 그것을 발로 밟고 돌이켜 너희를 찢어 상할까 염려하라"(마7:1-6)

예수님은 자신이 행하는 대로 자신이 받을 것을 경고하셨다. 관심을 다른 사람으로부터 자신에게 돌리라고 하셨다. 자신을 돌아보지 않고 상대방을 돌아보는 것을 자신의 눈속의 들보는 놔두고 다른 사람 눈 속에 있는 티를 빼내려는 것이라 하셨다.

"옛 사람에게 말한바 살인치 말라 누구든지 살인하면 심판을 받게 되리라 하였다는 것을 너희가 들었으나 나는 너희에게 이르노니 형제에게 노하는 자마다 심판을 받게 되고 형제를 대하여 라가라 하는 자는 공회에 잡히게 되고 미련한 놈이라 하는 자는 지옥 불에 들어가게 되리라 그러므로 예물을 제단에 드리다가 거기서 네 형제에게 원망 들을만한 일이 있는줄 생각나거든 예물을 제단 앞에 두고 먼저 가서 형제와 화목하고 그 후에 와서 예물을 드리라너를 송사하는 자와 함께 길에 있을 때에 급히 사화하라 그 송사하는 자가 너를 재판관에게 내어주고 재판관이 관예에게 내어주어 옥에 가둘까 염려하라 진실로 네게 이르노니 네가 호리라도 남김이 없이 다 갚기 전에는 결단코 거기서 나오지 못하리라"(마5:21-26)

율법은 행위의 결과를 심판하지만 예수님은 행위의 동기를 심판하신다. 이것이 복음이다. 율법은 상대적인 죄이지만 복음은 절대적인 죄이다. 그러므로 상대적인 신앙 수준을 가진 자들은 하나님의 아들이 아니다. 형제에게 노하는 자마다 살인하는 자다. 미련한 놈이라고 하는 자는 지옥 불에 들어간다. 가끔 화가 나서 상대방을 사단이라고 저주하는 말들을 듣는다. 이 말의 심판이 얼마나 큰지를 알 수 있다. 형제에게 원망들을 만한 것도 제거해야 한다는 것이다. 그래야 비로소 예배를 드릴 수 있는 자격을 얻게 된다.

"또 간음치 말라 하였다는 것을 너희가 들었으나 나는 너희에게 이르노니 여자를 보고 음욕을 품는 자마다 마음에 이미 간음하였느니라 또 눈은 눈으로, 이는 이로 갚으라 하였다는 것을 너희가 들었으나 나는 너희에게 이르노니 악한 자를 대적지 말라 누구든지 네 오른편 뺨을 치거든 왼편도 돌려 대며 또 너를 송사하여 속옷을 가지고자 하는 자에게 겉옷까지도 가지게 하며 또 누구든지 너로 억지로 오리를 가게 하거든 그 사람과 십리를 동행하고 네게 구하는 자에게 주며 네게 꾸고자 하는 자에게 거절하지 말라"(마5:27-28,38-42)

예수님은 마음에 음욕을 품는 자마다 이미 마음에 간음했다고 말씀하셨다. 절대로 보복하지 말라고 하셨다. 악한 자를 대적하지 말고 오른편 뺨을 치거든 왼편도 돌려 대라고 하셨다. 속옷을 가지고자 하면 겉옷까지도 가지게 하라고 하셨다.

"또 네 이웃을 사랑하고 네 원수를 미워하라 하였다는 것을 너희가 들었으나 나는 너희에게 이르노니 너희 원수를 사랑하며 너희를 핍박하는 자를 위하여 기도하라 이같이 한즉 하늘에 계신 너희 아버지의 아들이 되리니 이는 하나님이 그 해를 악인과 선인에게 비취게 하시며 비를 의로운 자와 불의한 자에게 내리우심이니라 너희가 너희를 사랑하는 자를 사랑하면 무슨 상이 있으리요 세리도 이같이 아니하느냐 또 너희가 너희 형제에게만 문안하면 남보다 더 하는 것이 무엇이냐 이방인들도 이같이 아니하느냐 그러므로 하늘에 계신 너희 아버지의 온전하심과 같이 너희도 온전하라"(마5:43-48)

사람들은 왜 자기 주위에는 원수 같은 사람들이 많이 있는가에 대하여 불평을 한다. 하나님께서 그런 환경을 허락하시는 이유가 있다. 진짜 원수는 자기 밖에 있는 것이 아니라 자기 속에 있는 것이다. 착한 사람 앞에서 나는 착한 사람이 된다. 악한 사람 앞에서는 나도 악한 사람이 된다. 상대적인 신앙은 절대로 악한 사람 앞에서는 절대로 착한 사람으로 남아 있을 수 없다 그러나 절대적인 신앙을 가진 하나님의 아들들은 악한 사람들 앞에서도 착한 사람으로 남아 있을 수 있다.

하나님께서 구원 받은 하나님의 아들들을 악한 사람들이 사는 세상에 남겨 두신 이유가 있다. 원죄의 부패성 안에 있는 나 자신을 발견하고 절대적인 하나님의 아들들로 변화시켜 주시기 위해서다. 반면교사 라는 말이 있다. 본이 되지 않는 남의 말이나 행동이 도리어 자신의 인격을 수양하는 데 도움을 주는 경우를 이르는 말이다. 악한 자에게 횡포를 당할 때 나도 모르게 악한 자의 횡포가 나온다. 물론 나는 그렇지 않다고 말을 하지만 같은 행동을 하는 것은 같은 사람이기 때문이다. 이렇게 악을 악으로 갚는 사람을 개에게 진주를 던져주는 어리석은 사람과 같다고 예수님께서 말씀 하셨다.

하나님께서는 하늘에 계신 아버지의 온전하신 것처럼 우리도 온전하게 되기를 원하신다. 그러므로 이제부터는 상대방이 아무리 나를 괴롭히고 손해를 끼친다고 해도 함께 악을 행하면 안되고 오히려 그들을 사랑하고 그들이 굶주리면 먹이고 그들이 목말라 하면 마시게 해야 이 세상에서 하나님의 아들이 되는 것이다.

10) 부정주의

"너희의 허물과 죄로 죽었던 너희를 살리셨도다 그 때에 너희가 그 가운데서 행하여 이 세상 풍속을 좇고 공중의 권세 잡은 자를 따랐으니 곧 지금 불순종의 아들들 가운데서 역사하는 영이라 전에는 우리도 다 그 가운데서 우리 육체의 욕심을 따라 지내며 육체와 마음의 원하는 것을 하여 다른이들과 같이 본질상 진노의 자녀이었더니"(엡 2:1-3)

부정주의란 매사에 생각하고 행동하는 것에 대하여 부정적으로 일관하는 태도를 말한다. 이런 사람에게는 백약이 무효하다. 왜냐하면 아무리 긍정적인 것이라도 이런 사람에게는 부정적으로 보이기 때문이다. 이런 인격은 하루아침에 만들어지지 않고 오랜 세월 축적된 인격이고 이미 원죄의 부패성에 있는 거역하는 영의 발동이기도 하다. 이스라엘 백성들이 40년 광야에서 망한 이유가 10번이나 거역했기 때문이다. 10번이라 함은 그들의 인격 자체가 사단에게 묶여 있음을 의미한 것이다. 40년 동안 항상 거역하고 살았다는 것이다.

타락한 아담의 후손들에게는 거역하는 피가 흐르고 있다. 이는 사단의 종으로 훈련된 인격이다. 우리가 거듭나 하나님의 아들로 태어나기 전에는 이렇게 거역하는 영을 가지고 살았다. 그러나 새로운 피조물로 거듭난 다음에는 거역하는 영이 떠나고 아바 아버지라고 부른 양자의 영을 받았기 때문에 순종하는 자식이 된다. 그래서 예수님은 천국은 어린아이들의 것이라고 말씀 하셨다. 어린 아이는 순전하고 의심이 없다. 그래서 아무것이라도 주어도 부정하지 않고 받아 들인다.

모든 불신앙의 근본은 부정주의이다. 모든 불순종의 근원은 부정주의이다. 사단은 하와를 넘어 뜨릴 때 만약이란 단어를 사용하였다. 사단이 예수님을 시험할 때도 만약이란 단어를 사용하였다. 네가 만일 하나님의 아들이거든 돌이 떡이 되게하고 네가 만일 하나님의 아들이거든 절을 하고 네가 만일 하나님의 아들이거든 뛰어 내리라고 하였다. 사단도 분명히 예수님이 하나님의 아들인 것을 알았다. 그럼에도 불구하고 만일이란 부정적인 말을 사용한 것은 예수님을 넘어뜨리기 위한 술수였던 것이다. 사단이 지금도 모든 사람들을 넘어뜨리고 흔들고 싸우게 하는 것은 만일이라는 부정주의적인 단어이다. 마음이 더러운 자들은 쉽게 부정주의에 넘어갈 수 있다. 그러나 심령이 깨끗한 성도는 쉽게 사단의 궤계를 분별할 수 있다.

오늘도 사단은 기도하고 믿음을 가지고 새롭게 출발하려고 하는 성도들에게 부정적인 마음을 품게 하여 멈추게 하고 무능력한 삶을 살게 한다. 만일 네가 계획한 것들이 실패하면 어떻게 되지? 만일 네가 사랑하는 사람이 떠나가면 어떻게 하지? 만일 네가 죽기라도 하면 어떻게 되지? 이런 사단의 속삭임에 넘어가 새로운 삶을 살지 못한 사람들은 모두 하나님의 아들이 아니다. 하나님의 아들들은 모든 것이 합력해서 선을 이루시는 하나님의 능력을 믿는다. 없는 것도 있게 하시고 죽은 자를 살리신 하나님을 믿는 것이다. 말씀으로 우주 만물을 창조하신 능력의 하나님을 믿는 자이다.

"우리가 알거니와 하나님을 사랑하는 자 곧 그 뜻대로 부르심을 입은 자들에게는 모든 것이 합력하여 선을 이루느니라"(롬8:28)

제7장 당신이 회개하고 교회가 될 수 있는 방법 10가지

1. 회개하라

"요한이 요단강 부근 각처에 와서 죄 사함을 얻게 하는 회개의 세례를 전파하니 선지자 이사야의 책에 쓴바 광야에 외치는 자의 소리가 있어 가로되 너희는 주의 길을 예비하라 그의 첩경을 평탄케 하라 모든 골짜기가 메워지고 모든 산과 작은 산이 낮아지고 굽은 것이 곧아지고 험한 길이 평탄하여질 것이요 모든 육체가 하나님의 구원하심을 보리라 함과 같으니라 요한이 세례 받으러 나오는 무리에게 이르되 독사의 자식들아 누가 너희를 가르쳐 장차 올 진노를 피하라 하더냐 그러므로 회개에 합당한 열매를 맺고 속으로 아브라함이 우리 조상이라 말하지 말라 내가 너희에게 이르노니 하나님이 능히 이 돌들로도 아브라함의 자손이 되게 하시리라 이미 도끼가 나무 뿌리에 놓였으니 좋은 열매 맺지 아니하는 나무마다 찍혀 불에 던지우리라 무리가 물어 가로되 그러하면 우리가 무엇을 하리이까 대답하여 가로되 옷 두 벌 있는 자는 옷 없는 자에게 나눠줄 것이요 먹을 것이 있는 자도 그렇게 할것이니라 하고 세리들도 세례를 받고자하여 와서 가로되 선생이여 우리는 무엇을 하리이까 하매 가로되 정한 세 외에는 늑징치 말라하고 군병들도 물어 가로되 우리는 무엇을 하리이까 하매 가로되 사람에게 강포하지 말며 무소하지 말고 받는 요를 족한 줄로 알라 하니라 백성들이 바라고 기다리므로 모든 사람들이 요한을 혹 그리스도신가 심중에 의논하니 요한이 모든 사람에게 대답하여 가로되 나는 물로 너희에게 세례를 주거니와 나보다 능력이 많으신 이가 오시나니 나는 그 신들메를 풀기도 감당치 못하겠노라 그는 성령과 불로 너희에게 세례를 주실 것이요 손에 키를 들고 자기의 타작마당을 정하게 하사 알곡은 모아 곡간에 들이고 쭉정이는 꺼지지 않는 불에 태우시리라"(눅3:3-17)

회개는 가던 길의 방향을 안전히 돌이키는 것이다. 지금까지 살았던 라이프 스타일을 완전히 개조하는 것이다. 리셋(Reset)이라고도 한다. 컴퓨터 프로그램을 초기화 시킨 것처럼 새로 시작하는 것이다. 세례 요한은 회개에 합당한 열매를 강조한다. 이 말은 단순한 회개가 아니라 삶의 회개의 열매가 나타나야 하는 것이다. 삭개오는 주님을 만나자 마자 재산 절반을 팔아 가난한 자들에게 나눠주고 토색한 것은 네 배로 갚겠다고 했다. 초대 예루살렘 교회 성도들도 성령이 임하자 재산을 팔아 사도들 앞에 두고 사도들은 가난한 자들에게 나눠주었다. 구체적으로 회개하는 방법을 세례 요한이 가르쳐 주고 있다. 옷이 두 벌 있는 자들은 한 벌을 가난한 자들에게 주라고 하였다. 이것은 자기가 필요한 것 외에는 모두 나누라는 것이다. 군인들에게는 강포하지 말고 무소하지 말며 받는 요를 족한 줄 알라고 하였다. 세리들에게는 정한 세 외에는 늑징치 말라고 하였다.

세례 요한은 예수님을 만나기 위해 높은 산은 낮아지고 낮은 골짜기는 메워져서 주님이 오시는 길을 예비하라고 하였다. 이는 70년 바벨론 포로에서 돌아오는 길을 잘 준비해서 길이 힘들어 돌아오는 사람들이 포기하지 않도록 하라는 이사야의 예언이다. 예수님의 재림을 준비하는 과정에서도 높은 산은 낮아져야 한다. 이는 물질이나 세상 것들 때문에 교만한 사람은 주님을 맞을 준비를 할 수 없다는 것이다. 낮은 골짜기는 메워지라고 하는 뜻은 세상살이가 너무 힘들어 수많은 상처를 받은 사람들이 낙심하고 주저앉아 있지 않기를 권면한 말씀이다. 고개를 드시라. 아무리 부자라도 이제 그 보금자리가 근본부터 흔들리기 전에 높은 산을 허물어야 한다. 스스로 재물을 허물어서 주님 만날 준비를 해야 한다. 세상에서 가난하다고 낙심하여 주저앉은 사람들도 용기를 내어 일어나 주님 만날 준비를 하라는 것이다.

지금이 회개할 마지막 기회이다. 이제 적그리스도와 이스라엘 지도자가 7년 평화 조약을 맺게 되면 이방인의 때는 끝나고 은혜의 구원의 문이 닫힌다. 예수 안에서 죽은 자들이 일어나 살아 있는 소수의 성도들과 함께 휴거하여 교회가 세상을 떠난다. 그 후에는 마지막 7년이 시작되어 전쟁, 기근, 지진 등으로 세계 인구가 점차적으로 줄어 최소한 75%가 사라진다. 후 삼년 반이 시작될 때 적그리스도는 배도를 하고 피난처 교회로 들어가지 못하고 도시에 남아 있는 구원 받은 성도들은 순교를 통해서 불붙은 유리 바다를 통과해야 한다. 이제 2025년을 기점으로 세상은 엄청난 지각 변동이 일어난다. WEF 세계 경제 다보스 포럼에서는 2025년을 티핑 포인트 해로 정하고 프로그램을 진행 중이다. 즉 자본주의 세상의 문을 닫고 전자화폐가 주관하는 공산주의 통제경제 시스템을 전 세계적으로 셋팅을 한다. 그리고 이런 전자화폐 시스템을 통해 후 삼년 반이 시작될 때 짐승의 표를 찍어 배도를 하게 된다. 이제 당신의 사유재산이 모두 당신에게서 떠난다. 더 이상 당신의 재산은 당신이 마음대로 사용할 수 없다. 왜냐하면 달러가 붕괴되고 종이화폐가 사라지면서 사고파는 자본주의 세상이 무너져 버리기 때문이다. 코로나 팬데믹은 자본주의 숨통을 끊고 공산주의 경제제도를 정착시키는 작전이다. 당신의 삶을 리셋 할 수 있는 기간은 몇 년 남지 않았다. 당신이 만일 회개하여 교회가 된다면 당신은 휴거에 참여하든지, 피난처 교회에서 보호를 받든지, 순교를 통해서 새 예루살렘이 되어 천년왕국을 통치할 수 있다.

"형제들아 때와 시기에 관하여는 너희에게 쓸 것이 없음은 주의 날이 밤에 도적 같이 이를 줄을 너희 자신이 자세히 앎이라 저희가 평안하다, 안전하다 할 그 때에 잉태된 여자에게 해산 고통이 이름과 같이 멸망이 홀연히 저희에게 이르리니 결단코 피하지 못하리라 형제들아 너희는 어두움에 있지 아니하매 그 날이 도적 같이 너희에게 임하지 못하리니 너희는 다 빛의 아들이요 낮의 아들이라 우리가 밤이나 어두움에 속하지 아니하나니 그러므로 우리는 다른 이들과 같이 자지 말고 오직 깨어 근신할찌라"(살전5:1-6)

2. 용서하라

"그 때에 베드로가 나아와 가로되 주여 형제가 내게 죄를 범하면 몇 번이나 용서하여 주리이까 일곱번까지 하오리이까 예수께서 가라사대 네게 이르노니 일곱번 뿐 아니라 일흔번씩 일곱번이라도 할찌니라"(마18:21-22)

예수님은 베드로가 일곱 번까지 용서하오리까 물을 때 일흔 번씩 일곱 번이라도 하라고 말씀 하셨다. 즉 490번까지 용서하라는 것이다. 이 말씀은 언제나 항상 용서하라는 것이다. 만일 그러지 아니하면 자신도 용서를 받을 수 없다는 사실을 강조하시면서 일만 달란트 빚진 자와 100데나리온 빚진 자의 비유를 말씀 하셨다. 다른 사람에 대하여 용서를 하는데 제한을 두는 것은 자신이 하나님께 용서 받는데 제한을 받는다는 것이다. 그 말을 뒤집어 보면 자신이 용서를 받은 만큼 다른 사람을 용서할 수 있다는 것이다. 예수님을 통해서 영원한 속죄의 은총을 받은 자는 영원한 용서를 받은 자로서 자기에게 죄를 범하는 자들에게도 영원히 용서를 해줄 수 있지만 예수님께 영원한 속죄의 은총을 받지 못한 사람은 다른 사람들을 용서하는데 제한을 둘 수밖에 없기 때문에 심판을 피할 수 없는 것이다.

많은 사람들은 나는 용서해 주고 싶은 상대방이 용서를 받아 들이지 않기 때문에 용서할 수 없다고 한다. 상대방이 용서를 받아 들이든지 않든지 상관없이 나는 절대적으로 용서를 해야 곧 내가 심판을 받지 않을 수 있는 것이다.

당신이 용서하지 못한 사람이 있다면 지금 당장 용서하라. 그리고 용서했다는 사실을 알려야 한다. 아무리 받을 돈이 많이 있다 하더라도 그 돈이 문제가 아니라 당신의 영혼이 볼모로 잡히게 되는 것이다. 용서할 수 없었던 사람들이 만일 생각나거든 지금 당장 하나님께 용서하는 기도를 드리고 용서하여 사단의 올무에서 벗어나라. 6조 원의 빚을 탕감 받은 사람이 2000만원 빚진 친구를 용서치 아니하므로 다시 감옥에 갇힌 것을 생각하고 용서할 사람들의 이름을 노트에 적고 모두 용서를 하라.

"너희가 각각 중심으로 형제를 용서하지 아니하면 내 천부께서도 너희에게 이와 같이 하시리라"(마18:35)

3. 갚으라

"그러므로 예물을 제단에 드리려다가 거기서 네 형제에게 원망들을 만한 일이 있는 것이 생각나거든 예물을 제단 앞에 두고 먼저 가서 형제와 화목하고 그 후에 와서 예물을 드리라너를 고발하는 자와 함께 길에 있을 때에 급히 사화하라 그 고발하는 자가 너를 재판관에게 내어 주고 재판관이 옥리에게 내어 주어 옥에 가둘까 염려하라 진실로 네게 이르노니 네가 한 푼이라도 남김이 없이 다 갚기 전에는 결코 거기서 나오지 못하리라"(마5:23-26)

구약제사 제도에서 속건제가 있다. 속죄제는 하나님과 관계에서 죄를 속함을 받는 것이고 속건제는 이웃에게 손해를 끼친 것에 대하여 배상을 하는 것이다. 내가 만일 이웃에게 경제적인 손실을 끼치고도 모른 체하면 항상 상대방으로부터 원망을 받게 된다. 그렇게 되면 나는 하나님 앞에서 소송거리가 된다. 그렇기 때문에 형제들에게 원망들을 만한 일이 있으면 하나님께 예물을 드리기 전에 먼저 갚고 난 다음에 예물을 드리라는 것이다. 그러면서 예수님은 호리 라도 남김이 없이 갚기 전에는 지옥불의 심판을 피할 수 없다고 하셨다.

지금부터 당신은 누구에게 원망 받을 만한 일을 했는지 기도해야 한다. 그리고 그들에게 끼친 손해를 갚되 오분의 일을 더해서 갚아야 한다. 남김없이 갚아야 한다. 만일 돈을 빌려다 쓰고 갚지 않았다면 역시 이자를 오분의 일을 더해서 갚아야 하고 돈이 없으면 사정을 해서라도 탕감을 받든지 해서 원망들을 만한 요소들을 모두 제거해야 한다.

4. 찾아가라

이웃과의 관계를 정상화시키기 위해 반드시 찾아가야 할 필요가 있을 경우 꼭 직접 찾아가서 대면하여 용서를 구하든지, 아니면 속건 제물을 갚든지 해야 한다. 하나님 앞에서 나의 영혼을 신부로 단장하는 과정에서 내가 편하게 해서는 안된다. 심혈을 기울이고 정성을 다하고 마음을 다해서 자신을 단장해 나가야 한다.

5. 버리라

야곱의 가족들이 밧단아람에서 돌아와 세겜에 거주하다가 디나가 하몰에게 강간을 당하고 레위와 시므온이 보복으로 세겜의 남자들을 다 죽이는 사건이 일어났다. 야곱은 가나안 사람들에게 피 냄새를 남긴 것 때문에 온 가족이 전멸할 위기에 하나님은 야곱에게 벧엘로 올라가 단을 쌓으라고 하신다. 야곱은 자신이 약속을 버리고 벧엘로 가지 않고 세겜으로 이주하여 당한 시험임을 깨닫고 벧엘로 올라가기로 결심을 하고 그동안 좇았던 이방 신상들과 옷들을 모두 세겜 상수리 나무 밑에 묻고 떠날 때 여호와께서 가나안 사람들의 추격을 막아주셨다. 야곱은 깨달았다. 그들이 밧단아람에서 돌아와 해방을 맞이한 기분으로 세겜 땅에 거주하면서 마음껏 사치하고 금은 액세서리로 치장을 하고 이방 신상들을 지니고 살았다. 이것이 결국 야곱에게 엄청난 환난으로 돌아왔던 것이다. 그것을 알았던 야곱과 가족들은 그동안 지니고 있었던 이방 풍습의 옷들과 사치품들인 금은 장식품들을 모두 세겜 상수리 나무 밑에 버리고 떠났던 것이다.

예수님께서는 제자가 되려면 모든 소유를 버리고, 부모, 형제, 자매, 자기 목숨까지 미워해야 된다고 하셨다. 예수님의 제자가 되어 예수님을 따라가려면 부모, 형제, 자매, 자식들을 버려야 한다. 그렇게 버릴 때 비로소 다시 얻게 된다고 하셨다. 만일 소중한 것들을 버리지 못하면 그것들이 우상이 되어 자신과 사랑하는 모든 자들을 구원할 수 없게 되는 것이다.

"허다한 무리가 함께 갈쌔 예수께서 돌이키사 이르시되 무릇 내게 오는 자가 자기 부모와 처자와 형제와 자매와 및 자기 목숨까지 미워하지 아니하면 능히 나의 제자가 되지 못하고누구든지 자기 십자가를 지고 나를 좇지 않는 자도 능히 나의 제자가 되지 못하리라 이와 같이 너희 중에 누구든지 자기의 모든 소유를 버리지 아니하면 능히 내 제자가 되지 못하리라"(눅14:25-27,33)

"예수께서 가라사대 내가 진실로 너희에게 이르노니 나와 및 복음을 위하여 집이나 형제나 자매나 어미나 아비나 자식이나 전토를 버린 자는 금세에 있어 집과 형제와 자매와 모친과 자식과 전토를 백배나 받되 핍박을 겸하여 받고 내세에 영생을 받지 못할 자가 없느니라"(막10:29-30)

6. 나오라

"힘센 음성으로 외쳐 가로되 무너졌도다 무너졌도다 큰 성 바벨론이여 귀신의 처소와 각종 더러운 영의 모이는 곳과 각종 더럽고 가증한 새의 모이는 곳이 되었도다 그 음행의 진노의 포도주를 인하여 만국이 무너졌으며 또 땅의 왕들이 그로 더불어 음행하였으며 땅의 상고들도 그 사치의 세력을 인하여 치부하였도다 하더라 또 내가 들으니 하늘로서 다른 음성이 나서 가로되 내 백성아, 거기서 나와 그의 죄에 참예하지 말고 그의 받을 재앙들을 받지 말라"(계18:2-4)

마지막 하나님의 심판을 받지 않기 위해서는 도시에서 나와야 한다. 롯이 소돔성에서 나와 구원을 받았듯이 범죄한 도시에서 나와야 심판을 피할 수 있다. 큰 성 바벨론이 망하는 모습이 계시록 18장에 기록되어 있다. 바벨론은 도시이다. 도시 안에는 음행과 사치와 포악과 살인과 사기와 거짓들이 가득차 있다.

앞으로 도시는 감옥과 같이 폐쇄된다. 왜냐하면 인구가 밀집되어 있기 때문에 인종 청소가 도시에서 이루어진다. 전쟁이 나면 도시를 출입하는 모든 도로가 봉쇄된다. 그리고 도시안에는 각종 전염병과 좀비인간들을 통해서 지옥으로 변한다. 물과 전기가 끊기고 모든 생필품 공급이 끊어지면 있는 것을 다 소진한 후에는 굶어 죽게 된다. 여름에는 더위에 죽고 겨울에는 추위에 죽는다. 그리고 새로운 스마트 시티가 탄생한다. 스마트 시티 안에서는 AI 인공지능인 빅 데이터가 통치를 한다. 그곳에 사는 사람들은 짐승의 표를 받고 빅 데이터에 연결된 AI 인공지능 인간이 된다. 유발 하라리가 말한 생노병사를 정복한 호모 데오스 인간이다. 짐승의 표를 받고 호모 데오스 인간이 된 사람은 인간이 아니다 AI 인공지능로봇이다. 그래서 짐승의 표를 받게 되면 사단과 함께 사단의 몸이 되어 영원히 지옥 형벌을 받게된다.

　도시에서 나와야 한다. 도시에서 나오려면 도시의 재산을 처분해야 한다. 도시에 있는 사유 재산을 처분 할 수 있는 기회는 2022년 한 해 뿐이다. 이미 도시에 있는 재산을 처분하고 도시에서 빠져 나오는 시간이 늦었다. 그러나 많은 손실을 보더라도 조금이나마 건져 나올 수 있는 기회는 2022년 뿐이다. 2023년부터는 세계 경제가 요동을 친다. 이미 주식시장과 비트코인 가상화폐, 부동산 시장이 붕괴되고 있다. 미국 연준에서 계속해서 금리를 올리면 붕괴가 가속화 될 것이다. 그렇게 해서 자본주의 시장이 궤멸할 것이다. 현재 인플레이션은 초인플레이션 시대로 변한다. 그래서 종이 화폐시대가 종말을 맞이하게 되는 것이다. 도시는 사단이 인간들을 타락시키는 장소이다. 지옥으로 보내는 지옥문이다. 속히 도시에서 빠져 나오라.

　"너희는 믿지 않는 자와 멍에를 같이 하지 말라 의와 불법이 어찌 함께하며 빛과 어두움이 어찌 사귀며 그리스도와 벨리알이 어찌 조화되며 믿는 자와 믿지 않는 자가 어찌 상관하며 하나님의 성전과 우상이 어찌 일치가 되리요 우리는 살아 계신 하나님의 성전이라 이와 같이 하나님께서 가라사대 내가 저희 가운데 거하며 두루 행하여 나는 저희 하나님이 되고 저희는 나의 백성이 되리라 하셨느니라 그러므로 주께서 말씀하시기를 너희는 저희 중에서 나와서 따로 있고 부정한 것을 만지지 말라 내가 너희를 영접하여 너희에게 아버지가 되고 너희는 내게 자녀가 되리라 전능하신 주의 말씀이니라 하셨느니라"(고

후6:14-18)

사도 바울은 믿지 않는 자들에게서 나오라고 하였다. 믿지 않는 자와 멍에를 메지 말고 믿지 않는 자와 함께 머물지 말라고 하였다. 그들과 구별되어 살라고 하였다. 믿는 성도들끼리 모여서 살라고 하는 것이다. 왜냐하면 빛과 어두움이 함께 하지 못하고 하나님의 성전과 벨리알이 일치 될 수 없기 때문이다. 세상에 있는 참 교회는 공동체 교회이다.

7. 떠나라

"형제들아 내가 너희를 권하노니 너희 교훈을 거스려 분쟁을 일으키고 거치게 하는 자들을 살피고 저희에게서 떠나라 이같은 자들은 우리 주 그리스도를 섬기지 아니하고 다만 자기의 배만 섬기나니 공교하고 아첨하는 말로 순진한 자들의 마음을 미혹하느니라"(롬 16:17-18)

구원 받은 성도들의 가장 큰 우선순위는 세상에 있는 물질이나 부와 명예가 아니다. 우리 영혼을 정결하게 지켜 예수님의 신부로 단장해 나가는 것이다. 그러므로 교회 안에서 분쟁이 생길 때 이전투구하면서 싸우는 것이 아니라 떠나야 한다. 분리해야 한다. 사도 바울은 교훈을 거스리거나 바른 복음을 전하거나 바른 교훈 받기를 거부하거나 그리스도를 섬기지 아니하고 자신들의 배 만 불리운 자들에게서 떠나라 하였다.

"형제들아 우리 주 예수 그리스도의 이름으로 너희를 명하노니 규모 없이 행하고 우리에게 받은 유전대로 행하지 아니하는 모든 형제에게서 떠나라"(살후3:6)

데살로니가 교회를 향해서도 같은 경고를 하고 있다. 사도 바울에게서 전에 들은 말씀대로 행하지 아니하고 다른 복음을 좇는 자들에게서 떠나라 하였다.

8. 순종하라

"그러나 너희 생각에는 어떠하뇨 한 사람이 두 아들이 있는데 맏아들에게 가서 이르되 얘 오늘 포도원에 가서 일하라 하니 대답하여 가로되 아버지여 가겠소이다 하더니 가지 아니하고 둘째 아들에게 가서 또 이같이 말하니 대답하여 가로되 싫소이다 하더니 그 후에 뉘우치고 갔으니 그 둘 중에 누가 아비의 뜻대로 하였느뇨 가로되 둘째 아들이니이다 예수께서 저희에게 이르시되 내가 진실로 너희에게 이르노니 세리들과 창기들이 너희보다 먼저 하나님의 나라에 들어가리라"(마21:28-31)

예수님께서 순종을 통한 회개에 대하여 비유로 말씀 하셨다. 두 아들이 있는데 포도원에 가서 일하라 할 때 큰 아들은 그렇게 하겠다고 해 놓고 가지 않았고, 작은 아들은 싫다고 해놓고 나중에 뉘우치고 가서 일을 했다면 누가 아버지의 뜻대로 행한 자인가 물으셨다. 제자들은 둘째가 아버지의 뜻대로 행하였다고 대답할 때 예수님은 그렇다고 말씀 하시면서 창녀들과 세리들이 너희보다 먼저 하나님의 나라에 들어가리라 하셨다.

순종이 없는 회개는 없다. 반드시 순종을 통해서 회개가 이루어진다. 또 순종을 통해서 이루어진 결과를 보고 회개의 열매가 나타난다.

"엘리사가 사자를 저에게 보내어 가로되 너는 가서 요단강에 몸을 일곱번 씻으라 네 살이 여전하여 깨끗하리라 나아만이 노하여 물러가며 가로되 내 생각에는 저가 내게로 나아와 서서 그 하나님 여호와의 이름을 부르고 당처 위에 손을 흔들어 문둥병을 고칠까 하였도다 다메섹강 아마나와 바르발은 이스라엘 모든 강물보다 낫지 아니하냐 내가 거기서 몸을 씻으면 깨끗하게 되지 아니하랴 하고 몸을 돌이켜 분한 모양으로 떠나니 그 종들이 나아와서 말하여 가로되 내 아버지여 선지자가 당신을 명하여 큰 일을 행하라 하였더면 행치 아니하였으리이까 하물며 당신에게 이르기를 씻어 깨끗하게 하라 함이리이까 나아만이 이에 내려가서 하나님의 사람의 말씀대로 요단강에 일곱번 몸

을 잠그니 그 살이 여전하여 어린아이의 살 같아서 깨끗하게 되었더라"(왕하5:10-14)

9. 준비하라

바른 회개는 하나님 말씀에 순종해서 준비하는 것이다. 노아는 아직 보지 못하는 일에 경고하심을 받아 경외함으로 방주를 예비하여 자기 집을 구원하여 세상을 정죄하고 믿음을 좇는 의의 후사가 되었다. 아브라함 역시 부르심을 받아 갈 바를 알지 못하고 순종하므로 믿음의 조상이 되었다.

"믿음으로 노아는 아직 보지 못하는 일에 경고하심을 받아 경외함으로 방주를 예비하여 그 집을 구원하였으니 이로 말미암아 세상을 정죄하고 믿음을 좇는 의의 후사가 되었느니라 믿음으로 아브라함은 부르심을 받았을 때에 순종하여 장래 기업으로 받을 땅에 나갈쌔 갈 바를 알지 못하고 나갔으며"(히11:7-8)

"때에 천국은 마치 등을 들고 신랑을 맞으러 나간 열 처녀와 같다 하리니 그 중에 다섯은 미련하고 다섯은 슬기 있는지라 미련한 자들은 등을 가지되 기름을 가지지 아니하고 슬기 있는 자들은 그릇에 기름을 담아 등과 함께 가져갔더니 신랑이 더디 오므로 다 졸며 잘쌔밤중에 소리가 나되 보라 신랑이로다 맞으러 나오라 하매 이에 그 처녀들이 다 일어나 등을 준비할쌔 미련한 자들이 슬기 있는 자들에게 이르되 우리 등불이 꺼져가니 너희 기름을 좀 나눠 달라 하거늘 슬기 있는 자들이 대답하여 가로되 우리와 너희의 쓰기에 다 부족할까 하노니 차라리 파는 자들에게 가서 너희 쓸 것을 사라 하니 저희가 사러 간 동안에 신랑이 오므로 예비하였던 자들은 함께 혼인 잔치에 들어가고 문은 닫힌지라 그 후에 남은 처녀들이 와서 가로되 주여 주여 우리에게 열어 주소서 대답하여 가로되 진실로 너희에게 이르노니 내가 너희를 알지 못하노라 하였느니라 그런즉 깨어 있으라 너희는 그 날과 그 시를 알지 못하느니라"(마25:1-13)

예수님께서는 미련한 다섯 처녀와 지혜로운 다섯 처녀 비유를 통해서 예비하고 준비한 회개가 진정한 구원으로 연결되고 있는 말씀을 주셨다. 미련한 처녀들은 기름을 준비하지 않았지만 슬기로운 처녀들은 기름을 준비해서 신랑을 맞이할 수 있었듯이 말세 진정한 회개는 준비해야 하는 것임을 교훈하시고 있다.

10. 고백하라

"여자의 말이 그가 나의 행한 모든 것을 내게 말하였다 증거하므로 그 동네 중에 많은 사마리아인이 예수를 믿는지라"(요4:39)

신앙고백은 회개에 합당한 열매를 보이는 것이다. 또한 믿음으로 받아 들이고 고백하므로 세상과 구별이 이루어진다. 그래서 신앙고백은 무척이나 중요하다. 사마리아 여인은 주님을 만나자 마자 동네로 들어가 자신의 부끄러운 과거의 일을 통해서 사마리아 사람들에게 예수님을 증거하고 있다. 이것이 진정한 회개이다. 회개가 이루어지면 창피함도 부끄러움도 사라진다.

"네가 만일 네 입으로 예수를 주로 시인하며 또 하나님께서 그를 죽은 자 가운데서 살리신 것을 네 마음에 믿으면 구원을 얻으리니 사람이 마음으로 믿어 의에 이르고 입으로 시인하여 구원에 이르느니라"(롬10:9-10)

구원이 이루어지는 과정을 사도 바울은 먼저 마음으로 믿음을 가지고 입으로 시인할 때 구원이 성립된다고 하였다. 그러므로 반드시 자신의 새로운 신앙을 입으로 고백해야 한다. 죄인이었음을 고백한다. 사랑하지 못했음을 고백한다. 불성실함을 고백한다. 이제 새로운 피조물이 되었음을 고백한다. 그때 주님은 기뻐하시고 더욱 더 성령의 충만함으로 함께 하신다.

"시몬 베드로가 이를 보고 예수의 무릎 아래 엎드려 가로되 주여 나를 떠나소서 나는 죄인이로소이다 하니"(눅5:8)

베드로가 처음 신앙을 고백할 때 자신을 죄인이라고 고백을 한다.

그리고 처음에는 선생이라고 말을 했던 베드로가 이제 주님이라고 고백을 한다. 이제 베드로는 예수님의 종이 된 것이다.

  회개하는 방법 중에서 신앙을 고백하고, 사랑을 고백하고, 자신의 죄인 됨을 고백하는 것은 너무나 중요하다. 이로 인하여 하나님의 은혜 문이 열린다. 하나님을 향한 신앙의 고백은 사랑하는 여인들의 사랑의 고백처럼 하나님께서 기뻐하신다. 부끄러워 마시고 고백하라. 염려하지 말고 고백하라. 담대하게 고백하라, 사단이 떠나고 당신을 성령께서 지키실 것이다.

에필로그(Epilogue)

저자의 어릴 때 꿈은 가난하고 억울하고 억눌려 사는 사람들이 없는 세상을 만드는 것이었다. 예수를 믿었던 이유도 이런 세상을 만들기 위한 필요를 얻기 위해서였다. 그런데 이상하게도 하나님은 내가 원하는 것들을 주시지 않았다. 그렇다고 영생을 포기할 수 없었기 때문에 세상과 양다리를 걸치고 발버둥치며 탄식하면서 세상을 향해 나가려고 투혼을 불살랐다.

저자는 기도했다. 하나님 나에게 부와 명예와 권력을 주시면 그것을 가지고 하나님의 나라를 이 땅에 멋지게 세워 하나님께 영광을 돌려 드리겠습니다. 그리고 이 땅에 사는 모든 사람들이 예수를 믿고 구원을 받도록 하겠습니다. 이렇게 되면 내가 어릴 때 꿈꾸었던 나라가 이루어질 것 같았다.

그런데 하나님은 나의 기도를 단 한 가지도 들어 주시지 않았다. 나는 도봉산 꼭대기에 올라가 엘리야처럼 "하나님은 어디 계십니까?" 부르짖었다. 로뎀 나무 아래에서 죽기를 간청했던 엘리야처럼 나도 죽기 위해 높은 산 절벽위에 있는 좁은 바위에 누워 잠을 자기도 했다. 잠을 자다가 떨어져 죽으면 자살은 아닐 것 같은 생각을 했기 때문이다. 세상을 향한 불꽃은 타오르는데 힘이 없으니 어찌할 방법이 없었다. 낙심과 절망속에서 주님의 세미한 음성이 들렸다.

"여호와의 말씀에 내 생각은 너희 생각과 다르며 내 길은 너희 길과 달라서 하늘이 땅보다 높음 같이 내 길은 너희 길보다 높으며 내 생각은 너희 생각보다 높으니라"(사55:8-9)

1975년 2월 25일 아침 6시 나는 나의 인생을 나 보다 나를 더 사랑하시고 나 보다 나를 더 잘 아시는 하나님 품에 맡겨 드렸다. 하늘이 땅보다 높듯이 내 생각보다 높으신 생각을 가지신 하나님께 나의 전부를 드렸다. 그리고 기도했다. "뜻이 하늘에서 이루어진 것같이 땅에서도 이루어지이다" 7년 동안을 나도 예수님처럼 말씀이 육신을 입게 해달라고 기도했다. 1982년 1월 3일 드디어 하나님의 부르심이 있었다. "그는 흥하여야 하겠고 나는 쇠하여야 하리라"는 세례 요한의 고백을 통해 영적인 리더의 길을 시작했다. 1982년 4월 11일 내가 평생에 이루어야 할 사명인 월드비전을 주셨다. 초대 예루살렘 교회와 같은 지상의 천국인 공동체 교회를 통해서 세상을 새롭게 하는 비전이었다.

마가의 다락방에 성령이 강림하신 후 120명의 성도들은 예수님의 몸이 되었다. 예수님의 신부가 되었다. 예수님의 소원대로 그들은 한 몸의 지체들이 되어 재산을 공유했다. 날마다 모이기를 힘쓰고 떡을 떼고 기도하고 구제하면서 복음을 전했다. 세상에 처음으로 시작된 하나님의 나라인 천국이다. 세상 사람들은 이 나라를 보면서 두려워했다. 칭찬했다. 모두들 이 나라에 들어오고 싶어 했다. 심지어 아나니아와 삽비라는 부자였음에도 불구하고 자기들의 재산을 모두 팔아 이 나라의 백성이 되기를 갈망했다.

저자는 1982년 4월 11일에 월드 비전을 주신 하나님께 기도를 했다. 10만 평 땅 위에 100억을 투자하여 가나안 농군학교와 같은 자립하는 멋진 공동체 교회를 세워서 롤 모델이 되게 하고 세계 모든 그리스도인들을 초대하여 제자로 훈련시켜 마태복음 28:18-20에 있는 주님의 지상 명령을 이루어 주시도록 기도했다.

10만 평 땅위에 청사진을 그렸다. 밭농사, 논농사, 약초재배구역, 과실나무구역, 각종 동물농장 구역, 각종 새 농장, 방앗간, 병원, 약국, 학교, 운동장, 훈련장, 식물원, 수영장, 실버타운, 보육원, 유치원 등이 있는 완벽한 하나님의 나라 공동체를 계획했다. 어떤 불신자라도 이런 아름다운 하나님의 공동체 교회를 보면 아나니아와 삽비라처럼 재산을 다 팔아 들어오고 싶은 교회를 세우기를 원했다. 나는 최소한 5년 이내에 이런 공동체 교회를 세워 주실 줄 알았다. 그런데 하나님의 생각은 내 생각과 달랐다.

2022년은 하나님께서 월드 비전을 주신지 40년이 되었다. 아직까지 하나님은 이런 공동체 교회를 주시지 않고 계시다. 이제 소망을 바꿔 본다. 새 예루살렘과 천년왕국에서 이루어질 아름다운 예수님의 공동체 교회를 꿈꾸면서 남은 생애를 함께 하고 있는 지체들과 생명을 불태워 충성을 다 해보겠다고 다짐을 해 본다. 지금까지 읽어 주신 것 감사드립니다.

              2022년 2월 12일

항상 공동체 교회를 꿈꾸는 종 이형조 드림

세계제자 훈련원에서 출판한 책을 소개 합니다.

타작기 1
2012년 3월 10일 출간, 416P, 값 13,000원

목 차

1. 적그리스도의 정의
　1) 예수님의 인성을 부인하는 자
　2) 예수님의 신성을 부인하는 자
　3) 예수님의 십자가 영혼 구원을 부인하는 자
　4) 하나님의 구속의 섭리를 파괴하는 자

2. 적그리스도의 목적
　1) 세계 한 경제
　2) 세계 한 정부
　3) 세계 한 종교
　4) 지구촌 유토피아

3. 적그리스도의 역사
　1) 니므롯
　2) 두로왕
　3) 메로빙거
　4) 템플기사단
　5) 예수회
　6) 일루미나티
　7) 미국 건국
　8) 프랑스 혁명
　9) 1차 세계대전

10) 러시아 혁명
11) 2차 세계대전
12) 3차 세계대전의 시나리오

4. 적그리스도의 혈통

1) 바벨론 세미라미스 혈통
2) 아슈케나지 유대인 혈통
3) 윈저왕조 혈통
4) 부시 가문 혈통
5) 로스차일드 가문 혈통
6) 록펠러 가문 혈통

5. 적그리스도의 종교

1) 수메르 바벨론 종교
2) 이집트 태양신 호루스 종교
3) 그리스 아볼루온 종교
4) 유대의 밀교 카발라 종교
5) 영지주의와 신지학 종교
6) 프리메이슨 종교

6. 적그리스도의 전략

1) 시온의정서가 만들어 졌던 과정
2) 유대인의 세계 경제 장악 현황
3) 시온 의정서 용어 해설
4) 시온의정서 요약 및 해설
  1장 세계 정치 지배 전략
  2장 세계 언론 지배 전략
  3장 세계 경제 지배 전략
  4장 기독교 파괴 전략
  5장 사회 구조 파괴 전략
  6장 국가정부 파괴 전략

7장 전쟁을 통한 이익 창출 전략
8장 전문가를 양성해 우리에게 유리한 법 조항을 만든다
9장 세뇌 교육을 통한 독재정부 전략
10장 섭정 정치 전략
11장 유대인을 통한 세계 정복 전략
12장 언론 통제 조작 전략
13장 3S를 통한 인간성 파괴 전략
14장 기독교 말살 전략
15장 히틀러식 독재 정치 전략
16장 교과서를 통한 역사 조작 전략
17장 인간 개조를 통한 인간성 파괴전략
18장 적그리스도 조작 전략
19장 경찰국가 전략
20장 중산층 파괴 전략
21장 내국채를 통한 국가 파괴 전략
22장 세계 정복 전략
23장 전체주의 국가 전략
24장 최종 유대주의 전략

7. 적그리스도의 무기

1) 적그리스도의 최후의 병기 베리칩
2) 양날의 칼 전쟁과 돈(은행)
3) 살인 병기보다 무서운 언론(매스 미디어)
4) 상상을 초월한 기상무기 하프
5) 사탄교 마약, 섹스, 포르노,
6) 기독교를 파괴시킬 블루빔 프로젝트

8. 적그리스도의 기독교 파괴 프로그램

1) 빌리그래함의 에큐메니칼 운동
2) 알파 코스

3) 빈야드 운동
　4) 신사도 운동
　5) WCC 종교통합운동
　6) 뉴 에이지 기독교 운동

9. 적그리스도의 단체

　1) 프리메이슨
　2) 일루미나티 카드
　3) 원탁회의
　4) 300인 위원회
　5) 영국 왕립 국제 문제 연구소
　6) 미국 외교 관계 연구소
　7) 삼변회
　8) 빌더버그 회의
　9) 연구 분석 코퍼레이션
10) 로마클럽
11) Skulls & Bones(해골과 뼈)
12) 타비스톡 인간관계 연구소
13) 인간 자원 연구소
14) 스텐포드 연구소
15) 보헤미안 클럽
16) 무슬림 형제단
17) U N(국제연합)

10. 적그리스도에 대한 준비

　1. 분별과 성찰
　 1) 신화인가? 성경인가?
　 2) 비인격인가? 인격인가?
　 3) 악령의 열매인가? 성령의 열매인가?
　 4) 지상천국인가? 천상천국인가?

5) 종교인가? 생명인가?
   6) 진리인가? 이단인가?
 2. 회개와 재정립
   1) 성경에 대한 무지
   2) 은사주의
   3) 물질주의
   4) 분파주의
 3. 용서와 사랑
   1) 절대적인 십자가 복음
   2) 예수님과 스데반의 기도
 4. 전도와 섬김
   1) 오늘의 복음
   2) 섬김의 예배
 5. 충성과 예배
   1) 썩어진 밀알
   2) 순교의 예배

결론: 순교의 신앙, 우리의 시민권은 하늘에 있다.
 1. 절대 주권의 신앙
 2. 절대 순교의 신앙
 3. 절대 헌신의 신앙
 4. 절대 승리의 신앙

글을 마치면서

타작기 2

2013년 1월 8일 출간, 468P, 값 15,000원

목 차

꼭 필요한 선물
프롤로그

제1장 가짜 유대인의 정체
 1. 왜 가짜 유대인을 반드시 알아야 합니까?
 2. 사탄 밀교 카발라
 3. 탈무드
 4. 검은 귀족 카르타고 유대인
 5. 사탄의 비밀결사 바리새파 유대인
 6. 제13지파 유대인 아쉬케나지
 7. 아쉬케나지 유대인들의 역사적 활동
 8. 세계를 지배하는 가짜 유대인
 9. 지금은 이미 자다가 깰 때가 되었다

제2장 적그리스도 세력들이 사용하고 있는 성경적 종말론
 1. 이스라엘 독립
 2. 예루살렘 회복과 이방인의 때
 3. 에스겔 38장, 3차 세계대전
 4. 예루살렘 성전 건축, 구약제사부활과 적그리스도 출현
 5. 트랜스 휴머니즘 프로젝트(사탄종교, 인간개조프로젝트)
 6. 엘로힘 외계인 천년왕국 라엘 프로젝트
 7. 예수님의 재림과 심판
 8. 천년왕국
 9. 새 하늘, 새 땅, 새 예루살렘

제3장 적그리스도 세력들의 유전자의 비밀
 1. 사탄의 유전자
 2. 뱀의 유전자
 3. 가인의 유전자
 4. 네피림의 유전자
 5. 니므롯의 유전자
 6. 이스마엘 유전자

7. 에서의 유전자
8. 사울의 유전자
9. 거인족의 유전자
10. 아리안의 유전자
11. 철기문화의 유전자
12. 동성애의 유전자
13. 왕족의 유전자
14. 신들의 유전자
15. 타락한 천사 유전자
16. 공산주의 유전자
17. 마약의 유전자
18. 철학과 사상의 유전자
    1) 소크라테스
    2) 플라톤
    3) 아리스토텔레스
    4) 마키아벨리
    5) 계몽주의
    6) 루소
    7) 찰스 다윈
    8) 헤겔과 칼 마르크스
    9) 포스트모더니즘
    10) 아놀 토인비, 아인슈타인
    11) 시나키즘(네오콘, 악마주의)
    12) 적그리스도 국가의 모델 스파르타(카르타고)
19. 드라큐라 유전자
20. 피라미드 유전자
21. 음악의 유전자
22. 전쟁의 유전자
23. 헐리우드의 유전자

제4장 세계 역사를 움직이는 프리메이슨

1. 한국의 프리메이슨
   1) 한국과 유엔의 운명적인 만남
   2) 한국과 전쟁과 유엔
   3) 세계를 지배한 한국인
   4) 세계 최고의 뉴에이지 문화 컨텐츠로 자리잡아가고 있는 한류열풍
   5) 세계 최고의 의료보험제도
   6) 세계 최고의 신용카드 사용과 인터넷 왕국
   7) 세계에서 단 하나뿐인 이상한 나라 북한
   8) 유엔 천년왕국 프로젝트와 한반도
2. 영국의 프리메이슨
   1) 유럽최초의 국교회 탄생
   2) 크롬웰 명예혁명을 지원한 베네치아 검은 귀족들
   3) 아편전쟁을 통한 중국점령 프로젝트
3. 일본의 프리메이슨
   1) 삼변회
   2) 임진왜란을 일으킨 예수회
   3) 일본 프리메이슨의 한국 식민지 정책의 목적
   4) 복어계획(만주국 유대국가건설 프로젝트)
   5) 일본의 네오콘의 조직, 이념. 목적
   6) 아베의 도박, 아베겟돈 세계 3차 대전
4. 중국의 프리메이슨
   1) 예수회 프리메이슨이 장악한 중국
   2) 중국 유대인의 역사
   3) 황소이난을 통해 중국화 된 유대인
   4) 몽고는 세계 최초의 유대인 제국
   5) 아편 전쟁은 프리메이슨 작품
   6) 중국의 프리메이슨 전초기지 홍콩
   7) 객가인의 중국 유대인 등소평
   8) 태평천국의 난

9) 중국의 신해혁명과 공산혁명
   10) 중국의 유대인 객가인들
   11) 중국의 5·4운동
   12) 중국 공산당 창당
   13) 모택동과 6·25전쟁
   14) 중국 공산당을 강대국으로 무장시킨 6·25전쟁
   15) 중국 본토 공격을 준비중인 맥아더 장군의 해임
5. 미국의 프리메이슨
   1) 2000년 인류가 꿈꾸던 유토피아의 나라로 건국된 미국
   2) 이집트 사람들이 섬기던 금성, 루시퍼의 나라
   3) 템플 기사단의 나라
   4) 인디언을 멸절시킨 콜럼버스의 나라
   5) 양의 탈을 쓴 청교도의 나라
   6) 1776년 독립선언의 배경
   7) 남북 전쟁의 진실
   8) 민영화된 미국 중앙은행의 비밀(FRB)
   9) 네오콘 사상으로 무장된 나라
에필로그
참고서적

타작기 3

2014년 3월 25일 출간 416P 가격 20,000원

목 차
꼭 지켜야 할 선물
프롤로그

제 1장 말세지말에 필요한 요한의 복음

1. 요한복음
　　2. 요한1,2,3
　　3. 요한 계시록
제 2장 사탄 기독교의 진앙지 알렉산드리아 학파
　　1. 로마 가톨릭의 산실 알렉산드리아 학파 교리학교
　　2. 클레멘트
　　3. 사탄교회 설계자 오리겐
　　4. 최초의 라틴 성경번역자 제롬
제 3장 바리새파 유대인의 정체와 로마 가톨릭
　　1. 기름부음을 받은 고레스왕
　　2. 콘스탄틴 대제와 고레스왕
　　3. 종합평가 로마 가톨릭의 진짜 정체는 무엇입니까?
제 4장 기독교 사상가들의 허와 실
　　1. 터툴리안
　　2. 어거스틴
제 5장 종교개혁과 장미십자단
　　1. 마틴루터
　　2. 장미십자회
　　3. 존 칼빈
제 6장 기독교 이단
　1. 이단이란 무엇입니까?
　2. 기독교 이단을 판별하는 성경적인 기준은 무엇입니까?
　3. 초기 기독교 이단의 역사
　　　1) 에비온주의
　　　2) 영지주의
　　　3) 플라톤주의
　　　4) 플로티누스의 신플라톤주의
　　　5) 뉴 플라톤주의 관상기도
제 7장 기독교 이단 신학, 교리와 사상가들
　1. 무천년주의 신학의 비밀

1) 종말론 신학의 중요성
　　2) 무천년주의가 탄생하게 된 배경
　　3) 무천년주의 사상
　　4) 무천년주의 교회관
　　5) 무천년주의 복음
　　6) 무천년주의 세계관
　　7) 무천년주의 종말관
　　8) 무천년주의와 신세계질서
2. 자유주의 신학
　　1) 자유주의 신학의 원리
　　2) 자유주의 신학의 특징
　　3) 자유주의 신학의 사상적 배경
　　4) 자유주의 신학의 태동
　　5) 자유주의 신학의 비판
　　6) 자유주의 신학의 정체 그노시스 영지주의
3. 신칼빈주의 신학
　　1) 아브라함 카이퍼의 생애
　　2) 아브라함 카이퍼의 사회개혁 활동
　　3) 아브라함 카이퍼의 화란의 자유대학 설립
　　4) 아브라함 카이퍼가 자유대학을 설립한 목적
　　5) 칼빈주의와 신칼빈주의 차이
　　6) 아브라함 카이퍼의 절대 주권 영역과 다원주의
　　7) 신복음주의 신학의 뿌리가 된 신칼빈주의
　　8) 아브라함 카이퍼의 반정립 사상과 일반 은총론
　　9) 아브라함 카이퍼의 고민
　　10) 아브라함 카이퍼 사상의 문제점
　　　(1) 문화 대사명에 대한 오해
　　　(2) 일반은총의 문제점
　　　(3) 유기체 교회를 통한 문화 대명령 완성
　　　(4) 언약에 대한 유기체 철학적 개념화

(5) 잘못된 중생 개념과 유아 세례관
　　　(6) 잘못된 회심관
　　　(7) 자연과 은혜를 하나로 보는 도예베르트의 우주법 철학
　　11) 아브라함 카이퍼의 신칼빈주의에 대한 평가
　　12) 네덜란드 바로 알기
　　　(1) 네덜란드를 바로 알아야 적그리스도의 세력들을 알 수 있다.
　　　(2) 세계 최초의 상장 증권시장의 효시
4. 칼 바르트의 신정통주의 신학
5. 신복음주의 신학
　　1) 전체개요
　　2) 박형룡 박사의 신복음주의 비판
　　3) 빌리 그래함의 종교 통합 운동
　　4) 신복음주의 이머징 쳐취 운동
　　5) 빌 브라이트와 C.C.C
　　6) 존 스토트
　　7) C.S 루이스
　　8) W.E.A(세계 복음주의 협의회)
6. 신사도 운동
　　1) 신사도 운동의 기원
　　2) 신사도 운동의 목적
　　3) 신사도 운동의 발전 과정
　　4) 신사도 운동의 특징
　　5) 신사도 운동의 단체
　　6) C.C.C 대학생 선교회와 예수 전도단의 신사도 운동
　　7) 메시아닉 쥬 그리스도
제 8장 성경 번역의 역사
　1. 성경 보존의 도시, 시리아 안디옥
　2. 신약 성경의 보존
　3. 구 라틴 번역 성경
　4. 성경이 번역된 과정

5. 성경이 한글로 번역된 과정
　　6. 하나님의 전통원문
　　7. 하나님의 섭리에 의해 잘 보존되어 온 성경 사본들
　　8. 오리겐의 성경 부패와 기독교 역사 왜곡
　　9. 다시 부활한 사탄의 성경신학
　　10. 유진 피터슨 신약성경의 변개 내용

제 9장 순교 역사로 기록된 2000년 기독교회사
　　1. 후기 몬타니스트(터툴리안파)
　　2. 유카이트
　　3. 노바티안스
　　4. 도나티스트
　　5. 고대 왈덴스인
　　6. 폴리시안
　　7. 왈도파
　　8. 알비젠스
　　9. 로라즈
　　10. 후스파
　　11. 재세례파
　　12. 순교 역사로 기록된 2000년 기독교회사 종합 평가

제 10장 그림으로 본 사탄종교의 역사와 정체성
　　1. 로마 가톨릭
　　2. 장미 십자단
　　3. 신사도 운동

에필로그
참고서적

배도자 지옥 순교자 천국
2015년 2월 25일 출간, 452P, 값 15,000원

목 차
꼭 간직해야 할 선물
프롤로그

1부 배도자 지옥(背道者 地獄)
제 1장 배도(背道)란 무엇입니까?
  1. 배도(背道)의 정의(定義)
  2. 배도(背道)의 목적(目的)
  3. 배도(背道)의 주체(主體)
  4. 배도(背道)의 시기(時期)
  5. 배도(背道)의 장소(場所)
  6. 배도(背道)의 방법(方法)
  7. 배도(背道)의 범위(範圍)
  8. 배도(背道)의 신앙(信仰)
  9. 배도(背道)의 신학(神學)
  10. 배도(背道)의 결과(結果)

제 2장 배도자의 신앙(背道者 信仰)
  1. 과학인가? 복음인가?
   1) 고대 종교는 자연과학으로 시작되었다
   2) 플라톤과 피다고라스의 기하학 우주 종교론
   3) 고대과학이 종교가 된 연금술과 점성술
   4) 현대과학의 종교 사이언톨로지
   5) 아브라함 카이퍼의 일반은총과 과학
  2. 보편적 교회인가? 거룩한 교회인가?
   1) 교회의 어원 에클레시아
   2) 어거스틴에 의해서 만들어진 로마 가톨릭
   3) 오리겐이 교회를 에클레시아로 번역한 비밀
   4) 유대 선민주의 메시아 신국 개념의 보편적 교회의 비밀
   5) 로마 가톨릭은 어거스틴의 사기극
   6) 만물교회인 보편적 교회와 우주적 교회의 정체

3. 사회적 복음인가? 영혼 구원의 복음인가?
   1) 기독교 구원의 본질은 사람이지 제도가 아니다.
   2) 영혼구원의 복음과 사회적 복음의 차이
4. 비인격인가? 인격인가?
   1) 우주만물의 주인은 사람이다.
   2) 짐승과 사람의 차이
   3) 사탄의 전략은 사람을 짐승으로 만드는 것
   4) 마지막에 나타날 짐승의 표의 정체
5. 은사인가? 말씀인가?
   1) 기독교의 본질은 말씀종교, 영지주의 본질은 초자연적인 능력
   2) 은사주의에 나타난 비인격
   3) 성령의 인격적인 사역과 성경적인 진리
   4) 기록된 성경 외에 더 이상 직통계시는 없다
   5) 적그리스도의 세력들이 사용하는 임파테이션 은사주권주의 운동
   6) 혼합종교로 시작한 로마 가톨릭
   7) 임파테이션 은사주권주의 운동에 앞장 선 로마 가톨릭
   8) 자유주의신학의 감정이입과 신정통주의 칼 바르트의 체험신학
   9) 말세지말의 최고의 신앙은 말씀의 순종과 복종이다.

제 3장 배도자의 신학(背道者 神學)
 1. 신학의 뿌리가 된 철학
    1) 철학은 인류문명을 지배한 사탄신학이다
    2) 철학은 루시퍼 신학
    3) 소크라테스의 엘리트 신인간(神人間) 중심의 절대철학
    4) 플라톤의 이원론 철학의 비밀
    5) 플라톤의 신의 존재론과 어거스틴의 신의 존재론
    6) 신플라톤 철학 플로티누스
    7) 어거스틴에 의해서 확립된 정화, 조명, 합일의 관상기도 신학

8) 삼위일체 신학의 철학
　　9) 이원화된 세계 통치구조와 이원화된 기독교
　10) 알렉산드리아 학파에서 시작된 최초의 개신교 신학교
2. 니케아 종교회의와 아타나시우스, 안토니, 어거스틴
　1) 니케아 종교 회의
　2) 콘스탄틴 황제가 주도한 니케아 종교회의 종합 평가
　3) 신플라톤 철학으로 마니교도에서 기독교인이 된 어거스틴
　4) 알렉산드리아 교부 아타나시우스의 정체
　5) 안토니 사막 수도원 아버지
　6) 어거스틴 회심에 결정적인 영향을 준 뉴 플라톤주의자
　　 폰티키아누스
　7) 신플라톤 철학의 플로티누스와 어거스틴의 신비주의
　8) 어거스틴의 삼위일체 교리는 영지주의 삼위일체 교리
3. 에베소 종교회의와 하나님 어머니 마리아
　1) 세미라미스 여신의 도시 에베소
　2) 안디옥 참 기독교와 알렉산드리아 영지주의 기독교와 충돌
　3) 동로마 비잔틴 네스토리우스파를 파면하다
　4) 에베소 종교 회의 평가
　5) 제 4차 십자군 원정과 비잔틴제국의 멸망
　6) 비밀스런 유대인 나라 베네치아(Venezia) 공화국
　7) 네덜란드 습지를 제 2의 베네치아로 만든 천재들
4. 어거스틴의 하나님의 도성과 교황권 1000년 왕국
　1) 암브로스 밀라노 감독의 활약
　2) 데오도시우스의 업적 기독교 로마 국교화
　3) 어거스틴의 하나님의 도성(413-426년)
　4) 최초로 교황이란 명칭을 쓴 레오1세
　5) 그레고리 1세
　6) 레오 3세와 신성로마제국
　7) 신성로마 제국을 세운 샤를대제와 교황 레오3세
　8) 마틴 루터와 칼빈에 의해서 시작된 종교개혁 운동과 30년

종교전쟁
 5. 마틴 루터의 배반과 아우크스부르크 종교회의
  1) 마틴 루터 종교 개혁의 역사적 중요성
  2) 마틴 루터와 토마스 뮌쳐가 갈라선 이유
  3) 토마스 뮌쳐의 농민들이 원하는 12개 조항
  4) 자신의 절대적인 후원자 농민을 배반한 마틴 루터
  5) 17세기 유럽의 인구 절반을 살육하고 30년 전쟁으로 몰아간 종교개혁
 6. 존 칼빈의 종교개혁과 분리주의 마녀사냥
  1) 칼빈과 미카엘 세르베투스
  2) 칼빈의 세르베투스 사형선고에 대한 평가
  3) 칼빈의 기독교 강요 초판 1536년
  4) 기독교 강요 초판에 있는 칼빈이 프란시스 1세 왕에게 쓴 헌정사
  5) 칼빈의 교회와 국가의 분리의 비밀
  6) 칼빈주의 스코틀랜드 제임스 1세의 왕권신수설 폭정
  7) 칼빈의 모든 글은 어거스틴의 작품이었다
 7. 유럽의 30년 종교전쟁과 근대국가 출현, 국가교회 소멸
  1) 최대 영토 종교전쟁
  2) 30년 전쟁의 개요
  3) 전쟁의 과정
  4) 30년 전쟁의 결과 베스트팔렌조약
  5) 30년 전쟁의 평가
 8. 진젠도르프의 경건주의 킹덤나우
  1) 진젠도르프의 독일의 경건주의 운동의 시작
  2) 진젠도르프와 헤른후트 형제단
  3) 진젠도르프의 신앙운동의 특징
  4) 진젠도르프의 경건주의 운동의 평가
 9. 영국의 종교개혁
  1) 헨리 8세의 수장령 선언과 영국의 국가교회인 성공회의

정체
    2) 청교도 혁명과 웨스트민스터 신앙 고백서 배경
    3) 영국의 청교도 탄생 배경
    4) 마녀사냥의 진원지 메사추세츠 세일럼
  10. **영국 분리주의 청교도들이 세운 미국 플리머스 식민지**
    1) 영국의 정치적인 분리주의 청교도들이 세운 메사추세츠 식민지
    2) 로저 윌리암스를 추방한 메사추세츠 정치적인 분리주의 청교도들
    3) 영국의 수평파 종교적인 분리주의 청교도들이 세운 미국의 침례교회
  11. **영국과 미국의 종교 개혁의 평가**
    1) 정치적인 권력을 얻기 위해 사용된 유럽의 종교개혁
    2) 유럽 각국에서 자행된 칼빈주의자들의 마녀사냥
    3) 가톨릭과 칼빈파의 마녀사냥의 잔학상에 대한 비교
    4) 스코틀랜드에서 자행된 분리주의 청교도들의 인간사냥

제 4장 배도자의 비밀 함정(背道者 祕密 陷穽)
  1. **적그리스도의 혈통(DNA)의 비밀**
    1) 세상을 지배하는 적그리스도의 혈통(DNA)
    2) 가나안 7족속들로부터 시작된 적그리스도의 혈통
    3) 네피림의 정체
    4) 아리안(Aryan)의 혈통의 비밀
    5) 비밀결사 바리새파 유대인의 비밀
  2. **무천년주의 종말론 비밀**
    1) 무천년주의 비밀은 킹덤나우(kingdomnow)
    2) 아브라함 카이퍼의 무천년주의 주권신학
    3) 존 칼빈의 일반은총과 아브라함 카이퍼의 일반은총의 차이점
    4) 신사도운동의 주권운동은 킹덤나우 무천년주의 신학
    5) 최초의 무천년주의자 알렉산드리아 학파 오리겐의 정체

6) 콘스탄틴 대제의 미트라교와 바리새파 유대인들의 조로아스터교의 진실
   7) 현실속에서 이루어지는 무천년주의 킹덤나우의 진실
   8) 무천년 주권 운동들을 통한 기독교 파괴운동의 전략
   9) 어거스틴의 무천년주의와 하나님의 도성(신국론)

3. 시오니즘 운동의 비밀
   1) 시오니즘 운동의 정의
   2) 정치적인 목적으로 시오니즘 운동
   3) 시오니즘은 반유대주의를 조장한다
   4) 예루살렘 회복 운동 티쿤(Tikkun)의 비밀
   5) 예루살렘 2차 공의회와 신사도 운동
   6) 진젠도르프의 24시간 100년의 기도운동은 유대 천년기 운동
   7) 24시간 신사도 기도운동과 백투예루살렘 운동의 핵심
   8) 시오니즘 운동의 비밀 평가
   9) 바리새파 유대인의 정체

4. 휴거 대망론의 비밀
   1) 휴거 대망론이란 무엇입니까?
   2) 7년 대환난 전에 휴거가 있습니까?
   3) 사단의 휴거 대망론(大望論)의 함정은 무엇입니까?
   4) 7년 대환난 때 순교당한 사람은 누구입니까?

5. 신사도 운동
   1) 신사도 운동이란 무엇입니까?
   2) 새 시대 새 정치운동의 시작과 이스라엘 독립
   3) 1948년 윌리엄 브래넘의 임파테이션으로 시작된 늦은 비 신사도운동
   4) 한 새 사람운동은 토라와 예수아의 연합으로 이루어진 새 종교
   5) 학교에서 실시한 임파테이션 '선택된 씨앗' 세대
   6) 사도적 지도자로서, '신사도운동'의 대표자로서의 마이크

비클
　7) 장막절의 성취는 윌리엄 브래넘의 노스배틀포드의 나팔
　8) 피라미드 다단계식의 임파테이션의 비밀
　9) 윌리엄 M. 브래넘
　10) 늦은 비 신부운동을 통한 영체교환의 비밀종교
　11) 예루살렘 회복운동과 배도의 신학 킹덤나우 사상
　12) 킹덤나우 신학의 평가
　13) 신사도운동의 정체는 무엇입니까?
　14) 임파테이션(Impartation) 의 정체 : 임파테이션이란 무엇입니까?
　15) 임파테이션이 이루어지는 과정
　16) 성령의 사역과 사단의 임파테이션의 차이는 무엇입니까?
　17) 임파테이션을 피하고 거룩한 교회를 세우는 방법은 무엇입니까?

6. 성시화 운동의 비밀
　1) 성시화 운동에 사용된 프리메이슨 신사도 운동의 교리들
　2) 어거스틴의 성국화인 로마 가톨릭
　3) 풀러신학교 프리메이슨들의 성시화 전략
　4) 우주교회를 가르치고 있는 프리메이슨의 무교회주의
　5) 신사도 운동을 통해서 세워지는 신세계질서
　6) 제네바 칼빈의 성시화 역사적 교훈
　7) 성시화 운동의 올무(嗢繆)
　8) 마지막 도시에 설치될 성시화의 완성 유비쿼터스(ubiquitous)

7. 오바마케어의 비밀
　1) 2010년 3월 23일에 통과된 오바마케어법
　2) 2013년 6월 28일 대법원 합헌결정
　3) 2014년 4월 1일 710만 명의 등록으로 시작된 오바마케어법
　4) 오바마케어법의 진실은 무엇입니까?
　5) 오바마케어는 신세계질서의 법이다.
　6) 미국이란 달러 화폐 자본주의 제국이 탄생하다

       7) 미국 자본주의 뿌리인 아담스미스의 국부론
       8) 9·11 테러와 함께 사라진 미국의 자유
       9) 미국과 함께 무너지는 세계 구시대(舊時代) 올드질서(Old Order)
    8. 뉴에이지 종교와 신세계질서 비밀
       1) 뉴 에이지 종교는 무엇입니까?
       2) 신플라톤 철학의 시조 암모니우스 사카스의 혼합종교
       3) 뉴 에이지 종교의 원리
       4) 뉴에이지 기독교
       5) 뉴에이지에서 사용하는 단어들
       6) 뉴에이지 종교의 출발은 언제입니까?
       7) 뉴에이지 종교의 사상
       8) 문화종교로 옷입은 뉴에이지 종교
       9) 현대과학의 옷을 입고 나타난 뉴 에이지 종교
       10) 유엔 종교통합운동과 뉴 에이지 종교

2부 순교자 천국(殉敎者 天國)
제 1장 순교(殉敎)란 무엇입니까?
    1. 순교(殉敎)의 정의(定義)
    2. 순교(殉敎)의 목적(目的)
    3. 순교(殉敎)의 주체(主體)
    4. 순교(殉敎)의 시기(時期)
    5. 순교(殉敎)의 이유(理由)
    6. 순교(殉敎)의 범위(範圍)
    7. 순교(殉敎)의 방법(方法)
    8. 순교(殉敎)의 대상(對象)
    9. 순교(殉敎)의 신앙(信仰)
    10. 순교(殉敎)의 능력(能力)

3부 결론 : 순교자 신앙고백(殉敎者 信仰告白)

1. 새사도신경
2. 성경신앙고백서
3. 기독교 이단을 판별하는 성경적인 기준은 무엇입니까?
   1) 기독론(基督論) 예수님의 인성과 신성을 부인한 자
   2) 삼위일체 신론(三位一體 神論) 인격적인 삼위일체 하나님을 부인한 자
   3) 성경론(聖經論) 성경 66권의 절대적인 권위를 부인한 자
   4) 구원론(救援論) 예수님의 십자가 대속의 은총을 부인한 자
   5) 교회론(敎會論) 성삼위 하나님의 교회를 부인한 자
   6) 성화론(聖化論) 오직 은혜로 성화가 이루어짐을 부인한 자
   7) 인간론(人間論) 인간이 전적(全的)으로 타락을 부인한 자
   8) 종말론(終末論) 예수님이 부활하신 몸으로 재림함을 부인한 자
   9) 심판론(審判論) 지옥 심판을 부인하는 자
   10) 천국론(天國論) 영원한 하늘의 하나님 나라를 부인한 자
4. **하나님의 부르심**
   1) 구원의 부르심
   2) 헌신의 부르심
   3) 소명의 부르심
   4) 비전의 부르심
   5) 목회자 제자훈련 사역의 부르심
   6) 선교사 제자훈련 사역의 부르심

에필로그
참고도서
세계제자훈련원 출판사 도서소개

교회와 요한계시록
2016년 2월 25일 출간, 488P, 값 20,000원

영원한 선물
프롤로그

목 차

제 1장 창조와 구속의 목적인 교회
1. 요한 계시록의 주제는 교회라는 알곡입니다
2. 창세전부터 섭리하신 교회의 비밀
3. 창세전에 삼위 하나님께서 계획하신 교회
4. 창세전에 아버지께서 가지셨던 영광스런 교회
5. 교회는 눈에 보이지 않는 비밀스런 하나님의 성전
6. 7년 대환난 동안 순교당한 교회

제 2장 첫째부활의 비밀
1. 첫째 부활이 중요한 이유
2. 첫째 부활에 참여한 자들은 그리스도의 제사장 교회입니다.
3. 첫째 부활에 참여한 교회는 천년왕국을 통치하는 자들입니다.
4. 첫째 부활에 참여한 세 종류의 사람들은 누구입니까?

제 3장 그리스도의 제사장 나라인 교회
1. 하나님을 위하여 나라와 제사장으로 삼으신 예수님
2. 예수님이 자기 피로 사서 제사장으로 삼아 왕노릇하게 한 교회
3. 7년 대환난 시작과 함께 인을 맞는 144,000 명의 제사장 교회
4. 7년 대환난 기간 동안 순교한 제사장 교회
5. 7년 대환난 시작과 함께 순교한 제사장 교회
6. 처음 익은 열매인 제사장 교회
7. 첫째 부활에 참여하는 제사장 교회
8. 계시록 21장 새예루살렘은 완성된 왕같은 대제사장 예수님의 교회
9. 피조물들이 탄식하며 기다리는 그리스도의 제사장 나라인 교회
10. 제사장 나라인 교회를 통해 회복된 만물들의 찬양, 천년왕국

11. 눈에 보이지 않는 영적인 교회의 비밀
　　12. 그리스도의 제사장이 되어 두루마기를 빠는 교회

제 4장 계시록에 나타난 교회의 다른 이름들
　　1. 유다지파
　　2. 어린 양
　　3. 어린양의 피
　　4. 흰옷 입은 자
　　5. 보좌들
　　6. 면류관
　　7. 나라
　　8. 생명책
　　9. 왕노릇
　　10. 신부
　　11. 이긴 자

제 5장 교회는 환난 전에 모두 휴거를 합니까?
　　1. 공중 휴거란 무슨 뜻입니까?
　　2. 첫째 부활과 휴거의 관계
　　3. 교회는 분명히 환난 전에 휴거 합니까?
　　4. 어떤 사람이 휴거 합니까?
　　5. 누가 7년 대환난에 들어 갑니까?
　　6. 왜 대다수의 교회가 환난을 통과해야 합니까?

제 6장 다니엘의 70이레 비밀과 요한계시록 7년 대환난
　　1. 다니엘이 기록한 마지막 시대 예언
　　2. 예수님께서 말씀하신 다니엘의 예언
　　3. 사도 바울이 말하고 있는 이방인과 이스라엘
　　4. 요한 계시록에 집중된 마지막 한 이레 7년
　　5. 다니엘서의 예언의 중요성
　　6. 다니엘서에 기록된 요한 계시록의 타임 라인

제 7장 구약의 이스라엘과 신약의 교회는 같은가? 다른가?
  1. 성경으로 본 구약의 이스라엘과 신약의 교회
  2. 지상 천년왕국의 무천년주의와 대체신학의 정체

제 8장 666 짐승의 표와 이름, 그 수의 비밀
  1. 666은 통일장 우주론입니다
  2. 수비학이란 무엇입니까?
  3. 성경에 나타난 666과 바벨론 태양신 3위1체와 일루미나티
  4. 고대 갈대아 수비학과 통일장 우주론인 태양신 666 시스템
  5. 고대 밀레토스 그리스 자연주의 철학자들의 통일장 우주론
  6. 카발라 유대 종교 테트라그라마톤과 통일장 우주론
  7. 통일장 우주론과 양자물리학
  8. 과학적 통일장 우주론과 프랙탈 이론
  9. 최초의 일루미나티 창설자 피다고라스
  10. 환단고기 천부경에 나타난 666 시스템과 통일장 우주론
  11. 총결론 666은 신세계질서 시스템

제 9장 적그리스도인 바벨론 짐승의 정체
  1. 다니엘이 예언한 10뿔 짐승의 적그리스도의 나라
  2. 계시록 13장과 17장에 나타난 7머리 10뿔 짐승의 정체
  3. 계시록에 나타난 사탄의 3위1체 비밀
  4. 역사적으로 나타난 적그리스도의 혈통
  5. 마지막 적그리스도의 나라는 미국속에 감춰진 유엔
  6. 유엔을 통해 신세계질서를 꿈꾸는 일루미나티
  7. 미국이 사라지고 유엔이 중심된 세계정부 국가
  8. 미국과 소련을 중심으로 탄생한 유엔의 정체
  9. 제임스 퍼를로프 한국전쟁 : 일루미나티 어젠다를 위한 갈등
  10. 유엔의 NGO
  11. 동성애를 조장하고 찬성하는 유엔의 기구들
  12. 결론 : 유엔이란 바벨론 짐승인 적그리스도의 정체는 무엇입니까?

제 10장 예루살렘 회복운동은 배도 운동
 1. 바리새파 유대인은 누구입니까?
 2. 예루살렘 회복이란 단어의 비밀
 3. 다니엘의 70이레와 마지막 한 이레
 4. 왜 예루살렘 회복운동이 배도 운동입니까?
 5. 복음주의 선교단체는 예루살렘 회복이란 단어를 사용하지 말아야 합니다
 6. 예루살렘 회복운동은 선교운동이 아닙니다
 7. 예루살렘 회복운동은 거듭난 그리스도인들을 죽이는 운동입니다

제 11장 새끼 양같이 두 뿔 달린 두 번째 짐승의 정체
 1. 계시록 13장에 나타난 두 번째 짐승은 기독교 가면을 쓴 미국
 2. 새끼양 같은 거짓 선지자인 미국이 유엔을 세우기 위해 행하는 여섯 가지 미혹
   1) 먼저 나온 짐승인 유엔의 모든 권세를 미국이 유엔의 이름으로 행사합니다
   2) 땅과 땅에 거하는 모든 자들로 처음 짐승인 유엔에게 경배하게 합니다
   3) 불이 하늘로부터 땅에 내려오는 기적을 행하여 유엔을 따르게 합니다
   4) 처음 짐승인 유엔을 위해서 우상을 만들고 생기를 주어 유엔을 위해 말하게 합니다
   5) 처음 짐승인 유엔에게 경배하지 아니하는 모든 자를 죽입니다
   6) 세상에 사는 모든 자들의 이마와 오른손에 유엔의 통치법인 666표를 받게 합니다

제 12장 로마 가톨릭 바벨론 음녀의 정체
 1. 바벨론 종교의 정체
 2. 바벨론 음녀인 로마 가톨릭의 탄생 배경
 3. 마리아를 여신으로 만드는 바벨론 음녀의 종교 역사
 4. 국가와 음행한 바벨론 음녀의 중세의 역사와 종교개혁의 실체

5. 유엔 중심의 바벨론 음녀의 종교 통합과 기독교 사탄의 신학

제 13장 요한계시록 144,000명은 누구입니까?
1. 요한 계시록 구조상 7장, 14장, 21장의 중요성
2. 요한 계시록 7장에 나타난 144,000명
3. 요한 계시록 14장에 나타난 144,000명
4. 요한 계시록 21장에 나타난 144,000명

제 14장 천년왕국
1. 천년왕국에 대한 역사적 변천과정
2. 천년왕국에 대한 구약과 신약의 예언
3. 요한 계시록에 나타난 천년왕국
4. 천년왕국 백성들은 누구입니까?
5. 천년왕국은 이스라엘의 유대나라가 아닌 제사장 교회의 왕국입니다
6. 마지막 배도의 적그리스도의 나라와 세대주의 전천년설의 정체
7. 천년왕국 이후 새 하늘과 새 땅, 새 예루살렘
8. 새 예루살렘인 완성된 교회는 하나님의 창조와 구속의 목적입니다.

제 15장 그림으로 보는 교회와 요한계시록
1. 짐승의 이름 666 비밀
2. 7머리 10뿔 적그리스도의 나라 유엔
3. 새끼 양같은 두 번째 짐승 미국
4. 바벨론 음녀 로마 가톨릭 종교 통합
5. 기타 교회와 요한 계시록 그림

참고도서
에필로그

요한계시록 설교집

2016년 3월 25일 출간, 530P, 값 20,000원

목 차

하나님의 선물
프롤로그
제 1편 요한계시록 1장
제 2편 알파와 오메가
제 3편 요한계시록 2-3장
제 4편 요한계시록 4장
제 5편 교회는 환난전에 모두 휴거합니까?
제 6편 요한계시록 5장
제 7편 일곱 인봉한 책과 요한계시록
제 8편 일곱 인봉한 책과 과학의 바벨탑 심판
제 9편 그리스도의 제사장 교회
제 10편 요한계시록에 나타난 교회의 다른 이름들
제 11편 요한계시록 6장
제 12편 7년 대환난과 다니엘의 70이레
제 13편 요한계시록 7장
제 14편 요한계시록 144,000명의 정체
제 15편 요한계시록 8-9장
제 16편 요한계시록 10-11장
제 17편 구약의 이스라엘과 신약의 교회는 같은가? 다른가?
제 18편 요한계시록 12장
제 19편 적그리스도의 나라인 열 뿔 짐승의 정체
제 20편 새끼 양 같은 두 번째 짐승의 정체
제 21편 일곱 머리 열 뿔인 유엔 탄생의 비밀

제 22편 2차 세계대전과 미국과 소련을 중심으로 태어난 유엔
제 23편 니므롯의 후예들
제 24편 일루미나티 유엔 과업을 위해 준비된 한국전쟁
제 25편 예루살렘 회복운동은 배도 운동
제 26편 열 뿔 적그리스도의 나라
제 27편 666 짐승의 표와 이름, 그 수의 비밀
제 28편 짐승의 수를 세어 보라
제 29편 666시스템과 양자 컴퓨터 시대
제 30편 666 짐승의 이름과 복음
제 31편 환단고기와 666 우주론 시스템
제 32편 666은 신세계질서의 시스템
제 33편 요한계시록 14장
제 34편 666은 바벨론 태양신 3위1체 비밀
제 35편 요한계시록 15장
제 36편 요한계시록 16장
제 37편 요한계시록 17장
제 38편 바벨론 음녀의 정체
제 39편 역사적으로 나타난 적그리스도의 혈통
제 40편 일루미나티 세력들이 지배하고 있는 미국속에 감춰진 유엔
제 41편 유엔의 NGO 운동과 짐승의 나라
제 42편 요한계시록 18장
제 43편 요한계시록 19장
제 44편 요한계시록 20장
제 45편 첫째 부활에 참여한 자
제 46편 천년왕국
제 47편 천년왕국 그리스도의 심판대
제 48편 요한계시록 21장
제 49편 요한계시록 22장
에필로그

역사적 기독교 성경적 기독교

2017년 3월 5일 출간, 674P, 값 30,000원

프롤로그

목 차

제 1장 역사적 기독교와 성경적 기독교는 어떻게 다른가?
 1. 역사적 기독교의 정체
 2. 유아세례 역사를 통해 본 짝퉁 기독교인 역사적 기독교
 3. 보편적 교회와 거룩한 교회는 어떻게 다릅니까?
 4. 역사적 성찬식을 통해 본 짝퉁 기독교의 정체
 5. 성경을 해석할 수 있는 권세를 가진 보편적 교회의 정체
 6. 사탄이 철학을 통한 인류지배 방법
 7. 종교 다원주의로 둔갑하고 있는 어거스틴의 로마 가톨릭 교회
 8. 신세계질서와 지상의 메시아 신국

제 2장 종교개혁 500주년 기념 평가와 재세례파 공동체 교회들
 1. 마틴 루터의 종교개혁의 허(虛)와 실(實)
   1) 마틴 루터가 말한 오직 믿음의 정체
   2) 마틴 루터의 오직 믿음과 성경관
   3) 마틴 루터의 성만찬 공재설(편재설)의 정체
   4) 마틴 루터의 유아세례와 보편적 국가교회
   5) 마틴 루터의 사기(詐欺)와 토마스 뮌쳐의 재세례파 개혁
   6) 마틴 루터와 장미십자회 비밀결사의 정체
   7) 마틴 루터의 종교개혁의 평가
 2. 존 칼빈의 제네바 개혁
   1) 종교 개혁 배경사
   2) 제네바 종교개혁의 과정
   3) 존 칼빈의 제네바 성시화 종교 개혁의 평가

4) 존 칼빈을 꾸짖는 카스텔리오의 양심
3. 로마 가톨릭 반종교개혁주의 예수회
   1) 예수회 설립 종교적, 역사적 배경
   2) 예수회 정체(알룸브라도스=일루미나티)
   3) 프리메이슨과 결합한 예수회 일루미나티
   4) 크립토 유대인의 정체
   5) 예수회 1875년 신지학 협회를 통한 종교통합운동
   6) 예수회 신세계질서(New World Order)와 지상의 메시아 신국
4. 성경적 종교 개혁의 출발지 체코 형제단
   1) 체코 프라하가 종교 개혁의 중심이 된 이유
   2) 얀 후스와 후스파의 종교 개혁
   3) 후스파의 종교 영토
   4) 로마 바티칸과 협상 그리고 후스파 분열
   5) 체코 형제단 등장
   6) 체코 형제단의 마지막 비숍 코메니우스
   7) 독일 마틴 루터의 종교 개혁과의 만남
   8) 스위스 형제단과의 만남
   9) 체코 개혁파의 분열과 갈등 그리고 연합
   10) 빈종교개혁(재가톨릭화)과 30년 종교전쟁
5. 스위스 형제단(아미쉬 공동체)
   1) 제세례파의 효시
   2) 스위스 형제단들의 박해
   3) 스위스 형제단과 아미쉬 공동체 교회
   4) 스위스 형제단과 메노나이트 공동체
   5) 거룩한 땅 미국 펜실베니아
   6) 아미쉬 학교(One Room School)
   7) 아미쉬 신앙생활
   8) 아미쉬 공동체 평가
6. 메노나이트 공동체 교회

1) 네덜란드 재세례파 메노나이트 교회
　　2) 메노나이트 역사
　　3) 메노나이트 교세
　　4) 메노나이트 신조
　　5) 메노나이트의 특징
　7. **후터라이트 공동체 교회**
　　1) 후터라이트 태동기
　　2) 제이콥 후터의 인품과 후계들
　　3) 미국 이민과 정착
　　4) 신앙과 공동체 생활
　　5) 공동체 경제생활
　　6) 공동체 교육
　　7) 교회의 본질인 성도의 교제와 사랑을 실천하는 것
　8. **브루더호프 공동체 교회**

제 3장 성경적 기독교
제 1권 복음
　1과 성경이 왜 하나님의 말씀인가?
　2과 하나님의 뜻과 중생
　3과 복음이란 무엇인가?
　4과 예수 그리스도의 보혈의 능력
　5과 예수 그리스도의 십자가의 능력
제 2권 구원의 확신
　1과 왜 구원의 확신을 갖는 것이 중요한가?
　2과 구원의 확신 점검
　3과 신앙고백과 간증하는 법
　4과 성 삼위 하나님 안에서 확신
　5과 세례와 성찬
제 3권 그리스도인으로 자라남
　1과 왜 그리스도인은 자라나야 하는가?

2과 말씀의 중요성과 우선순위(Q.T)
　　3과 기도하는 법
　　4과 성도의 교제와 교회의 비밀
　　5과 순종의 축복
제 4권 교회
　　1과 교회란 무엇입니까?
　　2과 교회의 본질과 비밀
　　3과 교회안에 있는 은사
　　4과 교회안에 있는 직분
　　5과 교회의 목적
제 5권 열매 맺는 삶
　　1과 성도의 삶의 목적은 무엇인가?
　　2과 전도
　　3과 양육
　　4과 헌금
　　5과 예배
제 6권 그리스도인의 생활
　　1과 그리스도인의 생활
　　2과 그리스도인의 개인생활
　　3과 그리스도인의 가정생활
　　4과 그리스도인의 교회생활
　　5과 그리스도인의 사회생활
　　6과 그리스도인의 국가생활과 세계생활
제 7권 제자로서의 성장
　　1과 제자란 누구인가?
　　2과 제자의 도와 비전
　　3과 훈련의 중요성
　　4과 헌신과 하나님의 뜻 발견
　　5과 십자가의 도(종의 도)
제 8권 성숙한 제자

    1과 성숙한 제자란 어떤 사람인가?
    2과 성숙한 제자와 상담
    3과 성숙한 제자와 성경공부인도
    4과 성숙한 제자와 절대주권(로드쉽)
    5과 성숙한 제자와 영적 전투

제 9권 세계선교
    1과 세계선교란 무엇인가?
    2과 한국교회의 사명
    3과 한국교회와 이단종교
    4과 각종 비전과 사역의 다양성
    5과 한국 기독교 이단의 역사와 신천지

제 10권 재림과 종말
    1과 예수님의 재림과 새 하늘과 새 땅
    2과 이스라엘과 세계 종말
    3과 정치적 종교적 경제적 종말
    4과 군사적 과학적 종말
    5과 예수님의 재림과 새 하늘과 새 땅

에필로그

제 4차 산업혁명과 신세계질서

2019년 2월 25일 출간, 250P, 값 10,000원

목　차

값진 선물
프롤로그

제 1부 제 4차 산업혁명과 과학적 공산주의 혁명

1. 제 4차 산업혁명이란 무엇입니까?
2. 2012년 스위스 다보스 경제포럼 자본주의를 버리다
3. 2016년 1월 20일 다보스 경제포럼에서 시작된 제 4차 산업 혁명
4. 제 4차 산업혁명을 제창한 클라우스 슈밥은 누구입니까?
5. 아서 쾨스틀러의 제 13지파 아쉬케나지 유대인
6. 티핑 포인트(Tipping Point)란 무엇입니까?
7. 2025년에 일어날 티핑 포인트 21개 조항
8. 자본주의 역사, 1% 부자 은행가와 99% 빈민 노동자
9. 뉴 아틀란티스 (미국) - 프랜시스 베이컨
10. 제4차 산업혁명에서 말하고 있는 티핑 포인트란 무엇입니까?
11. 공유기업과 재벌 해체
12. 공산당의 뿌리와 역사

제 2부 일곱 머리 열 뿔, 세상 임금과 비밀 결사

1장 성경에서 말하고 있는 세상
1. 세상을 아십니까?
2. 세상 임금을 아십니까?
3. 세상 임금은 누구입니까?

2장 일곱 머리 열 뿔인 붉은 용의 정체
1. 세상 임금인 용은 어떻게 세상을 통치하고 있습니까?

3장 일곱 머리 열 뿔인 붉은 용이 다스리는 나라들
1. 일곱 머리 열 뿔의 비밀

4장 일곱 머리 열 뿔인 붉은 용이 다스리는 나라의 종교
1. 붉은 용의 태양 종교의 정체

5장 세계를 움직이는 비밀결사와 일곱 머리 열 뿔
1. 비밀결사란 무엇입니까?
2. 비밀결사의 종류
3. 고대 종교는 과학이었습니다.

6장 하나님의 통치 방법과 비밀결사

1. 공평과 정의로 열방을 다스리시고 심판하시는 하나님
2. 본질이 변하지 말아야 심판을 받지 않습니다
3. 악한 자들을 통해서 선한 자들을 거룩하게 하시는 하나님
4. 제 4차 산업혁명과 신세계질서 책을 통해 얻을 수 있는 교훈

7장 세계를 지배하고 있는 비밀 결사들
1. 장미십자단
2. 프리메이슨
3. 일루미나티
4. 유대 카발라

제 3부 적그리스도의 배도의 나라

1장 적그리스도 배도의 나라와 공산주의
1. 공산주의 유토피아를 꿈꾸고 있는 가짜 유대인들
2. 공산주의 신세계질서 설계자 플라톤
3. 유대 카발리스트 플라톤의 정체
4. 탈무드 종교란 무엇입니까?

2장 적그리스도 배도의 나라와 철학
1. 철학의 정체
2. 유대 카발리스트 비밀 결사 소크라테스 정체

3장 적그리스도 배도의 나라와 예수회 일루미나티
1. 예수회와 일루미나티
2. 예수회 일루미나티의 정체
3. 예수회 일루미나티가 일으킨 전쟁
4. 예수회 일루미나티 조직

4장 적그리스도 배도의 나라와 유엔
1. 아담의 타락과 사탄에게 넘어간 지상왕국
2. 적그리스도의 나라 롤 모델 UN(국제연합)
3. 유엔을 세운 사바테안 프랑키스트 유대인의 정체
4. 유엔을 세계 권력기관으로 세우기 위해 일으킨 6.25 한국전쟁
5. 역사적으로 나타난 적그리스도의 혈통

    6. 동성애를 조장하고 찬성한 UN(국제연합)
    7. 유엔이라는 바벨론 짐승인 적그리스도의 정체
 5장 적그리스도 배도의 나라와 미국
    1. 마지막 적그리스도의 나라는 미국속에 감춰진 UN(국제연합)
    2. 유엔을 통해 신세계질서를 꿈꾸는 일루미나티(예수회)
    3. 미국이 사라지고 UN(국제연합)이 중심이 된 세계정부 국가
    4. 미국과 소련을 중심으로 탄생한 UN(국제연합)의 정체
 6장 적그리스도 배도의 나라와 제 4차산업 생체칩
    1. 제 4차 산업과 666 시대
    2. 666은 신세계질서의 시스템
    3. 적그리스도의 최후의 병기 생체칩(베리칩)
 7장 적그리스도 배도의 나라와 종교통합
    1. 유엔 중심의 바벨론 음녀의 종교통합과 루시퍼신학
 8장 적그리스도 배도의 나라와 순교의 기독교
    1. 대환난 때 구원을 받을 수 있는 방법
    2. 기독교인들이 순교를 해야 하는 이유는 무엇입니까?
에필로그
참고도서
세계제자훈련원 출판사 도서목록

천년왕국

2019년 2월 25일 출간, 232P, 값 10,000원

목 차
프롤로그

제 1부 성경적 천년왕국
 1장 하나님의 섭리와 천년왕국
    1. 성경의 구조

2. 창세전에 준비된 교회
  3. 일곱머리 열 뿔 사탄 왕국을 통한 하나님의 섭리와 교회
  4. 구약에서 제사장 나라인 이스라엘
  5. 신약에서 제사장 나라인 교회
  6. 교회를 통해서 회복된 우주
  7. 천년왕국에서 왕노릇하는 예수님이 피로 사서 제사장으로 삼으신 교회
  8. 당신의 나라는 일곱 머리 열 뿔인 세상입니까? 거룩한 제사장 나라인 교회입니까?
  9. 하나님의 나라는 세상이 아닌 구원 받은 성도들의 마음
 10. 육에 속한 그리스도인과 영에 속한 그리스도인
 11. 첫째 부활에 참여한 교회가 천년왕국에서 왕노릇
 12. 어린양 혼인잔치와 그리스도의 심판대

2장 구약에서 말한 천년왕국
  1. 이사야가 기록한 천년왕국
    1) 이사야의 역사적 중요성과 우주적이고 종말론적인 예언의 목적
    2) 이사야와 다니엘에 기록된 하나님의 특별한 섭리, 70년 포로생활과 70이레 비밀
    3) 이사야에 기록된 구속사와 천년왕국
  2. 예레미야가 기록한 천년왕국
  3. 에스겔이 기록한 천년왕국
  4. 다니엘이 기록한 천년왕국
  5. 호세아가 기록한 천년왕국
  6. 요엘이 기록한 천년왕국
  7. 아모스가 기록한 천년왕국
  8. 오바댜가 기록한 천년왕국
  9. 미가가 기록한 천년왕국
 10. 스바냐가 기록한 천년왕국
 11. 학개가 기록한 천년왕국

12. 스가랴가 기록한 천년왕국
　　13. 말라기가 기록한 천년왕국
　3장 신약에서 말한 천년왕국
　　1. 예수님께서 말씀하신 천년왕국
　　　1) 주님의 기도속에 있는 천년왕국
　　　2) 마17:1 변화산의 사건과 천년왕국
　　　3) 마19:28 천년왕국에서 이스라엘 12지파를 다스리는 교회
　　　4) 눅19:11 왕의 귀환으로 통치권을 이양 받은 교회
　　　5) 마25:1 천년왕국의 세가지 비유
　　2. 바울이 기록한 천년왕국
　　　1) 롬8:18 만물의 탄식과 회복
　　　2) 롬11:25 온 이스라엘의 구원성취
　　　3) 엡1:7-12 하늘과 땅이 통일된 나라
　　3. 요한이 기록한 천년왕국
　　　1) 계5:7-14 땅에서 왕 노릇함과 만물의 찬양
　　　2) 계11:15-18 주와 그리스도의 나라가 임할 때 상주심
　　　3) 계20:4-6 제사장 나라가 되어 천년동안 왕노릇함
　　　4) 계21:1 하늘에서 내려오는 새예루살렘에서의 통치

제 2부 신학적 천년왕국
　1장 무천년주의 종말론과 천년왕국
　　1. 종말론 신학의 중요성
　　2. 무천년주의가 탄생한 배경
　　3. 무천년주의 사상
　　4. 무천년주의 교회관
　　5. 무천년주의 국가교회와 유아 세례 제도
　　6. 무천년주의 복음
　　7. 무천년주의 신학의 정체
　　8. 무천년주의 세계관
　　9. 무천년주의 종말관
　　10. 무천년주의와 신세계질서

11. 무천년주의 비밀은 킹덤나우(kingdomnow)
12. 신사도 운동의 주권운동은 킹덤나우 무천년주의 신학
2장 신칼빈주의 문화대명령
  1. 아브라함 카이퍼의 무천년주의 주권신학
  2. 아브라함 카이퍼의 일반은총의 정체
  3. 아브라함 카이퍼의 문화대명령은 적그리스도의 사상
  4. 아브라함 카이퍼의 주권 영역과 다원주의
  5. 아브라함 카이퍼의 제자들의 기독교 세계관 운동
  6. 아브라함 카이퍼의 언약신학의 허구
  7. 아브라함 카이퍼의 잘못된 중생의 개념과 유아 세례관
  8. 타락한 개혁주의 신학
  9. 2020년 6월 네델란드 헤이그에서 이루어질 종교통합운동
3장 칼 바르트와 신정통주의 윤리신학
  1. 칼 바르트의 성경관
  2. 칼 바르트의 구원관
  3. 칼 바르트의 교회관
  4. 칼 바르트의 신론
  5. 칼 바르트의 창조론
  6. 칼 바르트의 기독론
  7. 칼 바르트는 장미십자 비밀 단원
  8. 칼 바르트의 우주 교회론은 지상의 적그리스도의 나라
4장 신복음주의 사회복음신학
  1. 신복음주의 유래와 역사
  2. 신복음주의 신학의 주장
  3. 세계복음주의 협의회(WEA)
  4. 신복음주의 사회참여복음과 우주교회
5장 신사도주의 운동과 신세계질서 적그리스도의 나라
  1. 신사도운동의 기원
    1) 소크라테스의 엘리트 인간론
    2) 피다고라스 신비 종교운동

2. 신사도운동의 은사주의 뿌리와 역사
      1) 피다고라스 신비주의 종교의 대가 안토니우스
      2) 어거스틴 수도원 운동을 통해 중세 로마 가톨릭을
         지켰던 신비주의
      3) 경건주의 운동으로 할레대학과 몽테귀대학에서 부활한
         신비주의 운동
      4) 진젠도르프 24시간 기도운동과 마이크 비클 기도운동
         (IHOP)
      5) 1907년 장대현 교회에서 시작된 신비주의 기도운동
   3. 피터 와그너와 신사도운동
      1) 신사도운동은 신세계질서운동
      2) 신사도운동의 발전과정
   4. 신사도운동의 목적
   5. 신사도운동의 특징
   6. 신사도운동과 메시아닉 쥬

제 3부 과학적 천년왕국
1장 과학적 천년왕국이란 무슨 뜻입니까?
   1. 천년왕국은 과학적으로 이루어지지 않습니다.
2장 현대과학이 밝힌 우주의 신비
   1. 시공간속에 있는 3차원의 거시적인 우주론
   2. 양자역학 속에 감춰진 미시적인 우주론
   3. 양자역학 평행 우주론
   4. 홀로그램 우주론

제 4부 천년왕국에 대한 중요한 주제에 대한 질문과 답
1장 천년왕국이 이루어지기 전에 어떤 일들이 일어납니까?
   1. 이방인 시대의 끝과 이스라엘 시대의 시작과 재림
      1) 이방인의 시대 끝에 일어날 일은 무엇입니까?
      2) 이스라엘 시대의 시작의 신호는 무엇입니까?
   2. 7년 대환난과 예수님의 재림

3. 70년 바벨론 포로 기간과 70이레의 비밀
  2장 천년왕국의 비밀은 무엇입니까?
   1. 창세전에 누가 교회를 준비했습니까?
   2. 땅에서 이루어질 천년왕국의 예언과 성취는 무엇입니까?
   3. 어린양 혼인잔치에 대한 성경은 어디에 있습니까?
   4. 스룹바벨 성전과 새예루살렘 성전은 같습니까? 다릅니까?
   5. 천년왕국은 어떻게 이루어집니까?
   6. 누가 천년왕국에서 제사장 나라가 되어 왕 노릇합니까?
   7. 천년왕국은 어떤 나라입니까?
  3장 천년왕국이 끝난 후 어떤 일들이 있습니까?
   1. 천년왕국 끝에 용이 다시 풀려났다가 심판을 받습니다.
   2. 천년왕국이 끝난 후 백보좌 심판이 있습니다.
   3. 완성된 천년왕국을 아버지께 바칩니다.
   4. 불로 모든 피조 세계를 태우십니다.
   5. 영원이후의 천국에서 교회
에필로그
참고도서

요한 계시록 성경공부 책
2019년 2월 25일 출간, 250P, 값 10,000원

목 차

프롤로그
1. 요한계시록 전체 내용
 1. 요한계시록은 누구의 계시입니까?
 2. 요한계시록의 주제는 무엇입니까?
 3. 사도 요한이란 제자는 누구입니까?

4. 요한계시록을 썼던 장소와 연대
   5. 요한계시록의 구조
   6. 구약과 요한계시록의 관계
      1) 요한계시록은 구약 선지자들의 예언의 성취
      2) 다윗의 자손 왕으로 재림하시는 예수님
      3) 다윗의 메시아 왕국을 세우실 예수님
      4) 예수님의 재림의 가장 큰 목적은 천년왕국
2. **요한계시록 1장 성경공부**
3. **요한계시록 2장 성경공부**
4. **요한계시록 3장 성경공부**
5. **요한계시록 4장 성경공부**
6. **요한계시록 5장 성경공부**
7. **요한계시록 6장 성경공부**
8. **요한계시록 7장 성경공부**
9. **요한계시록 8장 성경공부**
10. **요한계시록 9장 성경공부**
11. **요한계시록 10장 성경공부**
12. **요한계시록 11장 성경공부**
13. **요한계시록 12장 성경공부**
14. **요한계시록 13장 성경공부**
15. **요한계시록 14장 성경공부**
16. **요한계시록 15장 성경공부**
17. **요한계시록 16장 성경공부**
18. **요한계시록 17장 성경공부**
19. **요한계시록 18장 성경공부**
20. **요한계시록 19장 성경공부**
21. **요한계시록 20장 성경공부**
22. **요한계시록 21장 성경공부**
23. **요한계시록 22장 성경공부**
에필로그

영광스런 교회
2020년 2월 25일 출간, 540P, 값 30,000원

목 차

함께 받아야 할 선물
프롤로그

제 1장 기독교 신앙의 뿌리
  1. 삼위일체 신론
  2. 예정론
  3. 섭리론
  4. 교회론
  5. 성경론
  6. 기독론
  7. 성령론
  8 인간론
  9. 구원론
  10. 성화론
  11. 심판론
  12. 종말론
  13. 천국론

제 2장 기독교 신앙의 원리
  1. 하나님의 형상
  2. 여자의 후손
  3. 신정정치의 원리
  4. 말씀의 종교

5. 이긴 자
 6. 두 언약
 7. 남은 자
 8. 바른 예배
 9. 성경에서의 시간과 공간 개념
10. 우주론적이고 종말론적인 예언
11. 예언의 이중성
12. 영원한 언약
13. 왕 같은 제사장 멜기세덱
14. 구원의 서정
15. 삼위일체 하나님과 이사야, 예레미야, 에스겔
16. 다니엘의 70이레 비밀과 요한계시록 7년 대환난
17 선지자들이 예언한 종말에 대한 예언의 성취

제 3장 영광스런 교회

 1. 심판의 시작은 교회
 2. 하나님의 비밀인 교회
 3. 하나님의 꿈인 교회
 4. 교회를 향한 여호와의 열심
 5. 여자가 남자를 안으리라
 6. 남편과 아내 이야기
 7. 깨끗하게 하신 하나님
 8. 이스라엘과 유다, 오홀라와 오홀리바
 9. 예루살렘
10. 스룹바벨 성전
11. 새 예루살렘
12. 장가 오시는 여호와
13. 어린 양 혼인잔치
14. 천년왕국
15. 천년왕국 이 후

16. 영원 이 후의 천국
17. 더 데이, 여호와의 날
18. 바벨론 음녀의 정체
19. 바벨론에서 나오라
20. 완전한 심판
21. 구원의 방법
22. 피난처 교회
23. 아름다운 초대 예루살렘 공동체 교회
24. 말세 세 종류의 교회
25. 피난처 교회를 세우기 위해 준비해야 할 것들
26. 말세 그리스도인들이 누려야 할 네 가지 자유

제 4장 성경대로 살았던 2000년 기독교 역사

1. 이레니우스
2. 터툴리안
3. 노바티안스
4. 도나티스트
5. 고대 왈덴스인
6. 폴리시안
7. 왈도파
8. 알비겐스
9. 위클리프 전도단 로라즈
10. 프라하 형제단
11. 후스파
12. 체코 형제단
13. 스위스 형제단과 아미쉬 공동체 교회
14. 거룩한 땅 미국 펜실베니아
15. 메노나이트 공동체 교회
16. 후터라이트 공동체 교회
17. 브루더호프 공동체 교회

제 5장 철학과 신학으로 세워진 2000년 기독교 역사
  1. 영지주의 기독교가 탄생한 알렉산드리아
  2. 오리겐의 무천년주의 신학의 정체
  3. 최초의 신학교, 알렉산드리아 교리학교
  4. 어거스틴의 운명론적인 예정론
  5. 아브라함 카이퍼의 신칼빈주의
  6. 칼 바르트의 신정통주의
  7. 존 스토트의 신복음주의
  8. 피터 와그너의 신사도주의
  9. 뉴 에이지 종교와 신세계질서 비밀

제 6장 하나님의 세계 경영
  1. 세상을 경영하시는 하나님
  2. 세상 국가 권력에 대한 성도들의 태도
  3. 야누스의 두 얼굴
  4. 신인간과 가축인간
  5. 일곱 머리 열 뿔

제 7장 신세계질서
  1. 신세계질서란 무엇입니까?
  2. 신세계질서를 위한 7대 목표
   1) 모든 개별 국가 파괴
   2) 모든 종교 파괴
   3) 가족 제도 파괴
   4) 사유제산 제도 파괴
   5) 상속세 제도 파괴
   6) 애국주의 제도 파괴
   7) 세계정부 수립
  3. 장미 십자회 신세계질서 10계명
   1계명 인구감축 5억

2계명 인간복제
  3계명 언어통합
  4계명 공산주의 통제사회 확립
  5계명 국제 사법 재판소를 통한 통치
  6계명 10 권역 분권제도로 한 정부
  7계명 과학적 획일주의로 한 자동화 통치
  8계명 전체주의 확립
  9계명 뉴 에이지 종교
  10계명 자연주의 숭배 종교
에필로그

마지막 구원열차
2021년 2월 25일 출간, 302P, 값 10,000원

목 차

마지막 구원 열차 티켓 선물
프롤로그

제 1장 코로나 바이러스와 백신의 정체
  1. 유전학의 역사
  2. 코비드-19 백신의 원리
  3. 빌 게이츠의 통합사역과 코비드-19 백신
  4. 다르파(미 국방과학연구소)와 하이드로겔 루시페라제
  5. 신세계질서 지상 유토피아 프로젝트, 스마트 시티
  6. "크리스퍼" 유전자 가위란 유전공학
  7. 유전자 가위로 치료하는 코비드-19 면역 백신

제 2장 신세계질서
1. 신세계질서란 무엇인가?
2. 신세계질서를 이룩하기 위해 그들이 만든 7대 목표
3. 장미십자회 신세계질서 10계명
4. 가짜 팬데믹 백신에 맞서는 의사들
5. ID2020과 백신여권 연계 갈등
6. The Great Reset (자본주의와 구질서 해체)

제 3장 짐승의 표, 666이란 무엇인가?
1. 666이란 무슨 뜻인가?
2. 사람이 신이 되는 두 가지 방법
3. 짝퉁 천년왕국 신세계질서
4. 루시퍼 사탄신학의 정체
5. 666 시스템과 하나님의 구속사
6. 만유내재신론과 유신론적 진화론
7. 666, 짐승의 표, 짐승의 이름의 요약

제 4장 하나님의 구속사
1. 창세전에 세우신 삼위일체 하나님의 구속의 목적
2. 아담을 통한 구속의 원리
3. 하늘과 땅의 모든 권세를 다시 찾아오신 예수님
4. 구원을 받는다고 하는 의미는 무엇인가?
5. 어떻게 영적인 싸움을 싸우는가?
6. 왜 우리는 선한 싸움을 싸우고 악한 싸움을 해서는 안되는가?
7. 선한 싸움을 싸우므로 어떤 결과가 나오는가?
8. 하나님은 누구를 통해서 하나님의 구원을 이루어 가시는가?
9. 하나님께서 그리신 구원의 큰 그림
10. 마지막 7년 대환난
11. 왜 하나님께서는 성도들을 적그리스도에게 붙여서 죽이게

하시는가?
　12. 7년 대환난 전 후에 일어날 일들은 무엇인가?
　13. 예수님의 재림과 심판
　14. 첫째 부활과 천년왕국
　15. 하나님의 섭리, 구약의 이스라엘과 신약의 교회
　16. 남은 자의 구원
　17. 남은 자의 역사

제 5장 하나님의 세계 경영
　1. 세계를 경영하시는 하나님
　2. 세상의 국가 권력에 대한 성도들의 태도
　3. 야누스의 두 얼굴
　4. 신인간과 가축인간
　5. 일곱 머리 열 뿔
　6. 미국이란 어떤 나라인가?

제 6장 마지막 구원 열차 세 종류의 교회
　1. 마지막 구원 열차 시간표
　2. 휴거의 바른 의미는 무엇이고, 누가 휴거하는가?
　3. 7년 대환난에서 순교한 교회
　4. 후 삼년 반에 광야 피난처 교회에서 양육 받은 교회

제 7장 광야 피난처 교회
　1. 광야 피난처 교회란 무엇인가?
　2. 광야 피난처 교회는 어떻게 세울 수 있는가?
　3. 광야 피난처 교회를 세우기 위해 준비해야 할 것들
　4. 광야 피난처 교회에서 필요한 1가족 5인 기준 비용
　5. 누가 광야 공동체 교회 안에 들어 가는가?
　6. 거룩한 피난처 되신 여호와

7. 한 사람도 피하지 못하는 심판이 오고 있다
   8. 남은 자와 회복될 나라, 천년왕국
에필로그

갈길을 잃어버린
21세기 세계교회

2021년 8월 15일 출간, 364P, 값 10,000원

목 차

전혀 새로운 선물
프롤로그

제 1장 코로나 바이러스
   1. 코로나 바이러스, 자연인가? 사람이 만든 것인가?
   2. 코로나 바이러스를 만든 목적이 무엇인가?
   3. 코로나 바이러스 정체는 무엇인가?
   4. 코로나 백신의 정체는 무엇인가?
   5. 코로나 백신 속에 무엇이 있는가?
   6. 코로나 백신의 목적은 무엇인가?
   7. 코로나 팬데믹 다음은 기아 팬데믹
   8. 기아 팬데믹 다음은 전쟁 팬데믹

제 2장 신세계질서
   1. 신세계질서란 무엇인가?
   2. 시대정신 (신세계질서 정신)
   3. 쟈크 프레스코 비너스 프로젝트

4. 성경에 기록된 하나님의 언약과 뱀의 약속

제 3장 기독교 이단이란 무엇인가?
   1. 기독교 이단이란 무엇인가?
   2. 기독교 이단을 판별하는 성경적인 기준은 무엇인가?
   3. 기독교 사상가들의 이단 교리

제 4장 공동체 교회
   1. 보편적 교회와 거룩한 공동체 교회
   2. 공동체 교회란 무엇인가?
   3. 공동체 교회는 어떻게 세우는가?
   4. 공동체 교회를 세우는 목적은 무엇인가?
   5. 2000년 공동체 교회의 역사

제 5장 하나님의 구속사
   1. 교회를 모르면 성경을 모른다
   2. 창세전부터 예정된 교회
   3. 에덴의 교회
   4. 구약의 교회
   5. 신약의 교회
   6. 천년왕국의 교회
   7. 누가 천년왕국을 통치하는가?
   8. 누가 천년왕국의 백성이 되는가?
   9. 천년왕국의 곡과 마곡의 정체는 무엇인가?
   10. 이방인의 때와 유대인의 때
   11. 새 예루살렘과 새 하늘과 새 땅
   12. 백보좌 심판
   13. 완성된 천국
   14. 영원이후의 천국

제 6장 말세 성도가 알아야 할 10계명

1. 코로나 백신을 맞지 말아야 한다
2. 자본주의가 사라지고 제 4차 산업혁명인 공산주의 세계정부가 세워진다
3. 모든 종교가 하나로 통합된다
4. 자립하는 공동체 교회를 세워야 한다
5. 휴거를 준비해야 한다
6. 가족과 국가와 교회가 사라진다
7. 세계 3차 대전을 통해 인구 90%가 사라진다
8. 도시를 반드시 떠나야 한다
9. 666 짐승의 표를 받지 말아야 한다
10. 순교 신앙을 가지고 두려워하지 말아야 한다

에필로그

세계제자훈련원 제자훈련 10단계 교재

출판 1988년 각 권당 32P, 각 권당 1,200원

1권 복음
1과 성경이 왜 하나님의 말씀인가?
2과 하나님의 뜻과 중생
3과 복음이란 무엇인가?
4과 예수 그리스도의 보혈의 능력
5과 예수 그리스도의 십자가의 능력

2권 구원의 확신
1과 왜 구원의 확신을 갖는 것이 중요한가?
2과 구원의 확신 점검
3과 신앙고백과 간증하는 법
4과 성 삼위 하나님 안에서 확신
5과 세례와 성찬

3권 그리스도인으로 자라남
1과 왜 그리스도인은 자라나야 하는가?
2과 말씀의 중요성과 우선순위(Q.T)
3과 기도하는 법
4과 성도의 교제와 교회의 비밀
5과 순종의 축복

4권 교회
1과 교회란 무엇입니까?
2과 교회의 본질과 비밀
3과 교회안에 있는 은사
4과 교회안에 있는 직분
5과 교회의 목적

5권 열매맺는 삶
1과 성도의 삶의 목적은 무엇인가?
2과 전도
3과 양육
4과 헌금
5과 예배

6권 그리스도인의 생활
1과 그리스도인의 개인생활
2과 그리스도인의 가정생활
3과 그리스도인의 교회생활
4과 그리스도인의 사회생활
5과 그리스도인의 국가생활
6과 그리스도인의 세계생활

7권 제자로서의 성장
1과 제자란 누구인가?
2과 제자의 도와 비전
3과 훈련의 중요성
4과 헌신과 하나님의 뜻 발견

5과 십자가의 도(종의 도)
8권 성숙한 제자
　　1과 성숙한 제자란 어떤 사람인가?
　　2과 성숙한 제자와 상담
　　3과 성숙한 제자와 성경공부인도
　　4과 성숙한 제자와 절대주권(로드쉽)
　　5과 성숙한 제자와 영적 전투
9권 세계선교
　　1과 세계선교란 무엇인가?
　　2과 한국교회의 사명
　　3과 한국교회와 이단종교
　　4과 각종 비전과 사역의 다양성
　　5과 세계선교전략
10권 재림
　　1과 재림의 징조
　　2과 이스라엘과 정치적 종말
　　3과 군사적 과학적 종말
　　4과 종교적 경제적 종말
　　5과 재림의 신앙

* **10단계 제자훈련 지도자 지침서**
　1988년 출간, 288P 값 12,000원

* **새신자 제자훈련 교재**
　1998년 출간 값 2,000원

* **세례자 제자훈련 교재**
　1998년 출간 값 3,000원

* **교사 제자훈련 교재**
  1998년 출간 값 3,000원

* **구역장 제자훈련 교재**
  1998년 출간 값 3,000원

* **제직 제자 훈련 교재**
  1998년 출간 값 3,000원

지은이 ──────────

백석신학대학
백석신학대학원
총신대선교대학원
연세대연합신학대학원
미국Faith신학대학원
미국California신학대학원
전 필리핀 선교사
현 백석교단 강남교회 담임목사

총판 : 생명의 말씀사

리셋을 준비하라
당신은 교회입니까?

초　판　2022. 2. 12.
지은이　이형조
펴낸곳 도서출판 세계제자훈련원
06261 서울시 강남구 도곡로22길 5
(강남구 도곡동 544-13)
전화 : (02) 562-5634 H.P : 010-4434-7188
E-mail　ehj1953@Kakao.com
등록 제16-1582 (1988. 6. 8)

온라인 번호 062-01-0126-685 국민은행 이형조
정가 10,000원
ISBN 978-89-87772-29-5

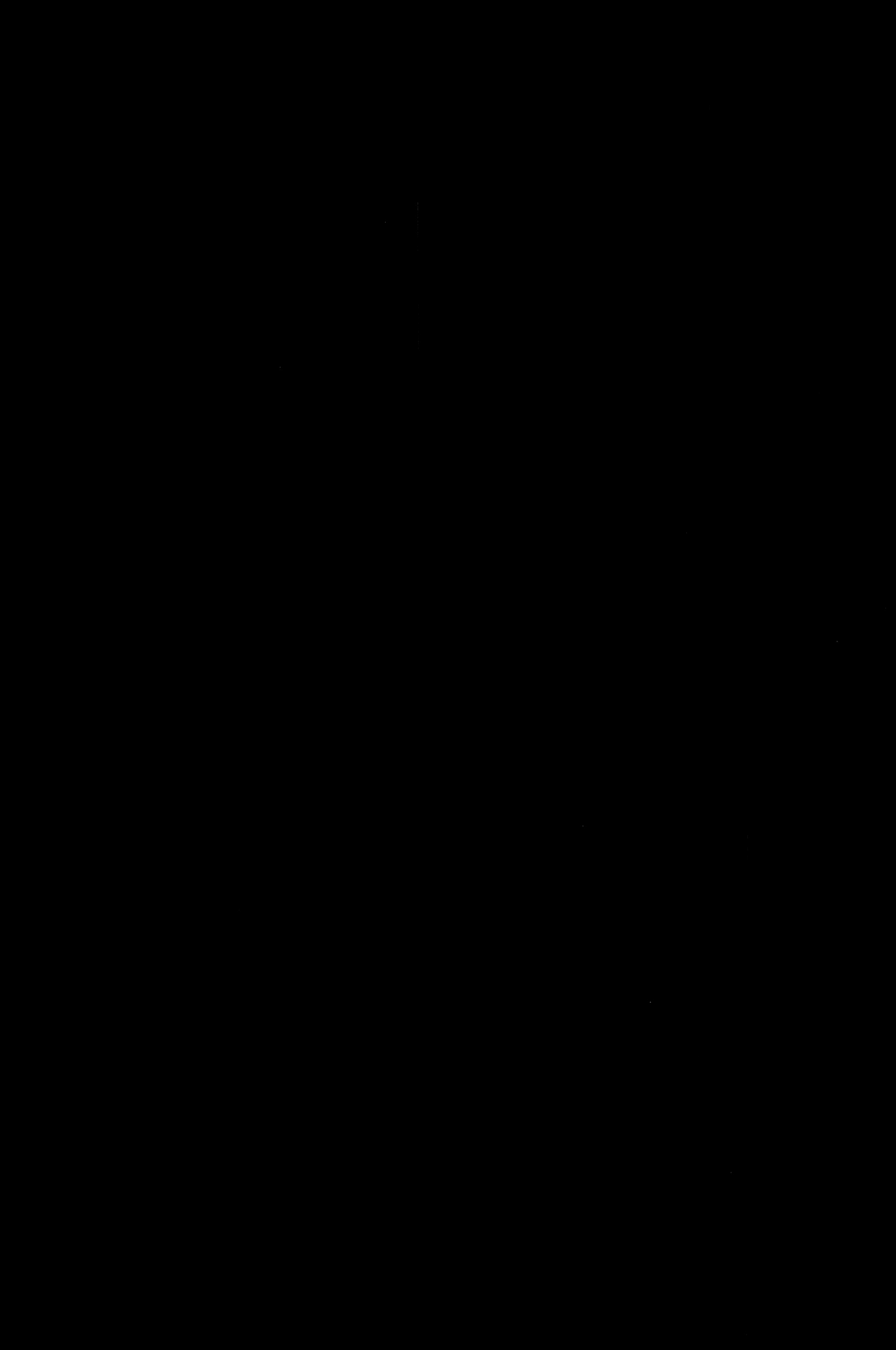